KB265480

독일어 전산 구문문법 연구

독일어 전산 구문문법 연구

초판 인쇄 2012년 10월 22일
초판 발행 2012년 10월 31일

지은이 이민행
펴낸이 이대현
편 집 이소희
펴낸곳 도서출판 역락
　　　　서울 서초구 반포4동 577-25 문창빌딩 2층
　　　　전화 02-3409-2058(영업부), 2060(편집부)
　　　　팩시밀리 02-3409-2059
　　　　이메일 youkrack@hanmail.net
　　　　등록 1999년 4월 19일 제303-2002-000014호

ISBN 978-89-5556-547-8 93750
정 가 45,000원

* 잘못된 책은 교환해 드립니다.

이 저서는 2008년 정부(교육과학기술부)의 재원으로 한국학술진흥재단의 지원을 받아 수행된
연구임(KRF-2008-812-A00385)

독일어 전산 구문문법 연구

이 민 행

역락

책머리에

컴퓨터와 인터넷의 발달과 더불어 언어학 연구의 환경이 급격히 변화하고 있다. 1950년대부터 1980년대까지는 촘스키의 주도하에 합리주의 전통을 이은 이론언어학이 주류를 형성하였었다. 현재는 디지털혁명이라 할 만큼 개인용 PC와 인터넷이 광범위하게 보급됨으로써 언어학적인 연구도 경험주의 전통에 선 코퍼스언어학이 주류를 형성해가는 과정에 있다. 연구대상이 되는 언어자료의 디지털화를 넘어 이 자료에 언어학적인 정보를 부착한 코퍼스가 사용가능하게 됨으로써, 이전에는 언어학적인 과제로 인식되기가 어렵거나 인식이 된다 하더라도 해결에 아주 많은 시간이 필요한 과제들도 이제는 적은 노력으로 해결될 수 있게 된다. 이런 유형에 속하는 과제중의 하나가, 통계적인 관점에서 언어현상의 새로운 인식에 도달하는 것이다.

이 저술에서 필자는 통계적인 접근방법을 택하여 독일어 통사론에 대한 여러가지 통계적 사실들을 밝혀내는 것을 연구의 목적으로 한다. 기반이 되는 언어자료는 구문정보가 부착된 코퍼스 TIGER 2.1로서 그 규모는 50,472개 문장(888,238개 어휘)이다. 구문정보를 통해 다양한 구문의 추출이 가능하며, 구문들과 관련된 새로운 통계적 사실들에 대해 보고하는 것이 구체적인 연구성과에 속한다.

먼저 구문과 그 구문에 속하는 특정 빈자리를 채우는 어휘군과의 상관관계에 대해 살펴본다. 이를 위해 공연구조적인 방법론을 이용한다. 이런 방향의 연구를 명사와 zu-부정사가 결합한 명사구 구문, werden-수동 구문, 재귀구문 및 접속법 1식 구문 등을 대상으로 하여 수행한다.

다음, 여러 가지 층위에서 사용빈도를 추출하여 Zipf의 법칙이 독일어와 관련하여 얼마나 타당하는지를 검증하는 작업도 수행한다. 본 연구를 통해 "최소노력의 법칙(The Principle of Least-Effort)"으로 알려진 Zipf의 법칙은 여러 층위에서 타당한 것으로 입증된다. 미국의 언어학자 Zipf에 따르면 적은 수의 어휘를 반복해서 사용하는 것이 모든 어휘를 동일한 빈도로 사용하는 것보다 화자와 청자 모두에게 처리에 있어 노력이 적게 들기 때문에 언어사용자들은 적은 수의 어휘를 집중적으로 사용하는 경향이 강하다고 한다. 언어경제성 원리가 적용된 적절한 예이다.

본 연구서에서 다루는 통사구조는 명사구, 부정사구문, 등위접속구문, 사역구문, 결과구문, 전장 및 외치구문 등 다양하다. 이들 구문 각각이 어떠한 하위유형을 갖는 지도 검토한다.

대략 98만 규모의 대중소설 코퍼스(TrivLit 21)을 CWB 시스템의 하나로 구축하는 방법에 대해 논의하며 이 코퍼스와 구문분석 코퍼스 TIGER 2.1을 비교논의한다. 독일의 Frankfurter Rundschau 기사를 모아 만든 TIGER 코퍼스와 달리 코퍼스 TrivLit 21은 대중소설을 토대로 한 코퍼스로서 독일의 사회문화적 배경지식이 약한 독문과 학생들에게 상대적으로 내용이해가 쉽기 때문에 코퍼스의 활용도가 높다는 장점이 있다. 다만, 이 코퍼스에는 형태정보만이 부착되어 있고 구문정보는 포함되지 않는다.

연구과정에서 획득한 다양한 자료를 부록의 형식으로 제시함으로써 후속연구에 활용될 수 있도록 배려한다. 뿐만 아니라, 통계자료들을 독자들이 실제적으로 활용할 수 있도록 웹사이트를 개설하여 공개한다. 웹주소는 'http://www.smart21.kr/corpora/'이다. 이 책은 독일어 통사론에 관한 통계적인 접근으로 이해되어야 할 것이다. 따라서 이 저술이 독일어 통사론 분야와 통계적인 언어연구 방법론에 관심을 가진 연구자들에게 도움이 되었으면 하는 바램이다.

본 연구는 한국연구재단(구, 한국학술진흥재단)의 인문저술 사업의 재정적인 지원을 받아 수행되었다. 이와 관련하여 연구계획서와 중간보고서의 심사에 참여하여 조언을 해주신 심사자들과 한국연구재단에 감사드린다.

이 연구를 수행하는 동안 통계자료의 처리를 위해 Perl 프로그래밍 기법과 코드를 사용하였는데 이 과정에서 뮌헨대학교 이영수 박사의 도움을 많이 받았다. 이에 대해 이영수 박사에게 진심으로 감사를 드린다.

본 연구에 TIGER 코퍼스를 사용할 수 있도록 허가해 준 Stuttgart 대학의 Grzegorz Dogil 교수, 독일어 구문분석 시스템 @nnotate의 설치 노력에 기술인력을 지원해 준 Saarland 대학의 Hans Uszkoreit 교수와 Tübingen 대학의 Erhard Hinrichs 교수에게 진심으로 감사의 말씀을 전한다.

어려운 출판시장 상황에도 불구하고 흔쾌히 출판을 결정해 주신 역락출판사의 이대현 사장님과 편집을 맡아 아름다운 책으로 만들어주신 이소희 선생님께 감사드린다.

2012년 10월
신촌에서 이민행

차 례

차 례

제13장 외치(Extraposition)구문 · 415

제14장 코퍼스 TrivLit 21의 구축 및 활용 · 435

제15장 두 코퍼스의 비교 · 447

제16장 종합 · 465

부 록

1.1 전산 구문문법 개요

전산 구문문법이란 전산코퍼스에 기반한 구문문법을 지칭하는 것으로, 구문문법(Konstruktionsgrammatik, construction grammar) 자체는 1990년대 중반 미국 버클리대학에서 Goldberg(1995)에 의해 제안되었다. 그러나 구문문법이 독일어의 문법현상의 연구에 적용된 연구성과는 그다지 많지 않다. 최근에 이르러서 이 이론을 적용한 저술들―Fischer/Stefanowitsch(2006), Imo(2007)―이 독일에서 출판되어 나오고 있으며 구문문법적인 연구방법론이 서서히 독일 언어학자들의 주목을 받고 있다는 사실을 인터넷의 몇몇 웹사이트를 통해 확인할 수 있을 뿐이다(Wuppertal대 Joachim Jacobs 교수와 만하임 IDS의 Stefan Engelberg 교수). 최근들어 이론언어학적인 분석틀로서의 구문문법에 전산코퍼스를 접목시켜 계량적인 언어분석을 시도가 연구들이 국제 코퍼스언어학계의 주목을 받고 있는데, 이러한 시도는 공연구조적 분석("Collostructional Analysis")이라는 이름아래에 독일 Bremen대학 영어영문학과의 Stefanowitsch교수와 미국 Santa Barbara대학 전산언어학과의 Gries 교수에 의해 이루어져 왔다(Stefanowitsch/Gries 2003). 구체적으로 독일어 문법현상에 공연구조적 분석을 적용한 연구의 예들로는, [haben+zu+Infinitiv] 구문과 어휘군과의 상관관계를 살펴본 Stefanowitsch(2006)와 결과구문과 분리전철 구문을 분석한 Müller(2006)가 있다. 이 연구들의 경우, 구문분석 정보가 포함되어 있지 않은 소위 원시코퍼스인 LIMAS 코퍼스를 이용하여 구문의 정보를 추출해서 일정한 통계적인 결과를 얻어냈다. 그러나 다양한 구문과 보다 추상적인 구문을 연구대상으로 삼을 경우에 원시코퍼스는 한계가 있기 때문에 구문정보가 부착된 코퍼스의 활용이 필수적이다. 따라서 본 연구에서는 구문정보가 부착된 코퍼스인 TIGER 2.1(약 90만 어휘)를 기반으로 구문문법의 틀 안에서 독일어의 여러 가지 문법현상을 연구한다.[1] 이 코퍼스는 독일 Tübingen 대학과 Stuttgart 대학, Saarland 대학 및 Potsdam 대학 등 여러 대학이 컨소시엄을 구성하여 참여한 공동 프로젝트의 결과물이며, TIGERSearch 2.1이라는 검색프로그램을 통해 다양한 문법적인 정보와 통계데이터의 추출이 가능하다.[2]

결론적으로 전산 구문문법은 구구조문법, 코퍼스언어학 및 통계기반 연구방법론을 통합한 문법이론으로서, 1990년대 중반 미국 버클리대학에서 Goldberg(1995)에 의해 제안된 구문문법(Konstruktionsgrammatik)을 이론적인 틀로 삼되 전산코퍼스에 기반하여 언어적 데이터를 추출해서 유의미한 통계적인 결과를 얻어내고 언어학적인 해석을 붙이는 새로운 언어학 연구 패러다임이라 할 수 있다.

---

1) NEGRA 코퍼스에도 구문정보가 포함되어 있다. 이 코퍼스 구성 및 활용방안에 대해서는 이민행(2008) 참조.
2) Stuttgart 대학의 IMS 연구소에서 운영하는 웹사이트에서 프로그램을 다운받을 수 있다. 주소는 다음과 같다 : http://www.ims.uni-stuttgart.de/projekte/TIGER/TIGERsearch/download/

1.2 전산코퍼스의 유형과 쓰임

2,000년대 들어 대용량의 코퍼스를 기반으로 하여 수행되는 언어학적인 연구가 급격히 증가하는 추세에 있다. 여기서 코퍼스(Korpus)란 언어학적인 기준에 따라 선별되어 수집된 텍스트의 집합체(Sammlung)로 정의된다.3) 어떤 코퍼스가 디지털화되어 컴퓨터에 의해 읽혀질 수 있는 형태로 가공이 되면 이 코퍼스는 전산코퍼스로 분류된다. 전산코퍼스는 본질적으로 기계가독형으로 저장된 자연 언어의 자료이다. 이들은 하드 디스크나 디스켓, 자기 테잎, CD-ROM 등에 저장될 수 있는데, 이렇게 저장됨으로 해서 컴퓨터 사용자들이 쉽게 복사하고 옮기고 접근할 수 있다. 이러한 코퍼스는 우연히 모여진 것이 아니라 일반적으로 특별한 목적을 가지고 수집된다. 또, 어떤 언어나 텍스트의 대표로 취급되기도 한다.

세계 최초의 전산코퍼스는 미국 브라운 대학의 프란시스(Nelson Francis)와 쿠체라(Henry Kučera)가 구축한 브라운 코퍼스로서 1961년에 구축이 시작되어 1964년에 완성되었다(Kučera/Francis 1967). 이 코퍼스는 각각 2천 단어씩 5백 개의 영어 텍스트로 구성되어 백만 단어에 이루고 있으며 텍스트는 15개의 장르에서 무작위로 추출되었다. 브라운 코퍼스의 전례를 따라 백만 단어 규모로 구축한 독일어 코퍼스는 LIMAS(Linguistik und Maschinelle Sprachbearbeitung) 코퍼스인데, 이 코퍼스는 Bonn 대학과 Regensburg 대학의 공동작업의 결과 1973년에 완성되었으며 총 단어형태(Wortformen)가 1,062,624개이고 상이한 단어유형수는 110,837개로 구성되어 있다.4)

브라운 코퍼스나 LIMAS 코퍼스에는 각 언어형태나 문장에 언어학적인

---

3) Scherer(2006 : 3). "Ein Korpus ist eine Sammlung von Texten oder Textteilen, die bewusst nach bestimmten sprach-wissenschaftlichen Kriterien ausgewählt und geordnet wurden."
4) http://www.korpora.org/Limas/에서 코퍼스에 대한 정보를 얻을 수 있다.

정보가 부착되어 있지 않기 때문에 이런 유형의 코퍼스를 원시코퍼스라
한다. 원시코퍼스는 주로 사전편찬이나 철자검색기 혹은 OCR 프로그램
개발 등에 이용되어 왔다. 현재 웹에서 검색이 가능한 대용량의 독일어 원
시코퍼스로는 만하임의 독일어 연구소에서 구축하여 공개한 DeReKo(das
Deutsche ReferenzKorpus)와 베를린-브란덴부르크 학술원에서 구축하여 공
개한 DWDS Kernkorpus가 있는데, 전자는 그 규모가 30억 단어를 넘어
서고 후자는 10억 단어 이상 규모이기 때문에 독일어의 여러 가지 현상을
연구하는 데에 잘 활용될 수 있다.5)

아래 [그림 1]은 DWDS 코퍼스의 웹사이트를 캡쳐한 것으로 "Freude"
를 검색어로 하여 용례를 KWIC 형식으로 추출한 결과를 보여준다.

VDS	☐ Wörterbuch ☑ Corpora ☐ Wortinformation	Freude		Suche Hilfe

Corpora | Filter | Darstellung | Wortverlauf | Kollokationen | Export | Hilfe

Corpus: DWDS Corpus

Abfrage: Freude #less_by_date[1900-01-01,2000-12-31] #cntxt 1 :kernfree

Trefferanzahl: 690 . Zugriff auf weitere 7887 Treffer in nicht rechtefreien Texten erhalten Sie nach der kostenlosen Anmeldung.

Seite: **1** 2 3 4 5 6 7 8 9 10 >>|

1	Ze 1901	... Menschen, der einen so würdigen alten Herrn die	Freude	des Preises nicht gönnen wird. Nur muß man ...
2	Ze 1902	... Leben - Sie erst Ihr Leben! Suchen Sie seine	Freuden	und Schmerzen, seine Lüste und seinen Ekel! ...
3	Ze 1902	... geltend; aber warum soll sich die nicht auch eine	Freude	gönnen? Sudermann bietet ihr ja beinahe stets ...
4	Ze 1902	... Sohn wurde verwundet, aber der Vater hatte die	Freude	, ihn am Leben erhalten und zweimal wegen seiner ...
5	Ze 1902	... im Grunde genommen kann er sich der heidnischen	Freude	an der Kunst, an der Schönheit der Welt und an ...
6	Ze 1903	... Richtung. Das frische Naturgefühl und die	Freude	am Genrehaften, die dem Jüngling aus dem Volke ...
7	Ze 1903	... und künstlerischen, trotz der Ueberfülle - solcher	Freuden	, die ihnen in diesem Winter geboten wurde, noch ...
8	Ze 1903	... vaterländische und kirchlich gesinnte Mann seine	Freude	haben könne. Lebhafter Beifall im Zentrum. ...
9	Ze 1903	... Die Geschichte ist aus. -... -" Mit tausend	Freuden	! - Wertner - lachte. ...
10	Ze 1903	... unversehrt und so schmuck wie nur je vorher -. Die	Freude	über die Schlappe, die uns alle gegönnt hatten -, ...
11	Ze 1903	... preußischen Lehrpläne geändert, und mit besonderer	Freude	ist die Forderung der neuesten Lehrpläne von 1901 ...
12	Ze 1903	... 50 000 Mitgliedern. Noch neulich habe ich die	Freude	gehabt, daß drei Arbeiter zu mir kamen, je einer ...
13	Ze 1903	... und Vertretung, mit der es ihm immer eine	Freude	gewesen sei, zusammenzuarbeiten, und betonte, daß ...
14	Ze 1903	... der städtischen Verwaltung von Berlin eine	Freude	bereitet werden würde, da diese sich gegen die ...
15	Ze 1903	... Stadtv. Giese - konnte zu seiner	Freude	mittheilen, daß er eigentlich nichts zu berichten ...

[그림 1] DWDS 검색결과

이 화면에서 원으로 둘러싸여진 "Kollokation"(연어관계)을 클릭하면 명
사 "Freude"의 상관어들을 검색할 수가 있는 상태가 되는데 아래 그림에

---

5) http://www.ids-mannheim.de/cosmas2와 http://www.dwds.de/에서 각각 코퍼스
   DeRoKo와 DWDS Kern-Korpus를 이용할 수 있다. 코퍼스 DeRoKo의 검색을 위해서
   검색도구 COSMAS II를 사용한다.

서 보듯이 통계 측도(Statistisches Maß)를 "Log-Likelihood"(로그 가능도)로
선택할 경우에 이 측도를 기준으로 하여 상관성이 높은 어휘순으로 정렬
된 결과를 얻을 수 있다.[6]

Lemmabasierte Kollokationssuche im DWDS-Kerncorpus

Suchbegriff: Freude | 쿼리 전송

Optionen

Statistisches Maß: log-Likelihood ▾

Ihre Suche ergab 1152 Teffer. Das Wort *Freude* kommt 10430 mal im Korpus vor.

#	w1	F(w1)	w2	F(w2)	F(w1,w2)	MI	T-Score	Log-L.	Belege
1	Freude	10430	groß	171120	684	5.5906	25.6107	4010.1079	Suche
2	Freude	10430	bereiten	5639	273	9.1889	16.4944	2953.2024	Suche
3	Freude	10430	daran	22986	197	6.6910	13.8998	1442.5544	Suche
4	Freude	10430	begrüßen	6387	139	8.0354	11.7449	1276.3492	Suche
5	Freude	10430	Kraft	32333	179	6.0605	13.1786	1155.3342	Suche
6	Freude	10430	Leben	63395	206	5.2918	13.9863	1114.4959	Suche
7	Freude	10430	voll	31807	160	5.9223	12.4405	1002.1481	Suche
8	Freude	10430	Ausdruck	21345	140	6.3051	11.6825	950.0422	Suche
9	Freude	10430	besonder	28590	149	5.9733	12.0123	943.4977	Suche
10	Freude	10430	Freude	10430	116	7.0669	10.6900	908.7520	Suche

[그림 2] DWDS 연어검색 결과

위에서 확인할 수 있듯이 코퍼스내에서 "Freude"와 가장 상관성이 높은
어휘는 "groß"와 "bereiten" 및 "daran", "begrüßen", "Kraft" 등이다. 또한
DWDS 코퍼스 검색프로그램은 검색어와 결합어들간의 관계를 아래와 같
은 어휘망의 형식을 통해 보여주기도 한다.

---

6) 여러가지 통계측도 가운데서 Log-Likelihood(로그 가능도)는 가장 많이 쓰인다. 이 측
   도의 연산과정에 대해서는 제4장에서 기술한다.

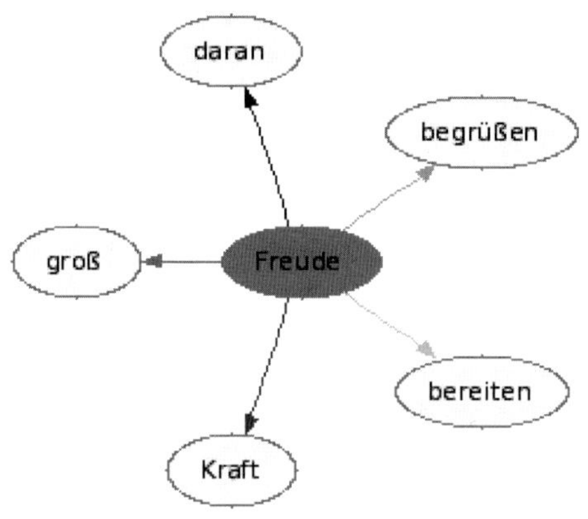

[그림 3] Freude의 결합어망

언어학적 정보가 부착되어 있지 않는 원시코퍼스의 용도는 매우 다양한데, 텍스트를 음성으로 자동적으로 변환하는 음성합성 기술과 음성을 텍스트로 자동적으로 변환하는 음성인식 기술을 개발하는데 있으며, 또한 언어학적인 가설을 확인하거나 언어학적 연구를 확고히 하기 위한 예를 찾고자 할 때 코퍼스를 이용할 수 있다(Leech/Fligelstone 1992 : 121ff.). 외에 사전편찬이나 언어교육과 기계번역 시스템의 구축, 철자 및 문법검사기 개발 등에도 코퍼스가 많이 활용되고 있다. 영국의 버밍햄(Birmingham) 코퍼스를 기반으로 한 Collins사의 코빌드(Cobuild) 사전은 사전편찬을 위한 기초자료로서 전산 코퍼스를 이용한다는 점에서 새로운 사전편찬방법론의 가능성을 제시한 것으로 평가될 수 있다(이민행 2005a).[7]

이제까지 논의한 바와 같이 언어학적인 정보가 전혀 들어 있지 않은 원시코퍼스(raw corpus)가 여러 가지로 활용되지만, 심도있는 언어학적인 연

---

7) 국내 독어학계의 경우, 주로 독일어 교육－정문용(2003), 이해윤(2003), 강병창(2005), 번역학 연구－안인경(2005), 안인경/강병창/최병진(2007), 독어학 연구－이민행(1999), 이해윤(2003)－등 세 가지 영역에서 코퍼스가 활용되고 있다. 이 연구논문들은 www.riss4u.net에서 다운로드가 가능하다.

구를 위해서는 다양한 언어학적인 정보를 포함하고 있는 코퍼스가 활용도가 더 높다. 어떤 유형 혹은 어떤 언어적 층위의 정보이든 언어학적인 정보가 부착되어 있는 코퍼스를 태깅된 말뭉치(tagged corpus) 혹은 주석코퍼스라고 부른다. 주석코퍼스는 부착된 정보가 어떤 언어적 층위에 속하느냐에 따라 다음의 [표 1]과 같이 분류된다.

[표 1] 주석 코퍼스의 종류

코퍼스의 유형	언어적 정보	구체적인 예
음성코퍼스	음성 및 음운정보	FR (IDS)
품사주석코퍼스	형태/품사정보	COSMAS II, Brown
구문코퍼스	구문정보	Negra, Tiger, Penn Treebank
의미코퍼스	의미정보	Salsa, FrameNet, GermaNet
담화코퍼스	담화정보	PCC, TüBa

음성 및 음운정보가 부착된 독일어 음성코퍼스 중의 하나는 독일어 연구소(IDS)에서 구축한 FR 코퍼스로서 593.335 어휘(39.889 개의 상이한 어휘) 규모와 총 68시간 대화분량이다. 이 코퍼스는 Hugo Steger 교수가 구축작업을 1960년에서 시작하여 1974에 마무리한 결과물이다. 아래의 (1)은 FR 코퍼스의 일부분으로 전사가 된 형태로서 웹상에 공개가 되어 있다.8)

(1) Interaktion FR023, Transkript
S3 : (Herr z+Kammer57+z) wie stehen sie sich mit ihren
      Regisseuren09?. sind das ihre Vorgesetzten36?. oder können
      sie sich ihren Anweisungen fügen7,+ wenn sie wollen09+, ?.

---

8) 이 대화자료는 http://dsav-wiss.ids-mannheim.de/DSAv/KORPORA/FR/FR_LIST.HTM에서 구할 수 있으며 검색이 가능하다. 사전등록이 필요하며 해당 대화번호를 클릭하면 아이디와 비밀번호를 입하도록 되어 있다.

S1 : / (ja8)

S2 : ein kluger Gedanke dazu6 (bitte6)

S3 : der Regisseur im Theater is ja schließlich so etwas Ähnliches
wie der Dirigent bei dem Orchester29

S1 : (ja8).

S3 : und da hat auch der Dirigent zu sagen09.

S1 : / +g+7

S3 : in diesem Zusammenhang wollt ich mal fragen7,+ ob sie eine
Rolle ablehnen können7 +, ,+ die ihnen ein5 ein Regisseur
zugedacht hat09 +, .

S1 : / (Ja7) ich glaube7 s+ wir wollen jetzt erst mal7

S2 : jetzt zusammennehmen9

......

위에 전사된 내용은 1961년에 베를린의 어떤 학교에서 Klaus Kammer
와 두 학생이 인터뷰한 대화의 시작부분이다.9)

품사주석 코퍼스는 개별 어휘들에 문법범주(part of speech, POS)만 부착
되어 있는 코퍼스로서, 코퍼스에 부가되는 언어학적인 정보들 중 가장 단
순하다 할 수 있다. 다음의 예는 대중소설 코퍼스에 주석으로 문법범주를
부착한 코퍼스 TrivLit 21의 일부이다.

(2) **형태정보 주석 코퍼스** TrivLit 21

Nicht	PTKNEG	nicht
einmal	ADV	einmal
keine	PIAT	kein
Prinzessin	NN	Prinzessin
sein	VAINF	sein
"	$(	"
Wir	PPER	wir

---

9) 이 대화의 녹음시간은 21분 2초이고 전사 매뉴얼은 별도로 제공된다.

haben	VAFIN	haben
alles	PIS	alle
besprochen	VVPP	besprechen
,	$,	,
meine	PPOSAT	mein
Liebe	NN	Liebe
.	$.	.
Du	PPER	du
kannst	VMFIN	können
mit	APPR	mit
den	ART	d
Reisevorbereitungen	NN	Reisevorbereitung
beginnen	VVINF	beginnen
.	$.	.
"	$(	"
Fürst	NN	Fürst
Hubertus	NE	Hubertus
nickte	VVFIN	nicken
seiner	PPOSAT	sein
Gemahlin	NN	Gemahlin
zu	PTKVZ	zu
und	KON	und
verließ	VVFIN	verlassen
das	ART	d
Damenzimmer	NN	Damenzimmer
im	APPRART	im
ersten	ADJA	erst
Stock	NN	Stock
des	ART	d
Schlosses	NN	Schloß
Argenstein	NE	Argenstein
.	$.	.

　본 연구서에서 중점적으로 논의하게 되는 구문코퍼스는 문장의 구조에 관한 정보를 담고 있는 코퍼스로서 다양한 통사현상을 연구하는데 활용될 수 있다. 세계 최초의 구문코퍼스는 미국 팬실베니아 대학에서 구축한 Penn Treebank로서 구문분석 결과를 언어학적인 전통에 따라 나무구조의 형태로 나타낼 수 있기 때문에 Treebank(Baumbank, 트리뱅크)라고 불린다. 독일어 구문코퍼스 TIGER의 경우 수형도상에 통사적인 범주와 문법기능을 모두 표시해 주는 것이 특징인데, 통사적인 범주는 교점에 표시가 되고 문법기능은 교점과 교점을 연결하는 가지위에 표시된다. 이런 점에서 어휘기능 문법과 공통점과 차이점을 지니는 것으로 볼 수 있다.

(3)

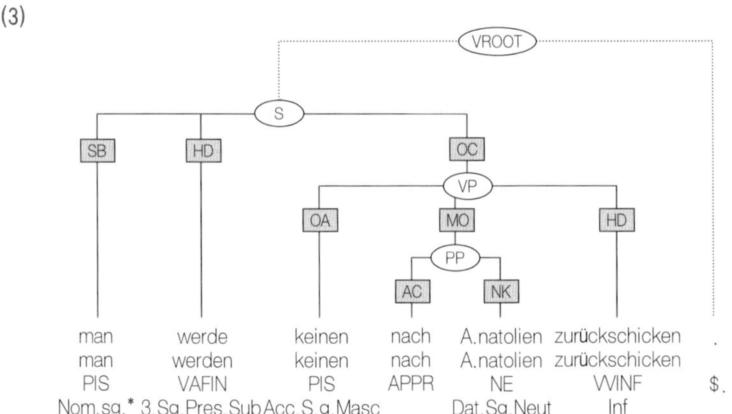

　위 수형도상에서 교점위에 표시된 S, VP, PP 등이 통사범주이고 가지위에 부착된 SB(주어), OA(직접목적어), MO(수식어) 등이 문법기능을 나타낸다. 위 수형도 (3)은 아래 문장 (4)에 대한 통사구조이고, (4)의 문장 뒤 T$_{1643}$은 코퍼스 TIGER 2.1에 속한 1,643번째 문장(sentence)라는 의미를 담고 있다. 그리고 (5)는 위 수형도에 표시된 모든 통사적인 정보를 담고 있는 원데이터베이스 기록이며 소위 수출형(Export-Format)이라는 형식으로 표현되어 있다[Lemnitzer/Zinsmeister 2006].

(4) man werde keinen nach Anatolien zurückschicken.   [T₁₆₄₃]

(5)
#BOS 1643 0 1091688826 1 %% @SB2AV@

man	man	PIS	Nom.Sg.*	SB	502
werde	werden	VAFIN	3.Sg.Pres.Subj	HD	502
keinen	keiner	PIS	Acc.Sg.Masc	OA	501
nach	nach	APPR	—	AC	500
Anatolien	Anatolien	NE	Dat.Sg.Neut	NK	500
zurückschicken	zurückschicken	VVINF	Inf	HD	501
.	—	$.	—	—	0
#500	—	PP	—	MO	501
#501	—	VP	—	OC	502
#502	—	S	—	—	0

#EOS 1643

위에 나타난 구범주와 문법기능들을 정리한 것이 아래의 [표 2]이다.

[표 2] 구범주 및 문법적 기능

구범주		문법기능	
AP	형용사구	HD	핵심어
S	문장	SB	주어
NP	명사구	OA	4격 목적어
PP	전치사구	OC	목적절
VZ	zu-부정사구	MO	수식어
VP	동사구	AC	격표지

Saarland 대학에서 구축한 Salsa 코퍼스는 Fillmore의 틀의미론 (Framesemantik)에 이론적 토대를 두어 문장의 각 요소에 의미역 정보를 부착한 의미정보 주석코퍼스이다. 아래의 수형도(6)과 그에 대한 정보를 담고 있는 원천데이터 (7)는 Salsa 코퍼스로부터 추출한 것이다.[10)]

(6)

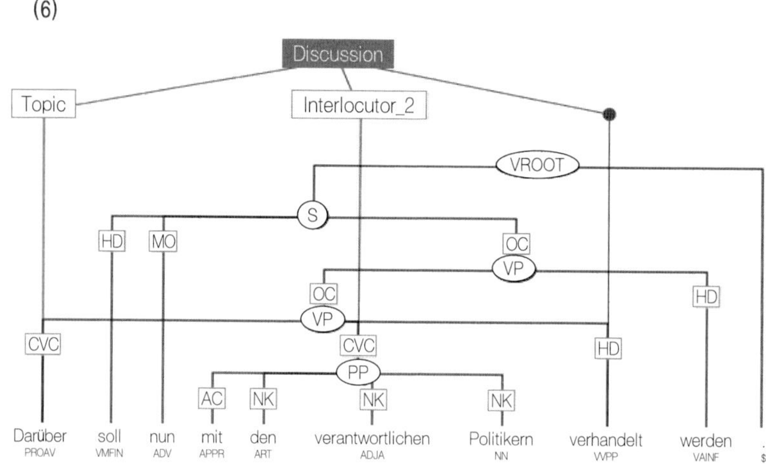

(7) # Salsa 코퍼스 문장 [T$_{22351}$] "Darüber soll nun mit den verantwortlichen Politikern verhandelt werden."에 대한 XML-형식의 데이터 (<sem>태그부터 </sem>태그까지가 틀의미론적인 정보)

<s id='s22351'>
  <graph root='s22351_503'>
   <terminals>
    <t word='Darüber' id='s22351_1' lemma='darüber' morph='—' pos='PROAV'/>
    <t word='soll' id='s22351_2' lemma='sollen' morph='3.Sg.Pres.Ind' pos='VMFIN'/>
    <t word='nun' id='s22351_3' lemma='nun' morph='—' pos='ADV'/>
    <t word='mit' id='s22351_4' lemma='mit' morph='—' pos='APPR'/>
    <t word='den' id='s22351_5' lemma='der' morph='Dat.Pl.Masc' pos='ART'/>

---

10) Salsa 코퍼스 데이터에 대해 웹사이트 'http://fnps.coli.uni-saarland.de:8080/query'에서 검색이 가능하다.

⟨t word='verantwortlichen' id='s22351_6' lemma= 'verantwortlich'
morph='Pos.Dat.Pl.
Masc' pos='ADJA'/⟩
⟨t word='Politikern' id='s22351_7' lemma='Politiker' morph
='Dat.Pl.Masc' pos='NN'/⟩
⟨t word='verhandelt' id='s22351_8' lemma='verhandeln'
morph='Psp' pos='VVPP'/⟩
⟨t word='werden' id='s22351_9' lemma='werden' morph=
'Inf' pos='VAINF'/⟩
⟨t word='.' id='s22351_10' lemma='--' morph='--' pos=
'$.'/⟩
⟨/terminals⟩
⟨nonterminals⟩
  ⟨nt cat='PP' id='s22351_500'⟩
    ⟨edge idref='s22351_4' label='AC'/⟩
    ⟨edge idref='s22351_5' label='NK'/⟩
    ⟨edge idref='s22351_6' label='NK'/⟩
    ⟨edge idref='s22351_7' label='NK'/⟩
  ⟨/nt⟩
  ⟨nt cat='VP' id='s22351_501'⟩
    ⟨edge idref='s22351_1' label='CVC'/⟩
    ⟨edge idref='s22351_500' label='CVC'/⟩
    ⟨edge idref='s22351_8' label='HD'/⟩
  ⟨/nt⟩
  ⟨nt cat='VP' id='s22351_502'⟩
    ⟨edge idref='s22351_501' label='OC'/⟩
    ⟨edge idref='s22351_9' label='HD'/⟩
  ⟨/nt⟩
  ⟨nt cat='S' id='s22351_503'⟩
    ⟨edge idref='s22351_502' label='OC'/⟩
    ⟨edge idref='s22351_2' label='HD'/⟩
    ⟨edge idref='s22351_3' label='MO'/⟩
  ⟨/nt⟩

```
          </nonterminals>
        </graph>
        <sem>
          <globals/>
          <frames>
            <frame name='Discussion' id='verhandeln_s22351_f1'>
              <target lemma='verhandeln'>
                <fenode idref='s22351_8'/>
              </target>
              <fe name='Interlocutor_2' id='verhandeln_s22351_f1_e1'>
                <fenode idref='s22351_500'/>
              </fe>
              <fe name='Topic' id='verhandeln_s22351_f1_e2'>
                <fenode idref='s22351_1'/>
              </fe>
            </frame>
          </frames>
          <usp>
            <uspframes/>
            <uspfes/>
          </usp>
          <wordtags/>
        </sem>
        <matches>
        </matches>
      </s>
```

튀빙엔대학에서 구축한 TüBa-D/Z 코퍼스는 담화정보를 부착한 코퍼스
로서 아래의 담화는 명사구들간의 공지시(Koreferenz) 관계에 대한 정보를
포함하고 있다.

(8)

a. Lebensgefährliche Körperverletzungen hat sich [₁ eine 88jährige Fußgängerin] bei einem Zusammenstoß mit [₂ einem Pkw] zugezogen.

b. [₁ Die Frau] hatte [₂ das Auto] beim Überqueren der Waller Heerstraße offensichtlich übersehen.

현재 TüBa-D/Z 코퍼스는 639,830 어휘(36,341 문장)규모로 구축되어 있고 담화정보와 함께 구문분석 정보도 가지고 있는 것이 특징이다.

다른 유형의 담화코퍼스는 포츠담대학에서 구축한 "포츠담 주석 코퍼스"(Potsdam Commentary Corpus, Pcc)인데 이 코퍼스는 각 문장에 대해 정보구조(Infomationsstruktur)에 대한 주석을 달고 있다. 아래의 예가 코퍼스를 검색한 결과를 보여준다.11)

(9)

	Heute	ist	mir	was	ganz	tolles	passiert	.
words	Heute	ist	mir	was	ganz	tolles	passiert	.
phones	heU t@	Ist	mI6	vas	gans	tO 1@s	pa sI6t	
stress	1					1	1	
accent					1	1		
php	PP							
ip	IP							
int-tones					L*+H	H*+ L		Li
morph	heute	ist	mir	was	ganz	toll-es	passiert	
pos	ADV	VAUX	PRONPRS	PRON	ADV	A	VINTR	
gloss	today	be:3.SG	1.SG.DAT	something: N.SG[NOM]	totally	fantastic -N.SG[NOM]	happen: PTCP.PRF	
trans	Something totally fantastic has happened today to me.							
cs1								
cs2								
cs3			NP-IO-EXP	NP-SUBJ-THEME			V	
cs4	S-MAIN							
infostat			ACC-SIT	NEW				
defp			U	SP				
c			C	C				
a			H	I				
topic	FS							
focus	NF-UNSOL							
focus								

---

11) Pcc 코퍼스는 독일 신문 "Märkische Allgemeine Zeitung" 기사에서 추출한 173 개 텍스트(2,195 문장, 32,962 어휘)로 구성되어 있다.

독일어 담화내의 문장 "Heute ist mir was ganz tolles passiert."의 정보구조에 대한 위의 주석결과를 살펴보면, 주제(topic)는 "heute"이고 초점(focus)은 문장전체로 해석된다. 여기서 주제는 "FS" 표지를 달고 있기 때문에 "틀설정(Framesetting)" 주제로 이해되고, 초점은 "NF-UNSOL" 표지를 달고 있어 "유발되지 않은 새정보(unsolicited new-information focus)" 초점으로 분석된다. 맥락에 의해 "유발된 새정보(solicited new-information focus, nf-sol)"의 예는 아래의 예에서 처럼 주어진 질문에 대한 답으로 발화되는 문장에 나타나는 것으로 해석된다(Ritz et al. 2008 : 3).

(10) [Who]$_{nf}$ is reading a book? [Mary]$_{nf-sol}$ is reading a book.

이 코퍼스에 대해 웹(http://korpling.german.hu-berlin.de/Annis/)상에서 질의가 가능하게 설계되어 있다. 이제까지 논의한 "포츠담 주석 코퍼스"(Pcc)는 개별 문장에 대한 정보구조(Infomationsstruktur)외에도 공지시 관계에 대한 정보를 부착하고 있는데 아래의 예가 XML-형식으로 작성된 코퍼스의 한 부분이다. 일반적으로 담화코퍼스의 주석작업과 관련하여 담화내에서 공지시 관계를 이룰 수 있는 잠재적인 선행사와 이 선행사를 취하는 요소들에 "markable"이라는 표지를 붙여 주석을 한다.12)

아래의 예는 담화상에서의 공지시 관계를 표상한 코퍼스의 원천데이터이다.

(11)
- <markables xmlns="www.eml.org/NameSpaces/primmark>

......
<markable id="markable_100036" span="word_36" phrase_type="np"

---

12) Chiarcos/Krasavina(2005) 참조.

```
    anaphor_antecedent="markable_24" type="anaphoric" complex
_np="no" np_form="ppos" referentiality="referring" grammatical
_role="other" ambiguity="not_ambig" anaphor_type="anaphor
_nominal" dir_speech="text_level" />

⟨markable id="markable_24" span="word_32..word_39" phrase_type
    ="np" anaphor_antecedent="empty" type="none" complex_
    np="yes" np_form="defnp" referentiality="discourse-new"
    grammatical_role="sbj" ambiguity="not_ambig" dir_speech=
    "text_level" />

⟨markable id="markable_100059" span="word_59" phrase_type=
    "np" anaphor_antecedent="markable_100036" type="anaphoric"
    complex_np="no" np_form="pper" referentiality="referring"
    grammatical_role="sbj" ambiguity="not_ambig" anaphor_type
    ="anaphor_nominal" dir_speech="text_level" />
```

위에 제시된 공지시 주석 코퍼스의 한 부분 (11)는 아래 (13)에 소개되
는 텍스트를 어휘단위로 나누어서 각 어휘에 지표를 달아 놓은 다음 (12)
와 같은 코퍼스를 바탕으로 하고 있다.

(12)
```
⟨words⟩
⟨word id="word_1"⟩Die⟨/word⟩
⟨word id="word_2"⟩nächste⟨/word⟩
⟨word id="word_3"⟩Förderwelle⟨/word⟩
⟨word id="word_4"⟩rollt⟨/word⟩
⟨word id="word_5"⟩auf⟨/word⟩
⟨word id="word_6"⟩Brandenburg⟨/word⟩
⟨word id="word_7"⟩zu⟨/word⟩
⟨word id="word_8"⟩.⟨/word⟩
⟨word id="word_9"⟩Mehr⟨/word⟩
```

```
<word id="word_10">als</word>
<word id="word_11">20</word>
<word id="word_12">Millionen</word>
<word id="word_13">Mark</word>
<word id="word_14">sollen</word>
<word id="word_15">in</word>
<word id="word_16">den</word>
<word id="word_17">kommenden</word>
<word id="word_18">Jahren</word>
<word id="word_19">im</word>
<word id="word_20">Rahmen</word>
<word id="word_21">des</word>
<word id="word_22">Zis-Programmes</word>
<word id="word_23">in</word>
<word id="word_24">die</word>
<word id="word_25">Sanierung</word>
<word id="word_26">und</word>
<word id="word_27">Belebung</word>
<word id="word_28">der</word>
<word id="word_29">Innenstadt</word>
<word id="word_30">fließen</word>
<word id="word_31">.</word>
<word id="word_32">Die</word>
<word id="word_33">13</word>
<word id="word_34">Projektbündel</word>
<word id="word_35">mit</word>
<word id="word_36">ihren</word>
<word id="word_37">insgesamt</word>
<word id="word_38">140</word>
<word id="word_39">Einzelvorhaben</word>
<word id="word_40">sind</word>
<word id="word_41">ein</word>
<word id="word_42">heller</word>
```

```xml
<word id="word_43">Hoffnungsschimmer</word>
<word id="word_44">für</word>
<word id="word_45">das</word>
<word id="word_46">von</word>
<word id="word_47">Wegzug</word>
<word id="word_48">und</word>
<word id="word_49">wirtschaftlicher</word>
<word id="word_50">Depression</word>
<word id="word_51">gebeutelte</word>
<word id="word_52">"</word>
<word id="word_53">Aschenputtel</word>
<word id="word_54">der</word>
<word id="word_55">Mark</word>
<word id="word_56">"</word>
<word id="word_57">.</word>
<word id="word_58">Werden</word>
<word id="word_59">sie</word>
<word id="word_60">verwirklicht</word>
<word id="word_61">und</word>
<word id="word_62">gelingt</word>
<word id="word_63">es</word>
<word id="word_64">der</word>
<word id="word_65">nächsten</word>
<word id="word_66">Stadtregierung</word>
<word id="word_67">,</word>
<word id="word_68">das</word>
<word id="word_69">Debakel</word>
<word id="word_70">um</word>
<word id="word_71">die</word>
<word id="word_72">gescheiterte</word>
<word id="word_73">Ansiedlung</word>
<word id="word_74">am</word>
<word id="word_75">Neustadt-Markt</word>
```

```xml
<word id="word_76">zu</word>
<word id="word_77">überwinden</word>
<word id="word_78">,</word>
<word id="word_79">hat</word>
<word id="word_80">Brandenburg</word>
<word id="word_81">gute</word>
<word id="word_82">Aussichten</word>
<word id="word_83">,</word>
<word id="word_84">wieder</word>
<word id="word_85">auf</word>
<word id="word_86">die</word>
<word id="word_87">Beine</word>
<word id="word_88">zu</word>
<word id="word_89">kommen</word>
<word id="word_90">und</word>
<word id="word_91">vor</word>
<word id="word_92">allem</word>
<word id="word_93">ein</word>
<word id="word_94">besseres</word>
<word id="word_95">Image</word>
<word id="word_96">zu</word>
<word id="word_97">gewinnen</word>
<word id="word_98">.</word>
<word id="word_99">Das</word>
<word id="word_100">innerhalb</word>
<word id="word_101">von</word>
<word id="word_102">Zis</word>
<word id="word_103">geplante</word>
<word id="word_104">City-Management</word>
<word id="word_105">ist</word>
<word id="word_106">ein</word>
<word id="word_107">wesentlicher</word>
<word id="word_108">Motor</word>
```

```
〈word id="word_109"〉dabei〈/word〉
〈word id="word_110"〉.〈/word〉
〈word id="word_111"〉Dass〈/word〉
〈word id="word_112"〉es〈/word〉
〈word id="word_113"〉Menschen〈/word〉
〈word id="word_114"〉gibt〈/word〉
〈word id="word_115"〉in〈/word〉
〈word id="word_116"〉dieser〈/word〉
〈word id="word_117"〉Stadt〈/word〉
〈word id="word_118"〉,〈/word〉
〈word id="word_119"〉die〈/word〉
〈word id="word_120"〉etwas〈/word〉
〈word id="word_121"〉bewirken〈/word〉
〈word id="word_122"〉können〈/word〉
〈word id="word_123"〉,〈/word〉
〈word id="word_124"〉hat〈/word〉
〈word id="word_125"〉die〈/word〉
〈word id="word_126"〉Umsetzung〈/word〉
〈word id="word_127"〉des〈/word〉
〈word id="word_128"〉jetzt〈/word〉
〈word id="word_129"〉ausgelaufenen〈/word〉
〈word id="word_130"〉Urban-Programmes〈/word〉
〈word id="word_131"〉gezeigt〈/word〉
〈word id="word_132"〉.〈/word〉
......
......
〈/words〉
```

앞서의 공지시 주석코퍼스의 한 부분 (11)는 아래에 제시된 텍스트의
공지시 관계에 대한 주석을 담고 있다.

(13)

> Die nächste Förderwelle rollt auf Brandenburg zu. Mehr als 20 Millionen Mark sollen in den kommenden Jahren im Rahmen des Zis-Programmes in die Sanierung und Belebung der Innenstadt fließen. <u>Die 13 Projektbündel mit ihren</u>[1] <u>insgesamt 140 Einzelvorhaben</u>[2] sind ein heller Hoffnungsschimmer für das von Wegzug und wirtschaftlicher Depression gebeutelte "Aschenputtel der Mark". Werden <u>sie</u>[3] verwirklicht und gelingt es der nächsten Stadtregierung, das Debakel um die gescheiterte Ansiedlung am Neustadt-Markt zu überwinden, hat Brandenburg gute Aussichten, wieder auf die Beine zu kommen und vor allem ein besseres Image zu gewinnen. ···

위 텍스트내에 [1]로 표기된 대명사 "ihren"과 [2]로 표기된 명사구 "die ···Einzelvorhaben"이 공지시 관계를 이루고, 이 둘은 [3]으로 표기된 대명사 "sie"와 공지시 관계를 이룬다. 정리하자면 세 언어표현들간에는 다음과 같은 공지시 사슬(Koreferenz Kette)이 설정될 수 있다.

(14) **공지시 사슬**

M24	→	M100036	→	M100059
word_32..word_39		W36		W59
Die ··· Einzelvorhaben		ihren		sie

1.3 구문문법의 특성

지난 20여년 동안 Fillmore(1988), Croft(2001), Goldberg(1995, 2006)와 Tomasello(2003)와 같은 학자들은 여러 연구저술들을 통해 생성문법(Generative Grammatik)의 대안적 이론을 제안하는 노력을 계속해 왔다. 이들은 언어학적 연구가 결국은 형태와 의미간의 관계를 규명하는 것이라는 점에 주목을 하고 소쉬르의 구조주의로 되돌아가 언어기호의 본질적 속성을 탐구할 것을 제안한다. 이들이 공통적으로 "구문(Konstruktion)"이나 "구문문법(Konstruktionsgrammatik)"이라는 개념을 즐겨 사용하지만, 이들에 의해 제안된 문법이론들은 제각기 나름의 언어구조분석방법을 제시하기 때문에 일관된 언어기술방식을 구문문법들내에서 찾아내기란 쉽지 않다. 그럼에도 불구하고 구문문법을 지향하는 모든 이론들이 공유하는 생각은 개별 언어란 형태–의미 쌍(Form-Bedeutungspaaren)으로 구성된 기호들의 집합이며, 이 기호들은 어휘적 층위를 넘어서서 문장층위에서도 발견된다는 입장이다 (Fischer/Stafanowitsch 2006). 따라서 구문문법적 언어관에서는 한 개별언어의 구조를 기술하기 위해서는 "구문(Konstruktion)"이라 명명되는 그러한 기호들의 목록을 기술하는 작업수준에 머무르면 되는 것이며 변형(Transformation)이나 원리(Prinzip)들은 존재하지 않는다. 언어체계는 어휘부로부터 관용구적인 혹은 반관용구적인 언어복합체를 지나 추상적인 문법구조에 이르는 연속체로서 간주된다. 구문문법내에서 모든 층위의 형태와 의미는 언어기호 단위를 구성하므로 직접 서로 연결되어 있는 것으로 가정된다. 구문문법을 제대로 이해하기 위해서는 세 가지 주요 흐름을 구분해야 한다. 첫째는 버클리대학에서 Charles Fillmore와 Paul Kay에 의해 개발된 이론으로서 의미론적으로 소위 틀의미론(Framesemantik)과 연계되어 있다. 이 이론에서 통사구조를 보는 관점은 핵심어중심 구구조문법(HPSG)와 맥이 닿는다. 이런 점에서 크게 보아 생성문법의 하나로 간주될 수 있다.

두 번째로는 George Lakoff과 Adele Goldberg에 의해 제안된 모형인데 이 이론은 인지문법에 토대를 두고 있으며 의미론적으로는 역시 틀의미론을 수용하는 동시에 생성의미론과도 맥이 닿아 있다. 또한 이 이론은 Jackendoff의 개념의미론(konzeptuelle Semantik)과 연결되어 있기도 하다. 세 번째 흐름은 유형론적인 기반을 가진 이론으로서 주창자들은 이 이론을 "극단적 구문문법(Radikale Konstruktionsgrammatik)"이라 명명한다(Croft

2001). 이 이론은 그 원리에 있어서는 Langacker의 인지문법과 동일하며 언어비교적인 관점을 중요시한다는 점에서만 차별성을 보인다고 할 수 있다.

위에서 정리한 세 가지 상이한 흐름의 구문문법은 "구문"이라는 개념을 중심으로 하는 공통점에도 불구하고 특수한 이론적 기본가정, 데이터 및 중점을 두는 언어현상들에 있어 차이를 보인다.13)

결론적으로, 모든 구문문법이 공유하는 기본가정은 다음 네 가지이다. 첫째, 한 언어의 구조는 전적으로 언어적 기호들의 형태로 기술될 수 있다. 여기서 언어적 기호란 소쉬르적 의미에서 형태-의미 쌍을 지칭하는 것으로 "구문"이라 명명된다. 둘째, 어휘부와 문법은 하나의 연속체를 형성함으로써 서로 분리될 수 있는 것이 아니다. 곧, 언어기호들은 상호간에 체계적으로 기술가능한 관계를 가지기 때문에 구조화된 목록으로 간주될 수 있다. 셋째, 문법은 모듈적이지도 않고 유도가능하지도 않다. 넷째, 언어에 고유한 선천적인 지식은 존재하지 않는다. 구문문법들은 이러한 네 가지 기본가정을 따름으로써 그렇지 않은 생성문법계열의 문법이론들과 구분된다(Fischer/Stafanowitsch 2006 참조).

지금까지 논의한 바와 같이, 문법은 언어기호 혹은 "구문"의 목록으로만 이해되어도 충분하다는 것이 구문문법의 근본가정이다. 따라서 한 언어의 문법을 정확히 기술하기 위해서는 그 언어가 가지고 있는 "구문"의 목록을 작성할 필요가 있다. 다시 이 과제를 수행하기 위해서 "구문"의 정의부터 살펴볼 필요가 있다. 구문문법의 제안자 중의 한 사람인 Lakoff에 따르면 "구문"은 다음과 같이 정의된다.

(15)
각 구문은 형태-의미쌍 (F, M)으로 정의될 수 있는데, 여기서 F는 통사적,

---

13) Jacobs(2009)는 문법이론내에서 '구문' 개념이 차지하는 위치와 기능에 대해 독일어를 예로 들어 논의한다. 그리고 Engelberg(2007)는 구문변이형과 연관되는 어휘의미의 다의성을 사전편찬에 반영하는 방안을 제안한다.

음운로적 형태에 대한 (적형)조건들의 집합이고 M은 의미 및 사용에 대한 (적형)조건들의 집합이다.14)

또 다른 제안자인 Goldberg의 경우, 하나의 언어기호가 "구문"으로 간주되기 위한 조건의 하나로 "비합성성(Nicht-Kompositionalität)"을 추가한다 :

(16)
형태-의미 쌍 $\langle F_j,\ S_i \rangle$으로서 C는 F_j의 일부 속성이나 S_i의 일부 속성이 C의 구성요소나 이미 설정된 다른 구문들로부터 예측될 수 없을 경우에만 하나의 "구문"이 된다.15)

Goldberg의 입장을 따라 "비합성성(Nicht-Kompositionalität)"을 언어기호가 "구문"이 될 수 있는 조건으로 부과한다면 "구문"이라는 개념하에 포괄될 수 있는 언어기호 혹은 언어현상은 제한적일 수 밖에 없다. 더 나아가 "합성성원리"를 배제한 언어이론은 "언어경제성"이라는 언어의 기본 원리를 반영하지 못하는 문제점을 가진다. 이런 맥락에서 구문문법의 또 다른 주창자인 Kay가 "구문"을 두 가지 유형으로 구분한 것은 매우 적절한 태도라 할 수 있다. Kay가 설정한 한 가지 "구문" 유형은 "그 형태가 일반적인 원리에 따라 어떤 개별 문법에 속하는 보다 작은 단위들을 조합함으로써 생성될 수 없는 환원불가능한 문법구문(irreducible grammatical constructions, that is, constructions whose form cannot be produced by combining smaller units of the grammar according to general principles)"이고 다른 "구문" 유형은 반드시 비합성적인 필요가 없는, 곧 합성성원리를 준수하는 구문이다(Kay 2003 :

---

14) "Each construction will be a form-meaning pair (F,M) where F is a set of conditions on syntactic and phonological form and M is a set of conditions on meaning and use." (Lakoff 1987 : 467)
15) "C is a construction iffdef C is a form-meaning pair $\langle Fj,\ Si \rangle$ such that some aspect of Fj, or some aspect of Si is not strictly predictable from C's component parts or from other previously established constructions." (Goldberg 1995 : 4)

694). Langacker(1987)도 "비합성성"을 "구문"의 정의안에 구분기준으로 삼는 것을 명시적으로 거부하는 입장에 선다.

Kay의 입장을 받아들여 구문개념을 확대할 경우, 구문에 속할 수 있는 언어기호들은 다음에 열거되는 바와 같이 다양한 언어층위를 포괄하게 된다(Fischer/Stafanowitsch 2006 참조).

(17)
- 형태론 층위
  ‣ [ver-V]/DISTRIBUTIV(vergeben, verschicken, verschütten, verstreuen, verteilen) 구문
  ‣ [N-e]/PLURAL 구문
- 다어휘 층위
  ‣ 속담/격언(Geben ist seliger denn Nehmen)
  ‣ 관용구(sich geschlagen geben)
- 통사적 층위
  ‣ 수여동사구문(Hans gab Maria ein Buch)

이처럼 여러 가지 유형의 "구문"을 가정할 경우 문장 "Maria schickte Hans einen Brief" 안에 주어-동사-구문(Subjekt-Prädikat-Konstruktion)과 수여동사구문(Ditransitivkonstruktion), 과거시제구문(Präteritum-Konstruktion), 두 가지 상이한 명사구구문(Nominalphrasenkonstruktionen : [NP NEigenname], [NP Det Acc N])과 어휘층위 구문([Maria], [Hans], [Brief], [ein-], [schick-])이 관여되어 있는 것으로 구문문법적으로 분석할 수 있다.

독일내에서는 구문문법과 관련한 연구성과를 공유하기 위한 노력의 일환으로 다수의 연구자들이 독일연구재단(DFG)의 재정적인 지원을 받아 구문문법 연구자 네트워크를 구축하고 그 결과를 웹사이트(http://nats-www. informatik.uni-hamburg.de/view/CxG/)에 공개하고 있다.

아래의 스크린샷은 홈페이지의 일부이다.

[그림 4] CxG 웹사이트

이 독일 구문문법 커뮤니티에서 제공하는 흥미있는 연구자료 중의 하나는 "구문 데이터베이스(Constructions Database)"인데, 이 DB는 각 연구자가 자신이 연구한 구문에 관한 여러 층위의 정보를 정리해 놓은 결과물이다. 이 데이터베이스에 기록된 독일어와 영어 구문의 목록은 아래와 같다.

(18)

Mensch Konstruktion
Vergewisserungssignal weisst du wissen Sie
As goes so goes–Construction
as–predicative
ConativeConstruction
Declarative Request
Had Best Construction
Had better–Construction
IndirectSpeechact Construction
Just Because Doesn't Mean Construction
Particle Verb Construction
Resultative Construction
Swarm Construction
Uptaking Construction
Wherewithal Construction

영어 결과구문(Resultative Construction)에 대한 DB 항목을 브레멘 대학의 Stefan Müller 교수는 이 구문의 용례, 통사론적 제약 및 의미론적 제약에 대해 다음과 같이 기술하고 있다.

(19)

    a. The gardener watered the flowers flat.

    b. The Resultaitve Construction consists of a verb, an element with object properties and a predicate that predicates over this object.

    c. If we have X V Y Pred, the meaning is cause($V(X)$, become (Pred(Y)) (assuming an intransitive V in the construction).

위 (19a)는 영어 결과구문의 용례이고 (19b)는 결과구문에 대한 통사론적 제약이다. 이 제약에 따르면 결과구문은 동사(V)와 목적어 및 목적어를 수식하는 술어로 구성된다. 의미론적 제약 (19c)에 따르면, 결과구문의 경우 주어의 X의 어떤 행위 V가 목적 Y의 상태가 변화를 경험하게 한다는 의미를 생성한다.

1.4 전산 구문문법적 연구절차

전산 구문문법은 여러 단계를 거쳐 언어학적인 분석결과를 얻어내는데, 3단계로 이루어진 연구수행 절차를 도식화하면 (20)과 같다.

(20)
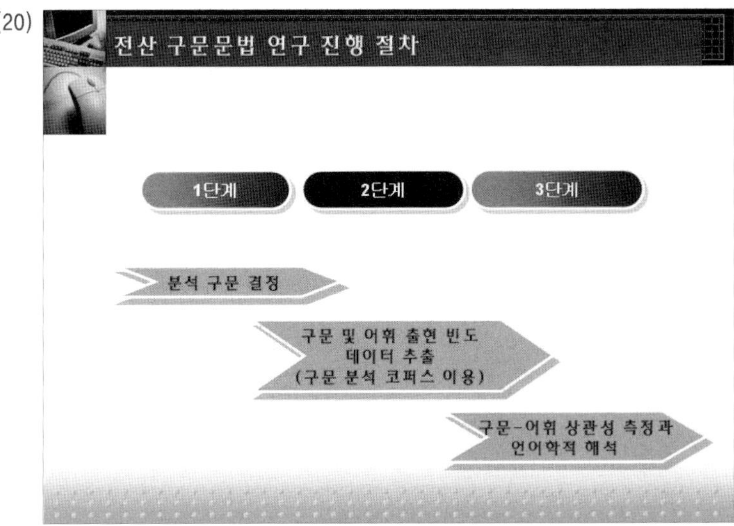

위에 제시된 3단계 연구방법론을 따라 수행된 연구내용을 하나 살펴봄
으로써 전산 구문문법적 연구가 어떠한 것인지를 보이고자 한다. 이를 위
해 공연구조적 연구방법론의 공동 제안자인 Stefanowitsch의 연구에 대
해 논의하기로 한다.16)

첫 단계로, Stefanowitsch는 독일어의 haben+zu-부정사(Infinitiv) 구
문을 분석 대상으로 결정한다.

(21) a. Die 1500 Beschäftigten des von ihm befehligten Bosch-Werkes
      in Ansbach *hatten zu* gehorschen ⋯ [LIM 072]
    b. Die Preisentwicklung *hat* mit der Politik des Bundesregierung
      überhaupt nichts *zu* tun! [LIM 346]
    c. Als die Eltern der beiden Jungen abends alleine sind,
      haben sie sich natürlich vieles *zu* berichten. [LIM 488]

---

16) Stefanowitsch 2006, "Konstruktionsgrammatik und Korpuslinguistik"에서 이 구문
   에 대해 논의하고 있다.

예문 (a)-(c)의 통사적 틀은 "NP1 - haben - ⋯ - zu - Verb"이다.
두 번째 단계로, 위의 통사적 틀을 문맥으로 하여 출현하는 동사들의 빈도수를 코퍼스로부터 추출한다. 이 연구에서는 구문분석 정보는 포함되어 있지 않은 LIMAS 코퍼스가 사용되었다. 그 결과는 다음 (22)와 같다.

(22)

abgeben	7
veranlassen	4
tragen	7
sorgen	4
erfolgen	7
erfüllen	4
erwarten	3
verantworten	3
kämpfen	3
leiden	3
schaffen	3
unterscheiden	3
beschließen	2

세 번째 단계는 위의 빈도수와 구문의 출현빈도, 코퍼스의 전체 어휘규모 등을 고려하여 구문과 어휘간의 상관성을 통계 프로그램을 이용하여 측정한다. 일반적으로 상관성을 측정할 수 있는 기준은 여러 가지가 있으나 이 연구에서는 Fisher-Yates-Test 값을 사용하고 있으며 그 결과는 다음의 (23)과 같다.

(23)

abgeben	7,22E-07
veranlassen	1,02E-04
tragen	3,11E-04
sorgen	4,69E-04
erfolgen	7,86E-04

erfüllen	2,78E-03
erwarten	3,77E-03
verantworten	3,77E-03
kämpfen	8,73E-03
leiden	8,73E-03
schaffen	8,73E-03
unterscheiden	1,02E-02
beschließen	1,02E-02

위 표에 제시된 동사들 외에도 *bewältigen, einberufen, eintragen, erstatten, fassen, laden, standhalten, wahrnehmen, berücksichtigen, setzen, wählen, aufstellen, beantragen, bedenken, bewegen, prüfen, überwachen, befassen, suchen*과 같은 동사들이 이 구문과 높은 상관성을 보이는 것으로 나타난다. 이어서 통계치 측정 결과 특정한 구문과 상관성이 높은 것으로 판명된 어휘들이 어휘들이 의미론적으로 어떤 부류에 속하는 지를 분석한다. Stefanowitsch에 따르면, 독일어의 haben-zu＋부정형(Infinitiv) 구문과 상관성이 높은 동사부류는 '틀(Frames)'과 연관되는 동사들인데, *abgeben, veranlassen, erfolgen, erfüllen, eintragen, erstatten, berücksichtigen, beantragen, prüfen, befassen*과 같은 동사들은 '관청 틀(Behörden-Frames)'과 깊이 연관되며 *beschließen, einberufen, wählen, aufstellen*과 같은 동사들은 '정치 틀(Politik-Frames)'과 깊이 연관된다. 이러한 사실은 독일어의 haben＋zu-부정사 구문이 매우 특별한 의미를 지니고 동시에 매우 특수한 사용조건을 가지고 있다는 점을 보여준다(Stefanowitsch 2006 : 167).

1.5 TIGERSearch 2.1의 검색문법

앞서 논의한 바와 같이 TIGER 코퍼스에는 4만개가 넘는 독일어 문장에 대한 통사구조 정보가 들어있다.17) 이 정보는 독일어의 통사적 현상을 기술하거나 설명하는데 있어 매우 유용하게 활용될 수 있다. 이처럼 구문분석 코퍼스를 언어학적인 연구를 위해 이용하기 위해서는 해당 코퍼스로부터 연구대상으로 삼고자 하는 언어데이터를 적절히 추출하는 단계가 선행되어야 하는데, 이 단계에서 필요한 것이 검색도구이다. 이 절에서는 Stuttgart대학에서 개발된 TIGERSearch 2.1이라는 검색도구를 이용해 언어데이터를 추출하는 방법을 소개하고자 한다. 검색도구 TIGERSearch를 이용하여 TIGER 코퍼스로부터 정보를 추출하기 위해서는 먼저 TIGER 코퍼스를 색인(Indexing)하는 작업이 선행되어야 하는데(König et al. 2003 : 135), 이 색인작업은 TIGERSearch와 함께 개발된 TIGERRegistry라는 색인도구를 통해 이루어진다.

이제 검색도구 TIGERSearch 2.1에서 정의되는 검색문법에 대해 살펴보자. 다음의 예 (24)를 TIGER 코퍼스에서 검색하기 위해 검색창에 아래의 (25)와 같이 입력한 후에 검색버튼을 누르면 검색결과가 수형도로 제시된다.18)

> (24) Bevor das Präparat nicht sorgfältig untersucht worden sei, sei
>   vom Gebrauch "dringend abzuraten.   [T₇₉₂₀]
> (25) [word="nicht"].[word="sorgfältig"]

---

17) 이 절의 논의는 이민행(2008)에 기초하고 있다.
18) TIGERSearch 2.1을 이용하여 검색을 하면, 각 용례 앞에 코퍼스 내 문장번호(예 : s7920)가 콜론(:) 기호와 붙는다. 시각적인 효과를 위해 이 연구서에는 문장번호를 코퍼스 명칭의 머리글자 'T'와 함께 대괄호 안에 담아서 문장의 끝에 위치시킨다.

위 검색식 (25)는 어휘 "nicht"와 어휘 "sorgfältig"가 인접해 나타나며 동시에 전자가 후자에 선행하는 문장을 검색하기 위한 형식이다. 이렇게 추출된 용례와 함께 제공되는 수형도는 아래와 같다.

(26)

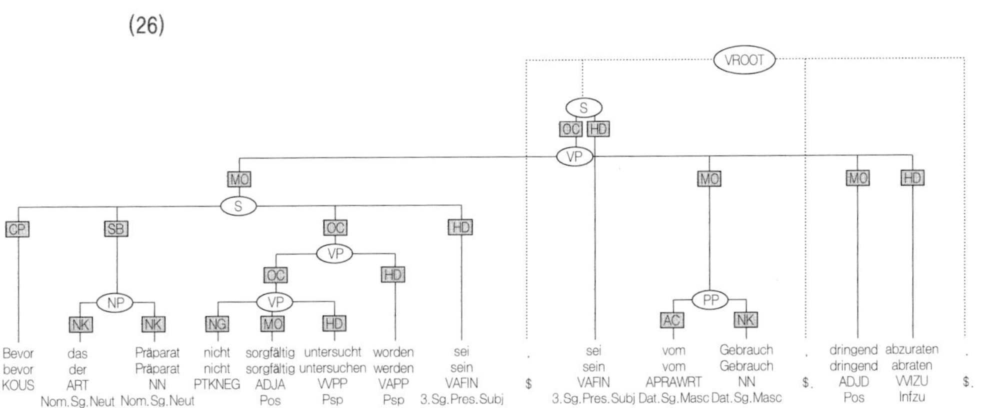

형식문법적인 개념에서 선형관계(Lineare Präzedenz)를 표현하는 2항 연산자가 " . "이다. 일반적으로 문장의 통사적인 구조를 기술하기 위해서 구성성분들간의 관할관계(Dominanz-Relation)가 선형관계와 더불어 사용되는데, TIGER 검색문법에서는 이 관할관계를 다음 검색식 (27a)에서와 같이 2항 연산자 " 〉"를 이용한다.

(27) a. [cat = "S"] 〉 [pos = "PRF"]
　　 b. [cat = "S"] 〉OA [pos = "PRF"]

위에서 검색식 (27a)는 "S"라는 구범주가 "PRF"(재귀대명사)라는 어휘범주를 관할하는 문장들을 검색하기 위한 형식이다. 이 형식에 적합한 문장은 총 2,919개가 검색된다. 위 (27b)는 "S"라는 구범주가 "PRF"(재귀대명사)라는 어휘범주를 관할하는 문장들 중에서 재귀대명사가 "S"의 "OA", 곧

직접목적어 기능을 갖는 경우로 검색결과를 제한하기 위해 사용하는 형식
으로서, 이 형식을 사용할 경우 2,661개의 문장이 검색된다. 검색식
(27b)를 다음의 검색식 (28)과 같이 변수를 도입함으로써 일반화된 형식
으로 바꾸어 표현할 수도 있다(Eisenberg et al. 2005 : 84). 두 검색식의 검색
결과는 동일하다.

```
(28) #1:[cat = "S"] &
     #2:[pos = "PRF"] &
     #1 〉OA #2
```

위 검색식에서 #1과 #2가 변수로서 각각 [cat = "S"]과 [pos = "PRF"]
를 가리키는데, 변수를 도입할 경우 변수로 표현되는 구성성분들간의 관
계를 다양하게 표현할 수 있다는 장점을 가진다. 이 검색식에 나타나는 다
른 2항 연산자 "&"는 연접연산자로서 두 개의 조건을 연결시키는 기능을
한다. 아래의 예는 구성성분 문장이나 재귀대명사외에 구성성분 정동사
(VVFIN)와 관련된 조건을 추가하는 검색식이다.

```
(29) #1:[cat = "S"] &
     #2:[pos = "PRF"] &
     #1 〉OA #2 &
     #3:[pos = "VVFIN"] &
     #1 〉HD #3
```

위 검색식에 따라 정동사는 문법적으로 문장의 핵심어(HD) 기능을 한
다. 이 검색식을 적용할 경우 검색결과는 더 줄어들어 2,653개 문장이 된
다. 이렇게 정동사가 검색조건으로 추가됨으로써 우리는 추출된 검색결과
로부터 재귀대명사와 정동사간의 연어관계를 통계적인 데이터로 산출할
수 있게 된다. 다음 (30)은 검색도구 TIGERSearch 2.1에서 제공되는 통

계처리도구를 써서 산출한 직접목적어 기능을 하는 재귀대명사와 정동사 간의 연어관계에 대한 통계이다.[19]

(30)

PRF[OA]	동사	빈도
sich	zeigen	94
sich	handeln	88
sich	befinden	78
sich	fühlen	62
sich	halten	54
sich	stellen	53
sich	setzen	52
sich	sprechen	49
sich	richten	43
sich	äußern	42
sich	ergeben	38
sich	wenden	38
sich	bemühen	35
sich	beteiligen	32
sich	machen	31
sich	sehen	30

위 표에 따르면 동사 *zeigen, handeln, befinden*과 *fühlen* 등이 재귀대명사와 함께 많이 쓰임을 알 수 있다.

어휘범주 "PTKNEG"이 나타나는 문장을 검색하기 위한 아래의 검색식 (31a)에는 부정을 표현하는 접두연산자 "!"가 쓰이고 있다. 곧 이러한 문장중에서 어휘 "nicht"가 나타나지 않는 문장을 찾아내기 위한 것이다.

(31) a. [pos = "PTKNEG" & word = !"nicht"]
     b. [pos = "PTKNEG"]

---

19) 여기에 출현빈도가 30이상인 경우만 제시한다.

검색식 (31a)에 의해 151개 문장이 검색결과로 추출된다. 이들 문장에는 어휘범주로서 "PTKNEG"을 가진 어휘로 어휘 "Nicht"(대문자)나 "nich"(구어적 표현)가 나타난다. 반면 검색식 (31b)에 의해서는 5,294개 문장이 검색된다.

(32) #x:[cat="S"] 〉SB [ ] & #x 〉OA [ ]

위 (32)는 "S"라는 구범주가 주어와 직접목적어를 동시에 관할하는 문장(16,028개)을 찾아내기 위한 검색식이다. 이 식에서 기호 "[ ]"는 논항자리를 표시하기 위한 임의의 변수로 쓰이고 있다.

과거분사(VVPP)가 전장으로 선치되는 현상과 관련한 언어자료를 추출하기 위해 사용된 검색식은 다음의 (33)과 같다.

(33) (#a:[pos = "VVPP"] . #b:[pos = "VAFIN"]) &
     (#c:[cat = "S"] 〉@1 #a) &
     (#c 〉HD #b)

위 검색식에서 첫 줄은 변수 #a로 표시된 과거분사(VVPP)가 변수 #b로 표시된 (조동사의) 정동사(VAFIN)에 바로 선행하여 나타남을 의미하고 첫째 줄과 둘째 줄 뒤에 위치한 부호 '&'은 연접연산자로서 조건들의 동시충족을 의미하며 둘째 줄은 변수 #c로 표시된 문장(S)이 변수 #a로 표시된 과거분사(VVPP)를 관할하고 이 과거분사가 구성성분 S의 좌측코너가 된다는 것을 의미한다. 마지막으로 셋째 줄은 변수 #b로 표시된 조동사의 정동사(VAFIN)가 변수 #c로 표시된 문장(S)의 핵심어가 됨을 의미한다. 이 검색식에 따라 총 214개 문장이 코퍼스 TIGER 2.1에서 추출되었으며 몇 문장을 예로 보이면 다음의 (34a)-(34c)와 같다.

(34)

   a. Begonnen hatte die Rebellion der Armen in der südiranischen Stadt Schiras. [T$_{349}$]

   b. Gebraucht wird auch Mut zu großzügigen politischen Lösungen. [T$_{11468}$]

   c. Betroffen sind vor allem die Obristen, aber auch Generäle. [T$_{3837}$]

위 (34a)는 haben-현재완료구문을, (34b)는 동작수동구문을, 그리고 (34c)는 상태수동구문을 보여준다. 이 중에서 (34b)의 통사구조를 나타내는 수형도를 제시하면 다음의 (35)와 같다.

(35)

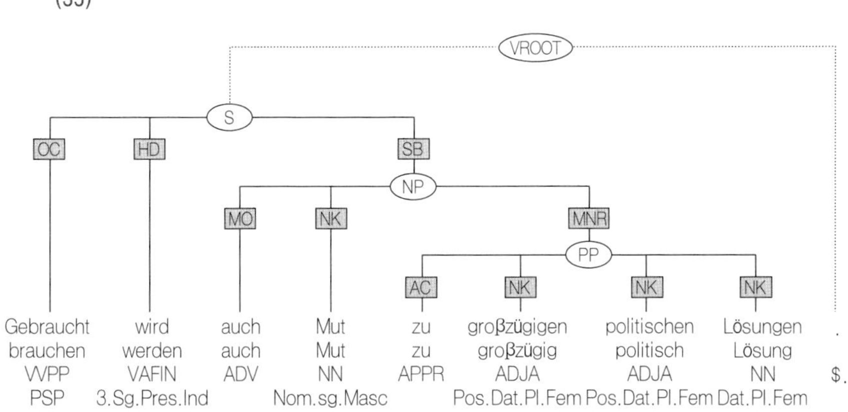

이 장에서는 전산 구문문법의 일반적인 특성 및 연구절차와 더불어 TIGERSearch 2.1의 검색문법에 대해 논의했다.

제2장 독일어 구문분석 코퍼스의 형식문법

2.1 형식문법의 이해

형식문법은 일반적으로 아래의 정의에 나타나 있는 바와 같이 개별 어휘들과 어휘들이 속하는 어휘범주 및 이들을 상호연결시키는 결합규칙으로 구성된다.

여기에서 일반적인 형식문법의 이론을 개관하겠다. 다음의 정의를 살펴보자.

(1) 하나의 형식문법은 G=⟨ N, T, P, S ⟩로 정의된다. 이때
   i. N 은 비단말어휘의 유한한 집합이고,
   ii. T 는 단말어휘의 유한한 집합이며,
   iii. P 는 p ⟶ q 의 형태를 가진 생성규칙들의 유한한 집합이며,
   iv. S 는 N의 한 원소로서 초기기호이다.

위의 형식문법의 정의 중 세 번째 조건 (iii)에 제시된 생성규칙의 형태가 어떠냐에 따라, 문맥의존문법, 순환문법, 문맥자유문법, 정규문법 등 여러유형의 문법들이 정의되는데, 문맥자유문법의 생성규칙은 화살표 다

음의 q가 빈 기호연쇄가 아니라는 제약을 가진다(이민행 2005a : 47).

위 (1)에 정의된 바에 따라 구체적인 독일어 문장을 생성할 수 있는 문법을 하나 구성해 본다면 다음과 같은 모양일 것이다.

(2) **독일어 구구조 문법 (D-PSG)**
    N = {S, NP, VP, PN, V, ⋯}
    T = {hans, liebt, inge, ⋯}
    P = { p1 : S → NP VP,
          p2 : NP → PN,
          p3 : VP → V NP,
          p4 : PN → hans,
          p5 : V → liebt,
          p6 : PN → inge
          ⋯⋯   }
    S : S

위 문법에서 N은 비단말어휘의 집합이고, T는 단말어휘의 집합이며, P는 생성규칙들의 집합이고, S는 초기기호이다. 이 독일어 구구조문법에 의해 아래의 독일어문장 (3)이 문법적인 것으로 인식된다.

(3) Hans liebt Inge.

곧 어떤 하나의 문장이 주어진 문법 D-PSG에 의해 생성가능한 문장이면, 그 문장은 그 문법에 의해 인식된다고 할 수 있다. 위의 예 (3)이 위에 주어진 문법에 의해 생성되는 과정은 다음의 (4)와 같이 기술될 수 있다.

(4)
    i . S   (초기기호)
    ii. NP   VP   (규칙 p1)
    iii. PN   VP   (규칙 p2)

iv.	PN	V	NP	(규칙 p3)
v.	PN	V	PN	(규칙 p2)
vi.	Hans	V	PN	(규칙 p4)
vi.	Hans	liebt	PN	(규칙 p5)
vii.	Hans	liebt	Inge	(규칙 p6)

위의 문장생성과정은 생성규칙의 화살표 왼편의 비단말기호가 오른편의 기호들로 대치되는 과정이 반복됨으로써 하나의 독일어문장이 생성되는 것을 보여준다. 이러한 기호들의 대치과정을 다시쓰기(rewriting)라 부르며, 다시쓰기에 이용되는 생성규칙을 다시쓰기규칙(rewriting rule)이라 부르기도 한다. 곧 문장 "Hans liebet Inge"는 위의 문법 D-PSG에 의해 생성이 되는 문장이기 때문에 문법적인 문장으로 인식된다고 할 수 있다. 반면 "Hans liebt Inge"는 문법 D-PSG에 의해 생성되지 않아 독일어의 모국어화자에게는 비문법적으로 간주된다. 이런 맥락에서 우리는 두 가지 종류의 문법을 구분해 볼 수 있는데, 그것은 언어학자에 의해 인공적으로 만들어져서 어떤 언어표현의 분석, 생성과 문법성의 판정에 이용될 수 있는 인공문법(Artificial Grammar)과 천부적으로 언어표현을 분석하고, 생성하며 그 문법성 여부를 판정할 언어능력을 갖춘 모국어화자를 지칭하는 자연문법(Natural Grammar)이다. 이론언어학자에게 부여된 중요한 과제중의 하나는 바로 자연문법에 가까운 인공문법을 설계하는 일일 것이다(이민행 2005a : 49).

앞 장에서 논의한 바 있듯이, 문장 "Man werde keinen nach Anatolien zurück"은 구문분석 코퍼스 TIGER 2.1에서는 아래 (5)와 같이 분석된다.

(5)

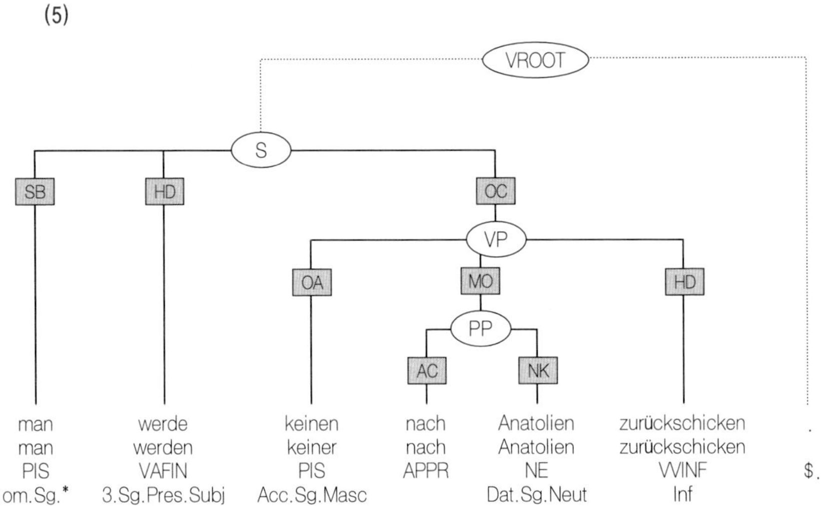

위 (1)에 정리된 형식문법적인 개념을 빌어서 문장구조 분석결과로 나타난 수형도 (5)를 살펴보기로 하자. 먼저 비단말어휘 N에 속하는 원소들은 PIS, VAFIN, APPR, NE 및 VVINF, PP, VP, S 등이 있고, 단말어휘 T에 속하는 원소들로는 man, werde, keinen, nach, Anatolien, zurück 등이 있다. 비단말어휘들을 결합하여 복합구성성분을 생성하는 규칙들의 집합 P에 속하는 원소로는 PP→APPR NE, VP→PIS PP VVINF, S→PIS VAFIN VP 등이 있으며 초기기호로 S가 존재한다. 그런데, 위 수형도에는 N, T, P, S 등 네 가지 기본 성분들외에도 문법기능을 표현하는 기호들 SB, HD, OC, OA, MO, AC, NK 등이 나타나 있다. 따라서 우리는 일반적인 형식문법을 수정하여 이들 문법기능들을 포함시켜 TIGER 2.1의 형식문법을 다음의 (6)과 같이 정의할 수 있겠다.

(6)
하나의 형식문법은 G=〈 N, T, GF, P, S 〉로 정의된다. 이때
ⅰ. N은 비단말어휘의 유한한 집합이고,

ii. T는 단말어휘의 유한한 집합이며,
iii. GF는 문법기능의 유한한 집합이며,
iv. P는 p→q의 형태를 가진 생성규칙들의 유한한 집합이며,
v. S는 N의 한 원소로서 초기기호이다.

문장의 구조분석에 있어 문법기능을 고려한 문법이론들 중의 하나가 어휘기능문법인데 이 문법이론에서는 기능을 표상하기 위해 F-구조(functional structure)를 별도로 두어 C-구조(constituent structure)와 구분했다(이민행 2005a : 33).

어휘기능문법에 의해 앞서 논의한 문장 *Hans liebt Inge*를 분석하여 얻어낸 C-구조와 F-구조는 각각 다음의 (7a) 및 (7b)와 같다.

(7) a.

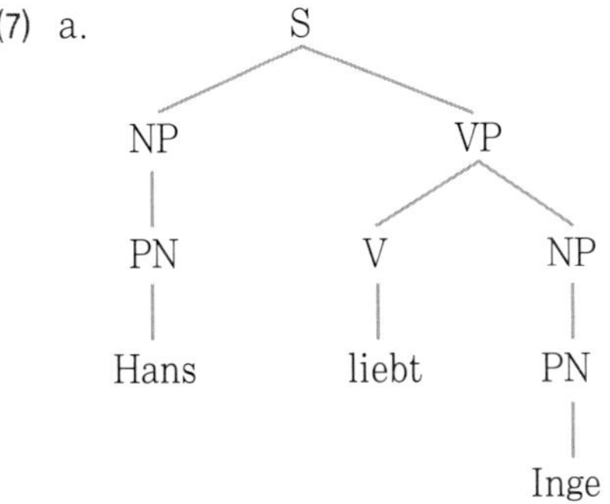

b.

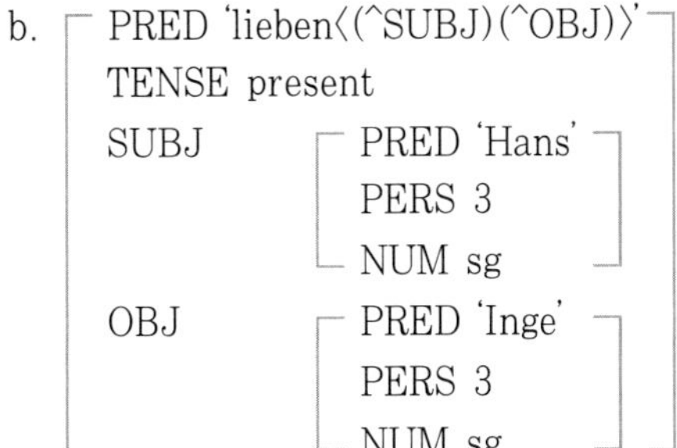

위의 F-구조에서 SUBJ, OBJ, PRED 및 TENSE가 소위 문법기능을 가리키는 것으로 간주된다.

앞서 논의한 바 TIGER 2.1의 형식문법을 구성하는 요소들 중 비교적 이해가 명확한 초기기호 S와 단말어휘를 제외한 다른 집합들에는 어떤 기호들이 속하는 지를 하나씩 구체적으로 살펴보기로 하자.

2.2 비단말어휘

2.2.1 어휘범주

어휘범주는 형식문법적인 개념으로 표현하면 비단말어휘 집합의 부분집합이다. 어휘범주와 함께 비단말어휘 집합을 구성하는 부분집합은 구범주로서 다음 절에서 논의한다.

코퍼스언어학에서는 어휘범주를 품사표지라 부르는데 독일어와 관련하여 표준안으로 자리잡은 품사표지 집합은 아래의 (8)에 제시된 Stuttgart 대학과 Tübingen대학에서 공동으로 제안한 안으로서 STTS(Stuttgart-Tübingen-Tagset)라 불린다.[20]

(8) STTS(Stuttgart-Tübingen-태크셋)

ADJA	attributives Adjektiv(부가어적 형용사)	[das] große [Haus]
ADJD	adverbiales(부사적 형용사) oder	[er fährt] schnell
	prädikatives Adjektiv(서술적 형용사)	[er ist] schnell
ADV	Adverb(부사)	schon, bald, doch
APPR	Präposition(전치사) ; Zirkumposition links(좌환치사)	in [der Stadt], von [jetzt an]
APPRART	Präposition mit Artikel(융합전치사)	im [Haus], zur [Sache]
APPO	Postposition(후치사)	[ihm] zufolge, [der Sache] wegen

---

20) Thielen, et.al.(1999) 참조. 어휘범주가 56개로 설정되어 있다.

APZR	Zirkumposition rechts(우환치사)	[von jetzt] an
ART	bestimmter oder unbestimmter Artikel(관사)	der, die, das, ein, eine, ⋯
CARD	Kardinalzahl(기수사)	zwei [Männer], [im Jahre] 1994
FM	Fremdsprachliches Material(외래어)	[Er hat das mit "] A big fish [" übersetzt]
ITJ	Interjektion(감탄사)	mhm, ach, tja
KOUI	unterordnende Konjunktion mit "zu" und Infinitiv (부정사구 접속사)	um [zu leben], anstatt [zu fragen]
KOUS	unterordnende Konjunktion mit Satz(종속접속사)	weil, daß, damit,wenn, ob
KON	nebenordnende Konjunktion(등위접속사)	und, oder, aber
KOKOM	Vergleichskonjunktion(비교접속사)	als, wie
NN	normales Nomen(보통명사)	Tisch, Herr, [das] Reisen
NE	Eigennamen(고유명사)	Hans, Hamburg, HSV
PDS	substituierendes Demonstrativpronomen(지시대명사)	dieser, jener
PDAT	attribuierendes Demonstrativpronomen(지시관사)	jener [Mensch]
PIS	substituierendes Indefinitpronomen(부정대명사)	keiner, viele, man, niemand
PIAT	attribuierendes Indefinitpronomen ohne Determiner (부정대명사형 관사)	kein [Mensch],　irgendein [Glas]
PPER	irreflexives Personalpronomen(인칭대명사)	ich, er, ihm, mich, dir
PPOSS	substituierendes Possessivpronomen(소유대명사)	meins, deiner
PPOSAT	attribuierendes Possessivpronomen(소유관사)	mein [Buch], deine [Mutter]
PRELS	substituierendes Relativpronomen(관계대명사)	[der Hund ,] der
PRELAT	attribuierendes Relativpronomen(소유격 관계대명사)	[der Mann ,] dessen [Hund]
PRF	reflexives Personalpronomen(재귀대명사)	sich, dich, mir
PWS	substituierendes Interrogativpronomen(의문대명사)	wer, was
PWAT	attribuierendes Interrogativpronomen (소유격 의문대명사)	welche[Farbe], wessen [Hut]
PWAV	adverbiales Interrogativ- oder Relativpronomen (부사적 의문/관계대명사)	warum, wo, wann, worüber, wobei
PROAV	Pronominaladverb(대용부사)	dafür, dabei, deswegen, trotzdem
PTKZU	"zu" vor Infinitiv(부정사구-zu)	zu [gehen]
PTKNEG	Negationspartikel(부정첨사)	nicht
PTKVZ	abgetrennter Verbzusatz(분리전철)	[er kommt] an, [er fährt] rad
PTKANT	Antwortpartikel(응답첨사)	ja, nein, danke, bitte

PTKA	Partikel bei Adjektiv oder Adverb (형용사나 부사수식 첨사)	am [schönsten], zu [schnell]
SGML	SGML Markup(SGML 마크업)	turnid=n022k TS2004Ⅱ
TRUNC	Kompositions-Erstglied(합성어 선두성분)	An- [und Abreise]
VVFIN	finites Verb, voll(완전동사 정동사형)	[du] gehst, [wir] kommen [an]
VVIMP	Imperativ, voll(완전동사 명령형)	komm [!]
VVINF	Infinitiv, voll(완전동사 부정형)	gehen, ankommen
VVIZU	Infinitiv mit "zu", voll(완전동사 zu-부정사)	anzukommen, loszulassen
VVPP	Partizip Perfekt, voll(완전동사 과거분사)	gegangen, angekommen
VAFIN	finites Verb, aux(조동사 정동사형)	[du] bist, [wir] werden
VAIMP	Imperativ, aux(조동사 명령형)	sei [ruhig !]
VAINF	Infinitiv, aux(조동사 부정형)	werden, sein
VAPP	Partizip Perfekt, aux(조동사 과거분사형)	gewesen
VMFIN	finites Verb, modal(화법조동사 정동사형)	dürfen
VMINF	Infinitiv, modal(화법조동사 부정형)	wollen
VMPP	Partizip Perfekt, modal(화법조동사 과거분사)	gekonnt, [er hat gehen] können
XY	Nichtwort, Sonderzeichen enthaltend(비어휘)	3:7, H2O, D2XW3
$,	Komma(콤마)	,
$.	Satzbeendende Interpunktion(마침표)	.?!;:
$(	sonstige Satzzeichen ; satzintern(기타문장부호)	- [,]()

어휘범주의 출현빈도를 보면 다음과 같은 분포를 이룬다.

(9) 어휘범주의 출현빈도

NN	183481
ART	97257
APPR	75614
ADJA	54468
NE	51705
ADV	38461
VVFIN	35636
VAFIN	24586
KON	21968

ADJD	19425
VVPP	17753
CARD	15937
APPRART	14864
PPER	13544
VVINF	13392
VMFIN	8805
KOUS	7158
PPOSAT	6575
PIAT	6268
PRELS	6237
PRF	5724
PTKNEG	5294
PTKVZ	5074
PROAV	4949
PIS	4812
PTKZU	4430
PDS	3219
VAINF	3169
PWAV	1721
VVIZU	1515
VAPP	1360
TRUNC	1360
FM	1271
KOUI	940
PWS	836
XY	587
VMINF	504
PTKA	446
APZR	348
PRELAT	300
APPO	258
PWAT	182

VVIMP	155
PTKANT	82
ITJ	19
PPOSS	12
VMPP	8
VAIMP	3

어휘범주를 TIGERSearch 2.1을 통해 코퍼스로부터 검색하기 위해서는 [pos="VAIMP"]을 검색식으로 사용해야 한다. 이에 따라 얻은 용례는 다음에 제시된 세 가지이다.

(10)

Seid einig, einig, einig - das genau hat Rita Süssmuth, wenn auch mit anderen Worten, von den Mitgliedern der Frauen-Union verlangt.
$[T_{5670}]$

"Mensch, werde wesentlich" - diese Aufforderung bekamen die in Soest versammelten Weiterbildner gleich zweimal zu hören. $[T_{26512}]$

wie Synesius von Cyrene an Herculanius schreibt : "Sei tüchtig und wohlgemut im Leben und gebrauche die Philosophie als Führerin zum Göttlichen, mein Lieber." $[T_{48609}]$

검색식에서 속성 pos의 값으로 쓰인 VAIMP는 조동사(Auxiliary)의 명령형(Imperative)을 의미하기 때문에 조동사 sein과 werden의 명령형태가 검색된 것이다.

2.2.2 구범주

일반적으로 구범주는 수형도상에서 교점의 자리에 나타나며, P → Q_1 Q_2 … Q_n의 형식을 가진 구구조 규칙에서 P 자리를 차지한다. 구문분석

코퍼스 TIGER 2.1에서 적용된 구구조 규칙들 몇 가지가 아래의 (11)에 제시되어 있는데, 이 규칙들을 통해 우리는 NP, PP, PN, VZ 및 S가 구 범주에 속함을 할 수 있다. 각 구구조 규칙 뒤의 숫자는 그 규칙이 적용된 빈도를 가리킨다.

(11) **구구조 규칙**
  NP → ART NN   (24672)
  PP → APPR ART NN (8849)
  PN → NE NE   (8328)
  VZ → PTKZU VVINF (3845)
  S → NP VAFIN VP   (3803)

이제 구문분석 코퍼스 TIGER 2.1의 문법에서 정의된 구범주의 전체 목록을 제시하면 다음과 같다.

(12) **구범주 목록**
AA	'am'으로 시작되는 최상급형용사구
AP	형용사구
AVP	부사구
CAC	등위접속 전치사. 후치사
CAP	등위접속 형용사구
CAVP	등위접속 부사구
CCP	등위접속 종속접속사구 (0%)
CH	덩어리(chunk)
CNP	등위접속 명사구
CO	등위접속구
CPP	등위접속 전치사. 후치구구
CS	등위접속 문장
CVP	등위접속 동사구
CVZ	등위접속 'zu'-부정사구
DL	담화층위 구성성분

ISU	특이질적 단위
MTA	다중-토큰 형용사
NM	다중-토큰 수
NP	명사구
PN	고유명사
PP	전치사구
S	문장
VP	동사구
VZ	'zu'-부정사구

위의 목록에 나타나 있는 구범주 몇 가지에 대해 출현하는 문장을 살펴
보기로 한다.

먼저 구범주 CAC가 출현하는 예를 보면 이 구범주가 전치사들이 등위
접속사 und에 의해 결합된 복합 구성성분임을 확인할 수 있다. 아래 문장
의 분석에 적용된 구구조 규칙중의 하나가 CAC→APPR KON APPR 이
기 때문이다. 그리고 구범주 CAC가 구구조 규칙의 왼편에 나타나는 경우
는 총 31회인 것으로 확인되었다.

(13)
Weitere Arbeitszeitverkürzungen <u>mit und ohne</u> Lohnausgleich zur
Sicherung der Beschäftigung bleiben daher auf der Tagesordnung.

$$[T_{5285}]$$

이어서 구범주 CCP가 출현하는 문장을 검색해 보면 다음 문장을 예로
찾아 볼 수 있다.

(14)
<u>Da und wenn</u> die Befriedigung unseres Modernisierungs-und
Strukturwandlungsbedarfs $\qquad [T_{17676}]$

이 문장의 분석을 위해 사용된 구구조 규칙은 CCP→KOUS KON KOUS로서 등위접속사 *und*에 의해 종속접속사들이 결합되어 있는 것을 확인할 수 있다. 이 규칙은 코퍼스전체에서 모두 2번 적용되었다.

다음의 예들은 각각 구구조 규칙 ISU→ADV ADJD KOKOM과 ISU →APPR ADV VVFIN이 적용된 경우인데, 이처럼 구범주 ISU는 어휘범주들간의 비정상적인 결합의 결과를 표상하기 위해 도입된 범주명이다. ISU 가 구구조 규칙의 왼편에 나타나는 경우는 코퍼스에서 37회 추출되었다.

(15)

  a. "Die haben <u>so gut wie</u> nichts in der Hand."   [T$_{205}$]

  b. Nun rangiere dieses Thema "<u>unter ferner liefen</u>", kritisierte Uexküll, der auch Begründer des Alternativen Nobelpreises ist.

       [T$_{3382}$]

이어서 구범주 CH가 출현한 예는 아래에 제시되어 있는데, 이 경우 구구조 규칙 CH→FM FM이 적용되었다. 그리고 CH가 구구조 규칙의 왼편에 나타나는 경우는 코퍼스에서 모두 228회 발견된다.

(16)

  Wenn in einem Strafprozeß in Großbritannien der Zeuge der Krone ("<u>Queens evidence</u>") auftritt, muß der Richter die Geschworenen "auf die Gefahren dieses Beweismittels" hinweisen.   [T$_{2871}$]

계속해서 살펴볼 예문은 다음의 (17)에 제시되어 있다.

(17)

  An der <u>New Yorker</u> Börse sanken die Kurse gestern zu Beginn der Sitzung.   [T$_{3569}$]

이 문장의 밑줄친 언어표현의 분석을 위해 구구조 규칙 MTA→NE ADJA이 적용되었는데, 구범주 MTA는 코퍼스내에서 규칙의 왼편에 모두 37회 출현한다. 기능상으로 부가어적 형용사 기능을 하는 어떤 표현체가 복합 표현을 이룰 때에 구범주 MTA를 부여한다.

마지막으로 구범주 NM는 복합적인 수량표현에 대해 부여하는 범주명인데, 다음의 예를 통해 이를 확인할 수 있다. 이 예에서는 구구조 규칙 NM→CARD NN이 적용되었다. NM의 경우 구구조 규칙의 왼편에 모두 3,004회 나타난다.

(18)

Einer, der sich für den Milliardär ausspricht, ist Steve Jobs, dem Perot für den Aufbau der Computerfirma Next 20 Millionen Dollar bereitstellte. [T$_{21}$]

종합하는 의미에서 TIGER 2.1에서 정의되고 적용된 구범주를 사용빈도순으로 정리하면 아래와 같다.

(19) Corpus Frequency List (373,815 words)

NP	109233	29.2211%
PP	91192	24.3950%
S	72399	19.3676%
VP	35821	9.5825%
AP	15112	4.0426%
PN	12955	3.4656%
CNP	12568	3.3621%
CS	5909	1.5807%
AVP	4593	1.2287%
VZ	4412	1.1803%
NM	3004	0.8036%
CAP	2314	0.6190%

CVP	1603	0.4288%
CPP	1292	0.3456%
CO	391	0.1046%
DL	337	0.0902%
CH	228	0.0610%
CAVP	211	0.0564%
AA	111	0.0297%
ISU	37	0.0099%
MTA	37	0.0099%
CAC	31	0.0083%
CVZ	23	0.0062%

구범주를 TIGERSearch 2.1을 통해 코퍼스로부터 검색해 내기 위해서
는 검색식으로 [cat="VZ"]와 같이 입력해야 한다. 이에 따라 얻은 용례
4,412개 중에서 두 개만 제시하면 다음과 같다.

(20)

Ob diese Fähigkeiten aber ausreichen, um die größte Volkswirtschaft
der Welt aus ihrer Krise <u>zu führen</u>, bezweifeln viele Ökonomen [T$_7$]

Heitmeyer : Um sich als Jugendlicher eine Position <u>zu verschaffen</u>,
ergeben sich zumeist drei Möglichkeiten : [T$_{434}$]

2.3 문법기능

구문분석 코퍼스의 TIGER 문법에서는 구성성분의 문법기능을 수형도
상에서 교점과 교점을 연결하는 가지 위에 표시한다. 다음의 수형도를 보자.

(21)

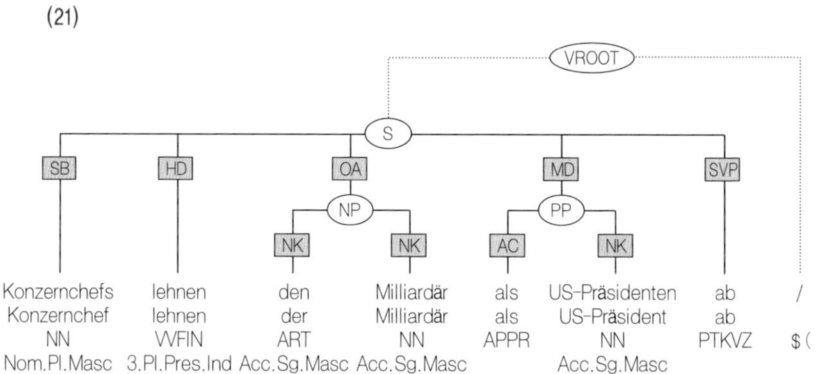

위 수형도상에 교점과 교점을 연결하는 가지위에 붙은 표지들은 모두 문법기능을 나타내는데, SB, HD, OA, MO, SVP, NK 및 AC가 문법기능을 표상한다. TIGER 문법에서는 모두 48가지 종류의 문법기능을 설정하고 있으며 검색을 통해 어떤 구범주나 어휘범주가 특정한 문법기능을 수행하는 지를 확인할 수 있다. 위 예에서는 어휘범주 NN이 SB(주어) 기능을 수행하는데, 코퍼스 전체에서는 문법기능 SB를 수행하는 구범주와 어휘범주의 분포는 다음의 (22)와 같다.

(22)

구범주		어휘범주	
NP	38094	PPER	8168
CNP	1937	NE	4611
S	1071	PRELS	4406
PN	879	NN	2694
CS	138	PIS	1698
VP	137	PDS	1588
AP	51	PWS	543
NM	24	CARD	36
CVP	11	ADJA	11

구범주		어휘범주	
CH	6	FM	6
CO	3	ADJD	4
PP	3	PDAT	3
CAP	3	VVINF	2
AVP	3	PRF	1
		VVPP	1
		PIAT	1
		PPOSS	1

위 데이터를 통해, 구범주로는 명사구(NP)나 등위접속 명사구(CNP)가 압도적으로 많이 주어기능을 한다는 사실과 어휘범주로는 명사구와 등가를 갖는 인칭대명사(PPER)나 고유명사(NE)가 상대적으로 높은 빈도를 보인다는 점을 관찰할 수 있다. 어휘범주의 경우, 상당히 높은 빈도를 보이는 보통명사(NN)가 관사(류)를 동반하지 않고 단독으로 주어기능을 가질 수 있다는 점이 새롭다고 할 수 있다.

위와 같은 데이터를 얻어내기 위해서 검색기 TIGERSearch 2.1을 작동시켜 아래와 같은 검색식을 입력한 후에 추출된 결과에 대해 통계치를 보여주도록 요청하면 된다.

(23) #1 >SB #2

추출된 결과를 분석해 보면 모두 43,624 문장에서 66,134번 주어가 출현하는데, 이 사실은 두 개 이상의 주어가 나타나는 문장이 절반 정도에 이른다는 점을 보여준다. [전체 50,472 문장]

위의 예처럼 명사구(NP)가 직접목적어(OA)로 쓰인 경우, 아래 (24)에 주어진 검색식을 써서 추출할 수 있는데, 18,164개 문장에서 이 구조가 한 번 이상 나타나서 모두 21,619번 출현한다.

(24)
#1 〉OA #2:[cat="NP"] &
#1 〉HD #3

이 구조안에서 직접목적어를 취하는 동사들 중 가장 많이 나타난 동사 10개를 제시하면 아래의 표와 같다.

(25)

동사(원형)	빈도수
haben	924
geben	866
machen	387
sehen	338
halten	260
fordern	242
erhalten	223
stellen	216
nehmen	213
lassen	209

그런데 정확성을 기하기 위해 앞서 논의한 문장 "Konzernchefs lehnen den Milliardär als US-Präsidenten ab."과 같이 분리전철(SVP)이 함께 나타나는 문장을 위의 통계데이터로부터 제외시킨다면 수치의 변동이 있을 수 있다. 예를 들어 동사 *haben*을 기본으로 하면서 분리전철이 나타난 경우들을 살펴보면 다음과 같다.

(26)

분리전철	기본동사	빈도
parat	haben	1
her	haben	1

분리전철	기본동사	빈도
beisammen	haben	1
vor	haben	1
inne	haben	1
an	haben	1
dabei	haben	1

또한, 빈도로 보아 두 번째 자리를 차지하는 *geben*의 경우 훨씬 다양한 분리전철과 결합하는 것을 아래 표를 통해 확인할 수 있다.

(27)

분리전철	기본동사	빈도
frei	geben	3
an	geben	7
preis	geben	3
wieder	geben	3
bekannt	geben	6
weiter	geben	2
auf	geben	5
dazu	geben	1
zu	geben	6
durch	geben	1
ab	geben	17
vor	geben	5
aus	geben	8
ein	geben	1
mit	geben	1

이와 같이 분리전철(SVP)이 명사구가 직접목적어(OA) 기능을 하는 문장들을 검색하는 데는 아래의 (28)에 제시된 검색식이 사용된다.

(28)
#1 〉OA #2:[cat="NP"] &
#1 〉HD #3 &
#1 〉SVP #4

검색결과 모두 1,597 문장에서 직접목적어와 분리전철이 나타나고, 한 문장에 두 번 이상 동일한 구문이 나타난 경우를 고려하면 이 구문이 모두 1,606번 출현한다.

이제 까지 논의한 몇 가지 문법기능을 포함하여 모두 48가지 종류의 문법기능을 TIGER 전산문법에서는 가정한다. 전체 목록을 제시하면 다음과 같다.

(29)

AC	전, 후치 격표지	ADC	형용사적 성분
AG	2격 부가어	AMS	형용사의 양표시 논항(measure)
APP	동격	AVC	부사구 성분
CC	비교성분	CD	등위접속어
CJ	접속성분	CM	비교접속어
CP	종속접속어	CVC	기능동사구 부속성분
DA	3격 목적어	DH	담화층위 핵어
DM	담화표지	EP	허사 es
HD	핵어	JU	연결어
MC[21]	동반격	MI	도구격
ML	장소격	MNR	명사후치 수식어
MO	수식어	MR	수사적 수식어
MW	방향수식어	NG	부정어
NK	명사핵 수식어	NMC	수량성분
OA	직접목적어(4격목적어)	OA2	두 번째 직접목적어(4격목적어)
OC	목적절	OG	2격 목적어

---

21) 동반격(MC)은 코퍼스 TIGER 2.1에서 이 범주는 한 번도 출현하지 않는다.

OP	전치사격 목적어	PAR	괄호
PD	술어	PG	구단위 2격
PH	자리지킴어	PM	형태론적 첨어
PNC	고유명사 성분	RC	관계절
RE	반복요소	RS	보고발화
SB	주어	SBP	수동화된 주어[22]
SP	주어나 술어	SVP	분리전철
UC	단위성분	VO	호격

위 목록에서 "두 번째 직접목적어(OA2)"가 나타나는 문장을 검색하기 위해 아래 (30)과 같은 검색식을 사용했다.

(30)
#1 〉OA2 #2 &
#1 〉HD #3

검색결과 문장 "Die Unwetter kosteten mehr als 60 Menschen das Leben. [T$_{4296}$]"을 포함하여 20개 문장에서 한 번 이상씩 모두 21번 문법기능 OA2가 나타났으며 이 구문을 택하는 동사들은 아래의 표에 정리된 바와 같다.

(31)

동사	빈도
kosten	10
lehren	3
angehen	2
passieren	1
trauen	1
fragen	1

---

22) 수동문에 나타나는 주어는 보통 전치사구(PP)로 표현된다.

동사	빈도
kümmern	1
hinaufwinden	1
strafen	1

이 구문에 분리전철이 나타나는 경우는 모두 세 번으로 분리동사는 *angeben*과 *hinaufwinden*이다.

또한, 문법기능 "담화층위 핵어(DH)"는 TIGER 전산문법에서만 설정되는 것이어서 자세히 논의할 필요가 있다. 이 문법기능이 나타난 문장과 검색을 위한 식은 각각 (32a)와 (32b)와 같다.

(32)

a. Perot sei ein autoritärer Macher, und das sei auch seine Schwäche, <u>beschreibt ihn ein Manager</u>. [T34]

b. #1 ⟩DH #2

검색의 결과, 이 문법기능이 모두 338개 문장에서 한 번씩 출현하는 것으로 확인되었다. 흥미롭게도, 단 하나를 제외하고 337개 문장에서 문법기능 DH의 직접상위 교점에 구범주 "DL"이 나타나고 자매 구성성분의 문법기능이 모두 "보고발화(RS)"로 확인되었다. 아래 (33)에 제시된 유일한 예외문장의 경우 직접상위 교점에 "형용사구(AP)"가 나타나고 자매 구성성분은 "핵어(HD)"이다.

(33)

Eine von Eggar einberufene – <u>er verspricht</u>⟨DH⟩ : unabhängige⟨HD⟩ – internationale Gruppe von Umweltforschern und Ingenieuren soll nun über die "umweltbeste" Entsorgungsmöglichkeit für Brent Spar entscheiden. [T14257]

문법기능 DH를 수행하는 구범주와 어휘범주의 분포는 다음과 같다.

(34)

구범주		어휘범주	
S	183	NE	74
NP	20	NN	15
PN	16	KON	11
PP	8	ADV	7
CNP	3		
CS	1		

지금까지 논의한 바와 같이 담화상에서 보고발화(RS)를 보충어로 취하는 DH 성분의 핵어역할을 하는 동사들 중 빈도가 상대적으로 높은 10개의 동사를 제시하면 다음과 같다.

(35)

동사	빈도
begründen	7
sagen	6
zusammenfassen	5
erklären	5
freuen	5
zitieren	5
beschreiben	5
dämpfen	3
kommentieren	3
umschreiben	3

위 목록에 나타난 동사들이 대부분 잘 알려져 있는 의사소통동사들이다.[23]

---

23) 이들 외에도 이 구문에 나타나는 동사들을 열거하면 다음과 같다 : rechtfertigen,

다만 동사 *freuen*은 의사소통동사로서의 쓰임이 흔하지 않지만 코퍼스 TIGER 2.1에서 추출된 다음 용례들은 이 동사가 의사소통동사로서 사용된다는 분명히 보여준다.

(36)

a. "Mit der Ernte sind wir insgesamt sehr zufrieden", *freut* sich Schinzler. [T$_{12183}$]

b. "Unverändert erfolgreich" sei das Stromgeschäft gelaufen, *freut* sich der Vorstand über mehr Gewinn in dieser Sparte. [T$_{14731}$]

c. "Wir haben eine neue Dynamik entwickelt", *freut* sich Euro Disney-Chef Philippe Bourguignon. [T$_{25740}$]

d. "Das wird anarchistisch und basisdemokratisch", *freut* sich ein Genosse. [T$_{27605}$]

e. "Sobald die Bundesregierung wieder Geld schickt, wird auch die Innenausstattung fertiggestellt", *freut* sich die Haushälterin des Pfarrers von Lubowice. [T$_{48419}$]

마지막으로 살펴볼 문법기능은 연결어(JU)인데, 이 기능은 1,652개 문장에서 모두 1,659번 출현한다. 연결어로 쓰이는 대표적인 어휘들은 다음 표에서 보듯이 *und, doch, aber, denn*인데 이들은 모두 등위접속어(CD)로 쓰이기도 한다.

(37)

어휘(lemma)	빈도
und	553
doch	448
aber	335
denn	246

kontern, loben, widersprechen, erläutern, rügen, reagieren, hinweisen, zurückweisen, sprechen, zugeben, vorgeben, ermahnen

어휘(lemma)	빈도
oder	42
sondern	5
entweder	3
ferner	1
deshalb	1
beziehungsweise	1
statt	1
noch	1
weder	1

이제, 연결어 *doch*가 나타난 문장의 구조를 살펴보기로 한다.

(38)

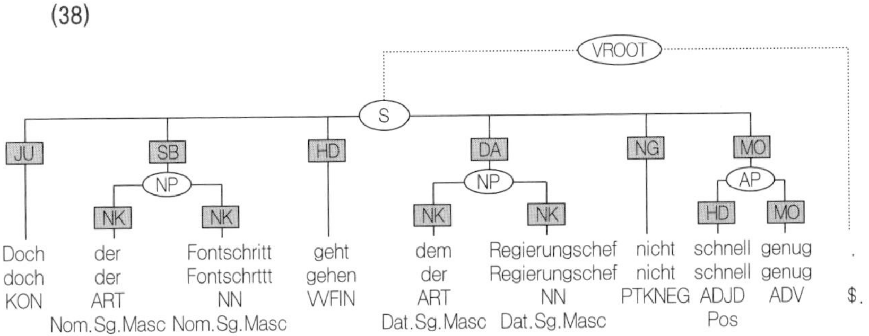

이 수형도에서 연결어 *doch*는 문장(S)의 첫 자리에 나타나서 문장을 이끌면서 동시에 앞 문장과의 연결기능을 수행한다. 연결어를 뒤따르는 문장은 정치법, 곧 주어-동사 순서를 따른다는 점에서 등위접속어(CD)와 공통점을 지닌다. 다음 (39)에 제시된 검색식을 통해 어휘소 *doch*가 나타나는 용례를 검색해 보면 모두 853개가 발견된다.

(39) #1 〉#2:[lemma="doch"]

853개의 용례에 출현한 *doch*의 문법기능은 연결어(JU)로서 쓰인 경우가 448번이고, 등위접속어(CD)로 쓰인 경우가 108번이며, 수식어(MO)로 쓰인 경우가 290번, 기타의 경우가 7번이다. 그리고 *doch*의 어휘범주를 살펴보면 접속사(KON)로 쓰인 경우가 557회이고 부사(ADV)로 쓰인 경우가 296회이다.

한편, 출현빈도가 가장 높은 어휘 *und*에 대해 간단히 살펴보기로 하자. 코퍼스내에서 연결어 기능을 가진 *und*는 검색식 #1 〉JU #2:[lemma = "und"]에 의해 검색한 결과 모두 553회 나타나며 이 어휘의 상위교점의 구범주(cat)의 분포는 다음과 같다.

(40)

구범주	빈도
S	538
NP	6
VP	4
PP	3
AVP	1
AP	1

이어 검색식 #1 〉CD #2:[lemma = "und"]에 의해 검색한 결과, 등위접속어 기능을 가진 *und*는 코퍼스내에서 모두 16,207회 출현하고, 이 어휘의 상위교점의 구범주의 분포는 아래와 같다.

(41)

구범주	빈도
CNP	9793
CS	3081
CAP	1238
CVP	1216

구범주	빈도
CPP	556
CO	205
CAVP	76
CAC	21
CVZ	19
CCP	2

이 절의 내용을 정리하자면, 코퍼스 TIGER 2.1의 전산문법에서는 모두 48개의 문법기능 표지를 설정하여 문장분석에 사용하고 있으며, 수형도상에서 교점과 교점을 연결하는 모든 가지에는 문법기능 표지가 하나씩 부여된다. 문법기능 중 가장 출현빈도가 높은 기능은 주어(SB)로서 66,134회 나타나고 그 중 절반이 넘는 38,094번의 경우에 명사구(NP)로 실현된다. 마지막으로 코퍼스내에서 문법기능과 관련한 용례를 검색할 때 #1 〉SB #2 와 같은 유형의 검색식—수형도상에서 상하 관할 관계를 나타내는 기호인 '〉' 뒤에 문법기능 표지를 붙이는 형식—을 사용하는데, 문법기능의 경우 변수가 허용되지 않는다.

2.4 구구조 규칙

형식문법적인 용어로 생성규칙(Production Rules)이 구구조 문법에서는 구구조규칙(Phrase Structure Rules)이다. TIGER 전산문법에서는 모두 28,783개의 구구조 규칙이 사용되고 있으며 다음 표에서 확인할 수 있듯이 그 중에서 가장 많이 사용된 규칙은 명사구 규칙 NP→ART NN이다.[24]

---

24) VROOT→C1, C2, … 형식을 가진 규칙 2,070 개 제외함. 규칙 VROOT→S $.은 무려 14,259번 적용되었고 규칙 VROOT→S $, $.은 7,444번 적용된 것으로 확인됨.

(42)

구구조 규칙	빈도	누적빈도	누적백분율
NP → ART NN	24,672	24,672	7%
PP → APPR ART NN	8,849	33,521	9%
PN → NE NE	8,328	41,849	11%
PP → APPR NN	7,811	49,660	13%
NP → ART ADJA NN	7,773	57,433	15%
NP → ADJA NN	6,776	64,209	17%
PP → APPRART NN	6,421	70,630	19%
PP → APPR NE	6,332	76,962	21%
NP → ART NN PP	5,438	82,400	22%
NP → ART NN NP	4,858	87,258	23%

위에 제시된 데이터를 검토해보면, 사용빈도 상위 10개 규칙의 누적 적용비율이 23%에 이른다는 사실이 놀랍다. 왜냐하면 TIGER 코퍼스에서 설정되어 사용되는 구구조 규칙이 앞서 언급한 바와 같이 28,873개이기 때문이다. 곧 상위 0.035%에 속하는 규칙이 무려 23%의 기능을 수행한다는 사실에 주목할 만한 하다. 그리고 10개의 구구조 규칙 중 PN→NE NE를 제외하고는 모두 명사구(NP)나 전치사구(PP)를 분석하거나 생성하는 규칙들이다. 그리고 PN(고유명사)를 다루는 규칙도 넓은 의미에서는 명사구 규칙이라고 할 수 있다.

누적 백분율이 50%에 도달하는 상위 67개 규칙은 전체 규칙의 0.23%에 해당하는 숫자이다. 이들 규칙들의 분포를 살펴보기 위해, 상위교점에 나타나는 구범주를 기준으로 삼아 정리하면 아래와 같다.

[부록 1]에 구구조 규칙 전체 목록이 제시된다. 구구조 규칙의 사용빈도를 기반으로 하여 "누적빈도"와 "누적백분율"을 구하기 위해 PERL 프로그램을 사용했는데, 이 작업과정에 뮌헨대 이영수 박사의 도움을 받았다.

(43)

구범주	규칙 수
NP	19
PP	19
VP	6
S	5
AP	4
CNP	3
AVP	2
CS	2
PN	2
NM	2
CVP	1
CPP	1
VZ	1
합계	67

예를 들어, 상위교점의 구범주를 S로 삼는 규칙 중 상위 67위 안에 포함된 규칙형태, 빈도 및 순위는 다음과 같다.

(44)

규칙	빈도	순위
S → NP VAFIN VP	3,803	12위
S → VP VAFIN NP	3,245	17위
S → PRELS VP VAFIN	1,084	54위
S → NP VMFIN VP	1,023	56위
S → NP VVFIN NP	884	65위

TIGER 전산문법의 구구조 규칙에 대해 상세히 검토하기 위해서, 이제 상위교점의 구범주가 NP, PP, VP, S, AP인 규칙들의 분포 및 누적빈도 등에 대해 차례로 살펴보기로 하자.

먼저, 명사구(NP) 규칙들에 대해 살펴보자. 명사구 규칙은 모두 3,514 이다. 이중 1%에 해당하는 35개 규칙이 적용되는 누적백분율은 73%에 이르고 단 한번 적용된 규칙의 수는 1,909개이며 이들의 누적백분율은 2%이다. 아래의 표는 명사구 규칙 중 사용빈도가 높은 상위 규칙 10개를 정리한 것이다.

(45)

규 칙	빈도	누적빈도	누적백분율
NP → ART NN	24672	24672	23%
NP → ART ADJA NN	7773	32445	30%
NP → ADJA NN	6776	39221	36%
NP → ART NN PP	5438	44659	41%
NP → ART NN NP	4858	49517	45%
NP → NN PP	2650	52167	48%
NP → PPOSAT NN	2546	54713	50%
NP → ART NE	2282	56995	52%
NP → PIAT NN	1783	58778	54%
NP → ART ADJA NN PP	1647	60425	55%

다음으로, 전치사구(PP) 규칙들에 대해 살펴보자. 전치사구 규칙은 모두 2,906개이다. 이중 29개―1%에 해당하는―규칙이 적용되는 누적백분율은 72%이다. 그리고 단 한번 적용된 규칙의 수는 1,590개이며 이들의 누적백분율은 2%이다. 전치사구 규칙은 코퍼스내에서 모두 91,191회 사용된다. 아래의 표는 전치사구 규칙 중 사용빈도가 높은 상위 규칙 10개를 정리한 것이다.

(46)

규칙	빈도	누적빈도	누적백분율
PP → APPR ART NN	8849	8849	10%
PP → APPR NN	7811	16660	18%

규칙	빈도	누적빈도	누적백분율
PP → APPRART NN	6421	23081	25%
PP → APPR NE	6332	29413	32%
PP → APPR ADJA NN	3617	33030	36%
PP → APPR CNP	3602	36632	40%
PP → APPR ART ADJA NN	3541	40173	44%
PP → APPR ART NN NP	2872	43045	47%
PP → APPR ART NN PP	2438	45483	50%
PP → APPRART ADJA NN	1733	47216	52%

이어서, 동사구(VP) 규칙들에 대해 살펴보자. 모두 4,750개 규칙이 동사구를 분석하는 규칙으로 사용된다. 이중 1%에 해당하는 47개 규칙이 적용되는 누적백분율은 53%에 이르고, 3,038개 규칙이 단 한번 적용된 규칙의 수이며 이들의 누적백분율은 8%이다. 코퍼스내에서 동사구 규칙은 모두 35,821회 적용된다. 아래의 표는 동사구 규칙 중 사용빈도가 높은 상위 규칙 10개를 정리한 것이다.

(47)

규칙	빈도	누적빈도	누적백분율
VP → PP VVPP	2616	2616	7%
VP → NP VVINF	1670	4286	12%
VP → VP VAINF	1476	5762	16%
VP → PP PP VVPP	1141	6903	19%
VP → PP VVINF	941	7844	22%
VP → VP VAPP	887	8731	24%
VP → NP VVPP	853	9584	27%
VP → NP VZ	661	10245	29%
VP → PP NP VVPP	524	10769	30%
VP → VVPP VAINF	497	11266	31%

그 다음으로, 문장(S) 규칙들에 대해 살펴보자. 문장 규칙은 모두 15,458

개이다. 이중 1%에 해당하는 154개 규칙이 적용되는 누적백분율은 47%에 이르고 단 한번 적용된 규칙의 수는 10,673개이며 이들의 누적백분율은 15%이다. 문장 규칙은 코퍼스내에서 모두 72,399회 적용된다. 아래의 표는 문장 규칙 중 사용빈도가 높은 상위 규칙 10개를 정리한 것이다.

(48)

규칙	빈도	누적빈도	누적백분율
S → NP VAFIN VP	3803	3803	5%
S → VP VAFIN NP	3245	7048	10%
S → PRELS VP VAFIN	1084	8132	11%
S → NP VMFIN VP	1023	9155	13%
S → NP VVFIN NP	884	10039	14%
S → KOUS NP VP VAFIN	772	10811	15%
S → NP VVFIN PP	762	11573	16%
S → NP VAFIN NP	694	12267	17%
S → S VVFIN NP	686	12953	18%
S → VP VAFIN PPER	556	13509	19%

마지막으로, 형용사구(AP) 규칙들에 대해 살펴보자. 형용사구를 다루는 규칙은 765개이다. 이중 1%에 해당하는 8개 규칙이 적용되는 누적백분율은 49%에 이르고, 395개 규칙이 단 한번 적용된 규칙의 수이고 이들의 누적백분율은 3%이다. 코퍼스내에서 형용사구 규칙은 모두 15,112회 적용된다. 아래의 표는 형용사구 규칙 중 사용빈도가 높은 상위 규칙 10개를 정리한 것이다.

(49)

규칙	빈도	누적빈도	누적백분율
AP → PP ADJA	1779	1779	12%
AP → ADV ADJD	1228	3007	20%

규칙	빈도	누적빈도	누적백분율
AP → ADJD ADJA	1137	4144	27%
AP → ADV ADJA	1055	5199	34%
AP → ADV CARD	838	6037	40%
AP → PP ADJD	483	6520	43%
AP → ADJD CARD	477	6997	46%
AP → ADJD NM	446	7443	49%
AP → ADJD ADJD	441	7884	52%
AP → ADV NM	377	8261	55%

이 절을 정리하면서, 검색기 TIGERSearch 2.1을 이용하여 TIGER 코퍼스로부터 구구조 규칙을 추출하는 방법을 간단히 설명하려고 한다. 먼저 아래의 스크린 샷 (50)과 같이 검색기 TIGERSearch 2.1을 열어 코퍼스 TIGER 2.1을 불러들인 다음 상단 메뉴의 "Query"를 클릭한다.

(50)
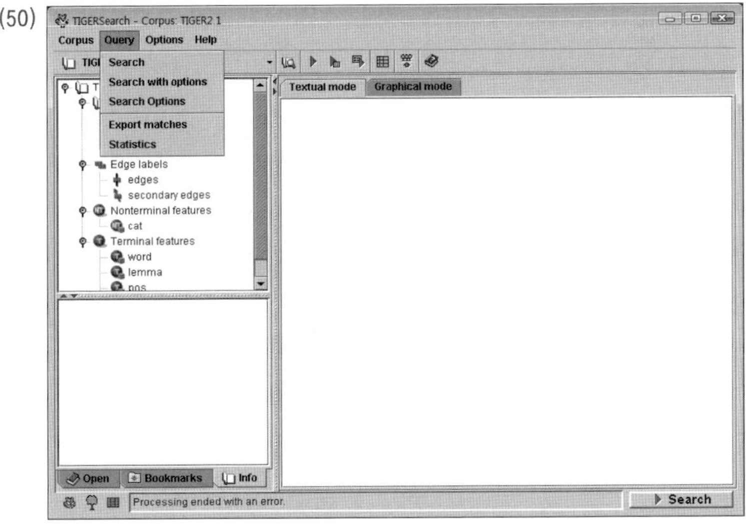

다음, "Query"의 하위항목 중 "Export Matches"를 선택하면 (51)과 같

은 화면을 접하게 된다.

(51)
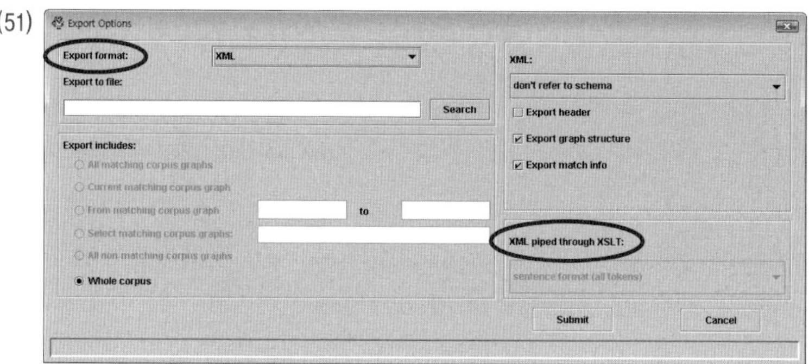

　　이어서, 왼쪽의 "Export format"의 하위항목 중 "XML piped through XSLT"를 선택하고 그 아래에 적당한 파일명을 기입하며, 오른쪽 하단의 "XML piped through XSLT"의 하위항목 중 "context-free rules"을 선택하고 화면의 Export to file : 아래 빈칸에 저장할 파일이름(예 : TIGER21 PSG.txt)을 써넣으면 최종적으로 (52)와 같은 화면을 접하게 된다.

(52)
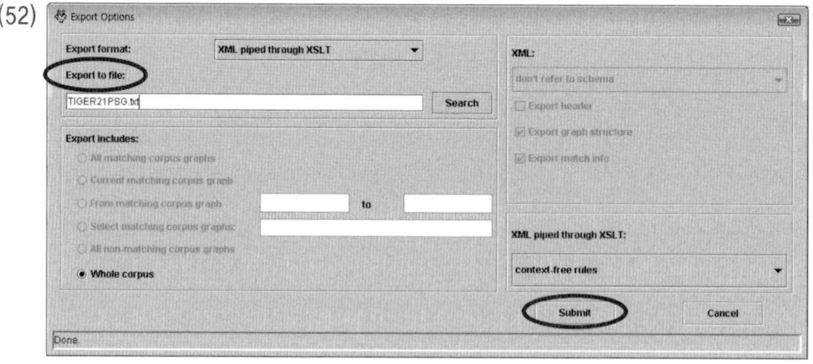

　　위 상태에서 하단의 Submit을 누르면 "TIGER21PSG.txt"라는 이름으로 파일이 저장된다.

제3장 동사의 결합가 및 연어관계(Kollokationen)

3.1 동사의 결합가

이 절에서는 전통적으로 독일어 통사론 연구에서 가장 중요시되었던 문제 중의 하나인 동사의 "결합가"(Valenz)에 대해 다룬다. 구문분석 코퍼스를 통해 출현빈도가 높은 완전동사들을 50개 추출한 다음에, 이들의 보충어 결합 양상을 파악한 다음 결합유형을 정의하고자 한다. 이 작업과 더불어 이들 동사들과 한 문장내에서 공기하는 부사들을 정리함으로써 연어관계도 함께 기술하려 한다. 다음 (1)은 TIGER 2.1 코퍼스상에 나타난 동사의 빈도분포(상위빈도 1위-20위)를 보여주고 있다.[25]

(1)	동사	빈도	누적빈도	누적백분율
	sein	12244	12244	11%
	werden	9383	21627	20%
	haben	7514	29141	27%
	können	2727	31868	30%
	sollen	2194	34062	32%

---

25) [부록 2]에 동사 빈도 전체 목록이 제시된다.

동사	빈도	누적빈도	누적백분율
müssen	1880	35942	34%
wollen	1648	37590	35%
sagen	1402	38992	36%
geben	1238	40230	38%
gehen	958	41188	39%
machen	936	42124	39%
kommen	906	43030	40%
lassen	890	43920	41%
stehen	817	44737	42%
sehen	727	45464	43%
bleiben	639	46103	43%
dürfen	609	46712	44%
halten	542	47254	44%
liegen	541	47795	45%
stellen	497	48292	45%

이 표는 Lemma를 기준으로 하여 동사 4,709개 중에서 1위부터 20위를 정리한 것이다. 코퍼스에서는 동사가 모두 106,891번 사용된다. 위의 데이터를 통해 관찰할 수 있는 단순한 사실은, 순위 1위를 차지한 *sein* 동사가 11%를 점유한다는 사실과 순위 20위안에 드는 동사들이 모두 45% 사용율을 보인다는 점이며, 이는 결과적으로 동사의 경우 일반적인 어휘들의 속성과 마찬가지로 사용에 있어 집중도가 매우 높다는 점이다. 또한 전체 4,709개 동사중에서 단 한번 사용된 동사가 1,655개(35.1%)에 이른다는 사실도 매우 흥미롭다. 이런 사실들과 함께 사용율 80%를 차지하는 상위 순위 423개(8.98%) 동사의 빈도분포에 대한 다음 차트 (2)에서 보는 L형 그래프를 통해서도 Zipf의 법칙이 동사에도 타당하다는 사실을 다시 확인하게 된다. Zipf에 따르면 언어사용자들은 어휘사용에 있어 자주 사용하는 어휘를 더 자주 사용한다는 관찰로부터 언어사용과 관련한 최소노력

의 법칙("The Principle of Least Effort")을 세웠다. 이는 일종의 언어경제성 원리라 할 수 있다.[26)]

(2)

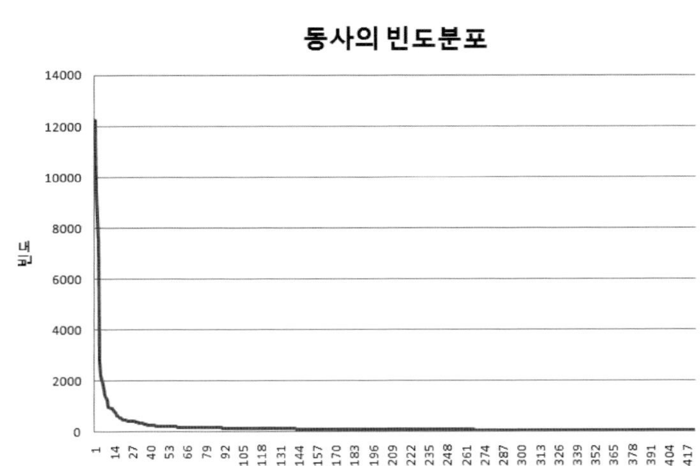

TIGER 전산문법에서 동사들은 다음과 같이 여러 가지 품사로 실현되어 문장내에서 다양한 통사적 기능을 수행한다.

(3)

VVFIN	finites Verb, voll	[du] gehst, [wir] kommen [an]
VVIMP	Imperativ, voll	komm [!]
VVINF	Infinitiv, voll	gehen, ankommen
VVIZU	Infinitiv mit "zu", voll	anzukommen, loszulassen
VVPP	Partizip Perfekt, voll	gegangen, angekommen
VAFIN	finites Verb, aux	[du] bist, [wir] werden
VAIMP	Imperativ, aux	sei [ruhig !]

---

26) Zipf의 법칙은 통계학적인 개념에 기초한 것으로서 다음과 같이 정의된다 :
"특정한 단어의 빈도에 순위를 곱하면 동일한 텍스트에 출현하는 다른 단어의 빈도 곱하기 순위와 거의 동일한 값을 갖게 된다."(Hausser 2001 : 295). 이러한 수학적인 계산이 항상 정확하게 일치하는 것은 아니지만, 단어를 비롯한 여러 가지 언어적인 범주가 사용되는데 있어 그 집중도를 보이는 경향성은 분명하게 확인할 수가 있다.

VAINF	Infinitiv, aux	werden, sein
VAPP	Partizip Perfekt, aux	gewesen
VMFIN	finites Verb, modal	dürfen
VMINF	Infinitiv, modal	wollen
VMPP	Partizip Perfekt, modal	gekonnt, [er hat gehen] können

위 표는 독일어 동사가 문장내에서 수행하는 여러 가지 통사적인 기능을 정리한 것이다. VVFIN와 VMINF를 예로 들어 어휘형태(Wortform)의 명칭이 가지는 구조를 살펴보면, 각 명칭은 다음과 같이 세 부분으로 구성된다. 첫 자리에 나오는 문자는 명사나 형용사로부터 구별되는 동사(Verb)를 가리키고, 두 번째 자리에 나오는 문자는 동사의 하위유형으로서 완전동사(Vollverb)이거나, 조동사(Auxiliar)이거나 양태동사/화법조동사(Modalverb)에 속한다. 세 번째 자리부터 시작하는 문자열은 좁은 의미의 통사적 기능을 나타내는 것으로서 정형(Fintum), 부정형(Infinitum), 명령형(Imperativum), 완료분사형(Partizip Perfekt)이다.

(4)

a.

VVFIN	V	V	FIN
정동사	동사	완전동사	정형

b.

VMINF	V	M	INF
부정형	동사	화법조동사	부정형

아래의 표는 동사 어휘형태들의 코퍼스내 출현빈도를 정리한 것으로 완전동사 기반의 정동사가 가장 많이 쓰이고 조동사 기반의 정동사가 그 다음으로 많이 쓰임을 보여준다. 세 번째로 많이 쓰이는 형태가 완전동사 기반의 과거분사인 점도 흥미롭게 관찰된다.

(5)

어휘형태	빈도
VVFIN	35636
VAFIN	24586
VVPP	17758
VVINF	13392
VMFIN	8805
VAINF	3169
VVIZU	1515
VAPP	1360
VMINF	504
VVIMP	155
VMPP	8
VAIMP	3

이제, 동사의 결합가 유형에 대해 논의를 하자. 이 문제에 대해서는 여러 학자들의 논의가 있는데, 전통문법적인 시각에서 논의한 연구로 대표적인 것은 DUDEN(1984 : 635)의 분류체계로서 여기서는 37가지 유형을 제안하며 국내의 경우 이민행(2005b : 166)의 논의를 비롯한 여러 학자들의 논의가 있다. 이민행은 아래에 제시되는 9가지 종류의 보충어(Ergänzung)를 토대로 하여 22가지 유형을 제안하고 있다.

(6) **보충어 종류**
    a. 보충어문장 (Es)
    b. 동사성보충어 (Ev)
    c. 1격 보충어 (En)
    d. 4격 보충어 (Ea)
    e. 3격 보충어 (Ed)
    f. 2격 보충어 (Eg)
    g. 전치사격 보충어 (Ep)
    h. 형용사보충어 (Eadj)

   i. 부사보충어 (Eadv)

  위 9가지 보충어들은 문장성(+s, -s), 동사성(+v, -v), 격(+k, -k) 및 연사와의 결합가능성(+vk, -vk) 등 네 가지 형태통사적인 자질에 의해 구분될 수 있다는 입장이며 그 결과 독일어에 대해 다음 표에 정리된 바와 같은 22가지 결합가 유형을 설정하는 것이 타당하다고 본다.

(7) 동사의 결합가 유형

유형명칭	보충어의 종류	동사의 예	예문
VT1	En	blühen	Die Rose blüht.
VT2	En Ea	binden	Der Gärtner bindet die Blumen.
VT3	En Ed	bluten	Die Hand blutet dem Kind.
VT4	En Eg	bedürfen	Karl bedarf deiner Hilfe.
VT5	En Ep	geschehen	Das Verbrechen geschah aus Eifersucht.
VT6	En En	sein	Karl ist mein Freund.
VT7	En Eadv	gehen	Er geht die Treppe hinunter.
VT8	En Eadj	sein	Der Spalt ist einen Fuß breit.
VT9	En Ea Ea	lehren	Herr Meier lehrt uns die französische Sprache.
VT10	En Ea Eg	beschuldigen	Der Richter beschuldigt den Angeklagten des Diebstahls.
VT11	En Ea Ep	verraten	Er verriet ihn an seine Feinde.
VT12	En Ea Eadv	werfen	Sie warfen ihn die Treppe hinunter.
VT13	En Ed Ea	streicheln	Er streichelt ihr die Wangen.
VT14	En Ed Ep	raten	Ich rate euch zum Nachgeben.
VT15	En Ed Eadv	gehen	Es geht ihm schlecht.
VT16	En Ep Ep	sprechen	Der Forschungsreisende sprach zu den Schulkindern über seine Afrikareise.
VT17	En Eadv Ep	handeln	Er handelte niederträchtig an ihm.
VT18	En Ed Ea Ep	legen	Ich legte ihm die Hand auf die Schulter.
VT19	En Ed Ea Eadv	richten	Der Arzt richtete ihr die Nase gerade.
VT20	En Ev	müssen	Die Mutter muß arbeiten.

유형명칭	보충어의 종류	동사의 예	예문
VT21	En Ea Ev	bitten	Peter bittet Inge, ins Kino zu gehen.
VT22	En Ed Ev	versprechen	Inge verspricht Peter, ins Kino zu gehen.

이 연구는 더 나아가 동사의 하위분류 체계를 바탕으로 Bieler(1981)에서 연구된 1,000개의 기본동사들을 분석한 결과 얻어진 출현빈도 순위를 제시하고 있다. 이에 따르면 vt1 유형과 vt2 유형 및 vt5 유형의 동사들이 출현빈도 기준으로 각각 1위, 2위 및 3위까지를 차지한다.

동사의 결합가에 대한 최근의 연구는 대용량의 코퍼스로부터 결합가 유형을 자동으로 추출하는 방법을 제안하고 그 결과를 제시하는데 이러한 흐름의 대표적인 연구로는 Schulte im Walde(2002, 2003)을 들 수 있다. Schulte는 다음의 표에 정리된 바와 같이 33가지 유형의 결합가를 설정한다(Schulte im Walde 2002 : 1352).

(8)

프레임 유형	예
n	Sie_n schwimmt.
na	Er_n sieht sie_a.
nd	Er_n glaubt ihr_d.
np	Sie_n achten <u>auf Kinder</u>$_p$.
nad	Sie_n verspricht ihm_d ein <u>Geschenk</u>$_a$.
nap	Sie_n hindert ihn_a <u>am Stehlen</u>$_p$.
ndp	Er_n dankt ihr_d <u>für ihr Verständniss</u>$_p$.
ni	Er_n versucht, pünktlich <u>zukommen</u>$_i$.
nai	Er_n hört sie_a <u>ein Lied singen</u>$_i$.
ndi	Sie_n verspricht ihm_d <u>zu kommen</u>$_i$.
nr	Sie_n fürchten $sich_r$,
nar	Er_n erhofft $sich_r$ $Aufwind_a$.
ndr	Sie_n schließt $sich_r$ <u>der Kirche</u>$_d$ an.
npr	Er_n hat $sich_r$ <u>als würdig</u>$_p$ erwiesen.
nir	Sie_n stellt $sich_r$ vor, <u>alles zugewinnen</u>$_i$.

프레임 유형	예
x	Es_x blitzt.
xa	Es_x gibt <u>viele Bücher$_a$</u>.
xd	Es_x graut mir$_d$.
xp	Es_x geht <u>um ein tolles Angebot$_p$</u>.
xr	Es_x rechnet sich$_r$.
xs-dass	Es_x heißt, <u>dass er sehr klug ist$_{s-dass}$</u>.
ns-2	Er_n hat gesagt, <u>er halte einen Vortrag$_{s-2}$</u>.
nas-2	Er_n schnauzt ihn$_a$ an, <u>er sei ein Idiot$_{s-2}$</u>.
nds-2	Er_n sagt ihr$_d$, <u>sie sei unmöglich$_{s-2}$</u>.
nrs-2	Er_n wünscht sich$_r$, <u>sie bliebe bei ihm$_{s-2}$</u>.
ns-dass	Er_n hat angekündigt, <u>dass er kommt$_{s-dass}$</u>.
nas-dass	Er_n fordert sie$_a$ auf, <u>dass sie verreist$_{s-dass}$</u>.
nds-dass	Er_n sagt ihr$_d$, <u>dass er unmöglich sei$_{s-dass}$</u>.
nrs-dass	Er_n wünscht sich$_r$, <u>dass sie bleibt$_{s-dass}$</u>.
ns-ob	Er_n hat gefragt, <u>ob sie den Vortrag hält$_{s-ob}$</u>.
nas-ob	Er_n fragt sie, <u>ob sie ihn liebt$_{s-ob}$</u>.
nds-ob	Er_n ruft ihr$_d$ zu, <u>ob sie verreist$_{s-ob}$</u>.
nrs-ob	Er_n wird sich$_r$ erinnern, <u>ob sie dort war$_{s-ob}$</u>.
ns-w	Er_n hat gefragt, <u>wann sie ankommt$_{s-w}$</u>.
nas-w	Er_n fragt sie$_a$, <u>warum sie ihn liebt$_{s-w}$</u>.
nds-w	Er_n sagt ihr$_d$, <u>wer zu Besuch kommt$_{s-w}$</u>.
nrs-w	Er_n erinnert sich$_r$, <u>wer zu Besuch kommt$_{s-w}$</u>.
k	Er ist <u>ein Idiot$_k$</u>.

본 연구에서는 Schulte의 연구와 이민행(2005b)의 제안을 개념적으로 통합하면서 동시에 TIGER 코퍼스로부터 검색식을 통해 검색이 가능한 기준을 설정하여 결합가 유형을 제안하고자 한다. Schulte(2002, 2003)와 이민행(2005b)에서 주된 기준으로 채택된 형태통사적 정보로서의 격(Kasus)에 대응되는 문법기능(Grammatische Funktionen)을 주된 기준으로 삼되 형태통사적 정보에 속하는 어휘범주 PRF를 보충기준으로 삼아 결합가 유형을

정의하면 다음의 표에 제시된 바와 같이 28가지 유형을 추출할 수 있다. 이러한 접근방법의 장점은 TIGER 코퍼스내에 문법기능에 대한 정보와 어휘범주에 대한 정보가 포함되어 있어 검색기를 통해 이러한 기준들을 검색할 수 있다는 데에 있다.

(9) 동사 결합가 유형

유형 이름	구성	예 문	동사
TF1	SB	Die Story geht so : [T$_{23}$] Er tritt in die GM-Verwaltung ein und wird Großaktionär des Autokonzerns. [T$_{26}$]	kommen, gehen, rennen, springen, liegen, fliegen, wohnen, aufsteigen, lachen, strahlen, sinken, vergehen, abfahren
TF2	SB OA	Texaner gibt nur vage Auskunft über seine Wirtschaftspolitik [T$_{3}$] Landesbank schlägt Verträge zwischen Stadt und privaten Investoren vor [T$_{290}$]	sehen, tun, nehmen, finden, wissen, erhalten, bedeuten, hoffen, loben, legen, planen, ablehnen, vorsehen, anrufen, bedienen, begleiten, fernhalten
TF3	SB DA	Doch der Fortschritt geht dem Regierungschef nicht schnell genug. [T$_{77}$] FR : Uns steht eine relativ lange Zeit ohne Wahlen und Wahlkämpfe bevor. [T$_{159}$]	gelingen, helfen, begegnen, gefallen, folgen, genügen, gehören, drohen, schaden, schmecken, nützen, bevorstehen, zuhören, zustimmen, vorschlagen, angehören, zusehen, nachgehen, vorkommen
TF4	SB OP	SPD-Parteitag diskutiert über Zukunft der Arbeit [T$_{27653}$] Die Regierung in Pyöngyang reagierte nicht unmittelbar auf das Schreiben. [T$_{3606}$]	diskutieren, greifen, klagen, kämpfen, passen, reagieren, reden, nachdenken, zurückgehen, eingehen, teilnehmen, aufrufen, hervorgehen, absehen, beitragen, abhängen
TF5	SB OA DA	Experten machen Polen Mut [T$_{715}$] Mir macht das nichts aus. [T$_{4861}$]	machen, geben, schenken, zuspielen, versprechen, vorwerfen, anbieten, ausmachen, einbringen, vormachen, ansagen

유형 이름	구성	예 문	동사
TF6	SB OA OP	Von modernem Management hat Perot, so Fortune, nie etwas gehalten.[T31] Der Senat der Stadt legte die Investoren überwiegend auf rotbunte Ziegel fest : [T309]	halten, wissen, warnen, ändern, bitten, verbinden, aufrufen, festlegen, zurückführen, hinweisen, hinführen
TF7	SB DA OP	Erst am Abend berichtete der 17jährige seiner Mutter von dem Zahnbürsten-Unfall. [T23757]	drohen, danken, berichten
TF8	SB OC	Ob dies die Unzufriedenheit zu zügeln vermag, ist zweifelhaft. [T399] Michail Gorbatschow lehnte ab vor Gericht als "Angeklagter" zu erscheinen. [T1445]	versuchen, scheinen, drohen, beginnen, glauben, brauchen, hoffen, ankündigen, vorschlagen, möchten, anfangen, vorsehen, einräumen, zugeben, zusichern, ablehnen, anstreben, vorhaben, ausschließen
TF9	SB OA OC	In Kasachstan bat er die Regierung, Stolpersteine für ein Engagement deutscher Firmen aus dem Weg zu räumen. Beide Seiten hätten sich jedoch verpflichtet, den Konflikt friedlich zu lösen. [T41936] Die Heilsfront forderte Kafi auf, zu demokratischen Reformen zurückzukehren. [T1174]	weigern, verpflichten, bemühen, bitten, rufen, beschuldigen, veranlasse, zwingen, bekommen, beauftragen, bewegen, überzeugen, ermächtigen, auffordern, aufrufen, übriglassen, abweisen
TF10	SB DA OC	Der FDP warf Blüm vor, nicht mehr zum Beschluß zu stehen. [T2493] Sie warf Bonn vor, ein Aufweichen der internationalen Sicherheitsbestimmungen zu betreiben. [T19393]	vorwerfen, empfehlen, helfen, raten, erlauben, machen, verpsrechen, vornehmen, scheinen, bescheinigen, anbieten, zutrauen, vorhalten, vorstellen
TF11	SB PD	Ob das freilich so klappt, ist die Frage [T61]	sein, werden, bleiben
TF12	SB OA PD	Brüssel bleibt die notwendigen Kriterien jedoch immer noch schuldig. [T50355]	machen, bleiben, nennen, lassen, erklären, sein

유형 이름	구성	예 문	동사
TF13	SB OG	Dazu bedarf es Kompetenz und eines gewissen Apparates. [T_{8020}]	bedürfen, gedenke, anklagen, verweisen, denken, entraten
TF14	SB OA OG	Köbele zeiht Arbeitgeber des Mißbrauchs der EU [T_{8179}]	bedienen, erfreuen, enthalten, entledigen, beschuldigen, annhemen, bezichtigen, zeihen, erinnern, berauben
TF15	SB OA OA 2	Die Unwetter kosteten mehr als 60 Menschen das Leben. [T_{4296}] In Serpentinen windet sich der Paseo Miramar vom Sunset Boulevard den Hang hinauf. [T_{9390}]	kosten, lehren, passieren, trauen, hinaufwinden, angehen
TF16	SB CVC	Allmählich kommt der Ausverkauf in Gang [T_{756}] Parallel zu den Protesten wirken die Studenten im ganzen Land in ihren jeweiligen Senaten oder Konventen auf Beschlüsse gegen Studiengebühren hin. [T_{13481}]	kommen, gehen, geraten, treten, liegen, fallen, hinwirken, abhängen
TF17	SB OA CVC	Die Auszählung der Stimmen wird voraussichtlich mehrere Tage in Anspruch nehmen. [T_{1155}] Die positiven Ergebnisse führt das Management auf die Marktentwicklung, aber auch auf Rationalisierungen zurück. [T_{14727}]	stellen, bringen, nehmen, halten, setzen, haben, ziehen, melden, ausrichten, zurückführen, zusammensetzen
TF18	SB DA CVC	Wie kann man sich dieser neuen Gesellschaft nur zur Verfügung stellen. [T_{4906}]	stehen, fallen, stellen, legen, nehmen, eilen
TF19	SB OA [prf]	Ich glaube, er vollzieht sich ganz unterschiedlich in unterschiedlichen Bereichen. [T_{167}] Der Streit zwischen Japan und Rußland um die vier Kurilen-Inseln spitzt sich zu. [T_{872}]	zeigen, befinden, fühlen, halten, stellen, sprechen, aussprechen, setzen, richten, äußern, ergeben, abzeichnen, zurückhalten, anschließen, aufhalten, auswirken, einsetzen, zurückziehen, zusammensetzen, durchsetzen, auftun, niederschlagen, herausstellen, abspielen, aufdrängen

유형 이름	구성	예 문	동사
TF19	SB OA [prf]	Ich glaube, er vollzieht sich ganz unterschiedlich in unterschiedlichen Bereichen. [T$_{167}$] Der Streit zwischen Japan und Rußland um die vier Kurilen-Inseln spitzt sich zu. [T$_{872}$]	zeigen, befinden, fühlen, halten, stellen, sprechen, aussprechen, setzen, richten, äußern, ergeben, abzeichnen, zurückhalten, anschließen, aufhalten, auswirken, einsetzen, zurückziehen, zusammensetzen, durchsetzen, auftun, niederschlagen, heraustellen, abspielen, aufdrängen
TF20	SB OA DA [prf]	Wie stellen Sie sich das vor? [T$_{131}$] Polens Präsident Walesa und Kwasniewski sprechen sich gegenseitig Kompetenz ab [T$_{21554}$]	erhoffen, versprechen, wünschen, machen, stellen, geben, vorstellen, ausrechnen, vorbehalten, einhandeln, offenhalten
TF21	SB OA [prf] DA	Politisches Bewußtsein fügt sich nicht mehr dieser sozialen Mechanik. [T$_{6858}$] Auch die Regierung der USA schloß sich dem Gnadengesuch an. [T$_{13361}$]	entziehen, nähern, widmen, widersetzen, öffnen, stellen, unterordnen, anschließen, zuwenden, anbieten
TF22	SB OA [prf] OP	Die vielen wohlwollenden Absichtserklärungen sollen sich in Taten niederschlagen. [T$_{81}$] Rund die Hälfte der Bezüge der Fahrer setzt sich aus diversen Zulagen zusammen. [T$_{3994}$]	beteiligen, beziehen, bekennen, bemühen, einigen, äußern, konzentrieren, orientieren, berufen, auswirken, zusammensetzen, ausschweigen, niederschlagen, auseinandersetzen
TF23	SB OA [prf] OC [vp]	Beide Seiten hätten sich jedoch verpflichtet, den Konflikt friedlich zu lösen. [T$_{3633}$] Die fast 700000 Einwohner zählende deutsch-dänische Grenzregion schickt sich in diesem Frühjahr an, mit einem Regionalrat die 25. Euroregion zu etablieren. [T$_{49851}$]	weigern, bemühen, verpflichten, scheuen, getrauen, entscheiden, entschließen, trauen, anschicken

유형 이름	구성	예 문	동사
TF24	EP	Doch gerade in Lebensmittelläden kommt es manchmal zu Selbstjustiz -mehr jedenfalls als anderswo. [T224] Auf der neugestalteten Fleetinsel in der Südwestecke der City geht es zügig voran : [T316]	heißen, gelten, bedürfen, scheinen, regnen, stehen, bleiben, aussehen, zugehen, vorangehen
TF25	EP OA	Als Rao die Regierung übernahm, gab es praktisch kein Wirtschaftswachstum mehr. [T68]	geben, hageln, treffen, brauchen
TF26	EP DA	Dabei geht es den Bewohnern von felix Austria gar nicht schlecht. [T7126]	gehen, ergehen, fehlen, scheinen, sein, zeigen, laufen, ankommen
TF27	EP OP	Es geht um möglicherweise recht-swidrige Steuergeschenke an ansied-lungswillige oder konkursbedrohte Unternehmen. [T3784] Es komme jetzt darauf an, möglichst rasch bestimmte Mindeststandards zu vereinbaren : [T11866]	gehen, handeln, fehlen, kommen, mageln, ankommen
TF27	EP OP	Es komme jetzt darauf an, möglichst rasch bestimmte Mindeststandards zu vereinbaren : [T11866]	gehen, handeln, fehlen, kommen, mageln, ankommen
TF28	EP OC [s]	Politische Gefangene würden durch Schauprozesse zu gemeinen Verbrechern erklärt, hieß es. [T755]	heißen, scheinen, kommen

위에 제시된 결합가 유형의 정의에 사용된 문법기능은 이미 제2.3절에서 설명한 바 있는 SB, OA, DA, OP, OG, OC, EP, OA2 및 CVC이다.

어떤 동사가 어떤 결합가 유형과 어울리는 지를 살펴보기 위해 TIGER 코퍼스내에서 출현빈도가 가장 높은 완전동사(Vollverben) 50개를 추출하여 각 동사에 대해 용례 20개의 문장속에 나타난 결합가 유형을 정리했다. 모

두 1,000 문장의 결합가 유형을 분석한 결과는 아래의 표와 같다.[27]

(10) 상위 출현 빈도 동사들의 결합가 유형[28]

동사	빈도	결합가 유형 〈각 20개 용례〉
sagen	1402	TF1(1) TF2(1) TF8(17) TF10(1)
geben	1238	TF2(2) TF5(1) TF20(1) TF25(16)
gehen	958	TF1(10) TF3(2) TF16(1) TF26(1) TF27(6)
machen	936	TF2(13) TF5(1) TF8(2) TF19(3) TF20(1)
kommen	906	TF1(13) TF4(1) TF16(6)
lassen	890	TF2(2) TF8(10) TF9(7) TF10(1)
stehen	817	TF1(15) TF3(1) TF16(3) TF18(1)
sehen	727	TF1(2) TF2(14) TF9(3) TF23(1)
bleiben	639	TF1(5) TF3(3) TF8(2) TF11(10)
halten	542	TF2(8) TF6(9) TF19(2) TF22(1)
liegen	541	TF1(19) TF24(1)
stellen	497	TF2(15) TF5(1) TF17(3) TF19(1)
heißen	449	TF1(5) TF8(3) TF24(2) TF28(10)
fordern	442	TF2(16) TF8(3) TF9(1)
nehmen	436	TF1(1) TF2(17) TF17(1) TF20(1)
bringen	430	TF2(15) TF7(2) TF17(3)
erklären	410	TF1(2) TF2(4) TF5(1) TF8(10) TF10(1) TF19(2)
finden	410	TF2(12) TF8(3) TF12(4) TF19(1)
führen	406	TF1(11) TF2(9)
zeigen	401	TF2(8) TF5(1) TF8(4) TF19(7)
gelten	391	TF1(4) TF3(4) TF4(11) TF24(1)
setzen	368	TF2(4) TF4(8) TF6(2) TF17(2) TF19(1) TF20(1) TF25(2)
sprechen	353	TF1(6) TF2(1) TF4(13)
wissen	326	TF2(3) TF4(1) TF6(1) TF8(15)

---

27) 조동사 sein, werden, haben과 화법조동사 können, sollen, müssen, wollen, dürfen, mögen, möchten은 제외한다. 상위빈도를 보이는 teilen은 분리동사 mitteilen으로 대체한다.

28) 유형명칭 다음의 괄호안의 숫자는 유형 출현빈도를 나타낸다.

동사	빈도	결합가 유형 〈각 20개 용례〉
nennen	318	TF2(3) TF5(1) TF12(16)
erhalten	315	TF2(20)
gehören	308	TF1(2) TF3(2) TF4(16)
berichten	296	TF1(6) TF2(2) TF4(3) TF8(9)
schaffen	275	TF2(19) TF8(1)
tun	260	TF1(2) TF2(15) TF3(1) TF8(1) TF19(1)
beginnen	255	TF1(14) TF4(3) TF8(3)
meinen	255	TF8(20)
erwarten	246	TF2(14) TF6(1) TF8(5)
erreichen	245	TF2(20)
mitteilen	244	TF2(1) TF8(18) TF10(1)
ziehen	241	TF1(7) TF2(13)
fallen	220	TF1(16) TF3(1) TF16(1) TF18(1) TF19(1)
bestehen	216	TF1(15) TF4(4) TF8(1)
treffen	213	TF2(14) TF4(2) TF19(3) TF25(1)
legen	213	TF2(8) TF5(2) TF6(5) TF17(2) TF18(1) TF19(2)
übernehmen	206	TF2(20)
entscheiden	199	TF1(5) TF2(4) TF4(3) TF8(3) TF19(1) TF22(4)
scheinen	199	TF3(1) TF8(12) TF10(1) TF11(5) TF28(1)
steigen	198	TF1(20)
versuchen	195	TF2(3) TF8(16) TF22(1)
rechnen	192	TF4(18) TF19(2)
leben	191	TF1(14) TF4(6)
tragen	187	TF2(17) TF5(3)
brauchen	186	TF2(16) TF8(4)
schließen	182	TF1(3) TF2(5) TF4(7) TF6(2) TF8(1) TF19(1) TF23(1)

위 표에서 가장 빈도가 높은 완전동사 *sagen*은 TF1 유형, TF2 유형, TF8 유형 및 TF10 유형으로 문장속에 실현되는데, 그 중에서 TF8 유형으로 나타나는 경우가 가장 많음을 확인할 수 있다. 반면, 동사 *geben*의 경우, 네 가지 유형 곧, TF2, TF5, TF20 및 TF25으로 나타나지만 그 중

TF25 유형의 출현빈도가 16회로 가장 높다. 그리고 동사 *erhalten, meinen, erreichen, übernehmen* 및 *steigen* 등은 각각 유일한 결합가 유형을 보인다는 점도 특기할 만하다.

위에 정리된 바 상위 빈도 동사 50개의 결합가 유형 출현빈도를 모두 합산하여 통합빈도를 산출한 결과는 다음과 같다.

(11) 결합가 유형의 출현빈도

유형	빈도	유형	빈도	유형	빈도
TF2	338	TF3	15	TF22	6
TF1	198	TF11	15	TF10	5
TF8	163	TF9	11	TF20	4
TF4	96	TF5	11	TF24	4
TF19	28	TF16	11	TF18	3
TF6	20	TF17	11	TF7	2
TF12	20	TF28	11	TF23	2
TF25	19	TF27	6	TF26	1

위의 표를 통해 다시 한 번 확인하게 되는 것은 Zipf의 법칙이다. 이에 따르면 상위 빈도를 보이는 세 가지 유형이 차지하는 누적백분율이 무려 69.9%(1000 문장 중 699개 문장)를 차지한다. 결합가 유형 TF13, TF14와 TF15는 한 번도 쓰이지 않은 점으로 미루어 보아 이 유형들이 제한적으로 출현빈도가 높지 않은 몇몇 동사들에만 사용됨을 알 수 있다.

이제 몇 가지 중요한 결합가 유형에 대해 해당 유형이 포함된 문장을 중심으로 논의를 하기로 하자.

TF1 유형은 문장의 필수성분 중에서 주어(SB)만 나타나는 유형이다. 다음 수형도를 통해 이를 확인할 수 있다.

(12)

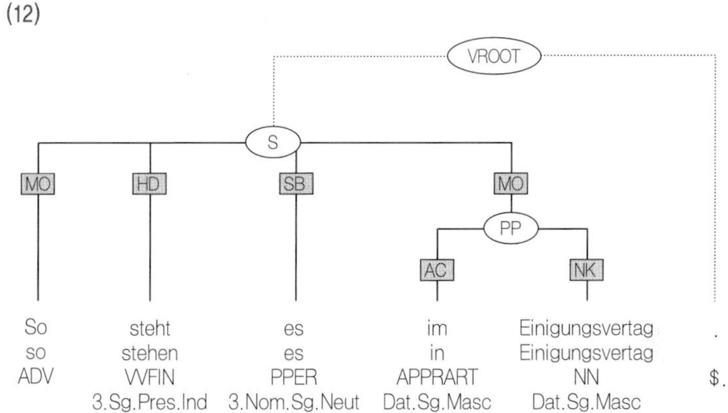

동사 *stehen*외에도 *gehen, kommen, liegen, beginnen, fallen, bestehen, steigen* 및 *leben* 등 소위 자동사들이 선호하는 결합가 유형이 TF1이다.

결합가 유형 TF2는 출현빈도가 가장 높은 유형으로 다음 수형도에서 보듯이 직접목적어(OA)를 포함한다.

(13)

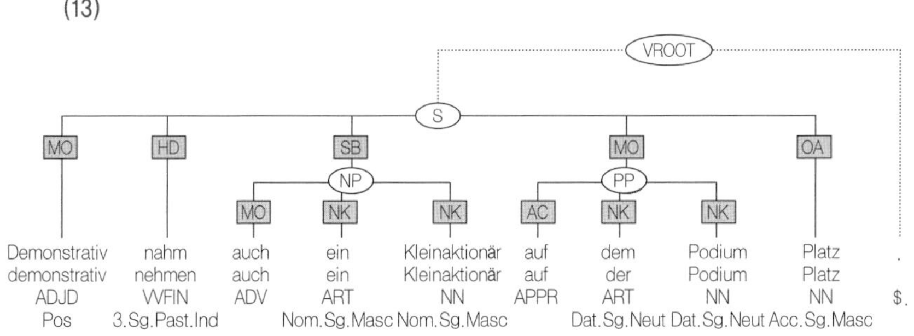

동사 *nehmen*외에도 *machen, sehen, stellen, fordern, finden, erhalten, erwarten, erreichen* 및 *treffen* 등 전형적인 타동사들이 선호하는 결합가 유형이 TF2라고 할 수 있다. 분리전철 "er-"가 결합되어 있는

동사들이 이 유형을 압도적으로 선호한다는 점에도 주목을 해야 한다.

전치사격 목적어(OP)가 주어와 함께 나타나는 결합가 유형 TF4는 다음 수형도를 통해 확인할 수 있다.

(14)

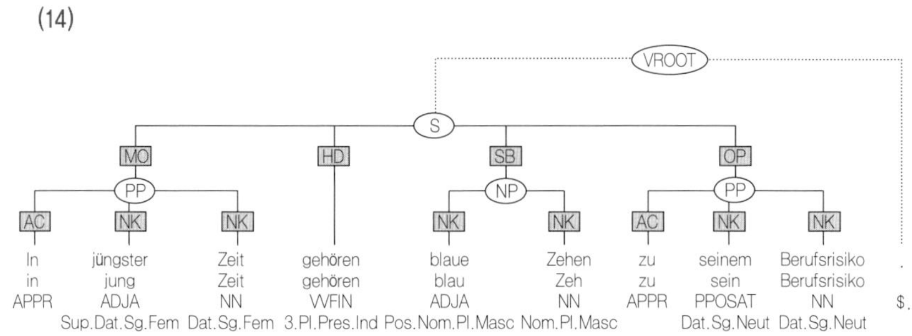

동사 *gehören*외에도 *setzen, rechnen* 및 *schließen* 등이 결합가 유형 TF4를 선호하는 동사에 속한다.

결합가 유형 TF8은 부정사구(VP)나 문장(S)을 목적어로 취하는데, 이 유형을 선호하는 대표적인 동사는 *mitteilen*이다. 이 동사는 분리전철 (mit)이 붙어 있어 TIGER 검색기를 통해 ⟨lemma="teilen"⟩만으로도 검색이 된다. 다음 수형도는 TF8 유형을 보이는 문장의 구조이다.

동사 *sagen, lassen, erklären, berichten* 및 *versuchen* 등이 결합가 유형 TF8을 선호한다. 이상 네 가지 결합가 유형이 절대적으로 사용빈도가 높은 유형들이다.

이제, 상대적으로 출현빈도가 20에 못 미치는 소수 결합가 유형 둘의 통사구조에 대해 살펴보기로 하자. 그들은 TF12와 TF15이다. 직접목적어 (OA)와 목적보어(PD)가 주어(SB)와 함께 나타나는 유형 TF12는 다음과 같은 수형도를 통해 볼 수 있다.

(15)

VROOT
S
HD
SB
SVP
OC
NP
NK
NK
NK
OC
S
SB
HD
VP
MO
HD
PP
AC
NK
NK
Der
der
ART
Nom.Sg.Masc
fünfköpfige
fünfköpfig
ADJA
Pos.Nom.Masc
Staatsrat
StaaTsrat
NN
Nom.Sg.Masc
teilte
teilen
VWFIN
Sg.Past.Ind
mit
mit
PTLVZ
er
er
PPER
3.Nom.Sg.Masc
wolle
wollen
VMFIN
3.Sg.Pres.Subj
im
in
APPRART
Dat.Sg.Masc
Dezember
Dezember
NN
Dat.Sg.Masc
1993
1993
CARD
abtreten
abtreten
VWFIN
Inf
.
$.
,
$,

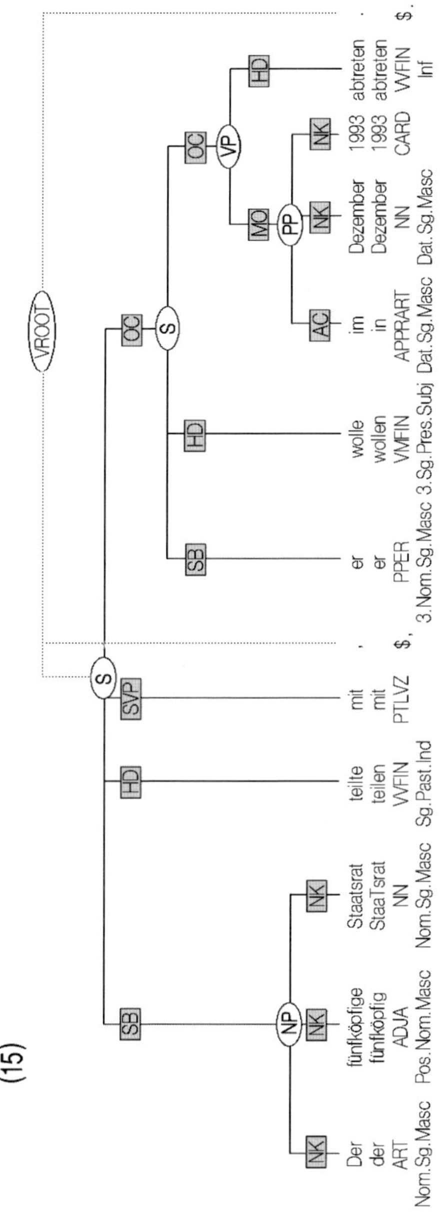

(16)

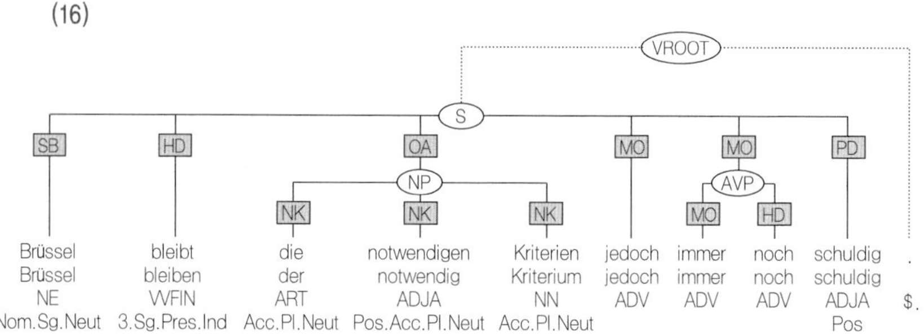

이러한 유형은 TIGERSearch 2.1 검색식 "(#m 〉SB #sb) & (#m 〉OA #oa) & (#m 〉PD #pd)"으로 검색하게 될 경우 두 가지 용례만 추출된다. 이런 결과가 나오게 된 원인은 문장내의 구성성분에 문법기능 PD를 부여할 때 매우 제한적으로 접근한데서 비롯된 듯하다. 왜냐하면 아래 예들이 코퍼스상에서는 모두 이 유형에 속하지 않은 것으로 분석되어 있으나, 이들이 실제적으로는 이 유형에 속하는 것으로 분석하는 것이 타당하기 때문이다.

(17) a. Dies nannten viele Anteilseigner <u>einen Skandal</u>.　　[T$_{3724}$]
　　b. "Rechtsradikale finden Polizei <u>attraktiv</u>"　　[T$_{5395}$]
　　c. Das finde ich erstens <u>auch</u>, zweitens <u>selbstverständlich</u>.　[T$_{7507}$]

아래 수형도에서 보듯이, 위 예들에서 밑줄이 그어진 표현에 모두 "MO"가 부여되어 있으나 "PD"로 수정하는 것이 타당하다.

(18)

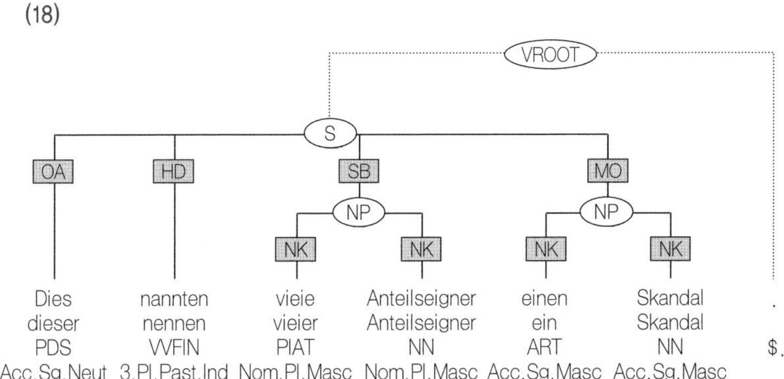

소수 유형 TF15는 TIGERSearch 2.1 검색식 "(#m 〉SB #sb) & (#m 〉OA #oa) & (#m 〉OA2 #oa2)"로 검색이 가능한데, 검색결과 14개 용례만 추출된다. 다음 수형도는 이 유형의 통사구조를 보여준다.

(19)

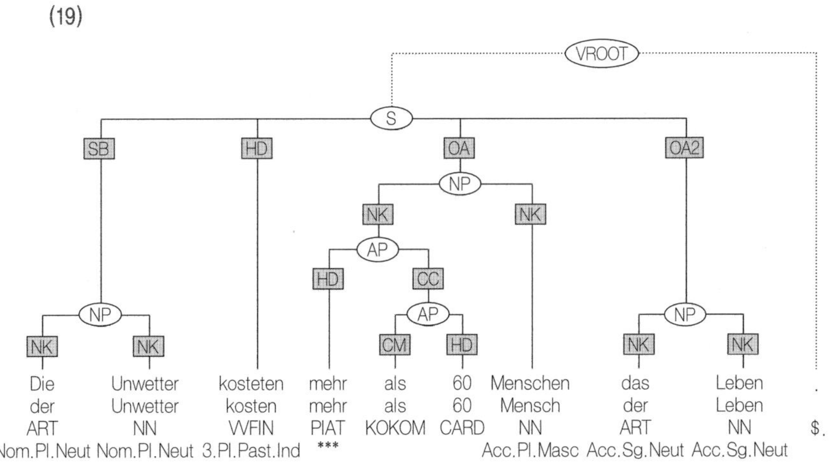

이 유형을 취하는 동사들은 *kosten, lehren* 및 *trauen* 등이다.

3.2 동사와 부사의 연어관계(Kollokationen)

이 절에서는 앞에서 논의한 바 있는 상위빈도 완전동사 50개의 연어관계에 대해 기술한다. Cowie(1995)의 논의에 따르면, 연어관계는 문법적인 구성으로 이루어진 특정한 영역내에서 둘 이상의 어휘소가 연합하는 관계를 일컫는다. 이에 따라 연어관계의 기준이 되는 어휘를 대상어(node)라 부르고 이 대상어와 연어관계에 있는 어휘를 결합어(collocate)라 지칭한다. 일찍이 영국의 언어학자 J. R. Firth(1957)는 "You shall know a word by the company it keeps!"라는 명언을 통해 텍스트내에서의 어휘들간의 연어관계에 주목할 필요가 있음을 설파한 바가 있는데, 이 슬로건에서 바로 대상어를 이해하기 위해서는 결합어를 살펴야 한다는 점을 지적하고 있다.

예를 들어 아래의 예는 독일어 DWDS 코퍼스에 기반하여 대상어 *Sonne*에 대한 결합어들을 추출한 결과이다.

(20)

#	w1	F(w1)	w2	F(w2)	F(w1,w2)	MI	T-Score	Log-L.	Belege
1	Sonne	9787	scheinen	40036	622	7.6410	24.8150	**5400.9326**	Suche
2	Sonne	9787	Mond	2831	253	10.1651	15.8921	**3089.5781**	Suche
3	Sonne	9787	Licht	16606	250	7.5956	15.7296	**2145.2266**	Suche
4	Sonne	9787	Himmel	11976	235	7.9778	15.2689	**2141.2097**	Suche
5	Sonne	9787	untergehnd	215	113	12.7212	10.6286	**1842.0155**	Suche
6	Sonne	9787	aufgehen	1772	151	10.0964	12.2770	**1827.3569**	Suche
7	Sonne	9787	Erde	15500	213	7.4639	14.5119	**1787.9729**	Suche
8	Sonne	9787	stehen	111315	319	5.2023	17.3755	**1691.3539**	Suche
9	Sonne	9787	untergehen	1220	127	10.3852	11.2610	**1589.9629**	Suche
10	Sonne	9787	Strahl	2141	137	9.6832	11.6905	**1576.2661**	Suche

이 표를 살펴보면, 동사 *scheinen*, 명사 *Mond, Licht, Himmel* 및 현재분사 *untergehend* 들이 *Sonne*와 한 문장내에서 근접하여 자주 출현하

는 어휘들이라는 것을 알 수 있다. 이런 결과를 얻기 위해 DWDS 코퍼스에서는 측정기준으로 로그가능도(Log-Likelihood)를 이용하고 있다.

이제 50개 동사의 연어관계를 기술하기 위해 TIGER 코퍼스로부터 추출한 용례를 바탕으로 이들 동사들과 한 문장내에서 공기하는 부사들에는 어떤 것들이 있는 지를 단순 빈도수를 기준으로 하여 살펴보면서, 최상위 20개에 대해서는 결합어의 범위를 넓혀 DWDS 코퍼스로부터 추출한 용례를 기반으로 한 일반적인 결합어들에는 어떤 어휘들이 있는지를 검토한다.

3.2.1 동사 *sagen*

TIGER 코퍼스로부터 동사 *sagen*의 부사적 결합어를 추출하기 위한 검색식은 다음의 (21)과 같다.

(21) 검색식
#m 〉HD #hd:[lemma="sagen"]
&
#m 〉MO #mo:[pos="ADJD"]

결과로 추출된 용례 중 하나가 다음의 (22a)에 제시된 문장이고 이에 대한 수형도는 (22b)이다.

(22) a. Wenn die Politiker kein Geld haben, dann sollten sie es
offen sagen.   [T$_{39492}$]

(22) b.

VROOT
S
MO
OC
SB
HD
AVP
RE
PH
S
SB
OA
HD
VP
MO
HD
OA
NP
NP
NK
NK
NK
NK
CP
Wenn die Politiker kein Geld haben , dann sollten sie es offen sagen .
wenn der Politiker kein Geld haben dann sollten sie es offen sagen .
KOUS ART NN PIAT NN VAFIN $, ADV VMFIN PPER PPER ADJD VVINF $.
Nom.Pl.Masc Nom.Pl.Masc Acc.Sg.Neut Acc.Sg.Neut 3.Pl.Pres.Ind 3.Pl.Past.Subj 3.Nom.Pl.Masc 3.Acc.Sg.Neut Pos Inf

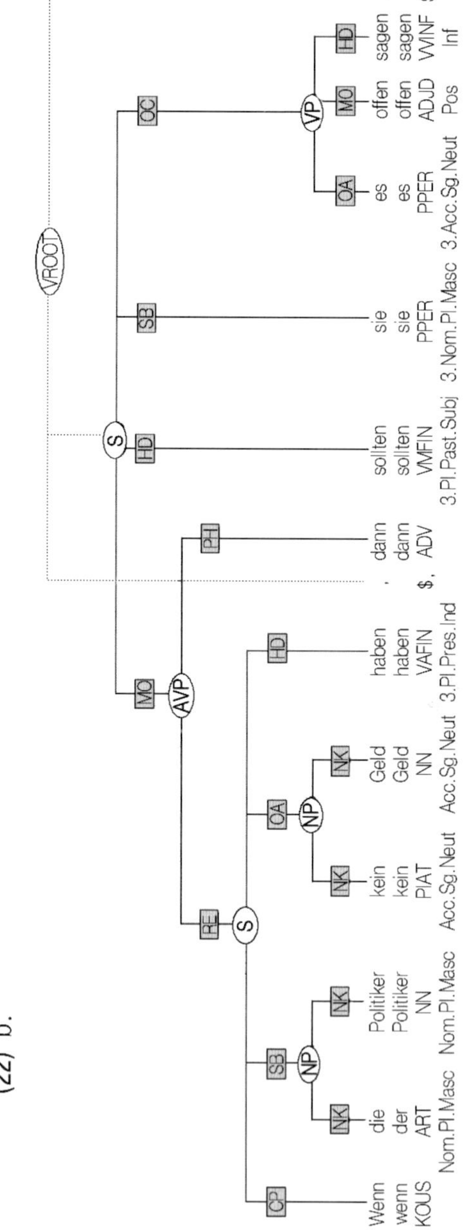

일반적으로 동사의 경우 ADJD 태그로 표현되는 부사가 가장 어울리는 결합어로 간주되는데, 동사 *sagen*의 경우 *offen*이 그러한 결합어들 중의 하나이다. 위 수형도에서도 확인할 수 있듯이 동사의 결합어로 쓰이는 부사는 대부분 직접 목적어(OA)와 동사사이에 위치할 정도로 동사에 매우 근접해서 나타나는 것이 특징이다. TIGER 코퍼스로부터 추출한 빈도 2이상의 동사 *sagen*의 결합어들은 다음과 같다.

▌TIGER 코퍼스

2	gut	sagen
2	offen	sagen
2	deutlich	sagen
2	öffentlich	sagen

아래의 표는 DWDS로부터 추출한 결합어들로서 부사외에는 주로 명사가 많이 나타나 있다.

▌DWDS 코퍼스

#	w1	F(w1)	w2	F(w2)	F(w1,w2)	MI	T-Score	Log-L.	Belege
1	sagen	208994	ja	105319	6751	5.2692	80.0339	36823.3242	Suche
2	sagen	208994	müssen	232404	6356	4.0404	74.8792	24029.8965	Suche
3	sagen	208994	Herr	81983	4354	4.9978	63.9197	22057.0840	Suche
4	sagen	208994	nein	23155	2769	6.1689	51.8899	18600.8125	Suche
5	sagen	208994	sollen	172987	4290	3.8992	61.1082	15379.0488	Suche
6	sagen	208994	schon	143724	3904	4.0305	58.6587	14662.8086	Suche
7	sagen	208994	Frau	76052	3000	4.5688	52.4643	13416.5791	Suche
8	sagen	208994	leise	11429	1737	6.5147	41.2215	12544.2275	Suche
9	sagen	208994	wissen	95024	2922	4.2095	51.1337	11654.6885	Suche
10	sagen	208994	einnmal	68069	2624	4.5356	49.0163	11612.2314	Suche
11	sagen	208994	wer	50134	2288	4.7791	46.0909	10880.1289	Suche
12	sagen	208994	mal	23701	1847	5.5510	42.0601	10762.2109	Suche
13	sagen	208994	gut	118492	2917	3.8886	50.3626	10397.2285	Suche
14	sagen	208994	Mutter	32281	1950	5.1836	42.9437	10358.3018	Suche
15	sagen	208994	mögen	52168	2224	4.6808	45.3206	10276.5391	Suche
16	sagen	208994	Wort	55859	2001	4.4297	42.6570	8563.1719	Suche
17	sagen	208994	lassen	140818	2722	3.5397	47.6865	8468.9795	Suche
18	sagen	208994	dürfen	63361	2063	4.2920	43.1016	8447.3330	Suche
19	sagen	208994	Vater	33233	1683	4.9292	39.6779	8345.1514	Suche
20	sagen	208994	immer	124475	2511	3.6013	45.9810	8008.4292	Suche
21	sagen	208994	ganz	161552	2471	3.2020	44.3073	6629.9365	Suche
22	sagen	208994	na	9409	1018	6.0244	31.4160	6616.5073	Suche
23	sagen	208994	kommen	170292	2503	3.1445	44.3724	6537.3779	Suche
24	sagen	208994	Mann	75382	1833	3.8708	39.8870	6481.2930	Suche
25	sagen	208994	Wahrheit	13859	1088	5.5617	32.2865	6352.0132	Suche

두 코퍼스로부터 모두 동사 *sagen*의 결합어로 추출된 부사는 *gut* 뿐이다. 이제 남은 49개 동사 각각에 대해 TIGER 코퍼스와 DWDS 코퍼스로부터 추출한 결합어들을 제시하기로 한다.

3.2.2 동사 *geben*

▌TIGER 코퍼스

6	künftig	geben
4	gegenwärtig	geben
3	recht	geben
3	bekannt	geben
2	zusätzlich	geben
2	ausreichend	geben
2	praktisch	geben
2	offenbar	geben
2	optimistisch	geben
2	tatsächlich	geben
2	täglich	geben

▌DWDS 코퍼스

#	w1	F(w1)	w2	F(w2)	F(w1,w2)	MI	T-Score	Log-L.	Belege
1	geben	166033	bekannt	30415	4157	6.6936	63.8519	31040.6191	Suche
2	geben	166033	laut	42164	3440	5.9492	57.7022	21962.2246	Suche
3	geben	166033	mehr	154932	3881	4.2457	59.0137	15678.3594	Suche
4	geben	166033	Antwort	14342	2036	6.7483	44.7023	15341.6191	Suche
5	geben	166033	Möglichkeit	24154	1998	5.9691	43.9855	12795.1172	Suche
6	geben	166033	Ausdruck	21345	1796	5.9937	41.7142	11562.2969	Suche
7	geben	166033	Wehrmacht	4697	1170	7.5595	34.0239	10261.0625	Suche
8	geben	166033	Anlaß	7117	1228	7.0298	34.7747	9764.3662	Suche
9	geben	166033	Auskunft	3013	1008	7.9850	31.6237	9538.9697	Suche
10	geben	166033	Mühe	5424	988	7.1080	31.2046	7971.6714	Suche
11	geben	166033	Oberkommando	1884	789	8.3090	28.0006	7908.6260	Suche
12	geben	166033	solch	81893	1984	4.1975	42.1144	7865.0024	Suche
13	geben	166033	gut	118492	2211	3.8208	43.6937	7672.6323	Suche
14	geben	166033	Gelegenheit	11180	1119	6.2441	33.0101	7601.2012	Suche
15	geben	166033	Hand	64153	1605	4.2439	37.9479	6457.8672	Suche
16	geben	166033	Mensch	87446	1692	3.8731	38.3268	5981.7734	Suche
17	geben	166033	dafür	29139	1187	4.9472	33.3361	5901.1172	Suche
18	geben	166033	zwei	63547	1446	4.1070	35.8196	5554.3193	Suche
19	geben	166033	neu	131126	1815	3.3899	38.5386	5290.3560	Suche
20	geben	166033	groß	171120	1995	3.1423	39.6065	5199.0488	Suche
21	geben	166033	überhaupt	31077	1063	4.6951	31.3450	4918.4243	Suche
22	geben	166033	immer	124475	1697	3.3680	37.2047	4898.3086	Suche
23	geben	166033	Hauptquartier	1631	512	7.8932	22.5322	4765.1440	Suche
24	geben	166033	schon	143724	1743	3.1991	37.2035	4662.7554	Suche
25	geben	166033	ganz	161552	1823	3.0952	37.7003	4642.9761	Suche

3.2.3 동사 *gehen*

▎TIGER 코퍼스

9	gut	gehen
6	erneut	gehen
4	offenbar	gehen
3	leicht	gehen
3	offensichtlich	gehen
3	schief	gehen
3	künftig	gehen
2	leer	gehen
2	wirklich	gehen
2	schlecht	gehen
2	stark	gehen
2	freiwillig	gehen
2	früh	gehen
2	weit	gehen

▎DWDS 코퍼스

#	w1	F(w1)	w2	F(w2)	F(w1,w2)	MI	T-Score	Log-L.	Belege
1	gehen	130739	hervor	10277	1547	7.1776	39.0602	12584.3447	Suche
2	gehen	130739	zurück	33878	1914	5.7638	42.9441	11674.2539	Suche
3	gehen	130739	darum	15994	1571	6.5617	39.2163	11360.3584	Suche
4	gehen	130739	gut	118492	2576	4.3860	48.3268	10864.3330	Suche
5	gehen	130739	Haus	50020	1968	5.2418	43.1898	10576.9375	Suche
6	gehen	130739	weit	80556	2068	4.6258	43.6334	9379.2998	Suche
7	gehen	130739	zugrunde	4282	1010	7.8256	31.6404	9213.2842	Suche
8	gehen	130739	langsam	15678	1306	6.3240	35.6875	8995.1768	Suche
9	gehen	130739	verlieren	20567	1365	5.9962	36.3671	8766.1377	Suche
10	gehen	130739	hinaus	17580	1194	6.0294	34.0253	7722.5967	Suche
11	gehen	130739	schnell	24011	1261	5.6585	34.8075	7499.1250	Suche
12	gehen	130739	davon	30577	1235	5.2796	34.2379	6694.9238	Suche
13	gehen	130739	müssen	232404	2342	3.2768	43.4009	6503.0371	Suche
14	gehen	130739	sagen	208994	2213	3.3482	42.4232	6340.9443	Suche
15	gehen	130739	Schritt	18515	1010	5.7132	31.1747	6081.8442	Suche
16	gehen	130739	Hand	64153	1427	4.4191	36.0098	6068.8257	Suche
17	gehen	130739	Tür	19116	1013	5.6714	31.2032	6040.7192	Suche
18	gehen	130739	dahin	9517	825	6.3815	28.3783	5747.1001	Suche
19	gehen	130739	schon	143724	1801	3.5912	38.9168	5710.1611	Suche
20	gehen	130739	immer	124475	1697	3.7128	38.0528	5644.3735	Suche
21	gehen	130739	Zimmer	15481	908	5.8178	29.5988	5600.0527	Suche
22	gehen	130739	ganz	161552	1853	3.4635	39.1442	5574.3164	Suche
23	gehen	130739	mehr	154932	1744	3.4364	37.9037	5185.0562	Suche
24	gehen	130739	Ende	36021	1071	4.8377	31.5817	5156.4336	Suche
25	gehen	130739	los	8548	735	6.3697	26.7830	5107.2817	Suche

3.2.4 동사 *machen*

▌TIGER 코퍼스

28	deutlich	machen
12	geltend	machen
6	überflüssig	machen
6	mobil	machen
5	bemerkbar	machen
5	stark	machen
4	aufmerksam	machen
4	frei	machen
4	rückgängig	machen
4	möglich	machen
4	schwer	machen
3	erforderlich	machen
3	breit	machen
3	sicher	machen
3	klar	machen
3	sichtbar	machen
3	verantwortlich	machen
3	falsch	machen
3	streitig	machen
2	gefügig	machen
2	selbständig	machen
2	hellhörig	machen
2	glücklich	machen
2	glaubhaft	machen
2	schmackhaft	machen
2	gründlich	machen
2	nervös	machen
2	fit	machen
2	leicht	machen
2	wahr	machen
2	öffentlich	machen
2	publik	machen
2	mittelfristig	machen
2	unmöglich	machen
2	schuldig	machen

▌DWDS 코퍼스
: 추출 결과 없음

Lemmabasierte Kollokationssuche im DWDS-Kerncorpus		
Suchbegriff: machen		**퀴리 전송**
Optionen		
Statistisches Maß: log-Likelihood		▼

Es wurden leider keine Kollokationen zu ihrer Anfrage gefunden.

3.2.5 동사 *kommen*

▌TIGER 코퍼스

9	gut	kommen
4	überraschend	kommen
4	weltweit	kommen
3	offenbar	kommen
2	weitgehend	kommen
2	billig	kommen
2	voraussichtlich	kommen
2	erschwerend	kommen
2	allmählich	kommen
2	leicht	kommen
2	voll	kommen
2	spät	kommen
2	tatsächlich	kommen

▌DWDS 코퍼스

#	w1	F(w1)	w2	F(w2)	F(w1,w2)	MI	T-Score	Log-L.	Belege
1	kommen	170292	zustande	3772	2336	8.8369	48.2265	25885.9277	Suche
2	kommen	170292	darauf	42504	2936	5.6725	53.1225	17589.4336	Suche
3	kommen	170292	hinzu	6722	1691	7.5372	40.9004	14788.1660	Suche
4	kommen	170292	Betracht	3770	1387	8.0856	37.1054	13382.1514	Suche
5	kommen	170292	erst	156253	3425	4.0166	54.9075	12788.2461	Suche
6	kommen	170292	Haus	50020	2307	5.0898	46.6208	11938.7412	Suche
7	kommen	170292	zugute	1475	1020	8.9960	31.8749	11660.4121	Suche
8	kommen	170292	Frage	65806	2344	4.7170	46.5740	10934.6895	Suche
9	kommen	170292	zurück	33878	1879	5.3559	42.2890	10411.8594	Suche
10	kommen	170292	näher	6990	1231	7.0227	34.8158	9781.0596	Suche
11	kommen	170292	Tag	76517	2239	4.4333	45.1280	9585.3672	Suche
12	kommen	170292	Ausdruck	21345	1441	5.6394	37.1990	8553.1162	Suche
13	kommen	170292	mehr	154932	2563	3.6105	46.4814	8202.8662	Suche
14	kommen	170292	schon	143724	2466	3.6632	45.7391	8058.1675	Suche
15	kommen	170292	immer	124475	2318	3.7814	44.6441	7926.9170	Suche
16	kommen	170292	spät	16810	1194	5.7127	33.8954	7208.6860	Suche
17	kommen	170292	woher	3305	801	7.4834	28.1438	6932.4941	Suche
18	kommen	170292	müssen	232404	2680	3.0899	45.6887	6821.7100	Suche
19	kommen	170292	einnmal	68069	1689	4.1954	38.8543	6688.6089	Suche
20	kommen	170292	Zeit	105036	1951	3.7777	40.9495	6658.3159	Suche
21	kommen	170292	heraus	15491	1093	5.7031	32.4260	6583.4185	Suche
22	kommen	170292	sagen	208994	2503	3.1445	44.3724	6537.3779	Suche
23	kommen	170292	sollen	172987	2304	3.2978	43.1191	6455.2373	Suche
24	kommen	170292	herein	2896	730	7.5401	26.8733	6383.2769	Suche
25	kommen	170292	Gedanke	23688	1167	5.1849	33.2223	6184.7349	Suche

3.2.6 동사 *lassen*

▌TIGER 코퍼스

5	kalt	lassen
3	offen	lassen
3	leicht	lassen
3	prinzipiell	lassen
2	unverändert	lassen
2	häufig	lassen
2	offenbar	lassen
2	unberührt	lassen

▌DWDS 코퍼스

#	w1	F(w1)	w2	F(w2)	F(w1,w2)	MI	T-Score	Log-L.	Belege
1	lassen	140818	erkennen	24690	2077	6.2310	44.9674	14052.9609	Suche
2	lassen	140818	fallen	36164	2223	5.7784	46.2897	13617.1104	Suche
3	lassen	140818	sagen	208994	2722	3.5397	47.6865	8468.9795	Suche
4	lassen	140818	erscheinen	36288	1554	5.2569	38.3899	8382.9209	Suche
5	lassen	140818	Stich	2002	715	8.3169	26.6556	7114.5850	Suche
6	lassen	140818	müssen	232404	2310	3.1498	42.6471	6047.4502	Suche
7	lassen	140818	leicht	33231	1186	4.9940	33.3577	5966.0918	Suche
8	lassen	140818	allein	34701	1189	4.9352	33.3548	5885.6499	Suche
9	lassen	140818	mehr	154932	1922	3.4695	39.8828	5797.1357	Suche
10	lassen	140818	gefallen	3655	673	7.3612	25.7845	5665.5083	Suche
11	lassen	140818	kommen	170292	1952	3.3555	39.8648	5606.5439	Suche
12	lassen	140818	los	8548	797	6.3794	27.8921	5554.8604	Suche
13	lassen	140818	gut	118492	1672	3.6553	37.6447	5437.2661	Suche
14	lassen	140818	Ruhe	9508	753	6.1439	27.0528	4994.1216	Suche
15	lassen	140818	Zeit	105036	1439	3.6127	34.8332	4598.4380	Suche
16	lassen	140818	aufkommen	1573	470	8.0596	21.5982	4473.3530	Suche
17	lassen	140818	Hand	64153	1186	4.0450	32.3521	4454.2378	Suche
18	lassen	140818	sinken	6592	596	6.3350	24.1107	4115.0684	Suche
19	lassen	140818	ganz	161552	1577	3.1237	35.1554	4069.5239	Suche
20	lassen	140818	außer	14804	715	5.4305	26.1194	4024.5488	Suche
21	lassen	140818	leiten	5811	562	6.4322	23.4320	3958.7710	Suche
22	lassen	140818	gehen	130739	1392	3.2490	33.3851	3806.7935	Suche
23	lassen	140818	gelten	33334	851	4.5107	27.8922	3721.0723	Suche
24	lassen	140818	warten	15062	676	5.3246	25.3512	3705.6497	Suche
25	lassen	140818	zukommen	2708	445	7.1970	20.9513	3634.8098	Suche

3.2.7 동사 *stehen*

▌TIGER 코퍼스

5	gut	stehen
3	angeblich	stehen

3	erneut	stehen
3	offenbar	stehen
2	positiv	stehen
2	hoch	stehen
2	ständig	stehen
2	unmittelbar	stehen
2	spät	stehen
2	weltweit	stehen
2	zusätzlich	stehen
2	eindeutig	stehen
2	günstig	stehen
2	gleichzeitig	stehen

▌DWDS 코퍼스

#	w1	F(w1)	w2	F(w2)	F(w1,w2)	MI	T-Score	Log-L.	Belege
1	stehen	111315	bleiben	80804	4169	5.8649	63.4599	26077.5293	Suche
2	stehen	111315	Verfügung	10916	2339	7.9191	48.1634	21610.0020	Suche
3	stehen	111315	neben	31159	1862	6.0768	42.5116	12161.9297	Suche
4	stehen	111315	fest	30324	1758	6.0331	41.2882	11372.7461	Suche
5	stehen	111315	Tür	19116	1440	6.4109	37.5014	10081.6680	Suche
6	stehen	111315	Mittelpunkt	3500	811	8.0320	28.3693	7624.7178	Suche
7	stehen	111315	offen	17332	1135	6.2089	33.2343	7617.5815	Suche
8	stehen	111315	Seite	48179	1411	5.0479	36.4278	7196.9756	Suche
9	stehen	111315	Vordergrund	2631	657	8.1399	25.5411	6288.0522	Suche
10	stehen	111315	gegenüber	35220	1141	5.1935	32.8556	6044.3242	Suche
11	stehen	111315	Zusammenhang	19475	979	5.8274	30.7379	6043.9561	Suche
12	stehen	111315	ganz	161552	1837	3.6830	39.5233	6042.4487	Suche
13	stehen	111315	Spitz	7137	766	6.9217	27.4484	5921.3345	Suche
14	stehen	111315	schon	143724	1678	3.7211	37.8573	5599.3667	Suche
15	stehen	111315	Fenster	14332	807	5.9910	27.9611	5165.9272	Suche
16	stehen	111315	immer	124475	1503	3.7697	35.9261	5107.2642	Suche
17	stehen	111315	still	12437	752	6.0938	27.0211	4922.2388	Suche
18	stehen	111315	groß	171120	1630	3.4276	36.6210	4827.2686	Suche
19	stehen	111315	Widerspruch	6891	641	6.7152	25.0770	4762.7061	Suche
20	stehen	111315	hoch	72803	1191	4.2078	32.6433	4726.5576	Suche
21	stehen	111315	Mann	75382	1139	4.0932	31.7717	4347.4092	Suche
22	stehen	111315	Tisch	16884	730	5.6099	26.4653	4283.9185	Suche
23	stehen	111315	heute	61585	1014	4.2171	30.1312	4034.9890	Suche
24	stehen	111315	sehen	166913	1433	3.2776	33.9515	3971.2559	Suche
25	stehen	111315	unsere	124575	1264	3.5187	32.4507	3885.3025	Suche

3.2.8 동사 *sehen*

▌TIGER 코퍼스

4	offenbar	sehen
3	langfristig	sehen

3	offensichtlich	sehen
2	gefährdet	sehen
2	konkret	sehen

▌DWDS 코퍼스

#	w1	F(w1)	w2	F(w2)	F(w1,w2)	MI	T-Score	Log-L.	Belege
1	sehen	166913	Auge	47719	3042	5.5856	54.0058	17851.5391	Suche
2	sehen	166913	Abschnitt	8636	1414	6.9465	37.2983	11068.8955	Suche
3	sehen	166913	Gesicht	29046	1806	5.5496	41.5898	10493.6143	Suche
4	sehen	166913	mehr	154932	2708	3.7188	48.0862	9047.2803	Suche
5	sehen	166913	schon	143724	2549	3.7399	46.7087	8583.0459	Suche
6	sehen	166913	einnmal	68069	1868	4.3697	41.1297	7832.8892	Suche
7	sehen	166913	nie	32997	1456	5.0549	37.0096	7456.3750	Suche
8	sehen	166913	Seite	48179	1507	4.5585	37.1726	6698.3037	Suche
9	sehen	166913	mal	23701	1198	5.2509	33.7031	6457.5845	Suche
10	sehen	166913	sagen	208994	2415	3.1218	43.4972	6238.5552	Suche
11	sehen	166913	Fenster	14332	1006	5.7246	31.1177	6087.9512	Suche
12	sehen	166913	ganz	161552	2108	3.2971	41.2420	5901.8354	Suche
13	sehen	166913	sehen	166913	2072	3.2252	40.6516	5614.1255	Suche
14	sehen	166913	erst	156253	1927	3.2157	39.1725	5196.8716	Suche
15	sehen	166913	darin	22603	993	5.0485	30.5597	5073.8926	Suche
16	sehen	166913	ja	105319	1610	3.5255	36.6405	4968.3550	Suche
17	sehen	166913	letzt	54965	1270	4.1215	33.5896	4901.2969	Suche
18	sehen	166913	hören	36789	1115	4.5129	31.9291	4884.9121	Suche
19	sehen	166913	hierzu	7479	713	6.1662	26.3302	4761.9990	Suche
20	sehen	166913	immer	124475	1661	3.3294	36.7010	4713.3760	Suche
21	sehen	166913	Mann	75382	1358	3.7624	34.1356	4602.7158	Suche
22	sehen	166913	oben	18876	857	5.0960	28.4186	4434.2930	Suche
23	sehen	166913	Wortlaut	3023	548	7.0934	23.2380	4408.5264	Suche
24	sehen	166913	müssen	232404	2067	2.7442	38.6785	4389.3857	Suche
25	sehen	166913	stehen	111315	1433	3.2776	33.9515	3971.2559	Suche

3.2.9 동사 *bleiben*

▌TIGER 코퍼스

3	deutlich	bleiben
3	weit	bleiben
2	vorläufig	bleiben
2	unangefochten	bleiben
2	stabil	bleiben
2	schuldig	bleiben
2	voraussichtlich	bleiben

▌DWDS 코퍼스

#	w1	F(w1)	w2	F(w2)	F(w1,w2)	MI	T-Score	Log-L.	Belege
1	bleiben	80804	stehen	111315	4169	5.8649	63.4599	26077.5293	Suche
2	bleiben	80804	übrig	20134	2227	7.4272	46.9169	18819.5996	Suche
3	bleiben	80804	immer	124475	2277	4.8311	46.0416	10962.3096	Suche
4	bleiben	80804	müssen	232404	2498	4.0640	46.9918	9480.6016	Suche
5	bleiben	80804	erhalten	38625	1375	5.7917	36.4116	8412.4668	Suche
6	bleiben	80804	lange	23667	1046	6.1038	31.8717	6849.7759	Suche
7	bleiben	80804	treu	4152	716	8.0679	26.6585	6719.0562	Suche
8	bleiben	80804	dabei	47414	1188	5.2850	33.5833	6436.3994	Suche
9	bleiben	80804	unverändert	2611	604	8.4917	24.5081	6062.1221	Suche
10	bleiben	80804	sollen	172987	1677	3.9151	38.2365	6021.2124	Suche
11	bleiben	80804	bestehen	41192	1007	5.2495	30.8991	5404.5728	Suche
12	bleiben	80804	unberührt	1165	447	9.2217	21.1070	5023.3911	Suche
13	bleiben	80804	lang	55111	1006	4.8281	30.6009	4823.1011	Suche
14	bleiben	80804	sitzen	33067	858	5.3354	28.5662	4704.2427	Suche
15	bleiben	80804	zurück	33878	852	5.2904	28.4432	4618.6836	Suche
16	bleiben	80804	überlassen	5251	528	7.2897	22.8314	4344.9722	Suche
17	bleiben	80804	ganz	161552	1310	3.6574	33.3255	4261.4380	Suche
18	bleiben	80804	liegen	78173	1008	4.3266	30.1667	4155.9917	Suche
19	bleiben	80804	vorbehalten	1770	405	8.4759	20.0681	4053.7942	Suche
20	bleiben	80804	ersparen	2102	404	8.2244	20.0325	3886.0466	Suche
21	bleiben	80804	Zeit	105036	1059	3.9717	30.4680	3872.2732	Suche
22	bleiben	80804	allein	34701	750	5.0718	26.5718	3841.0911	Suche
23	bleiben	80804	verbergen	4754	453	7.2121	21.1403	3676.4167	Suche
24	bleiben	80804	ruhig	12391	554	6.1204	23.1989	3637.4070	Suche
25	bleiben	80804	offen	17332	587	5.7198	23.7684	3527.1316	Suche

3.2.10 동사 *halten*

▌TIGER 코퍼스

5	hartnäckig	halten
3	warm	halten
2	künstlich	halten

▌DWDS 코퍼스

#	w1	F(w1)	w2	F(w2)	F(w1,w2)	MI	T-Score	Log-L.	Belege
1	halten	70980	Hand	64153	2614	6.1735	50.4190	17421.1641	Suche
2	halten	70980	fest	30324	1928	6.8154	43.5191	14572.3730	Suche
3	halten	70980	Rede	20262	1197	6.7094	34.2671	8854.8809	Suche
4	halten	70980	Vortrag	5483	657	7.7297	25.5113	5820.5400	Suche
5	halten	70980	inne	1396	508	9.3323	22.5039	5773.9292	Suche
6	halten	70980	möglich	35662	853	5.4050	28.5169	4756.5713	Suche
7	halten	70980	müssen	232404	1324	3.3351	32.7813	3767.9175	Suche
8	halten	70980	immer	124475	1040	3.8876	30.0701	3689.3423	Suche
9	halten	70980	Auge	47719	747	4.7934	26.3457	3543.3484	Suche
10	halten	70980	Ausschau	279	248	10.6208	15.7380	3516.3916	Suche
11	halten	70980	Ansprache	2092	349	8.2071	18.6183	3338.5852	Suche
12	halten	70980	lang	55111	744	4.5798	26.1358	3315.7351	Suche
13	halten	70980	Arm	18684	547	5.6966	22.9371	3267.2258	Suche
14	halten	70980	lange	23667	576	5.4301	23.4433	3229.4495	Suche
15	halten	70980	mehr	154932	1000	3.5152	28.8570	3068.5022	Suche
16	halten	70980	gut	118492	897	3.7452	27.7166	3015.0938	Suche
17	halten	70980	Mund	12855	465	6.0018	21.2273	2973.4797	Suche
18	halten	70980	zurück	33878	594	4.9570	23.5874	2947.5500	Suche
19	halten	70980	richtig	29320	552	5.0596	22.7902	2815.6580	Suche
20	halten	70980	ganz	161552	959	3.3945	28.0228	2795.7183	Suche
21	halten	70980	aufrecht	2913	321	7.6089	17.8247	2785.4324	Suche
22	halten	70980	notwendig	21177	476	5.3153	21.2695	2593.3293	Suche
23	halten	70980	Einzug	840	218	8.8447	14.7327	2300.8049	Suche
24	halten	70980	Kopf	33291	491	4.7074	21.3104	2270.4697	Suche
25	halten	70980	sollen	172987	856	3.1319	25.9198	2214.2090	Suche

3.2.11 동사 *liegen*

▌TIGER 코퍼스

3	falsch	liegen
2	nah	liegen
2	bereit	liegen
2	eindeutig	liegen
2	tief	liegen
2	voll	liegen

▌DWDS 코퍼스

#	w1	F(w1)	w2	F(w2)	F(w1,w2)	MI	T-Score	Log-L.	Belege
1	liegen	78173	darin	22603	2373	7.3997	48.4250	19955.7852	Suche
2	liegen	78173	zugrunde	4282	1415	9.0540	37.5457	15491.1631	Suche
3	liegen	78173	Bett	12443	1229	7.3117	34.8364	10159.7676	Suche
4	liegen	78173	daran	22986	1374	6.5872	36.6820	9935.6445	Suche
5	liegen	78173	Hand	64153	1671	5.3887	39.9022	9300.5137	Suche
6	liegen	78173	nahe	7565	1021	7.7621	31.8059	9111.7529	Suche
7	liegen	78173	ganz	161552	1528	3.9272	36.5202	5508.1211	Suche
8	liegen	78173	Interesse	28049	903	5.6944	29.4696	5397.0610	Suche
9	liegen	78173	Grund	45699	945	5.0558	29.8166	4821.2031	Suche
10	liegen	78173	neben	31159	801	5.3698	27.6175	4428.4111	Suche
11	liegen	78173	schon	143724	1268	3.8269	33.0996	4401.3462	Suche
12	liegen	78173	Boden	20376	703	5.7943	26.0364	4297.0723	Suche
13	liegen	78173	bleiben	80804	1008	4.3266	30.1667	4155.9917	Suche
14	liegen	78173	weit	80556	1001	4.3210	30.0556	4119.5835	Suche
15	liegen	78173	unsere	124575	1093	3.8189	30.7179	3780.1648	Suche
16	liegen	78173	tief	26662	659	5.3131	25.0253	3590.9976	Suche
17	liegen	78173	fern	7353	463	6.6622	21.3050	3391.8357	Suche
18	liegen	78173	groß	171120	1140	3.4216	30.6129	3364.3118	Suche
19	liegen	78173	Ding	26578	621	5.2320	24.2568	3314.7336	Suche
20	liegen	78173	hoch	72803	829	4.1950	27.2203	3271.7800	Suche
21	liegen	78173	außerhalb	7052	445	6.6653	20.8872	3261.8215	Suche
22	liegen	78173	still	12437	451	5.8661	20.8727	2800.2070	Suche
23	liegen	78173	Herz	20175	505	5.3313	21.9140	2763.4282	Suche
24	liegen	78173	Tisch	16884	476	5.5029	21.3363	2716.6692	Suche
25	liegen	78173	lassen	140818	876	3.3228	26.6393	2473.3979	Suche

3.2.12 동사 *stellen*

▌TIGER 코퍼스

3	gleichzeitig	stellen
2	nachträglich	stellen
2	spät	stellen
2	erneut	stellen

▌DWDS 코퍼스

#	w1	F(w1)	w2	F(w2)	F(w1,w2)	MI	T-Score	Log-L.	Belege
1	stellen	60180	fest	30324	4193	8.1744	64.5292	40066.1172	Suche
2	stellen	60180	Verfügung	10916	3256	9.2836	56.9698	36666.9609	Suche
3	stellen	60180	Frage	65806	4300	7.0930	65.0941	34346.7031	Suche
4	stellen	60180	dar	7544	1790	8.9535	42.2230	19161.6445	Suche
5	stellen	60180	heraus	15491	938	6.9831	30.3847	7291.9717	Suche
6	stellen	60180	Aussicht	5916	663	7.8713	25.6388	5998.8447	Suche
7	stellen	60180	Aufgabe	27514	897	6.0899	29.5103	5848.1777	Suche
8	stellen	60180	Antrag	9729	704	7.2402	26.3575	5727.8657	Suche
9	stellen	60180	Dienst	11706	704	6.9733	26.3218	5460.2876	Suche
10	stellen	60180	Anforderung	3041	451	8.2755	21.1682	4348.7524	Suche
11	stellen	60180	Forderung	12808	522	6.4120	22.5790	3634.3713	Suche
12	stellen	60180	neu	131126	937	3.9002	28.5602	3338.9175	Suche
13	stellen	60180	Abrede	362	243	10.4538	15.5773	3258.1179	Suche
14	stellen	60180	Seite	48179	669	4.8586	24.9735	3230.8923	Suche
15	stellen	60180	Rechnung	5595	361	7.0748	18.8591	2849.9194	Suche
16	stellen	60180	hoch	72803	647	4.2148	24.0663	2568.7424	Suche
17	stellen	60180	Problem	25933	457	5.2024	20.7970	2418.2969	Suche
18	stellen	60180	Anspruch	11903	365	6.0016	18.8068	2331.6882	Suche
19	stellen	60180	müssen	232404	909	3.0307	26.4603	2240.6670	Suche
20	stellen	60180	groß	171120	767	3.2273	24.7375	2074.4246	Suche
21	stellen	60180	Beweis	7079	294	6.4392	16.9488	2057.0166	Suche
22	stellen	60180	Probe	2359	223	7.6258	14.8576	1936.3246	Suche
23	stellen	60180	Gericht	11015	311	5.8824	17.3362	1935.1511	Suche
24	stellen	60180	neben	31159	404	4.7597	19.3578	1895.5194	Suche
25	stellen	60180	Regierung	60080	489	4.0879	20.8130	1858.6573	Suche

3.2.13 동사 *heißen*

▌TIGER 코퍼스

3	konkret	heißen

▌DWDS 코퍼스

#	w1	F(w1)	w2	F(w2)	F(w1,w2)	MI	T-Score	Log-L.	Belege
1	heißen	4742	sollen	172987	820	6.9737	28.4078	6455.1504	Suche
2	heißen	4742	müssen	232404	280	4.9976	16.2094	1414.5854	Suche
3	heißen	4742	willkommen	1717	108	10.7038	10.3861	1396.1150	Suche
4	heißen	4742	mögen	52168	135	6.1005	11.4496	879.8703	Suche
5	heißen	4742	sagen	208994	119	3.9163	10.1862	426.8938	Suche
6	heißen	4742	eigentlich	30557	63	5.7726	7.7921	381.4362	Suche
7	heißen	4742	wohl	50708	49	4.6793	6.7268	224.2398	Suche
8	heißen	4742	ja	105319	58	3.8681	7.0942	203.7023	Suche
9	heißen	4742	Name	31702	40	5.0642	6.1355	203.5987	Suche
10	heißen	4742	dürfen	63361	45	4.2351	6.3520	179.4378	Suche
11	heißen	4742	natürlich	37092	38	4.7637	5.9375	178.0876	Suche
12	heißen	4742	immer	124475	56	3.5764	6.8560	175.7193	Suche
13	heißen	4742	gut	118492	54	3.5950	6.7404	170.6976	Suche
14	heißen	4742	etwa	48646	38	4.3725	5.8668	158.3408	Suche
15	heißen	4742	soviel	5553	21	6.6478	4.5369	152.1242	Suche
16	heißen	4742	Gott	36699	33	4.5755	5.5036	146.3462	Suche
17	heißen	4742	wissen	95024	43	3.5848	6.0109	135.2686	Suche
18	heißen	4742	solch	81893	40	3.6950	5.8362	131.4290	Suche
19	heißen	4742	wahr	17384	24	5.1941	4.7652	126.2775	Suche
20	heißen	4742	Vorname	817	12	8.6053	3.4552	119.4234	Suche
21	heißen	4742	grch.	2498	14	7.2154	3.7165	112.3449	Suche
22	heißen	4742	Pappermann	216	9	10.1096	2.9973	108.5476	Suche
23	heißen	4742	richtig	29320	25	4.4988	4.7788	108.2818	Suche
24	heißen	4742	herzlich	4026	15	6.6263	3.8338	108.1976	Suche
25	heißen	4742	übrigens	9384	18	5.6685	4.1592	106.2585	Suche

3.2.14 동사 *fordern*

▌TIGER 코퍼스

2	erneut	fordern
2	vergeblich	fordern
2	wiederholt	fordern
2	eindringlich	fordern

▌DWDS 코퍼스

#	w1	F(w1)	w2	F(w2)	F(w1,w2)	MI	T-Score	Log-L.	Belege
1	fordern	15460	Regierung	60080	398	5.7516	19.5797	**2405.1694**	Suche
2	fordern	15460	Opfer	8930	227	7.6917	14.9936	**1977.8534**	Suche
3	fordern	15460	sofortig	2331	110	8.5842	10.4608	**1095.6592**	Suche
4	fordern	15460	Todesopfer	193	73	11.5870	8.5412	**1058.9390**	Suche
5	fordern	15460	Recht	38596	184	5.2770	13.2148	**990.6094**	Suche
6	fordern	15460	heraus	15491	147	6.2701	11.9673	**990.3676**	Suche
7	fordern	15460	Staat	58719	179	4.6319	12.8395	**808.4431**	Suche
8	fordern	15460	deutsch	117415	217	3.9099	13.7509	**774.5123**	Suche
9	fordern	15460	mehr	154932	226	3.5685	13.7661	**707.7394**	Suche
10	fordern	15460	müssen	232404	257	3.1689	14.2488	**676.6945**	Suche
11	fordern	15460	Resolution	5428	81	6.9232	8.9258	**618.3832**	Suche
12	fordern	15460	neu	131126	194	3.5889	12.7709	**612.1618**	Suche
13	fordern	15460	Partei	33833	120	4.8503	10.5747	**576.5569**	Suche
14	fordern	15460	laut	42164	124	4.5801	10.6700	**551.0427**	Suche
15	fordern	15460	unsere	124575	172	3.4892	11.9470	**520.7482**	Suche
16	fordern	15460	Volk	45700	122	4.4404	10.5366	**519.5250**	Suche
17	fordern	15460	daher	25561	100	4.9918	9.6857	**499.3331**	Suche
18	fordern	15460	erneut	6993	69	6.3264	8.2031	**469.8599**	Suche
19	fordern	15460	sollen	172987	181	3.0891	11.8727	**457.9456**	Suche
20	fordern	15460	Deutschland	54287	115	4.1068	10.1014	**439.1623**	Suche
21	fordern	15460	Freilassung	732	42	8.8662	6.4669	**434.9806**	Suche
22	fordern	15460	Konferenz	10446	71	5.7887	8.2737	**431.1397**	Suche
23	fordern	15460	politisch	50258	110	4.1539	9.8989	**426.8162**	Suche
24	fordern	15460	Land	69671	122	3.8321	10.2698	**422.4131**	Suche
25	fordern	15460	dringend	4667	58	6.6593	7.5404	**421.5298**	Suche

3.2.15 동사 *nehmen*

▌TIGER 코퍼스

8	ernst	nehmen
3	stark	nehmen
2	rasch	nehmen
2	gleichzeitig	nehmen
2	vorübergehend	nehmen
2	lächelnd	nehmen
2	völlig	nehmen

| DWDS 코퍼스

#	w1	F(w1)	w2	F(w2)	F(w1,w2)	MI	T-Score	Log-L.	Belege
1	nehmen	85292	Anspruch	11903	2732	8.4024	52.1141	**27144.8203**	Suche
2	nehmen	85292	Kenntnis	9732	1714	8.0203	41.2410	**15998.3633**	Suche
3	nehmen	85292	Stellung	15671	1836	7.4323	42.6005	**15529.8701**	Suche
4	nehmen	85292	ernst	10754	1698	7.8628	41.0298	**15444.3467**	Suche
5	nehmen	85292	Hand	64153	2336	5.7463	47.4318	**14174.3057**	Suche
6	nehmen	85292	Rücksicht	5710	1207	8.2837	34.6304	**11746.8516**	Suche
7	nehmen	85292	Platz	19081	1371	6.7269	36.6775	**10192.1201**	Suche
8	nehmen	85292	Abschied	3213	919	8.7199	30.2431	**9577.7754**	Suche
9	nehmen	85292	ab	55568	1410	5.2252	36.5461	**7528.4502**	Suche
10	nehmen	85292	Angriff	11931	938	6.8567	30.3625	**7142.3843**	Suche
11	nehmen	85292	Aussicht	5916	723	7.4932	26.7394	**6170.6812**	Suche
12	nehmen	85292	teilen	11929	826	6.6735	28.4587	**6072.4697**	Suche
13	nehmen	85292	Kauf	2275	574	8.5390	23.8939	**5812.5142**	Suche
14	nehmen	85292	müssen	232404	1810	3.5212	38.8386	**5583.0571**	Suche
15	nehmen	85292	Bezug	4280	587	7.6595	24.1083	**5153.2949**	Suche
16	nehmen	85292	Verlauf	6279	532	6.9647	22.8805	**4130.7510**	Suche
17	nehmen	85292	Arm	18684	674	5.7328	25.4733	**4063.7979**	Suche
18	nehmen	85292	Abstand	4109	426	7.2559	20.5047	**3486.5042**	Suche
19	nehmen	85292	Empfang	2344	373	7.8740	19.2309	**3393.1360**	Suche
20	nehmen	85292	laut	42164	731	4.6757	25.9792	**3352.4797**	Suche
21	nehmen	85292	wahr	17384	569	5.5925	23.3594	**3319.5984**	Suche
22	nehmen	85292	übel	3459	395	7.3953	19.7566	**3313.0066**	Suche
23	nehmen	85292	Zeit	105036	972	3.7700	28.8916	**3298.5134**	Suche
24	nehmen	85292	Ende	36021	680	4.7986	25.1398	**3230.6943**	Suche
25	nehmen	85292	Anteil	6579	436	6.6102	20.6669	**3164.1008**	Suche

3.2.16 동사 *bringen*

| TIGER 코퍼스

2	stark	bringen

| DWDS 코퍼스

#	w1	F(w1)	w2	F(w2)	F(w1,w2)	MI	T-Score	Log-L.	Belege
1	bringen	65227	Ausdruck	21345	2770	7.9667	52.4204	**25569.8887**	Suche
2	bringen	65227	zustande	3772	660	8.3979	25.6143	**6497.1450**	Suche
3	bringen	65227	Geltung	3393	566	8.3290	23.7168	**5511.8574**	Suche
4	bringen	65227	Opfer	8930	681	7.1997	25.9185	**5504.7114**	Suche
5	bringen	65227	neu	131126	1297	4.2530	34.1251	**5227.7798**	Suche
6	bringen	65227	Einklang	1857	474	8.9426	21.7273	**5066.4565**	Suche
7	bringen	65227	Ordnung	15490	690	6.4241	25.9619	**4819.4746**	Suche
8	bringen	65227	fertig	8759	547	6.9115	23.1938	**4195.5879**	Suche
9	bringen	65227	Haus	50020	715	4.7842	25.7691	**3382.1387**	Suche
10	bringen	65227	müssen	232404	1128	3.2259	29.9961	**3054.4385**	Suche
11	bringen	65227	groß	171120	991	3.4808	28.6603	**2998.1528**	Suche
12	bringen	65227	Verbindung	14563	472	5.9653	21.3778	**2993.2576**	Suche
13	bringen	65227	zuwege	242	209	10.7012	14.4481	**2969.9246**	Suche
14	bringen	65227	sollen	172987	971	3.4357	28.2810	**2882.0178**	Suche
15	bringen	65227	erst	156253	899	3.4713	27.2799	**2707.8066**	Suche
16	bringen	65227	Sicherheit	14393	420	5.8138	20.1296	**2575.0737**	Suche
17	bringen	65227	Kenntnis	9732	366	6.1798	18.8672	**2429.6382**	Suche
18	bringen	65227	Gang	9314	353	6.1910	18.5311	**2348.7612**	Suche
19	bringen	65227	Tag	76517	631	3.9907	23.5395	**2319.5146**	Suche
20	bringen	65227	weit	80556	626	3.9050	23.3498	**2231.2402**	Suche
21	bringen	65227	unsere	124575	726	3.4898	24.5460	**2201.8274**	Suche
22	bringen	65227	hervor	10277	343	6.0076	18.2324	**2194.6445**	Suche
23	bringen	65227	Abschluß	7843	315	6.2747	17.5190	**2132.5234**	Suche
24	bringen	65227	Zusammenhang	19475	363	5.1671	18.5223	**1903.2659**	Suche
25	bringen	65227	Schweigen	3145	233	7.1580	15.1575	**1867.8804**	Suche

3.2.17 동사 *erklären*

▌TIGER 코퍼스

2	anschließend	erklären
2	erneut	erklären

▌DWDS 코퍼스

#	w1	F(w1)	w2	F(w2)	F(w1,w2)	MI	T-Score	Log-L.	Belege
1	erklären	45468	laut	42164	2009	7.0418	44.4817	**15811.6875**	Suche
2	erklären	45468	bereit	12761	1425	8.2706	37.6269	**13707.9756**	Suche
3	erklären	45468	Regierung	60080	1141	5.7148	33.1355	**6851.4795**	Suche
4	erklären	45468	einverstanden	2811	591	9.1834	24.2687	**6485.7310**	Suche
5	erklären	45468	Dr.	34537	707	5.8230	26.1198	**4343.7510**	Suche
6	erklären	45468	Außenminister	9832	535	7.2334	22.9764	**4337.8564**	Suche
7	erklären	45468	Ministerpräsident	11073	535	7.0619	22.9570	**4208.1865**	Suche
8	erklären	45468	Präsident	22493	552	6.0846	23.1485	**3588.7991**	Suche
9	erklären	45468	Pressekonferenz	1584	266	8.8592	16.2744	**2784.9753**	Suche
10	erklären	45468	Sprecher	2915	278	8.0429	16.6101	**2574.8735**	Suche
11	erklären	45468	warum	22654	428	5.7073	20.2922	**2558.8689**	Suche
12	erklären	45468	Reuter	3200	256	7.7894	15.9277	**2277.2036**	Suche
13	erklären	45468	müssen	232404	785	3.2235	25.0183	**2122.1672**	Suche
14	erklären	45468	Bereitschaft	2753	216	7.7614	14.6292	**1912.4891**	Suche
15	erklären	45468	Krieg	34763	383	4.9292	18.9281	**1883.7695**	Suche
16	erklären	45468	daraus	10152	278	6.2427	16.4532	**1866.6141**	Suche
17	erklären	45468	Bundeskanzler	6426	248	6.7378	15.6005	**1836.1482**	Suche
18	erklären	45468	a.	21651	324	5.3710	17.5650	**1787.2654**	Suche
19	erklären	45468	AFP	2554	200	7.7586	14.0768	**1769.9521**	Suche
20	erklären	45468	britisch	15484	288	5.6847	16.6406	**1712.0488**	Suche
21	erklären	45468	deutsch	117415	518	3.6088	20.8941	**1648.5698**	Suche
22	erklären	45468	ferner	18567	288	5.4227	16.5749	**1608.7888**	Suche
23	erklären	45468	Staatssekretär	5498	216	6.7635	14.5617	**1606.8530**	Suche
24	erklären	45468	ausdrücklich	5514	215	6.7526	14.5269	**1596.1290**	Suche
25	erklären	45468	ungültig	634	142	9.2747	11.8971	**1577.1458**	Suche

3.2.18 동사 *finden*

▌TIGER 코퍼스

2	häufig	finden
2	gut	finden
2	praktisch	finden
2	schwer	finden
2	schwierig	finden
2	rasch	finden

❚ DWDS 코퍼스

#	w1	F(w1)	w2	F(w2)	F(w1,w2)	MI	T-Score	Log-L.	Belege
1	finden	58103	statt	21801	1409	7.1279	37.2683	11252.4131	Suche
2	finden	58103	Anwendung	9016	718	7.4291	26.6400	6034.5957	Suche
3	finden	58103	Lösung	14252	721	6.7745	26.6062	5388.4766	Suche
4	finden	58103	Verwendung	6590	606	7.6366	24.4934	5273.4277	Suche
5	finden	58103	Platz	19081	597	6.0813	24.0727	3881.6060	Suche
6	finden	58103	Ausdruck	21345	565	5.8400	23.3548	3484.5410	Suche
7	finden	58103	müssen	232404	1142	3.4106	30.6156	3358.1914	Suche
8	finden	58103	schon	143724	917	3.7874	28.0888	3133.7195	Suche
9	finden	58103	gut	118492	812	3.8904	26.5741	2881.7314	Suche
10	finden	58103	suchen	28526	526	5.3184	22.3599	2867.0449	Suche
11	finden	58103	neu	131126	837	3.7880	26.8366	2859.8794	Suche
12	finden	58103	immer	124475	817	3.8282	26.5709	2833.6995	Suche
13	finden	58103	mehr	154932	881	3.6212	27.2696	2822.2053	Suche
14	finden	58103	solch	81893	630	4.0573	23.5921	2370.8296	Suche
15	finden	58103	darin	22603	430	5.3635	20.2327	2369.5083	Suche
16	finden	58103	erst	156253	756	3.3882	24.8694	2196.8159	Suche
17	finden	58103	richtig	29320	421	4.9576	19.8580	2087.6165	Suche
18	finden	58103	Beachtung	2125	230	7.8718	15.1010	2078.6104	Suche
19	finden	58103	groß	171120	744	3.2340	24.3774	2018.3838	Suche
20	finden	58103	Wort	55859	494	4.2584	21.0648	1988.4539	Suche
21	finden	58103	ganz	161552	705	3.2394	23.7403	1916.7793	Suche
22	finden	58103	häufig	14449	318	5.5737	17.4581	1843.2678	Suche
23	finden	58103	heute	61585	479	4.0731	20.5858	1811.2645	Suche
24	finden	58103	sollen	172987	696	3.1222	23.3518	1791.3372	Suche
25	finden	58103	Ende	36021	401	4.5904	19.1938	1790.3639	Suche

3.2.19 동사 *führen*

❚ TIGER 코퍼스

3	direkt	führen
2	weltweit	führen
2	automatisch	führen
2	langfristig	führen

❚ DWDS 코퍼스

#	w1	F(w1)	w2	F(w2)	F(w1,w2)	MI	T-Score	Log-L.	Belege
1	führen	56313	Gespräch	16234	1030	7.1464	31.8671	8244.4102	Suche
2	führen	56313	Krieg	34763	1000	6.0052	31.1304	6402.9600	Suche
3	führen	56313	Ende	36021	678	5.3933	25.4189	3766.4382	Suche
4	führen	56313	Leben	63395	783	4.7854	26.9675	3705.8447	Suche
5	führen	56313	Verhandlung	16761	530	6.1417	22.6957	3489.4644	Suche
6	führen	56313	müssen	232404	1129	3.4392	30.5029	3360.9910	Suche
7	führen	56313	Ergebnis	15663	502	6.1611	22.0923	3318.4248	Suche
8	führen	56313	laut	42164	573	4.9233	23.1485	2816.2466	Suche
9	führen	56313	Regie	1319	256	8.7594	15.9631	2652.2461	Suche
10	führen	56313	Kampf	24516	451	5.3602	20.7197	2483.2200	Suche
11	führen	56313	neu	131126	749	3.6729	25.2221	2447.3325	Suche
12	führen	56313	sollen	172987	829	3.4196	26.1016	2442.9529	Suche
13	führen	56313	weit	80556	631	4.1285	23.6835	2433.5310	Suche
14	führen	56313	Vorsitz	2172	248	7.9940	15.6862	2284.8599	Suche
15	führen	56313	wohin	4589	286	7.1206	16.7900	2274.9331	Suche
16	führen	56313	groß	171120	744	3.2792	24.4667	2060.3850	Suche
17	führen	56313	Auge	47719	477	4.4802	20.8618	2060.1636	Suche
18	führen	56313	a.	21651	378	5.2848	18.9435	2041.8795	Suche
19	führen	56313	Mund	12855	326	5.8233	17.7366	2001.4943	Suche
20	führen	56313	Ziel	23070	355	5.1026	18.2931	1829.5565	Suche
21	führen	56313	u.	59932	455	4.0833	20.0724	1726.4287	Suche
22	führen	56313	schließlich	26549	343	4.8504	17.8782	1650.6530	Suche
23	führen	56313	Nachweis	2129	189	7.6309	13.6784	1641.2192	Suche
24	führen	56313	Erfolg	16803	295	5.2928	16.7374	1596.3291	Suche
25	führen	56313	absurdum	168	113	10.5525	10.6231	1530.6135	Suche

3.2.20 동사 *zeigen*

| TIGER 코퍼스

| 2 | optimistisch | zeigen |

| DWDS 코퍼스

#	w1	F(w1)	w2	F(w2)	F(w1,w2)	MI	T-Score	Log-L.	Belege
1	zeigen	51504	deutlich	17697	1005	7.1152	31.4731	7995.4844	Suche
2	zeigen	51504	Bild	32504	926	6.1200	29.9927	6074.2578	Suche
3	zeigen	51504	Beispiel	25094	769	6.2252	27.3602	5154.3569	Suche
4	zeigen	51504	Abb.	11201	596	7.0213	24.2252	4657.5762	Suche
5	zeigen	51504	schon	143724	991	4.0732	29.6100	3757.5647	Suche
6	zeigen	51504	erst	156253	774	3.5961	25.5203	2454.0154	Suche
7	zeigen	51504	groß	171120	793	3.5000	25.6712	2417.6321	Suche
8	zeigen	51504	ganz	161552	694	3.3906	23.8319	2018.6588	Suche
9	zeigen	51504	Abbildung	2024	213	8.0052	14.5377	1963.5540	Suche
10	zeigen	51504	stark	47884	431	4.4577	19.8158	1848.1792	Suche
11	zeigen	51504	folgnd	30829	368	4.8650	18.5250	1778.2039	Suche
12	zeigen	51504	unsere	124575	571	3.4841	21.7602	1726.9041	Suche
13	zeigen	51504	gut	118492	556	3.5180	21.5213	1705.2050	Suche
14	zeigen	51504	darin	22603	325	5.1335	17.5142	1688.1420	Suche
15	zeigen	51504	Untersuchung	12144	270	5.7623	16.1289	1634.2375	Suche
16	zeigen	51504	müssen	232404	709	2.8968	23.0519	1631.3628	Suche
17	zeigen	51504	neu	131126	562	3.3873	21.4409	1630.9227	Suche
18	zeigen	51504	Erfahrung	14322	280	5.5768	16.3826	1623.4602	Suche
19	zeigen	51504	immer	124475	540	3.4048	21.0438	1578.7258	Suche
20	zeigen	51504	sollen	172987	598	3.0771	21.5564	1505.5851	Suche
21	zeigen	51504	Gesicht	29046	319	4.7448	17.1944	1489.5666	Suche
22	zeigen	51504	dabei	47414	367	4.2401	18.1435	1467.5068	Suche
23	zeigen	51504	besonders	40599	348	4.3872	17.7633	1459.1268	Suche
24	zeigen	51504	verschieden	39853	345	4.4015	17.6953	1453.0558	Suche
25	zeigen	51504	Interesse	28049	300	4.7066	16.6572	1385.3605	Suche

이제부터는 빈도순위 21위-50위의 동사에 대해 TIGER 코퍼스로부터 추출한 부사 결합어에 대한 데이터만 제시하기로 한다.

3.2.21 동사 *gelten*

| TIGER 코퍼스

2	künftig	gelten
2	allgemein	gelten
2	weltweit	gelten
2	offenbar	gelten

3.2.22 동사 *setzen*

▎TIGER 코퍼스

2	jährlich	setzen
2	massiv	setzen
2	offenbar	setzen
2	erneut	setzen

3.2.23 동사 *sprechen*

▎TIGER 코퍼스

2	ausdrücklich	sprechen
2	erneut	sprechen
2	übereinstimmend	sprechen
2	gleichzeitig	sprechen
2	offen	sprechen

3.2.24 동사 *wissen*

▎TIGER 코퍼스

8	genau	wissen
3	gut	wissen
2	offenbar	wissen

3.2.25 동사 *nennen*

▎TIGER 코퍼스

2	offiziell	nennen

3.2.26 동사 *erhalten*

▍TIGER 코퍼스

3	künftig	erhalten
2	offenbar	erhalten
2	wahrscheinlich	erhalten

3.2.27 동사 *gehören*

▍TIGER 코퍼스

1	konstruktiv	gehören
1	unweigerlich	gehören
1	wahrscheinlich	gehören
1	spät	gehören
1	organisch	gehören
1	praktisch	gehören
1	eigentumsrechtlich	gehören
1	untrennbar	gehören
1	historisch	gehören
1	künftig	gehören
1	tatsächlich	gehören
1	offenbar	gehören
1	einfach	gehören

3.2.28 동사 *berichten*

▍TIGER 코퍼스

3	übereinstimmend	berichten
2	ausführlich	berichten

3.2.29 동사 *schaffen*

▍TIGER 코퍼스

4	neu	schaffen

2	europaweit	schaffen
2	offensichtlich	schaffen

3.2.30 동사 *tun*

▎TIGER 코퍼스

5	gut	tun
4	schwer	tun

3.2.31 동사 *meinen*

▎TIGER 코퍼스

2	voraussichtlich	beginnen

3.2.32 동사 *beginnen*

▎TIGER 코퍼스

2	ernst	meinen
2	offensichtlich	meinen

3.2.33 동사 *erwarten*

▎TIGER 코퍼스

2	allgemein	erwarten

3.2.34 동사 *erreichen*

▎TIGER 코퍼스

1	allmählich	erreichen
1	umweglos	erreichen

1	voraussichtlich	erreichen
1	locker	erreichen
1	tatsächlich	erreichen

3.2.35 동사 *mitteilen*

▌TIGER 코퍼스

1	telefonisch	mitteilen
1	offiziell	mitteilen
1	ergänzend	mitteilen
1	früh	mitteilen

3.2.36 동사 *ziehen*

▌TIGER 코퍼스

5	warm	ziehen
2	zusätzlich	ziehen

3.2.37 동사 *fallen*

▌TIGER 코퍼스

2	leicht	fallen
2	einstimmig	fallen

3.2.38 동사 *bestehen*

▌TIGER 코퍼스

2	faktisch	bestehen

3.2.39 동사 *legen*

▌TIGER 코퍼스

2	kräftig	legen
2	minimal	legen

3.2.40 동사 *treffen*

▌TIGER 코퍼스

2	gut	treffen

3.2.41 동사 *übernehmen*

▌TIGER 코퍼스

2	kommissarisch	übernehmen
2	weitgehend	übernehmen

3.2.42 동사 *scheinen*

▌TIGER 코퍼스

2	einfach	scheinen
2	offensichtlich	scheinen
2	klar	scheinen

3.2.43 동사 *entscheiden*

▌TIGER 코퍼스

3	endgültig	entscheiden

3.2.44 동사 *steigen*

▌TIGER 코퍼스

4	leicht	steigen
2	spät	steigen
2	drastisch	steigen
2	zweistellig	steigen

3.2.45 동사 *versuchen*

▌TIGER 코퍼스

6	vergeblich	versuchen
2	verzweifelt	versuchen

3.2.46 동사 *rechnen*

▌TIGER 코퍼스

1	hoch	rechnen
1	verstärkt	rechnen
1	stündlich	rechnen
1	vergleichbar	rechnen
1	überwiegend	rechnen
1	grob	rechnen
1	prinzipiell	rechnen
1	eventuell	rechnen

3.2.47 동사 *leben*

▌TIGER 코퍼스

2	gut	leben

3.2.48 동사 *tragen*

▌TIGER 코퍼스

2	stark	tragen
2	deutlich	tragen
2	wesentlich	tragen

3.2.49 동사 *brauchen*

▌TIGER 코퍼스

4	dringend	brauchen

3.2.50 동사 *schließen*

▌TIGER 코퍼스

1	wahrscheinlich	schließen
1	landesweit	schließen
1	fest	schließen
1	völlig	schließen
1	grundsätzlich	schließen
1	spät	schließen

이제까지 논의한 상위 빈도 동사 50개와 연어관계를 형성하는 부사들의 속성을 종합적으로 살펴볼 목적으로 개별 부사들의 출현빈도, 누적빈도 및 누적 백분율을 계산했는데 빈도가 10이상인 결합어들에 대해서 제시하면 다음과 같다.

(23)

결합어 (Collocates)	빈도 (Freq)	누적빈도 (Akk_Freq)	누적백분율 (Akk_Pro)
offenbar	18	18	1.54
künftig	15	33	2.82

결합어 (Collocates)	빈도 (Freq)	누적빈도 (Akk_Freq)	누적백분율 (Akk_Pro)
erneut	15	48	4.10
gut	15	63	5.38
gleichzeitig	15	78	6.66
tatsächlich	14	92	7.86
häufig	13	105	8.97
täglich	11	116	9.91
spät	11	127	10.85
deutlich	10	137	11.70
weltweit	10	147	12.55

위 표를 검토해 보면, 부사 *offebar*가 50개 동사 중 18개 동사의 결합어로, 부사 *gut*은 50개 동사 중 15개 동사의 결합어로 TIGER 코퍼스상에서 나타남을 알 수 있다. 이들 부사와 동사와의 관계는 DWDS 코퍼스의 검색을 통해서도 간접적으로 입증이 된다. DWDS 코퍼스를 기반으로 부사 *offebar*와 *gut*에 연관관계 어휘들을 추출한 결과는 각각 아래의 (24a), (24b)와 같다.

(24)

a.

#	w1	F(w1)	w2	F(w2)	F(w1,w2)	MI	T-Score	Log-L.	Belege
1	offenbar	9936	ganz	161552	316	4.6295	17.0582	1432.3442	Suche
2	offenbar	9936	mehr	154932	159	3.6990	11.6386	524.5269	Suche
3	offenbar	9936	schon	143724	154	3.7612	11.4945	520.2485	Suche
4	offenbar	9936	liegen	78173	125	4.3388	10.6278	515.9847	Suche
5	offenbar	9936	handeln	25672	81	5.3193	8.7746	440.2816	Suche
6	offenbar	9936	groß	171120	133	3.2980	10.3600	370.9967	Suche
7	offenbar	9936	geben	166033	131	3.3197	10.2992	368.9333	Suche
8	offenbar	9936	solch	81893	100	3.9498	9.3529	361.6275	Suche
9	offenbar	9936	müssen	232404	146	2.9909	10.5632	352.3051	Suche
10	offenbar	9936	gehen	130739	115	3.4766	9.7604	346.3332	Suche
11	offenbar	9936	Mann	75382	94	3.9800	9.0810	343.5654	Suche
12	offenbar	9936	gut	118492	110	3.5543	9.5953	342.0484	Suche
13	offenbar	9936	Absicht	10411	53	6.0095	7.1671	337.7376	Suche
14	offenbar	9936	jen	42941	74	4.4468	8.2079	315.6411	Suche
15	offenbar	9936	kommen	170292	119	3.1446	9.6751	309.1628	Suche
16	offenbar	9936	Zeit	105036	98	3.5616	9.0611	305.5183	Suche
17	offenbar	9936	erst	156253	112	3.1812	9.4163	295.9580	Suche
18	offenbar	9936	beide	84559	88	3.7192	8.6685	291.9460	Suche
19	offenbar	9936	sollen	172987	115	3.0726	9.4491	288.5741	Suche
20	offenbar	9936	Herr	81983	85	3.7137	8.5169	281.3786	Suche
21	offenbar	9936	wissen	95024	89	3.5671	8.6380	278.0065	Suche
22	offenbar	9936	halten	70980	80	3.8342	8.3172	277.1760	Suche
23	offenbar	9936	gar	47904	69	4.1881	7.8509	270.7545	Suche
24	offenbar	9936	u.	59932	73	3.9462	7.9897	263.4468	Suche
25	offenbar	9936	alt	84787	82	3.6134	8.3155	260.9087	Suche

b.

#	w1	F(w1)	w2	F(w2)	F(w1,w2)	MI	T-Score	Log-L.	Belege
1	gut	118492	Wille	14629	1837	7.0580	42.5386	**14597.1641**	Suche
2	gut	118492	gut	118492	2986	4.7410	52.6008	**14027.8535**	Suche
3	gut	118492	gehen	130739	2576	4.3860	48.3268	**10864.3330**	Suche
4	gut	118492	sagen	208994	2917	3.8886	50.3626	**10397.2285**	Suche
5	gut	118492	tuen	61780	1808	4.9567	41.1514	**9005.1123**	Suche
6	gut	118492	geben	166033	2211	3.8208	43.6937	**7672.6323**	Suche
7	gut	118492	Freund	21147	1212	5.9264	34.2414	**7656.5728**	Suche
8	gut	118492	ganz	161552	2093	3.7811	42.4216	**7153.4722**	Suche
9	gut	118492	schlecht	16758	1040	6.0412	31.7593	**6736.5176**	Suche
10	gut	118492	immer	124475	1702	3.8589	38.4120	**5983.2988**	Suche
11	gut	118492	wissen	95024	1539	4.1032	36.9474	**5900.2012**	Suche
12	gut	118492	recht	37046	1154	5.0468	32.9429	**5883.1523**	Suche
13	gut	118492	lassen	140818	1672	3.6553	37.6447	**5437.2661**	Suche
14	gut	118492	unsere	124575	1582	3.7523	36.8228	**5341.1162**	Suche
15	gut	118492	besonders	40599	1098	4.8429	31.9815	**5292.2671**	Suche
16	gut	118492	Tag	76517	1308	4.1811	34.1725	**5146.4575**	Suche
17	gut	118492	Mensch	87446	1365	4.0500	34.7154	**5135.6069**	Suche
18	gut	118492	alt	84787	1322	4.0484	34.1618	**4970.5161**	Suche
19	gut	118492	ja	105319	1405	3.8234	34.8355	**4870.7563**	Suche
20	gut	118492	müssen	232404	1891	3.1101	38.4492	**4854.1011**	Suche
21	gut	118492	schon	143724	1543	3.5100	35.8330	**4729.4121**	Suche
22	gut	118492	Beziehung	31722	942	4.9778	29.7180	**4711.9478**	Suche
23	gut	118492	Ton	10475	703	6.1541	26.1418	**4663.7705**	Suche
24	gut	118492	kennen	30989	926	4.9868	29.4706	**4643.1689**	Suche
25	gut	118492	Laune	1972	486	8.0308	21.9611	**4575.3970**	Suche

위 표를 살펴보면, 부사 *offebar*는 *liegen, geben, gehen, kommen* 및 *halten* 등과 같은 동사들과 연어관계를 형성하고, 부사 *gut*은 동사 *gehen, sagen, geben* 및 *lassen*을 결합어로 취함을 알 수 있다.

4.1 명사구의 통사구조

문장의 가장 기본적인 의사소통 기능이 사건이나 상태를 서술하는 것이라고 가정할 때, 명사구는 그 사건이나 상태의 참여요소를 나타내기 때문에 문장을 구성하는 가장 중요한 요소에 속한다. 명사구는 문장내에서 주어(SB)나 직접목적어(OB) 등 일정한 문법적 기능을 수행함으로써 사건이나 상태에 직접 참여하게 된다. 독일어 명사구(Nominalphrase)의 내부구조를 논의하기 전에 문장내에서 명사구가 수행하는 문법적인 기능에는 어떤 것들이 있는 지를 살펴보려고 한다.

다음 예들에는 하나 이상의 명사구가 포함되어 있다.

(1) a. Doch <u>der Fortschritt</u>[SB] geht dem Regierungschef nicht schnell genug. [T$_{77}$]

    b. Angst beherrschte <u>die Szene</u>[OA]. [T$_{71}$]

    c. Ob das freilich so klappt, ist <u>die Frage</u>[PD]. [T$_{61}$]

    d. Köbele zeiht Arbeitgeber <u>des Mißbrauchs der EU</u>[OG] [T$_{8179}$]

    e. Gewiß – die wirtschaftliche Liberalisierung und Öffnung <u>des</u>

> Landes[AG] schreiten voran. [T62]
>
> f. Jetzt sollen aus den Basidji, <u>den linientreuen Freiwilligen</u>[APP],
>   Antiterroreinheiten gebildet werden. [T397]
>
> g. <u>Eher eine Ausnahmeerscheinung, die nicht repräsentativ ist</u>[OC],
>   meint Sushila Gosalia. [T1593]
>
> h. Die Importe aus der EG, <u>vor allem Luxusgüter</u>[PAR], gingen
>   dabei zurück. [T1098]

위의 밑줄이 그어진 표현들이 모두 명사구를 가리키는데, 이들은 문법적으로 각각 주어(SB), 직접목적어(OA), 보어(PD), 2격 목적어(OG), 2격 부가어(AG), 동격구(APP), 목적절(OC), 삽입구(PAR) 기능을 수행한다. 아래의 수형도는 문장 (1f)의 통사구조를 나타내는 것으로 명사구 "den linientreuen Freiwilligen"가 전치사구(PP)에 의해 관할되며 문법적으로 동격구(APP) 기능을 가진다는 것을 확인시켜준다.

(2)

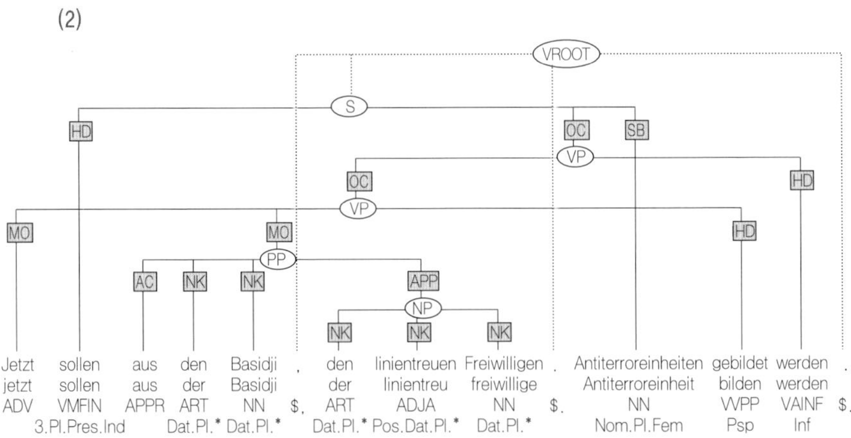

아래의 표는 일반적으로 명사구가 수행하는 문법적 기능들을 TIGER 코퍼스내에서 출현하는 빈도와 함께 보여주고 있다.

(3)

문법기능	기호설명	기능설명	빈도
AG	Attribute, Genitive	2격 부가어	20305
APP	APPosition	동격구	1909
CC	Comparative Complement	비교보충어	1604
DA	Dative	(3격) 간접 목적어	3148
MNR	Modifier of Np to the Right	후치 수식어	116
MO	MOdifier	수식어	1614
NK	Noun Kernel	명사구 핵요소	504
OA	Accusative Object	(4격) 직접 목적어	21888
OC	Object Clausal	목적절	16
OG	Genitive Object	2격 목적어	176
OP	Object Prepositional	전치사격 목적어	1
PAR	PARenthesis	삽입구	508
PD	PreDicate	보어	3189
PG	Phrasaler Genitive	2격 대신 사용된 'von'-전치사구	1
SB	SuBject	주어	38094

위 표를 살펴보면, 명사구가 대부분 주어, 직접 목적어, 2격 부가어, 간접 목적어 기능을 수행함을 알 수 있다. 아주 드물게 전치사격 목적어 기능을 수행하는 예는 다음 문장과 그에 대한 부분 수형도를 통해 확인해 볼 수 있다.

(4) a. Zusätzlich gibt es sehr vielfältige technische ‒ z. B. ISDN als Infrastruktur‒und inhaltliche‒z. B. CD-ROM für Behinderte in der EU als Versuch für mehrsprachige Systeme ‒ Projekte, mit denen die EU die Entwicklung vorantreibt.   [T_{23987}]

b.

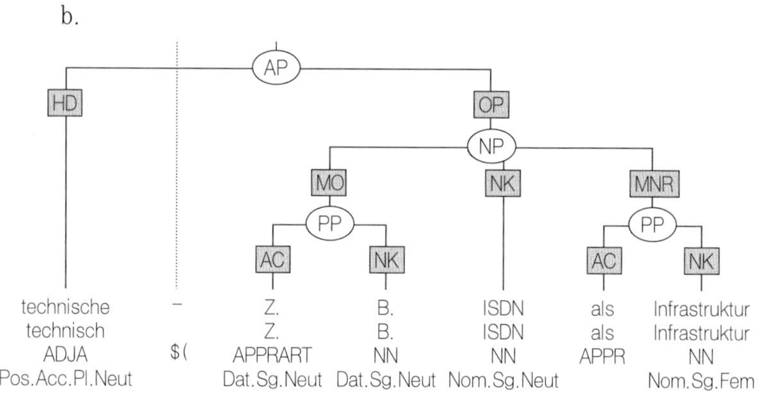

이처럼 문장내에서 명사구가 수행하는 문법적 기능(Grammatische Funktionen)은 다양하며 아래의 표에서 확인할 수 있듯이 명사구는 구범주 중에서 출현빈도가 가장 높다.

(5)

구범주	빈도
NP	109233
PP	91192
VP	35821
AP	15112
CNP	12568
AVP	4593
CAP	2314
CVP	1603
CPP	1292
CAVP	211
CCP	2

이제 명사구의 내부 구조에 대해 논의를 해 보자.

명사구의 내부 구조를 살피는 방법은 두 가지로서 하나는 명사구를 형성하는 구구조 규칙들에는 어떤 것이 있는 지를 확인하는 것이고 다른 하나는 명사구의 하위 구성요소들이 어떤 문법적 기능을 수행하는지를 검토하는 것이다. TIGER 코퍼스에서 명사구를 형성하는 구구조 규칙은 3,514개가 설정되어 사용되고 있다. 이 중 사용빈도가 가장 높은 20개 구구조 규칙이 적용되는 누적백분율은 71%를 약간 상회할 정도로 집중도가 높다. 아래의 표는 사용빈도 상위 20위에 속하는 명사구 규칙을 정리한 것이다.

(6) **명사구 규칙**

구구조 규칙	빈도	누적빈도	누적백분율
NP → ART NN	24672	24672	22.59
NP → ART ADJA NN	7773	32445	29.70
NP → ADJA NN	6776	39221	35.91
NP → ART NN PP	5438	44659	40.88
NP → ART NN NP	4858	49517	45.33
NP → NN PP	2650	52167	47.76
NP → PPOSAT NN	2546	54713	50.09
NP → ART NE	2282	56995	52.18
NP → PIAT NN	1783	58778	53.81
NP → ART ADJA NN PP	1647	60425	55.32
NP → AP NN	1544	61969	56.73
NP → ART NN S	1445	63414	58.05
NP → NN NP	1421	64835	59.36
NP → CARD NN	1316	66151	60.56
NP → ART ADJA NN NP	1263	67414	61.72
NP → ART AP NN	1180	68594	62.80
NP → PDAT NN	1118	69712	63.82
NP → ART PN	998	70710	64.73
NP → NN PN	895	71605	65.55
NP → ART NN NE	859	72464	66.34
NP → ADJA NN PP	832	73296	67.10
NP → ART ADJA NN PN	728	74024	67.77

구구조 규칙	빈도	누적빈도	누적백분율
NP → ART NN PN	648	74672	68.36
NP → ART NN NP PP	546	75218	68.86
NP → NN NE	457	75675	69.28
NP → PPOSAT ADJA NN	429	76104	69.67
NP → NE PP	425	76529	70.06
NP → ART ADJA NN S	421	76950	70.45
NP → ART ADJA ADJA NN	405	77355	70.82
NP → PPER VP	404	77759	71.19

아래의 예는 상위빈도 1위부터 5위를 차지하는 구구조 규칙이 적용된 문장들이다.

(7) a. Die Schweizer Behörden haben nach Presseberichten einen französischen Waffenhändler <u>des Landes</u> verwiesen. [NP → ART NN] [T₁₁₁₅]

b. Doch da hockt er lieber den ganzen Tag zu Hause. [NP → ART ADJA NN] [T₅₀₃]

c. Da ist zum einen das Stichwort "<u>biologischer Rhythmus</u>". [NP → ADJA NN] [T₈₁₂]

d. Es gibt eine gewisse Faszination <u>des Schattens von Auschwitz</u>. [NP → ART NN PP] [T₁₄₉]

e. Bei den Konsumentenschützern häufen sich <u>die Beschwerden der zu Unrecht Verdächtigten</u>. [NP → ART NN NP] [T₂₁₈]

위 문장 (7d)에 대한 수형도는 다음의 (8)과 같다.

(8)

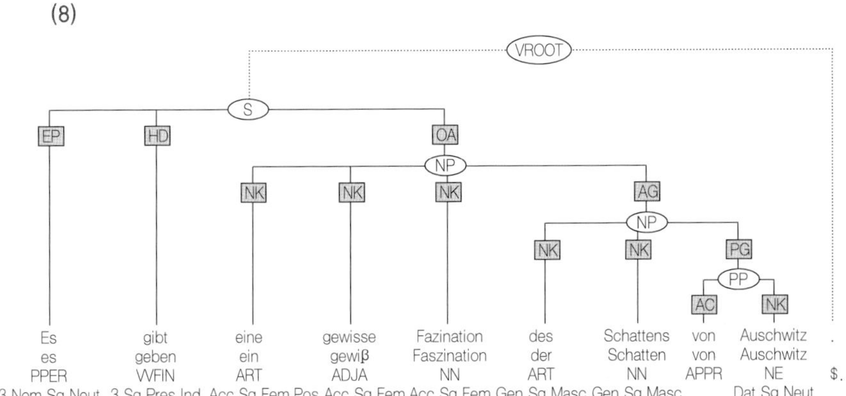

위 수형도에 표현된 바와 같이 관사, 명사 및 전치사구가 명사구를 구성하는 용례를 찾기 위해 사용한 TIGERSearch 검색식은 다음 (9)와 같다.

(9)

```
#np : [cat="NP"] > #d1 : [pos="ART"]      &
#np : [cat="NP"] > #d2 : [pos="NN"]       &
#np : [cat="NP"] > #d3 : [cat="PP"]       &
#d1.#d2                                    &
#d2.#d3
```

이 검색식을 통해 추출된 용례는 6,332개로서 표 (6)에 제시된 5,438회보다 많은데, 이는 아래의 예들에서처럼 세 하위성분의 앞이나 뒤에 다른 요소가 포함된 경우도 함께 추출되기 때문이다.

(9) a. Und <u>auch die Konzernchefs in den USA</u> halten nicht viel von
    dem 62jährigen. [ADV.ART.NN.PP]   [T8]
  b. Dieses verlangt für die Einfuhr von Abfällen jeder Art nach
    Österreich <u>eine Bewilligung des Bundesministeriums für
    Umwelt, Jugend und Familie in Wien</u>. [ART.NN.PP.PP] [T276]

다음의 몇 가지 예들은 다른 명사구 규칙이 적용된 경우이다.

(10) a. Heutzutage hält Perot <u>sein Vermögen</u> vor allem in Staatspapieren und Immobilien. [NP → PPOSAT NN] [T$_{29}$]

b. Wie er <u>diese Aufgaben</u> lösen will, verrät er aber nicht. [NP → PDAT NN] [T$_{39}$]

c. <u>Die vielen wohlwollenden Absichtserklärungen</u> sollen sich in Taten niederschlagen. [NP → ART PIAT ADJA NN] [T$_{81}$]

d. Auf der Dringlichkeitsliste steht außerdem die Reorganisation <u>der personell überbesetzten, ineffizienten öffentlichen Banken</u> und eine Reform des Steuersystems. [NP → ART AP ADJA ADJA NN] [T$_{93}$]

위 (10d)에 소개된 구구조 규칙 "NP → ART AP ADJA ADJA NN"은 TIGETR 코퍼스에서 단 6회 적용된 것으로 확인되었고, 문장 (10d)의 부분 수형도는 아래의 (11)과 같다.

(11)

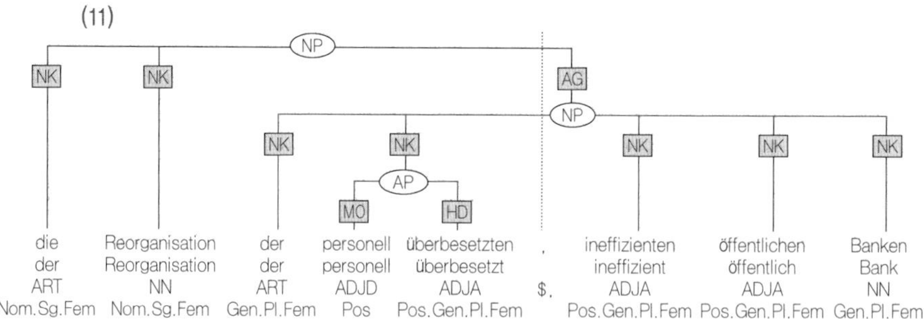

지금부터는 명사구의 하위 구성요소들이 어떤 문법적 기능을 수행하는 지를 검토해 보기로 한다. 다음의 수형도들을 통해 확인할 수 있듯이 명사 구를 구성하는 요소들의 통사적 속성이 다양한 만큼 그들이 수행하는 문 법적 기능도 다양하다.

(12)

a.

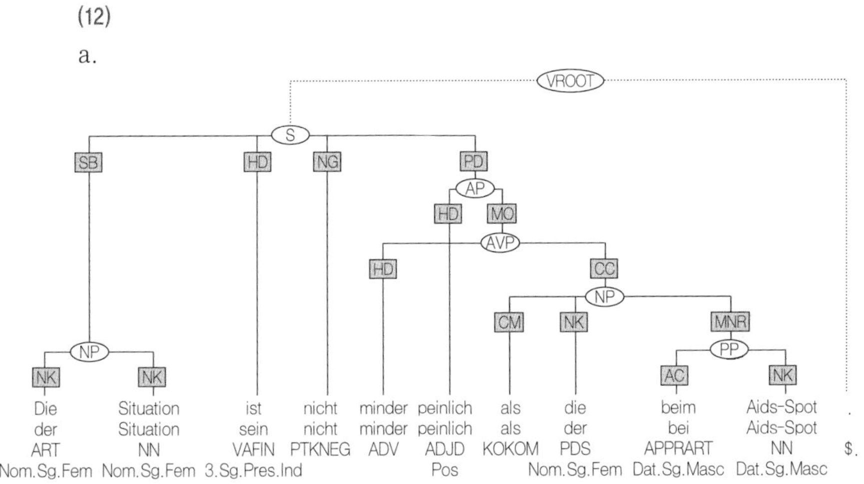

b.

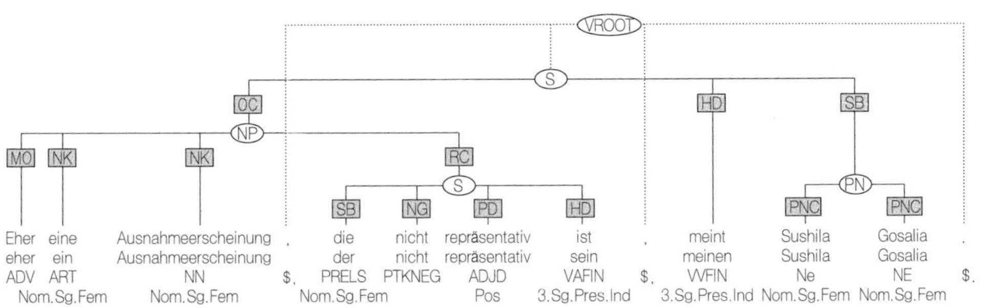

　위 수형도 (12a)에는 명사구가 둘 나타나는데, 그 중 하나는 주어(SB) 기능을 하고, 다른 하나는 비교 보충어(CC) 기능을 한다. 이 중 비교 보충어 기능을 하는 명사구의 하위 구성요소로는 세 가지, 곧 KOKOM, PDS 및 PP가 나타나고 문법적으로 각각 비교접속사(CM), 명사구 핵어(NK)와 후치 수식어(MNR) 기능을 한다. 수형도 (12b)에 단 한번 나타나는 명사구는 문장내에서 목적절(OC) 기능을 수행하고, 그 명사구의 하위 구성요소들은 명사구 핵어(NK) 기능외에도 수식어(MO) 및 관계절(RC) 기능을 수행한다. 이처럼 명사구를 구성하는 하위 구성요소들이 수행하는 기능들도 매우 다양하며 아래의 표는 하위 구성요소들의 문법적 기능 및 TIGER 코퍼스내 출현빈도를 제시하고 있다.

(13) 하위 구성요소들의 문법기능

문법기능	기호설명	기능설명	빈도
AG	Attribute, Genitive	2격 부가어	13580
APP	APPosition	동격구	3058
CC	Comparative Complement	비교 보충어	484
CM	CoMparative conjunction	비교 접속사	1357
MNR	Modifier of Np to the Right	후치 수식어	16964
MO	MOdifier	수식어	5234
NG	NeGation	부정어 nicht	210
NK	Noun Kernel	명사구 핵요소	233349
OC	Object Clausal	목적절	1128
OP	Object Prepositional	전치사격 목적어	1096
PAR	PARenthesis	삽입구	1619
PG	Phrasaler Genitive	2격 대신 사용되는 'von'-전치사구	2232
RC	Relative Clause	관계절	4521

위에 제시된 문법기능 "동격구"(APP)가 TIGER 코퍼스내에 몇 번이나 출현하는 지를 확인하고 그에 대한 용례를 추출하기 위해서 다음 (14)의 간단한 검색식을 사용하면 된다.

(14) #np:[cat="NP"] 〉APP #d

검색결과 모두 3,058개의 용례가 추출되는데 그 중의 하나가 아래 (15)에 제시되어 있다.

(15) a. Tatorte, gleichzeitig Beweisorte und Friedhöfe seien jedoch

die ehemaligen Konzentrationslager.   [T$_{13899}$]

b.

VROOT — S — [SB] NP — [NK] Tatorte | [APP] NP — [MO] gleichzeitig | [NK] CNP — [CJ] Beweisorte [CD] und [CJ] Friedhöfe ; [HD] seien ; [MO] jedoch ; [PD] NP — [NK] die [NK] ehemaligen [NK] Konzentrationslager

Tatorte	,	gleichzeitig	Beweisorte	und	Friedhöfe	seien	jedoch	die	ehemaligen	Konzentrationslager	.
Tatort		gleichzeitig	Beweisort	und	Friedhof	sein	jedoch	der	ehemalig	Konzentrationslager	
NN	$,	ADJD	NN	KON	NN	VAFIN	ADV	ART	ADJA	NN	$.
Nom.Pl.Masc		Pos	Nom.Pl.Masc		Nom.Pl.Masc	3.Pl.Pres.Subj		Nom.Pl.Neut	Pos.Nom.Pl.Neut	Nom.Pl.Neut	

위 수형도를 들여다 보면 동격구(APP) 기능을 하는 명사구(NP)의 하위 구성요소인 "gleichzeitig"가 품사표지로는 ADJD로서 수식어(MO) 기능을 수행함을 알 수 있다. 이처럼 동격구내에서 수식어 기능을 가진 어휘들은 사실상 동격구 표지사 기능을 동시에 수행한다고 볼 수 있는데 TIGER 코퍼스내에 이러한 동격구 표지사가 얼마나 많이 나타나는지를 알아보기 위해 다음 (16)에 제시된 검색식을 사용하여 용례를 추출할 수 있다.

(16) #np:[cat="NP"] >APP #d   &
      #d >MO #mo:[pos="ADV"]

위 검색식을 이용한 용례추출의 결과 117개의 용례가 추출되었으며 그 중 몇 가지 예들이 (17a)-(c)에 제시되어 있다.

(17) a. Das Grenzproblem beschäftigt mittlerweile drei Ministerien,
        <u>nämlich</u> die Außenministerien in Bern und Wien und das
        Schweizer Landwirtschaftsministerium.   [T$_{273}$]

     b. Auch von den Straßenblockaden waren vor allem die Wege
        ans Mittelmeer betroffen, <u>insbesondere</u> die Autobahn Paris-

Lyon-Marseille. [T₁₃₄₅]

   c. Wie am Sonntag aus Justizkreisen verlautete, wurden der ehemalige Polizeichef der Vichy-Regierung, Rene Bousquet, und Maurice Papon, <u>ehemals</u> Generalsekretär der Präfektur in Bordeaux, vom Berufungsgericht in Bordeaux angeklagt. [T₁₃₈₉]

부사(ADV) *nämlich, insbesondere* 및 *ehemals* 등이 동격구 표지사 기능을 하는 어휘들이라는 점을 위의 용례들을 통해 확인할 수 있는데, 검색기 TIGERSearch 2.1의 통계처리 기능을 이용해 획득한 전체 목록은 다음 (18)에 제시된 표와 같다.

(18)

표지사	빈도	표지사	빈도	표지사	빈도
also	22	sprich	1	vorher	1
etwa	17	heute	1	zugleich	1
auch	12	wohl	1	immer	1
insbesondere	11	fast	1	vielleicht	1
nämlich	9	sehr	1	ohnedies	1
beispielsweise	5	aber	1	einst	1
ehemals	3	alias	1	zumeist	1
so	3	natürlich	1	durchaus	1
überhaupt	2	vielmehr	1	jedenfalls	1
plus	2	diesmal	1		
zumindest	2	eben	1		
besonders	2	allesamt	1		
sogar	2	immerhin	1		
derzeit	2	vornehmlich	1		

위 표를 살펴보면, 부사 *also, etwa, auch, insbesondere, nämlich, beispielsweise, ehemals, so* 등이 주로 동격구 표지사 기능을 수행함을

확인할 수 있다.

 이 절에서는 독일어 명사구의 구조와 관련하여 문장내에서의 명사구가 수행하는 문법기능에는 어떤 것들이 있는지, 명사구를 생성하는 구구조 규칙들은 어떤 것들인지, 그리고 명사구를 구성하는 하위 구성성분들은 어떤 문법기능을 수행하는 지에 TIGER 코퍼스의 용례를 중심으로 살펴보았다. 또한 어떤 부사들이 동격구(APP)라는 문법기능을 수행하는 명사구 안에 포함되어 동격구 표지사 기능을 수행하는 지를 살펴보았다.

4.2 명사구내의 zu-부정사구

 이 절에서는 아래의 예에 제시된 바와 같은 문장, 곧 명사구내에 zu-부정사구가 포함된 문장들의 통사적인 속성에 대해 논의하기로 한다.

(19) a. Alle Versuche, direkte Kontakte mit Teheran aufzunehmen,
     seien jedoch bisher gescheitert.　　　　　　　　　$[T_{1414}]$
  b. Die Werktätigen haben alle Chancen, als die Dummen auf
     der Strecke zu bleiben.　　　　　　　　　　　　$[T_{1718}]$

 이러한 문장을 TIGER 코퍼스로부터 추출하기 위해서 다음 (20)에 제시된 검색식을 사용한다.

(20) #np:[cat="NP"] >OC #oc:[cat="VP"]　&
    #np >NK #nk:[pos="NN"]

 위의 검색식을 통해 548개 용례가 추출되며, 함께 추출된 위 (19a) 용례에 대한 수형도는 다음의 (21)과 같다.

(21)

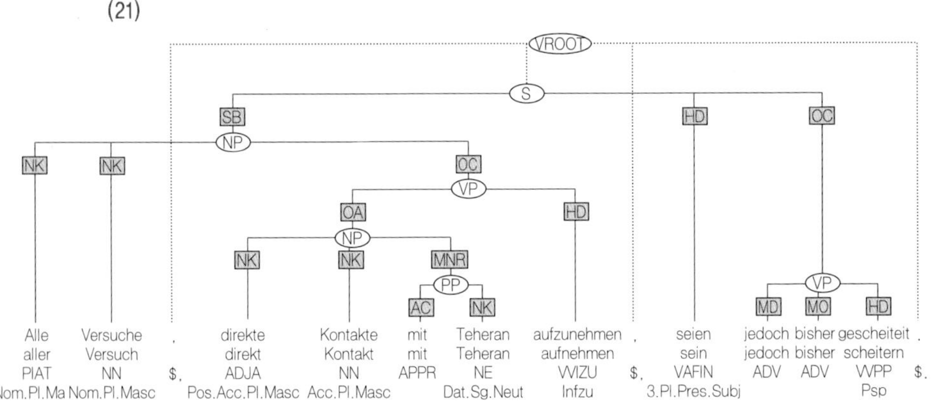

위 수형도를 분석해 보면, *aufzunehmen*이 이끄는 부정사구(VP)는 명사구내에서 명사구 핵어(NK)인 *Versuche*에 대한 목적절(OC) 기능을 수행함을 확인할 수 있다. 전통문법에서는 이러한 기능을 하는 부정사구의 용법을 부정사가 명사를 수식하는 역할을 하기 때문에 형용사적 용법이라 명명하고 있다. 이 절에서는 이러한 형용사적 기능의 부정사구, 혹은 명사에 대한 목적절 기능을 하는 부정사구를 선택하는 명사들에는 어떤 것들이 있는 지를 살펴보고자 한다. 더 나아가 R for Windows 프로그램을 사용하여, 명사들과 부정사구간의 상관관계를 측정하고자 한다. 이를 위해 제1단계로서 TIGERSearch 2.1 검색기를 이용해 이 구문에 대한 통계데이터를 추출함으로써 시작하려고 한다. 부정사구의 수식을 받는 명사들의 빈도정보를 담은 통계데이터는 다음과 같이 엑셀 포맷을 가진 파일로 저장된다.

(22)

1	Freq	#nk
2		lemma
3	41	Versuch
4	39	Chance
5	29	Möglichkeit
6	23	Recht
7	16	Zeit
8	15	Entscheidung
9	14	Vorschlag
10	14	Bereitschaft
11	13	Absicht
12	11	Plan

이 데이터 파일에는 모두 174개 명사가 포함되어 있다. 그 중 빈도가 1인 108개를 제외한 명사 66개에 대해 이들 명사들이 TIGER 코퍼스내에서 출현하는 전체빈도를 개별적으로 산출한 다음에 이 정보를 엑셀 파일의 세 번째 열에 입력해 넣는다. 그리고 첫 번째 열에 있는 데이터를 같은 행의 네 번째 열에 복사해 옮겨 놓고 원래 1열에 있던 데이터는 지운다. 이렇게 개별 명사의 전체빈도와 구문내 빈도에 대한 정보를 가지고 있는 데이터 파일을 R for Windows 프로그램에 의해 읽어들이기 위해서는 먼저 엑셀 프로그램내에서 독일어 움라우트 ä, ö, ü와 ß를 각각 ae, oe, ue 및 ss로 변환하는 단계를 거친다. 이 단계가 마무리 되면, 메모장과 같은 텍스트 프로그램을 열어 놓은 후에 엑셀 파일로부터 데이터가 들어있는 셀 영역을 선택후 복사한 다음, 메모장의 새 파일에 붙여넣기를 한다. 그리고 이렇게 생성된 파일에 적절한 이름을 붙여 저장한다. 최종 데이터 파일의 일부가 아래 (23)에 제시되어 있다.

(23)

Word	FREQ_WORD_in_CORPUS	FREQ_WORD_in_INFINITIVE
Versuch	96	41
Chance	174	39
Moeglichkeit	137	29
Recht	237	23

Zeit	554	16
Entscheidung	286	15
Vorschlag 122	14	
Bereitschaft	29	14
Absicht 157	13	
Plan 142	11	

다음 단계로, 위에 그 일부가 제시된 데이터 파일(예 : "AdjZuINF.txt")을
R for Windows 프로그램으로 불러들인다. 이어 어휘와 구문의 상관관계
(공연강도, collostructional strength)를 측정하기 위한 스크립트 파일—
Stefan Gries가 작성한 coll.analysis() —을 작동시킨다. 다음은 R for
Windows를 실행시킨 후 coll.analysis() 스크립트를 작동하여 나타난 화
면을 캡쳐한 것이다.

(24)

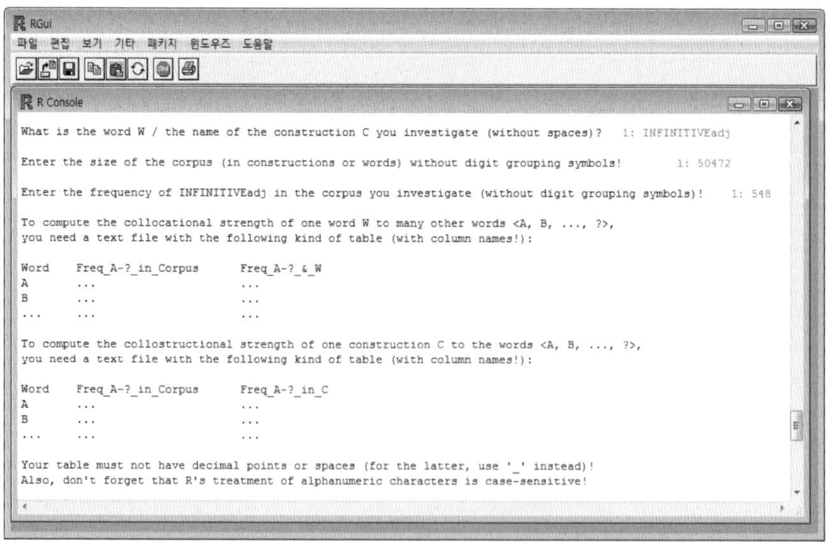

위 화면을 살펴보면, 어휘와 구문간의 공연강도를 구하기 위해 구문의

이름, 전체 코퍼스(혹은 전체 구문)의 크기 및 분석 구문의 크기에 대한 정보를 입력한 후 빈도 데이터 파일을 불러들이도록 되어 있다. 이렇게 여러 단계를 거쳐 R for Windows에서 얻어낸 텍스트 파일에 움라우트 및 ß를 원래대로 환원시키면 최종적으로 다음 (25)에 제시된 결과가 얻어진다.[29]

(25)

word.freq : frequency of the word in the corpus
obs.freq : observed frequency of the word with/in INFINITIVEadj
exp.freq : expected frequency of the word with/in INFINITIVEadj
faith : percentage of how many instances of the word occur with/in INFINITIVEadj
relation : relation of the word to INFINITIVEadj
coll.strength : index of collocational/collostructional strength : log-likelihood, the higher, the stronger

	words	word.freq	obs.freq	exp.freq	faith	relation	coll.strength
1	Versuch	96	41	1.04	0.4271	attraction	2.440682e+02
2	Chance	174	39	1.89	0.2241	attraction	1.731731e+02
3	Möglichkeit	137	29	1.49	0.2117	attraction	1.246790e+02
4	Bereitschaft	29	14	0.31	0.4828	attraction	8.714921e+01
5	Recht	237	23	2.57	0.0970	attraction	6.251886e+01
6	Vorschlag	122	14	1.32	0.1148	attraction	4.235144e+01
7	Weigerung	6	5	0.07	0.8333	attraction	3.988915e+01
8	Gelegenheit	35	8	0.38	0.2286	attraction	3.543547e+01
9	Gefühl	61	9	0.66	0.1475	attraction	3.162936e+01
10	Absicht	157	13	1.70	0.0828	attraction	3.131089e+01
11	Mühe	22	6	0.24	0.2727	attraction	2.890368e+01
12	Plan	142	11	1.54	0.0775	attraction	2.513096e+01
13	Entscheidung	286	15	3.11	0.0524	attraction	2.423092e+01
14	Fähigkeit	32	6	0.35	0.1875	attraction	2.401668e+01

---

29) R for Windows에서 공연강도의 통계처리를 위해 coll.analysis()라는 스크립트를 사용하는데, 이 스크립트를 사용하도록 허락해준 Stefan Gries 교수에게 감사한다.

15	Ankündigung	25	5	0.27	0.2000	attraction	2.068693e+01
16	Wunsch	66	7	0.72	0.1061	attraction	2.003972e+01
17	Mut	29	5	0.31	0.1724	attraction	1.913144e+01
18	Versuchung	7	3	0.08	0.4286	attraction	1.767982e+01
19	Ziel	195	10	2.12	0.0513	attraction	1.572638e+01
20	Anlauf	10	3	0.11	0.3000	attraction	1.508840e+01
21	Antrag	104	7	1.13	0.0673	attraction	1.420576e+01
22	Anstrengung	28	4	0.30	0.1429	attraction	1.376596e+01
23	bestreben	4	2	0.04	0.5000	attraction	1.259716e+01
24	Forderung	122	7	1.32	0.0574	attraction	1.228723e+01
25	Druck	124	7	1.35	0.0565	attraction	1.209606e+01
26	Zeit	554	16	6.02	0.0289	attraction	1.170661e+01
27	Ehrgeiz	5	2	0.05	0.4000	attraction	1.143397e+01
28	Anspruch	96	6	1.04	0.0625	attraction	1.139739e+01
29	Gefahr	133	7	1.44	0.0526	attraction	1.128184e+01
30	Wille	68	5	0.74	0.0735	attraction	1.091446e+01
31	Aufgabe	139	7	1.51	0.0504	attraction	1.077729e+01
32	Entschlossenheit	6	2	0.07	0.3333	attraction	1.054768e+01
33	Anweisung	7	2	0.08	0.2857	attraction	9.831827e+00
34	Aussicht	50	4	0.54	0.0800	attraction	9.332722e+00
35	Appell	25	3	0.27	0.1200	attraction	9.285250e+00
36	bemühen	9	2	0.10	0.2222	attraction	8.716404e+00
37	Anlaß	57	4	0.62	0.0702	attraction	8.394989e+00
38	Grund	273	9	2.96	0.0330	attraction	8.123683e+00
39	Bemühung	32	3	0.35	0.0938	attraction	7.871315e+00
40	Schwierigkeit	62	4	0.67	0.0645	attraction	7.807113e+00
41	Bitte	13	2	0.14	0.1538	attraction	7.175751e+00
42	Eindruck	70	4	0.76	0.0571	attraction	6.979096e+00
43	Befehl	15	2	0.16	0.1333	attraction	6.601435e+00
44	Sehnsucht	16	2	0.17	0.1250	attraction	6.346784e+00
45	Vorstellung	82	4	0.89	0.0488	attraction	5.939101e+00
46	Illusion	19	2	0.21	0.1053	attraction	5.681874e+00
47	Beschluß	90	4	0.98	0.0444	attraction	5.350160e+00
48	Angst	96	4	1.04	0.0417	attraction	4.952694e+00
49	Empfehlung	24	2	0.26	0.0833	attraction	4.809401e+00

50	Hoffnung	103	4	1.12 0.0388	attraction	4.530023e+00
51	Zusage	28	2	0.30 0.0714	attraction	4.254744e+00
52	Ruf	28	2	0.30 0.0714	attraction	4.254744e+00
53	Vorwurf	109	4	1.18 0.0367	attraction	4.198616e+00
54	Vorstoß	29	2	0.31 0.0690	attraction	4.130975e+00
55	Tendenz	33	2	0.36 0.0606	attraction	3.683718e+00
56	Traum	33	2	0.36 0.0606	attraction	3.683718e+00
57	Vorhaben	46	2	0.50 0.0435	attraction	2.602710e+00
58	Kraft	147	4	1.60 0.0272	attraction	2.592863e+00
59	Fehler	49	2	0.53 0.0408	attraction	2.409838e+00
60	Auftrag	90	2	0.98 0.0222	attraction	8.330275e-01
61	Interesse	182	3	1.98 0.0165	attraction	4.649352e-01
62	Angebot	125	2	1.36 0.0160	attraction	2.694172e-01
63	Art	207	3	2.25 0.0145	attraction	2.315788e-01
64	Woche	361	4	3.92 0.0111	attraction	1.669841e-03
65	Problem	308	2	3.34 0.0065	repulsion	6.412797e-01
66	Weg	280	3	3.04 0.0107	repulsion	5.401017e-04

In order to determine the degree of repulsion of verbs that are not attested with/in the word/the construction,

the following table gives the collocational/collostructional strength for all verb frequencies

in orders of magnitude the corpus size allows for.

	absentees.words	absentees.obs.freqs	absentees.exp.freqs	X.repulsion.	absentees.collstrengths
1	a	10	0.1085751	repulsion	0.2183593
2	b	100	1.0857505	repulsion	2.1855533
3	c	1000	10.8575052	repulsion	22.0541689
4	d	10000	108.5750515	repulsion	243.4881492

If your collostruction strength is based on p-values, it can be interpreted as follows :

Coll.strength>3　=>　p<0.001; coll.strength>2　=>　p<0.01; coll.strength>1.30103 => p<0.05.

I'd be happy if you provided me with feedback and acknowledged the use of Coll.analysis 3 ⋯

위 (25)에 제시된 통계데이터는 명사와 부정사구간의 공연강도(collstructral strength)를 보여주는 것으로 *Problem*이나 *Weg*과 같은 어휘는 부정사구와 어울리지 않는 반면, *Versuch, Chance, Möglichkeit, Bereitschaft, Recht, Vorschlag, Weigerung, Gelegenheit* 등은 부정사와의 공연강도가 매우 높은 어휘들이라는 것을 알 수 있다.[30] 이 시험에서 공연강도의 측정을 위해 채택한 연관성측도는 Log-Likelihood(로그 가능도)로서 분석 대상 구문내에서 관찰된 빈도와 전체 코퍼스내에서 출현한 빈도를 토대로 예측되는 빈도간의 관계를 측정함으로써 얻어진다. 이 통계기준을 이해하기에 좋은 예는 어휘 *Weigerung*으로서 이 어휘는 코퍼스 전체에서 6번만 나타나는데 그 중 5번이 부정사구의 수식을 받는 구문에 나타나기 때문에 어휘와 구문간의 공연강도가 아주 높게 나타난 것이다. 정반대의 경우는 *Problem*으로 코퍼스 전체 출현빈도가 308인데 비해 구문내 출현빈도는 2에 불과하다. 명사-zu:부정사구 구문에 나타나는 명사 66개의 의미적인 속성을 탐구하기 위해 튀빙엔대학에서 개발한 GermaNet 5.1의 명사 의미분류 체계에 의해 분석한 결과에 대해 논의하기로 하자. 이 어휘의미망에서는 명사의 의미유형을 다음 (26)과 같이 23가지로 분류한다.

(26)

k1. Artefakt (인공물) k2. Attribut (속성) k3. Besitz (소유) k4. Form (형태) k5. Gefühl (감정) k6. Geschehen (사건) k7. Gruppe (그룹) k8. Körper (신체) k9. Kognition (인지) k10. Kommunikation (소통) k11. Menge (집합) k12. Mensch (인간) k13. Motiv (동기) k14. Nahrung (영양) k15. natGegenstand (자연물) k16. natPhänomen (자연현상) k17. Ort (장소) k18. Pflanze (식물) k19. Relation (관계) k20. Substanz (물

---

30) [부록 3]에 전체 목록이 제시된다.

질) k21. Tier (동물) k22. Tops (최상위개념) k23. Zeit (시간)

이 분류체계에 따라 명사 66개의 유형을 분석한 결과로 얻어진 분포는
아래 (27)과 같다.[31]

(27)

의미유형	빈도
k2	11
k5	5
k6	13
k9	17
k10	22
k13	3
k23	2
합 계	73

위 표를 통해 우리는, 논의중인 명사-zu:부정사구 구문의 "명사" 자리에
나타나는 어휘들이 23개 의미유형 중에서 약 30%에 해당하는 7개 유형에
만 속한다는 사실을 확인할 수 있다. 이는 바로 통사적 구성에 따라 동반
하는 어휘들의 의미적인 제약이 있을 수 있음을 보여주는 설득력있는 근
거가 된다. 보다 구체적으로 살펴보면, 이 구문의 명사자리에 의미적으로
'소통'과 관련된 어휘가 가장 많이 나타나고, 그 다음이 '인지', '사건' 및 '속
성'을 의미하는 어휘들이다. '인공물'이나 '소유', '그룹', '신체' 그리고 '형태'
를 의미하는 명사 등은 이 구문에 전혀 출현하지 않는다.

이 절을 마치기 전에, 공연구조적 분석 방법론과 그 방법론을 이해하는
데 있어 매우 중요한 개념인 연관성측도(Assoziationsmaß)에 대해 논의하기

---

31) 하나의 명사가 다의적으로 사용될 경우, GermaNet에서는 그 의미에 따라 상이한 유
형에 속하는 것으로 의미체계가 구성되어 있기 때문에 명사의 수는 66개더라도 유형
으로 분류하는 과정에서 마치 73개의 명사처럼 취급된다.

로 한다.[32]

어휘와 어휘간의 상관관계 혹은 구문과 어휘간의 상관관계를 측정하기 위해 사용되는 통계측정도구로서의 연관성측도(Assoziationsmaß)에는 앞서 언급한 Fisher-Yates-Test 값과 t-값(t-score), 상호정보값(mutual information score), 카이제곱값(chi-square score) 및 로그 가능도 비율(log-likelihood rati o)[33](Dunning 1993) 등이 있다. 이 중에서 가장 많이 사용되고 신뢰성이 높은 것[34]으로 평가받는 연관성측도는 로그 가능도 비율(log-likelihood ratio)로서, DWDS 코퍼스의 웹사이트(http://www.dwds.de/)나 만하임의 독일어 연구소 코퍼스 COSMAS-II에서 어휘들간의 연어관계를 제시할 때도 이용하는 측도이다. 따라서 본 연구에서도 이 측도를 이용하여 구문과 어휘간의 상관관계를 제시하고자 한다.

로그 가능도 비율은 다른 연관성측도와 마찬가지로 열과 행이 각각 둘 (2x2)인 분할표(contigency table)를 토대로 값을 구한다. 아래의 표 (28)은 네 개의 셀 안에 관찰값을 입력할 수 있는 분할표이다(Evert 2004 : 76).

(28)

	$V = v$	$V \neq v$	
$U = u$	O_{11}	O_{12}	$= R_1$
$U \neq u$	O_{21}	O_{22}	$= R_2$
	$= C_1$	$= C_2$	$= N$

---

32) 이하의 서술은 이민행(2009)을 바탕으로 하고 있다.

33) 통계용어의 번역에 대해서는 한국통계학회의 웹사이트(http://www.kss.or.kr/)를 참조. 한국어 연어관계를 연구한 홍종선 외(2001)에서는 t-값과 상호정보값을 이용하고 있다.

34) Evert(2004 : 112) 참조 :
"Numerical simulation shows that *log-likelihood* is much more conservative than chi-squared and gives an excellent approximation to the exact p-values of the Fisher measure. Therefore, it has generally been accepted as *an accurate and convenient standard measure for the significance of association.*"

예를 들어 우리가 앞서 논의한 "명사-zu:부정사구 구문"과 관련하여 TIGER 2.1 코퍼스로부터 추출한 데이터를 살펴보면, 이 구문의 출현빈도가 548이고, 이 구문내에 명사 *Versuch*가 출현하는 빈도는 41이며, 코퍼스 전체의 구문빈도는 50,472이고 코퍼스 전체에 명사 *Versuch*가 출현하는 빈도는 96이다. 구체적인 분석대상 구문을 *u*로, 그 구문에 나타나는 어휘 *Versuch*를 *v*로 설정하고서, 이 데이터들을 위의 표 (28)에 대입하면 일차적으로 다음 (29)와 같은 분할표가 얻어진다.

(29)

	$V=v$	$V \neq v$	
$U=u$	41 $(=O_{11})$	O12	548 $(=R_1)$
$U \neq u$	O21	O22	R2
	96 $(=C_1)$	C2	50,472 $(=N)$

위의 표에서 셀 O_{11}에 대입된 숫자는 명사 *Versuch*가 "명사-부정사구 구문"에 출현하는 빈도를 의미하고 아직 비어 있는 셀 O_{12}에 대입될 숫자는 "명사-부정사구 구문"에 출현하는 명사중에서 명사 *Versuch*를 제외한 빈도를 의미한다. 아래 (30)에 제시된 여섯 가지 수식을 적용하여, 위 표의 비어있는 셀 안에 값을 모두 채워 넣을 수 있는데, 그 결과는 (31)과 같다.

(30)

a. $O_{11} + O_{12} = R_1$
b. $O_{21} + O_{22} = R_2$
c. $O_{11} + O_{21} = C_1$
d. $O_{12} + O_{22} = C_2$
e. $C_1 + C_2 = N$

f. $R_1 + R_2 = N$

(31)

	$V = v$	$V \neq v$	
$U = u$	41 ($=O_{11}$)	507 ($=O_{12}$)	548 ($=R_1$)
$U \neq u$	55 ($=O_{21}$)	49,869 ($=O_{22}$)	49,924 ($=R_2$)
	96 ($=C_1$)	50,376 ($=C_2$)	50,472 ($=N$)

위 표 (28)의 관찰값을 토대로 하여 각 셀의 기댓값을 구하는 식은 아래의 표 (32)에 제시되어 있다.

(32)

	$V = v$	$V \neq v$
$U = u$	$E_{11} = \dfrac{R_1 C_1}{N}$	$E_{12} = \dfrac{R_1 C_2}{N}$
$U \neq u$	$E_{21} = \dfrac{R_2 C_1}{N}$	$E_{22} = \dfrac{R_2 C_2}{N}$

이 표에 의거하여 표 (31)의 관찰값에 대한 각 셀의 기댓값을 계산한 결과는 아래의 표 (33)과 같다.

(33)

	$V = v$	$V \neq v$
$U = u$	1.04232 ($=E_{11}$)	546.95768 ($=E_{12}$)
$U \neq u$	94.96768 ($=E_{21}$)	49,829.04232 ($=E_{22}$)

이처럼 관찰값과 기댓값이 구해지면 이를 기반으로 로그 가능도 비율을 구할 수가 있는데, 이 비율은 다음 (34)에 제시된 함수를 계산한 결과값이다(Evert 2004 : 83).

(34)
$$\text{log-likelihood} = 2 \sum_{ij} O_{ij} \log \frac{O_{ij}}{E_{ij}}$$

이 수식은 각 셀의 관찰값(O_{ij})을 그 셀의 기댓값(E_{ij})으로 나눈 값에 자연로그[35]를 씌워 얻은 결과값에 다시 그 셀의 관찰값을 곱하는 방법으로 먼저 네 개의 셀에 대한 값을 모두 구한 후에 네 가지 결과값을 더한 합계에 다시 2배를 하면 log-likelihood 비율이 얻어진다는 의미를 표현하고 있다. 우리의 예에서, 이런 다단계 연산 과정을 거쳐 얻어진 구문과 어휘 "Versuch"간의 로그 가능도 비율은 "244.0682(=2.440682e+02)"이다.[36]

---

35) 중요한 수학 함수의 하나인 로그(Log)는 Logarithm의 약자로서, 기반(Base)이 10인 로그를 상용로그라 하고, 기반이 e(오일러 상수 : 약 2.718)인 로그를 자연로그라 함. 자연로그를 기호로는 ln으로 표기하며 ln(2.7188)=1.000… , ln(20)=2.995… 임.
36) 로그 가능도 비율의 전체 연산과정은 [부록 4]에 제시된다.

제5장 어순(Wortstellung)

5.1 문제제기

개별언어에 있어 어순(Wortstellung) 문제는 결합가(Valenz), 일치관계 (Kongruenz), 지위지배(Statusrektion) 문제와 더불어 통사론의 가장 중요한 네 가지 과제중의 하나에 속한다. 독일어의 어순을 결정하는 주요 원리는 다음 세 가지로 정리될 수 있다. 첫째, 문장층위의 어순은 장이론적인 틀에 의해 규정된다. 둘째, 중장(Mittelfeld)내 문장성분간의 선후관계는 여러 가지 하위 원리의 상호작용의 결과이다. 셋째, 문장성분내 하위성분들간의 선후관계는 각 문장성분의 고유속성에 의해 결정된다.

먼저, 위상적 장이론(Topologische Feldtheorie)에 따른 문장층위의 어순에 대해 살펴보기로 하자(Drach 1937).

다음 (1)은 세 문장 (2a), (2b) 및 (2c)과 절단위의 문장성분을 위상적 장이론적인 기술방식에 의해 구조화한 결과이다.

(1) 장이론적 도식

전장 (VF, Vorfeld)	좌측문장괄호 (LSK)	중장 (MF, Mittelfeld)	우측문장괄호 (RSK)	후장 (NF, Nachfeld)
	Kann	er Deutsch	sprechen	
Er	kann	fließend Deutsch	sprechen	wie sein Vater.
Ich	glaube			dass er fließend Deutsch sprechen kann
	dass	er fließend Deutsch	sprechen kann	

(2) a. Kann er Deutsch sprechen?

b. Er kann fließend Deutsch sprechen.

c. Ich glaube, dass er fließend Deutsch sprechen kann.

d. (Ich glaube,) dass er fließend Deutsch

위 (1)에 제시된 장이론적 도식에 따르면, 주문장의 정동사는 "좌측문장괄호" 자리를 차지하고, 주문장의 본동사는 "우측문장괄호" 자리를 차지하는 것으로 간주된다. 반면, 부문장에서는 본동사와 정동사가 모두 "우측문장괄호" 자리를 차지하는 것으로 간주되며, 부문장을 이끄는 접속사 — 예에서는 *dass* — 는 "좌측문장괄호" 자리를 차지한다. 또한 부문장전체는 주문장과 비교하여 "후장"에 위치하는 것으로 분석된다.

아래의 다른 장이론 도식 (3)은 전장에 어떤 문장성분이든 나타날 수 있음을 보여준다.

(3)

VF	LSK	MF	RSK
Er	will	(er) morgen mit mir nach Köln	fahren.
Morgen	will	er (morgen) mit mir nach Köln	fahren.
Mit mir	will	er morgen (mit mir) nach Köln	fahren.
Nach Köln	will	er morgen mit mir (nach Köln)	fahren.

위 도식이 시사하는 바는 중장에 속하는 문장성분 중 어떤 것이든 전장으로

자리를 옮길 수 있다는 사실이며, 이는 바로 독일어에서 문장층위의 어순 문제는 중장내에서의 문장성분들간의 선후관계로 환원된다는 점을 암시한다. 아래의 예들은 중장내에서의 어순이 다양하게 실현될 수 있음을 보여준다.37)

(4) a. Sicher hat   *Paul gestern seiner Freundin die Schokolade*   geschenkt.
    b. Sicher hat   *er sie gestern seiner Freundin*   geschenkt.
    c. Sicher hat   *er ihr gestern*   geschenkt.
    d. Sicher hat   *er sie ihr gestern*   geschenkt.
    e. Sicher hat   *ihr Paul gestern die Schokolade*   geschenkt.
    f. Sicher hat   *sie Paul gestern seiner Freundin*   geschenkt.
    g. Sicher hat   *sie ihr Paul gestern*   geschenkt.
    h. Sicher hat   *ihr Paul gestern die Schokolade nicht*   geschenkt.

위의 예들은 모두 중립적인 문맥에서 발화된 것으로 가정할 때 일반적으로 수용가능한 어순을 보여준다. 이 문장들에서 이탤릭체로 표시된 부분들이 중장에 위치한 어휘들이다. 곧 모든 문장의 중장에서는 문법기능으로 표현해서 주어(SB), 직접목적어(OA), 간접목적어(OB), 부사어(MO) 및 부정어(NG)가 나타나 있다고 할 수 있다. 그러므로 중장내의 어순에 대해 얘기를 할 때에는 바로 문법기능들간의 선후관계를 의미하는 것이다. 일차적으로 위 예들을 통해 추출할 수 있는 어순은 아래의 몇 가지이다.38)

(5) **중장내 어순 규칙**
  a. 주어와 직접목적어가 모두 일반 명사구일 경우에는 주어가 직접목적어에 선행한다. 곧, SB ≪ OA
  b. 주어와 간접목적어가 모두 일반 명사구일 경우에는 주어가 간접목적어에 선행한다. 곧, SB ≪ DA
  c. 간접목적어와 직접목적어가 모두 일반 명사구일 경우에는 간접목적어가

---

37) 중장내에서의 어순문제를 다룬 연구로는 Hofmann(1994)를 들 수 있다.
38) 선후관계를 표현하기 위해 '≪'를 사용함으로써 TIGERSearch 검색기에서 관할관계를 표현하기 위해 사용하는 기호 '>'와의 혼동을 피한다.

직접목적어에 선행한다. 곧, OA << DA

d. 간접목적어나 직접목적어 중 하나만 인칭대명사일 경우에 대명사로 표현된 문장성분이 일반 명사구로 실현된 것에 선행한다. 곧, OAp << DA 혹은 DAp << OA[39]

e. 간접목적어와 직접목적어 모두 인칭대명사일 경우에 직접목적어가 간접목적어에 선행한다. 곧, OAp << DAp

f. 주어가 일반 명사구로 나타나고 간접목적어나 직접목적어가 하나 혹은 모두 인칭대명사일 경우 인칭대명사적인 문장성분이 주어에 선행한다.

g. 주어가 인칭대명사로 실현되는 경우 모든 문장성분에 선행한다. 곧, SBp << OAp, SBp << DAp

h. 인칭대명사로 실현되는 문장성분들은 부사어에 선행한다. 곧, OAp << MO, DAp << MO

i. 주어는 항상 부사어에 선행한다. 곧, SB << MO, SBp << MO

j. 일반 명사구로 실현되는 직접목적어는 부정어에 선행한다. OA << NG

위에 정리된 10가지 규칙은 다음과 같이 하나의 규칙으로 통합될 수 있다.

(6) 통합 어순 규칙

(LSK) - SBp << OAp << DAp << SB << MO << DA << OA << NG - (RSK)

위 (5a)-(5j)에 정리된 10가지 규칙과 (6)의 통합규칙에 의해 포착되지 않은 어순문제는 아래의 예에서 나타난 바와 같이 전치사격 목적어(OP)나 기능동사구(CVC)가 나타난 문장이다.

(7) a. Haben   *die Kinder die ganze Zeit <u>auf ihre Eltern</u>* gewartet?
   b. Ich habe   *dich nicht <u>um deine Meinung</u>*   gefragt?
   c. Gestern hat *mein Chef meinen Kollegen <u>zur Rede</u>* gestellt.

위 예문들을 통해 확인할 수 있는 사실은 전치사격 목적어(OP)나 기능동사

---

39) 대명사적 요소는 구분의 편의상 해당 문법기능 기호뒤에 소문자 p(ronominal)를 붙여 표기하기로 한다.

구(CVC)가 모두 중장의 뒷자리에 — 부정어보다도 뒤에 — 위치한다는 점이다.
이 문제들 외에도 여러 종류의 부사어들이 중장에 나타날 경우 이들 간
의 순서 및 부사어들과 다른 문장성분들 간의 순서관계도 문제로 남는다.

5.2 문장성분들간의 선후관계

이 절에서는 코퍼스 TIGER 2.1로부터 추출한 용례를 통해 앞 절에서 논의
한 바 문법기능들 간의 선후관계에 대한 규칙이 타당한 지를 검증하고자 한다.
이를 위해 먼저 다음 (8)과 같은 검색식을 통해 117가지 용례를 추출했다.

> (8) (#n1:[cat="S"])CP #n2: [pos="KOUS"|cat="CCP"]) &
>   (#n1)SB #n3) &
>   (((#n1)DA #n4) &
>   (#n1)OA #n5) &
>   (#n1)HD #hd1)) | ((#n1)OC #n6) &
>   (#n6)DA #n7) &
>   (#n6)OA #n8) &
>   (#n6)HD #hd2)))

위 검색식은 문법기능 SB와 DA 및 OA가 모두 나타나는 문장들을 추
출하기 위한 목적으로 작성되었다. 이때 DA나 OA는 수형도상에서 SB의
자매항으로 나타나거나, 아니면 반드시 SB의 자매항인 OC의 관할을 받는
성분으로 나타나야 하는 것으로 가정했다. 이 검색식에 의해 추출한 문장
과 그에 대한 수형도를 보이면 각각 (9a) 및 (9b)와 같다.

> (9) a. "Die sehen es nicht so gern, wenn sich jemand unseren Korps
>   anschließt." $[T_{11786}]$

(9) b.

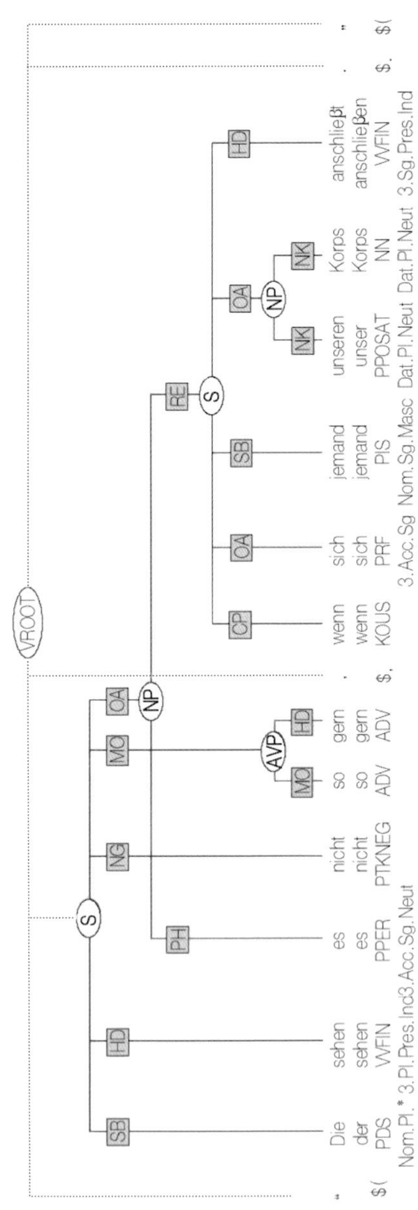

앞의 수형도는 문법기능 DA와 OA가 SB의 자매항으로 나타나는 경우를 보여주고 있으며, 이들 간의 선후관계는 "OAp ≪ SBp", "SBp ≪ DA" 및 "OAp ≪ DA" 세 가지로 정리될 수 있다.

다음 (10b)는 문장 (10a)의 부문장에 대한 수형도인데, 여기서는 문법기능 DA와 OA가 SB의 자매항인 OC의 관할을 받는 성분으로 나타나는 경우를 보여준다.

> (10) a. Auch gingen vier von fünf Artikeln über die Ladentheken, <u>weil der Beschenkte sie sich vorher gewünscht habe</u>. [T_{13140}]

다음 쪽의 수형도 (10b)에서 추출할 수 있는 선후관계는 "SB ≪ OAp", "OAp ≪ DAp" 및 "SB ≪ DAp"이다.

이와 같은 방법으로 용례 177 문장속에 포함된 선후관계를 세 가지 문법기능에 국한하여 추출한 결과를 빈도와 누적빈도의 형식으로 보이면 다음의 (11)과 같다.[40]

(11)

선형(LP) 규칙	빈도	누적빈도	누적백분율	선형(LP) 규칙	빈도	누적빈도	누적백분율
1. SB ≪ OA	86	86	16.60	11. SB ≪ DAp	14	481	92.86
2. DA ≪ OA	71	157	30.31	12. SB ≪ OAp	11	492	94.98
3. SB ≪ DA	67	224	43.24	13. OAp ≪ SB	9	501	96.72
4. DAp ≪ OA	64	288	55.60	14. OA ≪ DA	5	506	97.68
5. SBp ≪ OA	51	339	65.44	15. OAp ≪ DAp	5	511	98.65
6. SBp ≪ DAp	36	375	72.39	16. DAp ≪ OAp	3	514	99.23
7. SBp ≪ DA	31	406	78.38	17. DA ≪ OAp	2	516	99.61
8. OAp ≪ DA	25	431	83.20	18. DA ≪ SB	1	517	99.81
9. DAp ≪ SB	22	453	87.45	19. OAp ≪ SBp	1	518	100.00
10. SBp ≪ OAp	14	467	90.15				

---

40) 용례 117 문장속에 중복된 문장이 하나 포함되어 있기 때문에 실제로는 176문장을 분석대상으로 삼았다.

(10)

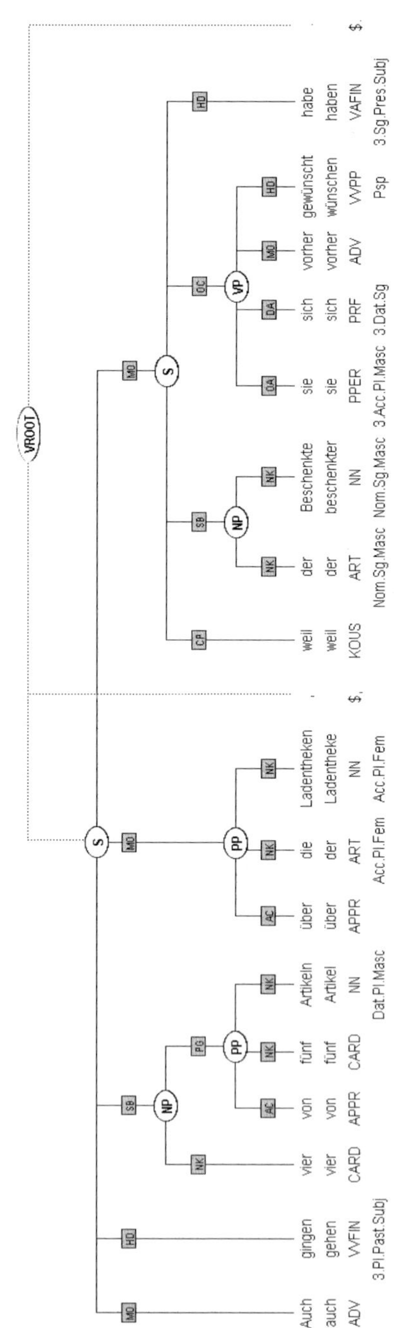

앞의 표 (11)은 176개 문장으로부터 추출한 선형규칙 518개를 빈도를 기준으로 정렬한 후에, 누적빈도와 누적백분율을 추가한 결과이다. 빈도가 가장 높은 규칙 "SB ≪ OA"은 일반명사구로 실현되는 주어(SB)는 일반명사구로 실현되는 직접목적어(OA)에 선행한다는 의미를 담고 있으며, 두 번째 빈도가 높은 규칙 "DA ≪ OA"은 일반명사구로 실현되는 간접목적어(DA)도 일반명사구로 실현되는 직접목적어(OA)에 선행한다는 의미를 나타낸다. 그리고 세 번째 규칙 "SB ≪ DA"은 일반명사구로 실현되는 주어(SB)가 일반명사구로 실현되는 간접목적어(DA)에 선행함을 의미한다. 그런데, 이와 달리 아홉 번째 자리를 차지하고 있는 규칙 "DAp ≪ SB"은 대명사로 실현되는 간접목적어(DA)가 일반명사구로 실현되는 주어(SB)보다 앞선다는 사실을 표현하고 있으며, 또한 여덟 번 째 규칙 "OAp ≪ DA"는 대명사로 실현되는 직접목적어(OA)가 일반명사구로 실현되는 간접목적어(DA)에 선행한다는 의미를 보인다. 이와 같은 사실은 중장(Mittelfeld)내 문장성분들간의 어순관계는 단순히 문법기능에 의해 결정되는 것이 아니라 대명사로의 실현여부에 따라 달라질 수 있음을 보여주는 것이다. 이는 곧 위 (5)에 정리된 어순 규칙들의 타당성에 대한 경험적인 근거가 될 수 있다. 다음의 예들은 각각 간접목적어(DA)가 대명사화됨으로써 주어(SB)보다 앞선 경우와 직접목적어(OA)가 대명사화됨으로써 주어(SB) 및 간접목적어(DA)보다 앞선 경우를 보여준다.

(12) a. Seine Ankunft war verschoben worden, nachdem sich(DA) Mitglieder seiner Miliz(SB) am Wochenende Kämpfe mit usbekischen Rivalen(OA) geliefert hatten, bei denen hundert Einwohner Kabuls getötet worden waren. [T$_{2445}$]

   b. Das Gremium hofft, daß sich(OA) die zuständigen Behörden (SB) weltweit den neuen Mindestanforderungen (DA) anschließen werden. [T$_{2822}$]

　표 (11)의 열한 번째 규칙과 열두 번째 규칙을 보면, 주어의 경우 일반 명사구로 실현되더라도 대명사화된 간접목적어(DA)나 직접목적어(OA)에 선행하는 예들이 적지 않음을 알 수 있는데 이는 문장내에서 주어가 차지하는 지위의 특수성에 기인하는 것으로 여겨진다. 아래 예는 주어가 대명사화된 간접목적어(DA)보다 앞선 경우를 보여준다.

(13) Der 33jährige Beck kennt das Problem, wenn <u>ein Umweltverband in feindlichem Terrain</u>$_{\langle SB \rangle}$ <u>sich</u>$_{\langle DA \rangle}$ Gehör schaffen will.　　[T$_{9677}$]

　직접목적어(OA)와 전치사격 목적어(OP)간의 선후관계를 살펴보기 위해 코퍼스 TIGER 2.1로 아래 (14)와 같은 검색식을 통해 용례를 추출한 결과 131개가 추출되었다.

(14) (#n1:[cat="S"] >CP #n2: [pos="KOUS"|cat="CCP"])　&
　　 (#n1 >SB #n3)　　&
　　 (((#n1 >OA #n4)　　&
　　 (#n1 >OP #n5)　　&
　　 (#n1 >HD #hd1)) | ((#n1 >OC #n6)　　&
　　 (#n6 >OA #n7)　　&
　　 (#n6 >OP #n8)　　&
　　 (#n6 >HD #hd2)))

　용례들에 나타난 두 문장성분－OA, OP－간의 선후관계를 분석한 결과는 다음 (15)와 같다.

(15)

LP 규칙	빈도	누적 빈도	누적 백분율
OAp << OP	82	82	63.08
OA << OP	28	110	84.62

LP 규칙	빈도	누적 빈도	누적 백분율
OAp << OPp	12	122	93.85
OP << OA	3	125	96.15
OA << OPp	2	127	97.69
OP << OAp	2	129	99.23
OPp << OA	1	130	100.00

위 표에 따르면 아주 드문 몇 가지 경우를 제외하고는 전치사격 목적어 (OP)가 직접목적어(OA)를 따른다. 다음 (16a), (16b) 및 (16c)가 어순에 관한 전형적인 예들이다.

(16) a. Es ist schon richtig, daß <u>sich</u> die seine <u>von der CDU</u> kaum unterscheidet. (OAp << OP)   [T$_{17201}$]

 b. Es ist, wie Peter Handkes Die Stunde, da wir <u>nichts voneinander</u> wußten, ein herrlicher Fehlweg. (OAp << OPp)   [T$_{29212}$]

 c. So stieg bis Ende September der Absatz in Europa um sieben Prozent auf 22 Tonnen, wobei die Bundesbürger <u>den Hauptanteil</u> <u>dazu</u> beitrugen. (OA << OPp)   [T$_{29790}$]

아래의 예들은 OA-OP의 어순과 관련하여 예외적인 경우에 속한다.

(17) a. Daß man <u>über den Wert der Kulturgüter</u> <u>Bescheid</u> weiß, ist nicht zu übersehen. (OP << OA)   [T$_{17291}$]

 b. So hätten die "Kollegen" von der GGLF in strategischer Weitsicht schon in den 70er Jahren einen Schritt in die Zukunft gemacht, als sie <u>mit den Arbeitgebern</u> <u>eine europäisch gültige Absprache über die Arbeitszeit von Landarbeitern</u> vereinbart hätten, sagte er. (OP << OA)   [T$_{10134}$]

위 (17a)의 경우, 직접목적어(OA)로 분석된 명사 *Bescheid*는 사실상

동사 *wissen*과 매우 밀접히 연관되어 있는 어휘로서 문법학자에 따라서는 보통의 직접목적어와 구분하여 술어보충어(Prädikatsergänzung)로 분류하기도 한다. 반면 (17b)는 긴 단위의 문장성분을 문장의 뒤쪽으로 놓는 문체 규칙을 따른 결과로 풀이될 수 있겠다.

기능동사구를 구성하는 핵어(CVC)는 다음의 예들에서 보듯이 직접목적어(OA)의 뒤에 위치한다.

> (18) a. Eine Debatte findet wiederum nicht statt, weil das Ministerium seine Berechnungen nicht <u>zur Diskussion</u> stellt. (OA << CVC)
>
> $[T_{44307}]$
>
> b. Leichen pflastern ihren Weg, bis ein Team von Spezialisten sie schließlich in einem Special-Effects-Finale <u>zur Strecke</u> bringt. (OAp << CVC)　　$[T_{14512}]$

위 예들은 다음 (19)와 같은 검색식을 통해 코퍼스로부터 추출한 30개 용례중의 둘이다. (18a)에서 확인할 수 있듯이 CVC는 부정어 *nicht*보다 뒤쪽에 위치할 정도로 중장의 마지막에 자리하는 것으로 이해될 수 있으며, 직접목적어와 CVC사이에 부사어들이 자리를 잡을 수 있다는 사실은 위 (18b)를 통해 알 수 있다.

> (19) (#n1:[cat="S"] >CP #n2: [pos="KOUS"|cat="CCP"]) &
>
> (#n1 >SB #n3)&
>
> (((#n1 >OA #n4) &
>
> (#n1 >CVC #n5) &
>
> (#n1 >HD #hd1)) | ((#n1 >OC #n6) &
>
> (#n6 >OA #n7) &
>
> (#n6 >CVC #n8) &
>
> (#n6 >HD #hd2)))

전치사격 목적어(OP)와 기능동사구를 구성하는 핵어(CVC)가 함께 나타
나는 용례는 코퍼스에서 발견되지 않았다.

5.3 부사어들간의 선후관계

한 문장의 중장(Mittelfeld)내에 여러 개의 부사어들이 나타날 경우, 이들
간의 선후관계는 대부분 부사나 부사어의 하위부류에 의해 결정된다. 따
라서 부사어들간의 상대적인 순서를 논의하기 전에 먼저 부사어들의 분류
방식에 대해 검토해 볼 필요가 있다. 이 문제에 관해 Frey/Pittner(1998)
에서의 주장이 설득력을 가진 것으로 평가되고 있는데 논의의 핵심을 표
로 정리하면 다음 (20)과 같다.

(20) **독일어 부사어의 분류**

하위부류	의미적 분류	문장내 위치	부사어 표현 및 용례
틀부사어 (Frameadverbiale)	틀부사어 영역부사어	문장부사 앞	im Mittelalter, aus medizinischer Sicht, juristisch betrachtet 〈용례〉 weil *im Mittelalter* erstaunlicherweise die Mönche während der Fastenzeit viel Bier tranken
문장부사어 (Satzadverbiale)	주어중심 부사어 양상부사어 화행부사어	TOPIK 요소 뒤 주어 앞	arroganterweise, klugerweise, ungeschickterweise, vermutlich, wahrscheinlich, anscheinend, leider, glücklicherweise, erfreulicherweise, offensichtlich, klarerweise, laut, offen gestanden, ehrlich gesagt 〈용례〉 weil in diesem Gebäude *vermutlich* keiner arbeitet weil morgen *leider* keiner kommen wird

하위부류	의미적 분류	문장내 위치	부사어 표현 및 용례
사건수식 부사어 (Ereignisbe zogene Adverbiale)	시간부사어 습관부사어 원인부사어 빈도부사어	주어 앞	heute, vor zwei Tagen, gestern abend, morgens, gewöhnlich, wegen mindestens einem Artikel, morgen, oft, mehrmals 〈용례〉 weil *wegen mindestens einem Artikel an fast jedem Abend* Streit herrschte
사건참여 부사어 (Ereignisint erne Adverbiale)	도구 부사어 동참 부사어 장소 부사어 주어태도 부사어	주어 뒤 혹은 간접목적어 뒤 (능격동사)	mit dem Schraubzier, mit einem Kleintransporter, mit der Leiter, mit fast jeder Freundin, mit der Suppe, mit einem Freund, in Peters Garten, in der Kantine, gerne, absichtlich, freiwillig, versehentlich 〈용례〉 weil Otto *absichtlich* den Zaun zerstörte weil dem Peter *versehentlich* ein Fehler unterlaufen ist
과정수식 부사어 (Prozeßbezo gene Adverbiale)	양태 부사어	직접목적어 뒤 문장부정어 뒤	auf jede Art und Weise, sorgfältig (bügeln), schüchtern (küssen), abgrundtief (verachten), intelligent/geschickt (verteidigen), konzentriert (arbeiten), genau (rechnen), langsam, schnell 〈용례〉 Peter hat sich *intelligent/geschickt* verteidigt.

중장내에서 출현하는 부사어의 위치를 중심으로 부사어들을 묶는다면, 우리는 주어앞에 나타나는 부사어 그룹, 주어와 간접목적어/직접목적어사이에 나타나는 부사어 그룹 및 간접목적어/직접목적어와 부정어/전치사격목적어/기능동사구사이에 나타나는 부사어 그룹 등 세 가지 그룹으로 나눌 수 있겠다.[41] 이 관계를 도식으로 정리하면 아래의 (21)과 같다.

---

41) 부사어들간의 순서관계에 대한 주목할만한 이론적인 연구로는 지광신(2010)이 있다.

(21) 위치에 따른 부사어의 분류

LSK ≪ ADV1 ≪ SB ≪ ADV2 ≪ DA/OA ≪ ADV3 ≪ NG/OP/ CVC
≪ RSK

이제, 위 도식의 각 부사어 그룹에는 어떤 부사―어휘층위의 부사어―
가 속하는지를 살펴보기 위해 코퍼스 TIGER 2.1 로부터 용례를 추출하고
해당 부사의 빈도를 산출하려고 한다.

먼저 중장내에서 주어(SB)앞에 나타나는 부사들을 코퍼스로부터 추출하
기 위해 (22)와 같은 검색식을 이용한다.

(22)
```
(#n1:[cat="S"] )CP #n2: [pos="KOUS"|cat="CCP"])   &
(#n1 )MO #mo:[pos=/.*/])          &
(#n1 )SB #n4)           &
(#n1 )HD #hd)           &
(#n2 .1,5 #mo)          &
(#mo .1,5 #n4)
```

검색의 결과 모두 201개의 용례가 추출되었는데, 몇 가지 예를 보이면
아래의 (23a)-(23c)와 같다.

(23) a. Nicht zuletzt auch bestehe die Befürchtung, daß *vielleicht*
        andere Länder auf den Gedanken gebracht werden könnten,
        den gleichen Weg einzuschlagen.   [T$_{2950}$]
     b. Die Getreideproduktion 1992 wird voraussichtlich zehn Millionen
        Tonnen geringer ausfallen als geplant, während *gleichzeitig*
        die Bevölkerung um 18 Millionen Menschen steigt   [T$_{96}$]
     c. Sollten die Schweizer nicht wieder ermächtigt werden, ihren
        Mist samt Gülle loszuwerden, müsse man sich ernsthaft
        überlegen, ob den Vorarlbergern *weiterhin* das Sankt-Galler

Krematorium zur Verfügung gestellt werden könne, raten eidgenössische Scharfmacher. [T286]

예문 (23c)에 나타난 부사 *weiterhin*은 문장부사어로서 기능하며 TOPIK 요소와 주어사이에 자리를 잡고 있다. 부사 *gleichzeitig*를 비롯하여 첫 번째 그룹의 부사어기능을 수행하는 부사들의 목록 및 출현빈도(빈도 2이상)는 다음의 (24)와 같다.

(24)

부사	빈도
dann	13
nun	8
auch	8
noch	8
aber	7
heute	7
hier	6
dort	6
schon	6
jedoch	6
gleichzeitig	5
da	5
plötzlich	4
denn	4
damit	4
bald	3
allerdings	3
tatsächlich	3
nur	3
freilich	3
jetzt	3
bereits	3
damals	2
mal	2
zuletzt	2
sonst	2
1997	2

부사	빈도
endlich	2
darüber	2
einmal	2
künftig	2
derzeit	2
nämlich	2
gar	2

다음으로 두 번째 그룹에 속하는 부사, 곧 주어(SB)와 직접목적어(OA)사이에 나타나는 부사들을 코퍼스로부터 추출하기 위해 (25)와 같은 검색식을 이용한다.

(25)
(#n1:[cat="S"])CP #n2: [pos="KOUS"|cat="CCP"]) &
(#n1)SB #n4:[cat=/.*/]) &
(#n1)MO #mo:[pos=/.*/]) &
(#n1)OA #n5:[cat=/.*/]) &
(#n1)HD #hd1) &
(#n4 .1,5 #mo) &
(#mo .1,5 #n5)

검색의 결과 모두 80개 용례가 추출되었는데, 아래의 (26a)-(26c)에 몇 가지 예가 제시되어 있다.

(26) a. Normalerweise lehnt die Opposition prinzipiell den Haushalt der Regierung ab, weil die Regierung *ohnehin* eine Mehrheit hat. [T7476]

　b. Sie hat aber auch nicht glänzen können – nicht nur weil die Zeiten *generell* weniger Glanz erlaubten, sondern auch weil sie in ihrer Partei von Basis und Spitzen (wie dem inzwischen als OB abgewählten Andreas von Schoeler) frühzeitig desavouiert wurde. [T_{9774}]

c. - "Wie lassen sich die Rahmenbedingungen der Finanzpolitik der Bundesregierung so verbessern, daß der deutsche Export *tatsächlich* eine Chance hat?" [T_{16608}]

위에 나타난 부사 *tatsächlich*를 비롯하여 두 번째 그룹의 부사어기능을 수행하는 부사들의 목록 및 출현빈도(빈도 1이상)는 다음의 (27)과 같다.

(27)

부사	빈도
noch	7
tatsächlich	4
auch	4
nun	3
aber	3
endlich	3
inzwischen	2
heute	2
jetzt	2
zudem	2
bisher	2
1998	2
dort	2
schnell	1
meist	1
dafür	1
formal	1
danach	1
künftig	1
generell	1
ohnehin	1

마지막으로 다음 (28)과 같은 검색식을 이용하여 세 번째 그룹에 속하는 부사, 곧 직접목적어(OA)와 부정어(NG)사이에 나타나는 부사들을 코퍼스로부터 추출한다.

(28)

```
(#n1:[cat="S"] >CP #n2: [pos="KOUS"|cat="CCP"])    &
(#n1 >SB #n3)                                        &
(#n1 >OA #n4:[cat=/.*/])                             &
(#n1 >MO #mo:[pos=/.*/])                             &
(#n1 >HD #hd1)                                       &
(#n4 .1,5 #mo)
```

검색의 결과 모두 용례 98개가 추출되었는데, 아래의 (29a)-(29c)에 몇 가지 예가 제시되어 있다.

(29) a. Es war befristet, versehen mit dem Verfallsdatum Ende 1992, weil seine Schöpfer die eigenen Argumente *offenbar* nicht allzu hoch einschätzten. [T_{2876}]

b. Ruli hatte zudem harte Reformen angekündigt, da sanfte Schritte das Leiden *nur* verlängerten. [T_{3757}]

c. Indem ihr zu dieser Demonstration gekommen seid, beweist ihr, daß die Menschen den Frieden *wirklich* wollen und Gewalt ablehnen. [T_{4549}]

위에 나타난 부사 *wirklich*를 비롯하여 세 번째 그룹의 부사어기능을 수행하는 부사들의 목록 및 출현빈도(빈도 2이상)는 다음의 (30)과 같다.

(30)

부사	빈도
auch	4
öffentlich	4
wieder	3
zunächst	2
wirklich	2
völlig	2
tatsächlich	2
ernst	2

부사	빈도
lieber	2
doch	2
heute	2

이 절에서 우리는 부사어가 중장내의 어떤 자리에 나타나느냐에 따라 세 가지 그룹의 부사어를 구분지운 후, 각 그룹에 속하는 어휘층위의 부사가 어떤 것들이 있는 지를 코퍼스를 통해 추출하고 그에 대한 빈도를 제시했다. 이러한 코퍼스에 기반한 부사에 대한 연구를 전치사구로 실현이 되는 구범주 층위의 부사어에도 확대한다면 보다 중요한 연구결과를 기대할 수 있을 것이다.

5.4 부정첨사의 위치

독일어에서 부정을 표현하는 방식에는 크게 보아 두 가지가 있다. 하나는 구성성분 부정이고 다른 하나는 문장부정이다. 구성성분을 부정하기 위해서는 부정첨사 *nicht*나 부정관사 *kein*-을 부정하는 문장성분의 앞에 두면 된다. 그런데 문장전체의 내용을 부정하기 위해 사용되는 문장부정어의 경우 중장내에서 차지하는 위치가 고정되어 있지 않다. 그럼에도 불구하고 다음의 몇 가지 예가 보여주듯이 그 위치가 비교적 정해져 있다고 보아도 무방하다.

(31) a. Was würde denn passieren, wenn wir die Preise *nicht* mehr
stützen?   [T$_{18414}$]

b. Wenn ich die Bewegung des Films nicht spüre, kann ich
nicht schreiben.   [T$_{26466}$]

c. Eine Debatte findet wiederum nicht statt, weil das Ministerium

seine Berechnungen *nicht* zur Diskussion stellt.   [T$_{44307}$]
d. Unter Staatsanwälten, Richtern und Politikern ist die Ansicht
   weit verbreitet, daß man ohne Folter, ohne Gewaltanwendung
   die Wahrheit *nicht* ans Licht bringt.   [T$_{2739}$]

위 예들을 통해 우리는 부정첨사 *nicht*가 중장내에서 직접목적어(OA)와
전치사격 목적어(OP) 사이에 위치함을 알 수 있다. 이 자리가 문장부정의
기능을 수행하는 부정어의 원형적인 위치이다. 위 예문 (31a), (31b)는
다음의 검색식 (32)를 이용해 추출한 29개 용례들 중의 일부이다.

(32)
(#n1:[cat ="S"] 〉CP #n2: [pos ="KOUS"|cat ="CCP"]) &
(#n1 〉SB #n3) &
(#n1 〉OA #n4:[cat =/.*/]) &
(#n1 〉NG #n5) &
(#n1 〉HD #hd) &
(#n4 .1,5 #n5)

이 검색식은 의도적으로 부정어가 직접목적어 뒤에 위치하고 있는 용례
들을 추출하기 위한 목적으로 작성된 것인데, 다음 (33)에 제시된 검색식
은 직접목적어 앞에 부정어가 위치하는 예들을 추출하기 위한 것이다.

(33)
(#n1:[cat ="S"] 〉CP #n2: [pos ="KOUS"|cat ="CCP"]) &
(#n1 〉SB #n3) &
(#n1 〉NG #n4) &
(#n1 〉OA #n5:[cat =/.*/]) &
(#n1 〉HD #hd) &
(#n4 .1,5 #n5)

이 검색식에 의해 추출된 용례는 모두 19개이며, 그 중 몇 개를 제시하면 다음 (34a)-(34d)와 같다.

> (34) a. Er bekräftigte, daß die Beerdigung Rabins *nicht* das Ende des Friedensprozesses bedeute. [T$_{8791}$]
>
> b. Durch die A-Bewertung wird berücksichtigt, daß das Ohr *nicht* alle Frequenzen gleich laut wahrnimmt. [T$_{28110}$]
>
> c. Sie muß dann jedesmal mühsam erklären, daß die EU *nicht* die Kompetenzen habe, die man ihr allgemein zutraue – das Parlament schon gar nicht. [T$_{14599}$]
>
> d. Und so geschieht es oft, daß einige von uns, insbesondere die Schwächeren oder diejenigen, die dazu neigen, stärker Emotionen als sachliche Einsicht walten zu lassen, das Gefühl haben, daß sie betrogen und irregeführt worden seien und daß irgend jemand *nicht* die Versprechen erfülle, welche er ihnen gegeben habe. [T$_{11442}$]

위의 예 (34a), (34b)는 직접목적어안에 어떤 척도를 나타내는 양화적인 표현이 들어 있을 때에 부정첨사가 직접목적어 앞에 위치하여 그 표현을 부정함으로써 일종의 초점첨사(Fokuspartikel)의 기능을 수행하는 것으로 분석할 수 있다. 이 경우 부정어는 더 이상 문장부정 기능을 수행하지 않고 대조초점을 유발하는 것으로 이해된다. 반면, 예 (34c), (34d)에서는 부정어가 문장부정의 기능을 수행하지만, 직접목적어가 부정사구나 관계절의 수식을 받기 때문에 부정첨사 *nicht*는 수식하는 요소와 수식받는 요소사이에 위치하기 보다는 수식받는 요소, 곧 직접목적어 앞에 위치함으로써 의미해석의 매끄러운 진행에 도움을 주는 것 같다. 이는 문체론적인 이해가 필요한 국면이다.

결론적으로 부정첨사(NG), 전치사격 목적어 및 기능동사구의 핵어 자리를 고려한 독일어 중장내 어순은 다음 (35)와 같다.

(35) 통합 어순 규칙 Ⅱ

(LSK) - SBp << OAp << DAp << SB << MO << DA << OA << NG << OP << CVC- (RSK)

제6장 수동구문, 재귀구문과 lassen sich 구문

6.1 수동구문

독일어의 수동구문은 어떤 사건 안에 포함된 행위에 대한 서술을 중심에 놓는 동작수동(Vorgangspassiv)과 사건의 결과로서 야기된 상태에 대해 서술하는 상태수동(Zustandpassiv)으로 구분된다. 동작수동은 조동사 *werden* 과 동사의 과거분사형이 결합함으로써 통사적으로 표상되고, 상태수동 구문은 동사의 과거분사형이 조동사 sein과 결합하여 생성된다.[42]

다음 (1a)와 (1b)는 각각 동작수동과 상태수동을 보여주는 TIGER 코퍼스의 용례들이다.

    (1) a. Ein Streifenwagen wurde demoliert.   [T_{1408}]

         b. Die Stimmung auf dem Mifa-Gelände ist aufgeheizt.   [T_{1840}]

위 (1a)와 (1b)를 수형도로 나타내면 다음의 (2a) 및 (2b)와 같다.

---

42) Gunkel(2003)에서는 수동구문과 사역구문을 다룬다.

(2) a.

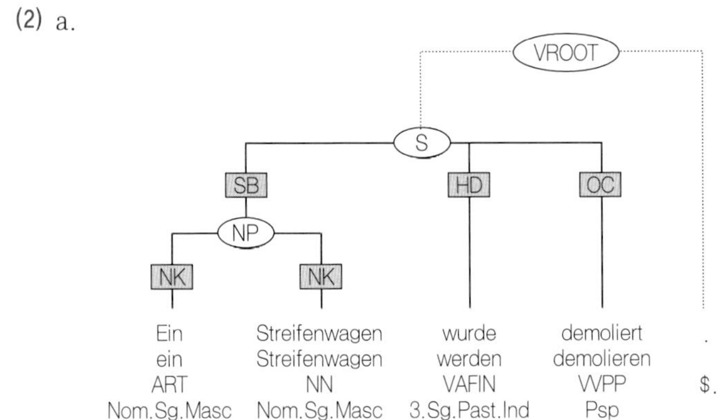

b.

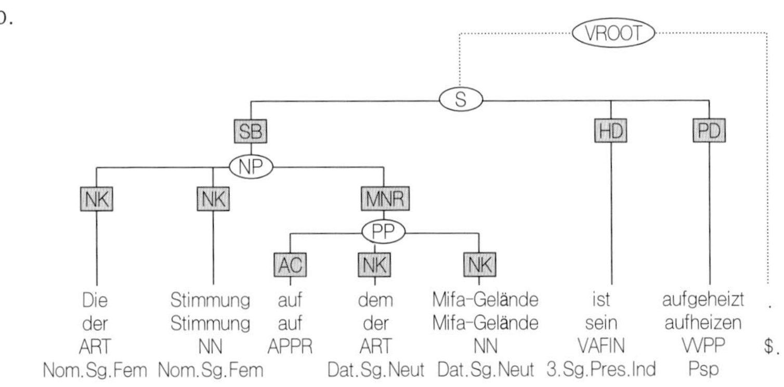

TIGER 형식문법에서 수동조동사 *werden*과 *sein*의 어휘범주는 위의 예에서 처럼 정동사로 쓰일 경우에 VAFIN, 부정형으로 쓰일 경우에 VAINF로 정의된다. 위 수형도 (2a), (2b)를 자세히 살펴보면, 조동사와 과거분사가 수형도상에서 통사범주 S를 직접 상위교점으로 가지면서 서로 간에는 자매관계를 이루고 있음을 알 수 있다. 이러한 유형에 속하는 수동 구문의 용례들을 코퍼스로부터 추출하기 위해서 우리는 아래 (3a) 및 (3b)와 같은 검색식을 사용할 수 있다.43)

(3) a. #1:[lemma='werden' & pos='VAFIN'] \$ #2:[pos='VVPP']
    b. #1:[lemma='sein' & pos='VAFIN'] \$ #2:[pos='VVPP']

위 검색식 (3a)를 이용하여 추출할 수 있는 용례는 315개이며 이들 모두 동작수동 구문에 속한다. 하지만, 검색식 (3b)를 이용하여 추출한 용례 253개 가운데는 완료조동사로 *sein*을 취하여 구문을 만드는 완료구문도 포함되어 있다. 형태상으로는 상태수동 구문과 sein-완료 구문이 구분되지 않기 때문에 두 구문간의 분포도 파악하기 어려운 문제가 있다. 다만, 일반적으로 4격 목적어를 취하는 타동사의 경우 상태수동을 만드는 전형적인 동사이면서 *sein*를 완료조동사로 취한다. 따라서 분석의 깊이를 더하여 완전동사의 결합가적인 속성도 함께 고려하면 특정한 문장이 상태수동 구문인지 sein-완료 구문인지를 구별할 수는 있다. 앞서 언급한 바와 같이 형태상으로 양자를 구분하지 않는 것이 TIGER 형식문법의 한계이다. 위 검색식 (3b)에 의해 추출된 용례 중에서 아래 (4a)와 (4b)는 sein-완료구문에 속한다.

(4) a. Fast eine halbe Million Stellen ist verlorengegangen, die Hälfte
      der noch 300 000 Beschäftigten arbeitet kurz.   [T$_{581}$]
    b. Was damals eingebettet gewesen sei, sei heute entgrenzt,
      sagte Ziebura.   [T$_{14649}$]

위 (4b) 문장의 수형도 일부를 보이면 아래 (5)와 같다.

---

43) 기호 "\$"는 수형도상에서 자매관계를 이루는 구성성분간의 관계를 표시한다.

(5)

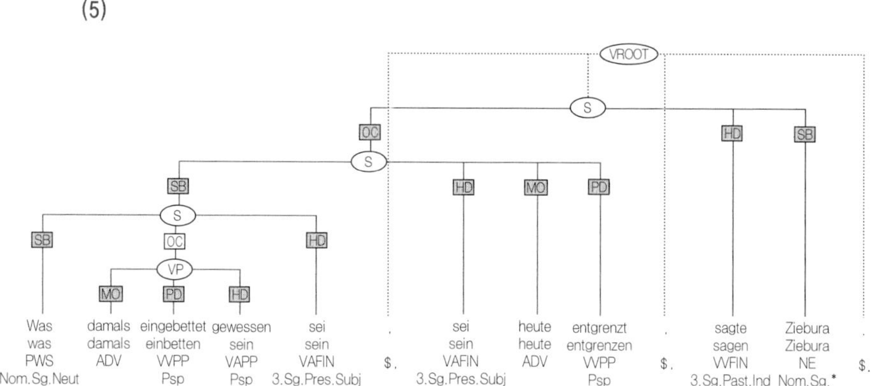

상태수동 구문 (2b)와 sein-완료 구문 (5)에서 과거분사(VVPP)는 통사범주 S에 의해 직접 관할되고, 문법기능도 보어(PD)를 나타낸다는 공통점을 지닌다.

문장 (1b)의 부분 수형도 (2b)에서 확인할 수 있듯이 상태수동 구문에서 조동사 *sein*과 과거분사(VVPP)가 통사범주 S에 의해 직접 관할될 수도 있지만, 수동조동사와 과거분사가 모두 동사구(VP)에 의해 직접 관할될 수도 있다. 이런 예들은 아래 (6a)나 (6b)와 같은 검색식에 의해 검색이 가능하다.

(6) a. [lemma="sein" & pos="VAINF"] $ [pos="VVPP"]
    b. [lemma="sein" & pos="VAPP"] $ [pos="VVPP"]

위 검색식 (6a)에 의해 추출된 예는 모두 22개이며 그 중 상태수동 구문에 속하는 하나의 예가 문장 (7a)이다. 한편, 검색식 (6b)에 의해 추출된 예는 모두 3개이며 그 중 하나가 문장 (7b)이다.

(7) a. Damit hätte die Sache eigentlich erledigt sein können. [T₁₅₃₁₂]
    b. In Absprache mit Moksel sei schon für den 16. Juli eine

Pressekonferenz geplant, um Einzelheiten der sich anbahnenden
Transaktion zu nennen. [T₂₄₆₈]

예문 (7a)의 수형도는 아래 (8)과 같은데, 화법조동사 *können*가 핵어
(HD)로서 부정형(VAINF)으로 쓰인 조동사와 과거분사(VVPP)를 모두 관할
하는 동사구(VP)를 지배하는 것이 특징이다.

(8)

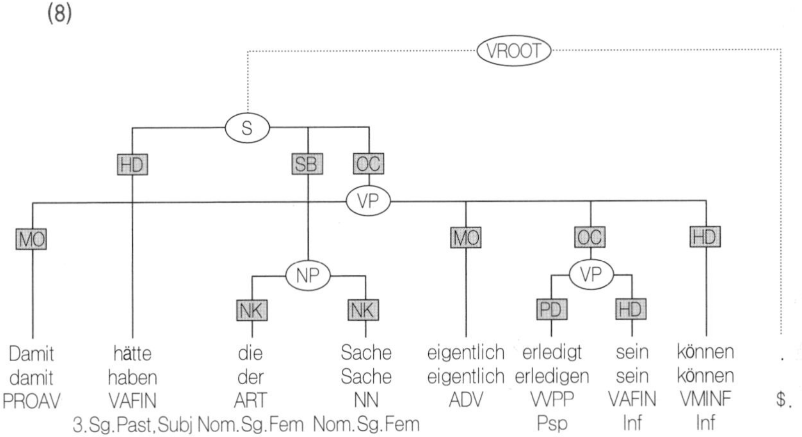

이 유형에 속하는 상태수동 구문에 나타나는 예는 아래 표 (9)에서 보
듯이 모두 19개가 검색되었다. 이는 검색식 (6a)를 이용하여 추출한 동사
중에서 각각 한 번씩 자동사로 쓰이는 *entstehen, kommen, ausschlafen*
이 포함된 문장들을 제외한 결과이다.44)

(9)

lemma	Freq	동사유형
ausschließen	2	타동사
erlauben	1	타동사

---

44) (sich) ausschlafen ~ 충분히 (푹) 자다. 이 동사는 완료조동사로 sein과 haben을 모
두 취한다.

lemma	Freq	동사유형
betreffen	1	타동사
erledigen	1	타동사
leerfegen	1	타동사
meinen	1	타동사
nennen	1	타동사
schließen	1	타동사
verunsichern	1	타동사
krankenversicheren	1	타동사
abschaffen	1	타동사
abbauen	1	타동사
fertigstellen	1	타동사
einbeziehen	1	타동사
bekanntwerden	1	자동사
umkippen	1	타동사
geben	1	타동사
erfüllen	1	타동사

한편, 검색식 (6c)를 이용해 추출한 예는 3개인데 이들 문장에서 과거분사로 실현된 동사는 타동사 *einbetten, meinen, zählen* 이다. 이들 중에서 한 문장만을 예로 든다면 아래의 (10a)와 같고, 그 문장의 부분수형도는 (10b)이다.

(10) a. Was damals *eingebettet gewesen* sei, sei heute entgrenzt, sagte Ziebura. [T$_{14649}$]

    b.

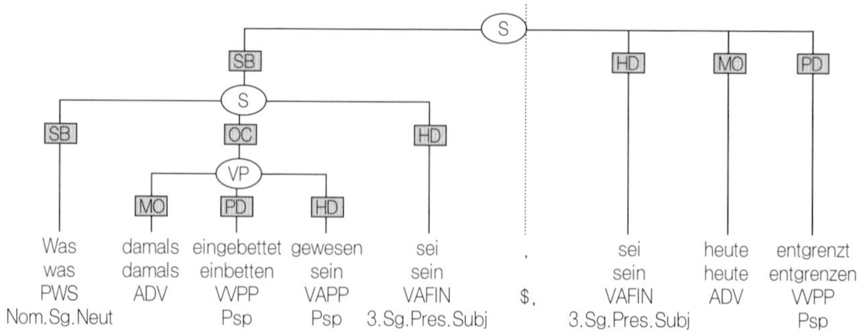

Was	damals	eingebettet	gewesen	sei	,	sei	heute	entgrenzt
was	damals	einbetten	sein	sein		sein	heute	entgrenzen
PWS	ADV	VVPP	VAPP	VAFIN	$,	VAFIN	ADV	VVPP
Nom.Sg.Neut		Psp	Psp	3.Sg.Pres.Subj		3.Sg.Pres.Subj		Psp

지금까지 논의한 3가지 상태 수동구문의 유형은 수동조동사와 과거분사
가 수형도상에서 자매관계를 이룬다는 공통점을 지닌다. 그런데 아래 수
형도에서 보는 바와 같이 수동조동사의 지배를 받는 동사구(VP)에 과거분
사가 관할되는 제4유형이 존재한다.

(11)

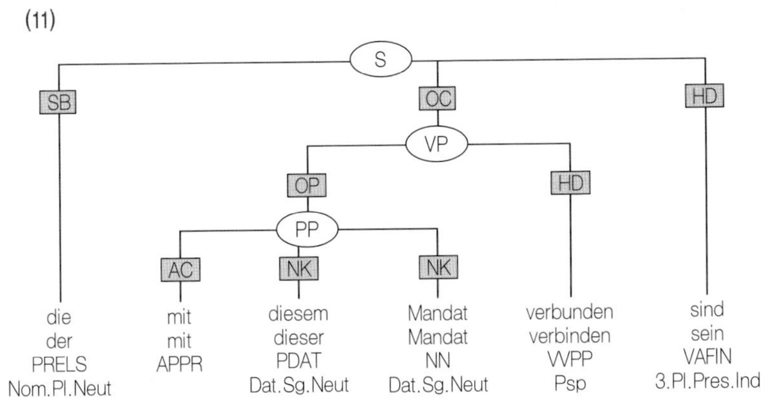

위 수형도는 아래의 문장 (12a)의 부분수형도를 나타내고 이 용례는 검
색식 (12b)에 의해 추출한 것이다.

(12) a. Sie haben ein Mandat ihrer Wähler, und insofern muß man
ihnen auch die Rechte geben, die mit diesem Mandat
verbunden sind. [T₁₄₃]

    b. #0 ⟩OC #1:[cat="VP"] &
#1 $ #2:[lemma="sein" & pos=("VAFIN"|"VAINF"|"VAPP")] &
#1 ⟩HD #3:[pos="VVPP"]

위 검색식 (12b)을 이용하여 추출한 용례는 1,438개인데, 앞서 논의한
바와 같이 이 용례안에는 sein-완료 수동구문들도 많이 포함된 것으로 분
석된다. 이 유형과 관련하여 상태수동 구문과 sein-완료 구문의 분포에 대

해 정확히 이해하고자 한다면 과거분사로 쓰인 동사의 결합가적 특성을 심층적으로 살펴보아야 하는데, 이에 대해서는 본 연구에서 더 다루지 않기로 하겠다.

이제, 동작수동 구문의 하위유형에 대해 상세히 살펴보기로 하자. 동작수동 구문은 다른 구문과 형태상으로 뚜렷이 구분되기 때문에 통계적인 연구방법을 택하기에 매우 적절하다고 할 수 있다. 이 구문의 첫 유형에 속하는 예들은 검색식 (3a)를 이용하여 추출할 수 있다는 사실에 대해 앞서 논의했다. 아래의 검색식들도 동작수동 구문을 추출하는 데 사용된다.

(13) a. #1:[lemma="werden" & pos="VAINF"] $ #2:[pos="VVPP"]
  b. #1:[lemma="werden" & pos="VAPP"] $ #2:[pos="VVPP"]
  c. #0 >OC #1:[cat="VP"] &
  #1 $ #2:[lemma="werden" & pos=("VAFIN"|"VAINF"|"VAPP")] &
  #1 >HD #3:[pos="VVPP"]

검색식 (13a)을 이용하여 추출한 용례중의 하나가 다음 (14a)이고, 이 문장의 수형도는 (14b)에 제시되어 있다.

(14) a. Die Dienstvorschriften in den drei Atomkraftwerken Taiwans
   sollen überprüft werden.   [T₁₁₂₈]
  b.

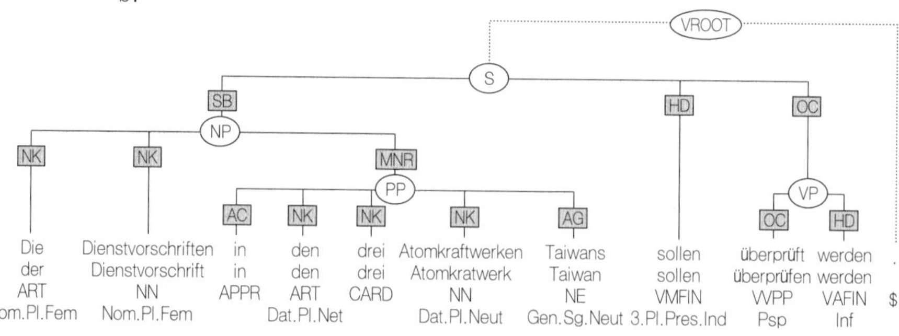

이 유형의 특징은 수동조동사 *werden*이 부정사형으로 쓰이고, 완전동사의 과거분사(VVPP)형이 수형도상에서 조동사와 자매관계를 이룬다는 점이다. 이 유형(동작수동 구문의 제2유형)에 속하는 예가 코퍼스에서 480개 발견된다.

동작수동 구문의 제3유형은 검색식 (13b)에 의해 추출할 수 있는데, 이 유형의 경우 아래 수형도 (15b)에서 확인되듯이 수동조동사 *werden* 자체가 과거분사형(VVPP)으로 쓰이고, 이것이 완전동사의 과거분사(VVP)형과 수형도상에서 자매관계를 이루게 된다. 이 유형에 속하는 문장들은 다음 (15a)를 포함하여 코퍼스에서 60개가 검색된다.

(15) a. Nur 1,4 Milliarden Mark seien gestrichen worden.   [T$_{632}$]
      b.

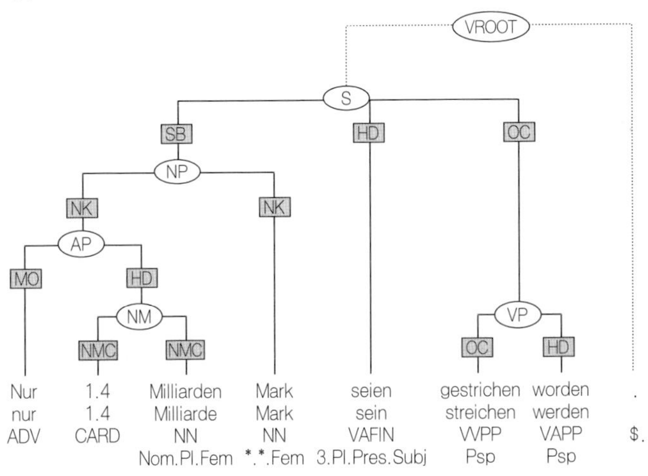

위 검색식 (13c)는 동작수동 구문의 제4유형에 속하는 문장들을 찾아내는데 쓰이는데, 코퍼스상에서 모두 5,553개 추출된다. 아래의 (16a)와 (16b)는 각각 이 유형에 속하는 문장과 그 수형도이다.

(16) a. Hier muß eine neue Sozialpolitik entwickelt werden.　　[T$_{140}$]

    b.

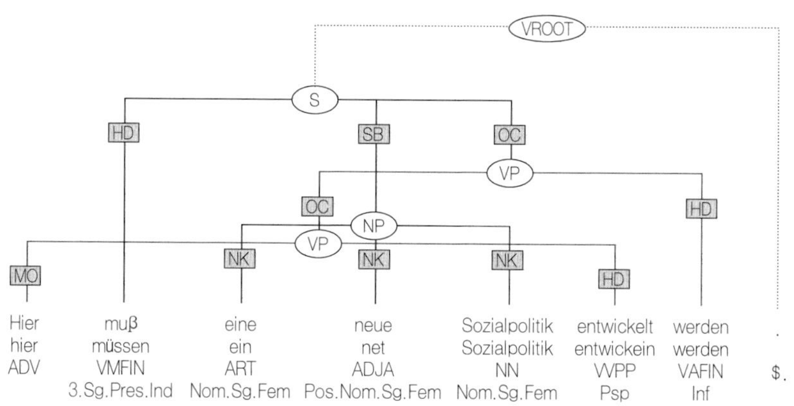

동작수동 구문의 제4유형은 제1, 제2, 제3유형과 달리 수동조동사와 과거분사가 자매관계를 이루지 않고, 조동사의 활용형이 세 가지, 곧 VAFIN, VAINF, VAPP로 실현된다는 점에 특징이 있다. 아래 (17a)와 (17b)에는 제4유형에 속하면서 조동사가 VAFIN으로 쓰인 예와 VAPP로 활용된 예가 각각 제시되어 있다.

(17) a. Ich habe bisweilen den Eindruck, die Unterschiede zur Union etwa sind nicht so stark, wie allgemein angenommen wird.

                                                     [T$_{145}$]

    b. Erstmals seit acht Jahren sei die Beschäftigtenzahl abgebaut worden.　　[T$_{676}$]

위 (17a)와 같은 하위유형에 속하는 예가 코퍼스에서 3,597개 발견되고, (17b)와 같은 경우가 839개 추출된다. 한편 (16a)와 같이 조동사가 VAINF로 쓰인 경우는 1,119개이다.

종합하여 4가지 하위유형의 빈도분포를 정리하면 다음 표 (18)과 같다.

(18)

하위유형	werden의 활용형	출현빈도
제1유형	VAFIN	315
제2유형	VAINF	478
제3유형	VAPP	60
제4유형	VAFIN	3597
	VAINF	1119
	VAPP	839
합 계		6,408

이제 동작수동 구문과 특정 동사간의 상관관계를 통계기준을 이용하여 보다 객관적으로 살펴보기 위해 공연구조적 방법론을 적용하기로 하자. 이를 위해 필요한 핵심적인 데이터는 이 구문에서 과거분사(VVPP)로 쓰이는 완전동사의 출현빈도와 이 동사가 코퍼스 전체에서 출현하는 빈도이다. 다음 (19)에 이 데이터의 일부가 제시되어 있다.

(19)

lemma	abs	rel
machen	880	69
töten	122	69
verletzen	107	64
verurteilen	143	64
stellen	342	58
wählen	143	56
festnehmen	83	55
nennen	318	47
bringen	392	45
erreichen	245	42
schaffen	272	40
erwarten	246	39
ablehnen	214	34
vorwerfen	169	34
anbieten	142	31
nehmen	291	31

lemma	abs	rel
ermorden	46	29
verhandeln	63	29
einsetzen	150	28
führen	349	28
verkaufen	147	28
aufnehmen	110	27
diskutieren	66	26
erschießen	53	26
ausschließen	122	25
bezeichnen	149	25
finden	350	24
setzen	244	24
einführen	65	23

(abs : 코퍼스내 빈도, rel : 구문내 빈도)

위 (19)는 독일어 동작수동 구문에 나타나는 동사 1,558개 중에서 출현 빈도가 높은 순으로 상위 30개를, 그것들이 코퍼스 전체에서 출현하는 빈도(abs)와 함께 제시한 것이다. 이 데이터외에 코퍼스 전체의 어휘수(888,238) 및 동작수동 구문의 출현빈도(6,408)에 대한 정보를 함께 R for Windows 프로그램에 입력하고 공연구조적 통계를 얻는데 필요한 스크립트(coll.analysis.R)를 작동시키면 다음 (20)과 같은 결과가 얻어진다.45)

(20) **수동구문** (Passive Construction)
word.freq : frequency of the word in the corpus
obs.freq : observed frequency of the word with/in Passive
exp.freq : expected frequency of the word with/in Passive
faith : percentage of how many instances of the word occur with/in Passive
relation: relation of the word to Passive
coll.strength : index of collocational/collostructional strength :

---

45) 본문에는 상위 20개와 하위 5개만을 제시한다. 전체 데이터는 웹사이트 'http://www.smart21.kr/corpora/'에 정리되어 있다.

log-likelihood, the higher, the stronger

	words	word.freq	obs.freq	exp.freq	faith	relation	coll.strength
1	töten	122	69	0.88	0.5656	attraction	5.150496e+02
2	verletzen	107	64	0.77	0.5981	attraction	4.883247e+02
3	festnehmen	83	55	0.60	0.6627	attraction	4.372408e+02
4	verurteilen	143	64	1.03	0.4476	attraction	4.363623e+02
5	wählen	143	56	1.03	0.3916	attraction	3.626196e+02
6	stellen	342	58	2.47	0.1696	attraction	2.652934e+02
7	ermorden	46	29	0.33	0.6304	attraction	2.258111e+02
8	machen	880	69	6.35	0.0784	attraction	2.091721e+02
9	nennen	318	47	2.29	0.1478	attraction	2.014160e+02
10	verhandeln	63	29	0.45	0.4603	attraction	1.997195e+02
11	erreichen	245	42	1.77	0.1714	attraction	1.929662e+02
12	erschießen	53	26	0.38	0.4906	attraction	1.834876e+02
13	erwarten	246	39	1.77	0.1585	attraction	1.727681e+02
14	schaffen	272	40	1.96	0.1471	attraction	1.709631e+02
15	bringen	392	45	2.83	0.1148	attraction	1.697192e+02
16	diskutieren	66	26	0.48	0.3939	attraction	1.686267e+02
17	vorwerfen	169	34	1.22	0.2012	attraction	1.677902e+02
18	anbieten	142	31	1.02	0.2183	attraction	1.584818e+02
19	ablehnen	214	34	1.54	0.1589	attraction	1.507468e+02
20	ausgeben	53	22	0.38	0.4151	attraction	1.455791e+02
....							
....							
....							
1554	sorgen	127	1	0.92	0.0079	attraction	7.495447e-03
1555	sagen	1354	7	9.77	0.0052	repulsion	8.781590e-01
1556	gehören	268	1	1.93	0.0037	repulsion	5.516744e-01
1557	leben	188	1	1.36	0.0053	repulsion	1.037710e-01
1558	planen	165	1	1.19	0.0061	repulsion	3.243418e-02

In order to determine the degree of repulsion of verbs that are not attested with/in the word/the construction, the following table gives the collocational/collostructional strength for all verb frequencies in orders of magnitude the corpus size allows for.

absentees.words	absentees.obs.freqs	absentees.exp.freqs	X.repulsion.	absentees.collstrengths
1 a	1e+01	0.07214283	repulsion	0.1448094
2 b	1e+02	0.72142827	repulsion	1.4481681
3 c	1e+03	7.21428266	repulsion	14.4890501
4 d	1e+04	72.14282658	repulsion	145.6329475
5 e	1e+05	721.42826585	repulsion	1536.6335983

If your collostruction strength is based on p-values, it can be interpreted as follows :

Coll.strength⟩3　=⟩　p⟨0.001;　coll.strength⟩2　=⟩　p⟨0.01; coll.strength⟩1.30103 =⟩ p⟨0.05.

위 공연구조적 분석결과에서, 상당히 자주 쓰이는 동사가운데 몇몇은 동작수동 구문과의 상관성이 매우 낮은 것—repulsion으로 판정—으로 나타나 있는 것을 확인할 수 있는데 이를 테면, *sagen, gehören, leben, planen* 등이 그러하다. 이들 외에도 코퍼스내에서 동작수동 구문을 회피 하는 동사들이 많은데, 공연강도를 기준으로 하여 최하위 순위를 점유한 50개 동사를 동작수동 회피 동사로 분류하고, 공연강도를 기준으로 하여 최상위 순위를 점유한 50개 동사를 동작수동 선호 동사로 분류하여 제시 하면 다음 (21)과 같다.

(21)

동작수동 선호 동사 50개	동작수동 회피 동사 50개
töten	kommentieren
verletzen	verlaufen
festnehmen	verstecken
verurteilen	anrichten
wählen	bewahren

동작수동 선호 동사 50개	동작수동 회피 동사 50개
stellen	blockieren
ermorden	urteilen
machen	antworten
nennen	dokumentieren
verhandeln	verbergen
erreichen	engagieren
erschießen	unterhalten
erwarten	aufhalten
schaffen	reagieren
bringen	orientieren
diskutieren	hinzufügen
vorwerfen	decken
anbieten	fliegen
ablehnen	lieben
ausgeben	widersprechen
aufnehmen	bieten
einführen	erinnern
entlassen	demonstrieren
behandeln	einnehmen
verkaufen	aussprechen
einsetzen	lassen
kontrollieren	beschränken
reduzieren	kassieren
ausschließen	wagen
festlegen	wechseln
erheben	eingehen
verwenden	rücken
legen	bedrohen
untersuchen	beweisen
verhaften	bemühen
bezeichnen	erfahren
einrichten	beziehen
streichen	stoßen
nehmen	erzählen
eröffnen	antreten
wahrnehmen	erleben
werfen	entsprechen
vereinbaren	reichen
nutzen	verfügen
verabschieden	verlassen

<table>
<tr><td>동작수동 선호 동사 50개</td><td>동작수동 회피 동사 50개</td></tr>
<tr><td>ermitteln</td><td>sorgen</td></tr>
<tr><td>vorlegen</td><td>sagen</td></tr>
<tr><td>schätzen</td><td>gehören</td></tr>
<tr><td>gründen</td><td>leben</td></tr>
<tr><td>verschieben</td><td>planen</td></tr>
</table>

이제 두 가지 부류의 동사들이 속하는 의미부류에 대해 살펴봄으로써 의미적인 속성이 동작수동 구문의 구성에 영향을 미치는 지에 대해 검토해 보겠다. 개별동사가 속하는 의미영역은 GermaNet 5.1에서의 분류를 따른 것으로 이 분류체계는 다음 (22)에서와 같이 15개의 하위영역으로 구성된다.

(22)

의미영역 ID	의미영역 명칭
vc1	일반동사(Allgemeine Verben)
vc2	소유동사(Besitzverben)
vc3	감정동사(Gefühlsverben)
vc4	사회관계동사(Gesellschaftsverben)
vc5	신체기능 동사(Körperfunktionsverben)
vc6	인지동사(Kognitionsverben)
vc7	의사소통동사(Kommunikationsverben)
vc8	경쟁동사(Konkurrenzverben)
vc9	접촉동사(Kontaktverben)
vc10	장소 이동 동사(Lokationsverben)
vc11	자연현상동사(verben.natPhaenomenon)
vc12	지각동사(Perzeptionsverben)
vc13	창조동사(Schöpfungsverben)
vc14	변화동사(Veränderungsverben)
vc15	소비동사(Verbrauchsverben)

이 분류체계에 따라서 동작수동 구문의 선호 동사 50개와 회피동사 50

개가 속하는 의미영역의 빈도를 정리한 것이 표 (23)이다.[46]

(23)

동작수동 선호 동사군		동작수동 회피 동사군	
vc4	44	vc7	27
vc6	24	vc4	26
vc7	19	vc14	23
vc2	18	vc6	22
vc14	18	vc10	22
vc10	18	vc2	17
vc13	13	vc1	16
vc9	11	vc9	6
vc5	7	vc3	5
vc15	5	vc12	5
vc3	4	vc15	5
vc1	4	vc8	4
vc12	2	vc5	4
vc8	2	vc13	3
		vc11	1

위 표를 살펴보면, vc13(창조동사) 부류에 속하는 동사들이 선호그룹에
치우치는 경향을 보이고, vc1(일반동사) 부류에 속하는 동사들이 회피그룹
에 치우치는 경향을 보이는 등 여러 의미영역이 선호그룹과 회피그룹 중
어느 한쪽에 치우치는 경향성을 보이긴 하지만 대체적으로 양쪽에 모두
속한 것으로 해석된다. vc7(의사소통동사) 부류에 속하는 동사들은 vc4(사회
관계동사) 부류에 속하는 동사들보다 상대적으로 동작수동 구문을 선호하
는 경향을 보인 반면, 반대로 vc4(사회관계동사) 부류에 속하는 동사들은

---

46) 동사 하나가 다의성을 보여 여러 의미영역에 속할 경우 모두 반영하되 그것이 하나의
의미영역내에서 조차 다의성을 보일 경우는 한 번만 고려했다. 예를 들어 동사
anbieten는 vc2 부류와 vc7 부류에 속하는 의의가 각각 한 번 나타나지만, vc4 부류
에 속하는 의의를 갖는 경우는 3번 나타난다. 이 경우에 anbieten을 vc2 부류, vc4
부류 및 vc7 부류로 분류했다. 전체 수동구문 동사의 의미영역은 [부록 5]에 정리되어
있다.

vc7(의사소통동사) 부류에 속하는 동사들보다는 상대적으로 동작수동 구문을 회피하는 경향이 강한 것을 알 수 있다. vc11(자연현상동사) 부류에 속하는 동사 중 수동구문을 선호하는 예는 하나도 없는 반면, 수동구문을 회피하는 예는 한 개가 발견되는 점도 흥미롭다. 의미영역의 분석과 관련한 결론은 의미가 구문의 선호여부에 강하게 영향력을 행사하지는 않는다는 사실이다.

6.2 재귀구문

독일어의 경우, 코퍼스에 출현하는 어휘빈도를 추출하면 어떤 코퍼스이든 재귀대명사 *sich*의 빈도가 매우 높은 순위를 차지한다. 이 통계적인 사실은 독일어에서 재귀구문이 매우 생산적으로 사용된다는 점을 시사한다. 다음의 표 (24)는 TIGER 코퍼스내에서의 Lemma 기준 출현빈도수를 1위부터 20위까지 정리한 것이다.

(24)

순위	빈도수	Lemma
1	89489	der
2	21365	in
3	16786	und
4	16603	ein
5	15442	sein
6	11001	zu
7	10030	von
8	9384	werden
9	7514	haben
10	6871	mit
11	6799	an
12	6360	für
13	6349	auf

순위	빈도수	Lemma
14	5725	sich
15	5295	nicht
16	4311	als
17	4068	auch
18	3935	es
19	3600	dieser
20	3507	bei

괴테의 "젊은 베르테르의 고뇌(Der Leiden des jungen Werther)"의 빈도를 조사해도 마찬가지로 *sich*가 매우 높은 순위를 차지하는 것으로 분석된다.

(25)

순위	빈도	Wort
1	3495	und
2	2598	ich
3	2461	die
4	2249	der
5	1545	zu
6	1519	sie
7	1518	das
8	1404	nicht
9	1189	in
10	1144	ein
11	1138	ist
12	1092	sich
13	1062	es
14	1016	er
15	1014	den
16	1012	so
17	931	mit
18	907	du
19	906	wie
20	859	mich

위 표를 살펴보면 *sich*가 어휘(Wort)차원의 출현빈도 순위 12위를 차지하고 있음을 확인할 수 있다.47) 베를린-브란덴부르크 학술원에서 제공하

는 DWDS Kerncorpus에서 레마 *sich*를 검색하면 944,321개가 추출되는데, 이 사실은 재귀대명사 *sich*가 전치사 *in*(1,068,689개)보다는 적지만 부정첨사 *nicht*(567,767개)이나 전치사 *mit*(556,278개)보다 많이 일상 언어생활에서 사용된다는 것을, 다시 말하여 독일어에서 그만큼 재귀구문이 많이 사용된다는 의미한다. 따라서 코퍼스에 기반하여 재귀구문의 특성에 대해 살펴보는 것은 의의있는 작업이라고 할 수 있다.

독일어 재귀구문은 포괄적으로 재귀대명사가 포함된 구나 문장으로 정의할 수가 있는데, 재귀대명사도 다음의 표에서 보듯이 인칭과 수, 그리고 격에 따라 다르다. 재귀대명사는 의미론적으로 보아 이미 언급된 대상을 동일한 문장내에서 다시 지시하는 기능을 수행하는 대부분은 주어와, 드물게는 목적어와 공지시관계를 이룬다.

(26)

수	인칭	3격	4격
단수	1인칭	mir	mich
	2인칭	dir	dich
	3인칭	sich	sich
복수	1인칭	uns	uns
	2인칭	euch	euch
	3인칭	sich	sich
단수/복수	존칭	sich	sich

위 표에서 보듯이 재귀대명사는 서로 상이한 7가지 ─ *mir, mich, dir, dich, uns, euch, sich* ─ 형태가 존재하지만, 코퍼스를 통해 재귀구문의 특성을 살피려는 연구목적을 위해서는 대표적으로 *sich*가 출현하는 구나 문장만을 살펴보아도 무방할 것이다. 재귀구문과 관련하여 본 연구는 재

---

47) Lemma 빈도 대신에 어휘빈도를 구한 것이다. 원시코퍼스내에는 Lemma에 대한 정보가 없다.

귀구문의 유형 및 재귀구문내에서 재귀대명사와 함께 출현하는 동사들을 추출하여 그 의미적인 속성을 살피고자 한다.

　편의상 문법기능 "직접목적어"(OA)를 수행하는 *sich*로 범위를 더 좁혀 논의를 하자면, 재귀대명사로서 *sich*가 나타나는 sich-재귀구문은 코퍼스 내에서 *sich*가 나타나는 환경에 따라 다음 네 가지 유형으로 구별된다.[48]

> (27) a. sich가 완전동사의 정동사형(VVFIN)과 자매관계를 이루는 유형
> 　　　b. sich가 분리동사의 정동사형과 자매관계를 이루는 유형
> 　　　c. sich가 완전동사의 원형부정형(VVINF)나 과거분사(VVPP) 혹은
> 　　　　분리동사부정형(VVIZU)과 자매관계를 이루는 유형
> 　　　d. sich가 zu-부정사구와 자매관계를 이루는 유형

위에 제시된 4가지 유형을 대표하는 용례들을 살펴보면 다음과 같다.

> (28) a. Bei den Konsumentenschützen häufen *sich* die Beschwerden
> 　　　　der zu Unrecht Verdächtigten.　　　　　　　　　　[T$_{218}$]
> 　　　b. Ein Wahlsieg der Sozialdemokraten in Nigeria zeichnet *sich*
> 　　　　ab.　　　　　　　　　　　　　　　　　　　　　　[T$_{3029}$]
> 　　　c. Die vielen wohlwollenden Absichtserklärungen sollen *sich* in
> 　　　　Taten niederschlagen.　　　　　　　　　　　　　　[T$_{81}$]
> 　　　d. *Sich* vor dieser Anfrage drücken zu wollen nutzt nichts.
> 　　　　　　　　　　　　　　　　　　　　　　　　　　　[T$_{544}$]

　위의 네 가지 문장 중 구조상으로 가장 복잡한 (28d)의 수형도를 살펴 보면 다음 (29)와 같다.

---

(29)

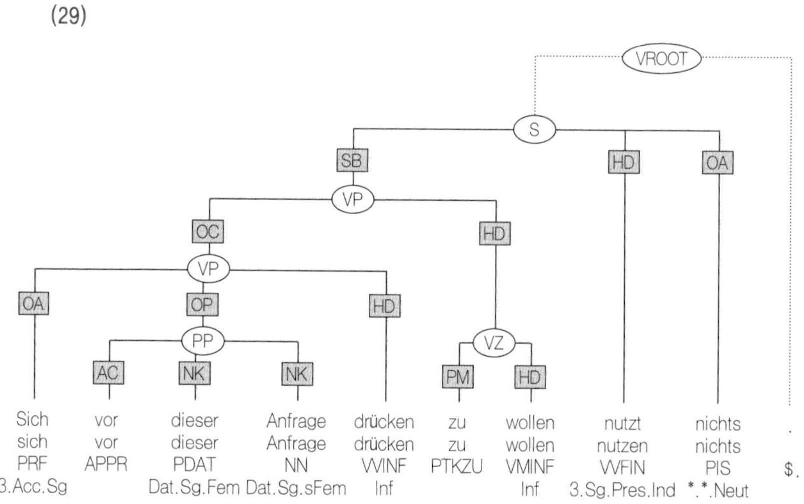

이 수형도에서 확인할 수 있듯이 제4유형에서는 직접목적어(OA) 기능을 수행하는 재귀대명사 *sich*가 zu-부정사구(VZ)의 자매 구성성분으로 간주된다.

이제 재귀구문에 속하는 용례들을 추출하기 위한 검색식에 대해 논의하기로 한다. 위 (28a)과 같은 제1유형에 속하는 용례를 코퍼스로부터 추출하기 위해 다음 (30a)에 형식화된 검색식을 사용하고, 제2유형에 속하는 용례는 검색식 (30b)를, 제2유형에 속하는 용례는 검색식 (30c)를, 제2유형에 속하는 용례는 검색식 (30d)를 각각 사용할 수 있다.

(30) a. #0 >HD #1:[pos="VVFIN"] &
  #0 >OA #2:[pos="PRF"]

b. #0 >HD #1:[pos="VVFIN"] &
  #0 >OA #2:[pos="PRF"] &
  #0 >SVP #3

c. #0:[cat="S"] >OC #1:[cat="VP"] &
  #1 >OA #2:[pos="PRF"] &

```
        #1 〉HD #3
    d.  #0 〉OC #1:[cat="VP"] &
        #1 〉OA #2:[pos="PRF"] &
        #1 〉HD #3:[cat="VZ"] &
        #3 〉HD #4
```

위 네 가지 검색식에 의해 추출된 sich-재귀구문의 유형별 분포를 살펴
보면 다음 표와 같다.

(31)

유형	빈도	검색식
제1유형	2650	(30a)
제2유형	355	(30b)
제3유형	1592	(30c)
제4유형	77	(30d)

여기서는 sich-재귀구문을 선호하는 동사들에는 어떤 것들이 있는 지를
알아보기 위해 위 표 (31)에 제시된 결과들을 적절히 활용해야 한다. 결론
부터 얘기를 하자면, 제1유형에 속하는 것으로 간주되는 동사들 중 일부
는, 곧, 정확히 356개 동사는 제2유형에 속하는 동사이다. 왜냐하면 원래
제2유형에 속하는 분리 동사의 어간부분이 이중으로 제1유형의 빈도통계
에도 포함되어 있기 때문이다. 예를 들어 용례 (28b)에 나타나는 분리동
사 *abzeichnen*의 어간인 *zeichnen*이 제1유형에 이중으로 계산되어 있으
므로 이를 제외하여야 정확한 제1유형에 대한 정확한 빈도통계를 얻을 수
있다. 이런 분리동사가 356개 이기 때문에 제1유형의 통계로부터 분리동
사의 어간과 일치하는 동사들의 숫자를 감하면 2297개 동사가 제1유형에
속한다고 할 수 있다. 이상의 논의를 고려하여 sich-재귀구문에 나타나는
동사들의 빈도를 유형별로 다시 정리하면 다음 (32)와 같다.

(32)

유형	빈도
제 1유형	2295
제 2유형	355
제 3유형	1592
제 4유형	77
합 계	4319

위 표에서 정리된 바와 같이 토큰차원에서는 4,319개 동사가 sich-재귀 구문에 나타나는데, 빈도통계를 통해 타입차원에서 재귀구문에 출현하는 동사의 수를 계산하면 800개가 된다. 이 사실을 전제로 하여, 먼저 이 재귀구문에 어떤 동사들이 가장 많이 출현하는 지를 먼저 알아보자. 다음 표는 총 800개 동사 중 상위 빈도 순위 1위-20위까지이다.

(33)

순위	lemma	빈도
1	zeigen	114
2	handeln	103
3	befinden	86
4	aussprechen	85
5	fühlen	78
6	äußern	62
7	stellen	62
8	beteiligen	61
9	einigen	58
10	einsetzen	53
11	wenden	52
12	entscheiden	48
13	ändern	48
14	erweisen	46
15	bemühen	45
16	ergeben	42
17	richten	40
18	machen	39
19	beschäftigen	39
20	halten	38

위 목록을 살펴보면 재귀동사를 크게 두 가지 하위유형으로 구분할 수 있다. 첫 번째 유형은 순수 재귀동사(echt reflexive Verben)로서, *sich*가 함께 쓰이는 동사에 대해 의미적인 기여를 전혀 하지 못하고, *sich*가 필수적인 구성성분이므로 그 자리를 다른 대명사나 일반명사가 대신할 수 없다. 이 점에서는 순수 재귀동사 구문이 의미합성성 원리를 준수하지 않는 성구적인 속성을 갖는다고 할 수 있다. *handeln*과 *befinden*이 대표적인 예이다. 두 번째 유형은 재귀적용법으로 사용된 동사(reflexiv verwendete Verben)라는 용어로 규정되는데, 동사와 함께 쓰이는 *sich*가 공지시라는 본래의 의미기능을 유지하고 그 자리를 다른 대명사나 일반명사가 대신할 수 있는 경우로서, *aussprechen*과 *fühlen, äußern* 등이 대표적인 예이다.49)

앞서 논의한 4격 sich와 함께 나타나는 순수 재귀동사에 속하는 동사들의 목록을 여러 문법서에서 수집하여 정리한 결과가 다음 (34)에 제시된 동사 29개이다.

(34)
sich aufregen, sich auskennen, sich beeilen, sich befinden, sich belaufen, sich betrinken, sich bewerben, sich drehen, sich entschließen, sich entschuldigen, sich ereignen, sich erholen, sich erinnern, sich erkundigen, sich erkälten, sich freuen, sich fürchten, sich handeln, sich irren, sich kümmern, sich räuspern, sich schämen,

---

49) 학자에 따라서, 혹은 문법서에 따라서는 세 번째 유형을 설정하기도 하지만 구분기준이 명확치 않아서 여기서는 편의상 두 가지 유형만을 인정하기로 한다. Helbig/Buscha(1989 : 215)에서는 세 번째 유형을 "reflexive Verbvariante"라고 규정하면서 sich가 차지하는 자리를 다른 대명사나 일반명사가 대신할 수 있지만 두 구문의 의미도 달라지고 결합가도 변경되는 경우로 이해하며 타동사의 자동사적 변이형으로 정의한다. 하나의 예는 Sein Einfluß hat sich verstärkt.인데, 이 재귀문장은 타동사가 쓰인 Er hat seinen Einfluß verstärkt.의 변이형이다. 이 유형은 구문의 의미합성성 원리를 위반한다고 할 수 있다. öffnen, erhöhen, setzen, ärgern 등이 이 유형에 속하는 것으로 본다. 이 입장을 취할 경우에 생기는 문제는 순수 재귀동사와의 구분이 어려워진다는 점이다.

sich sehnen, sich unterhalten, sich verbeugen, sich verirren, sich verlieben, sich weigern, sich wundern

위에 정리된 재귀동사들이 나타나는 순수 재귀동사 구문의 예를 몇 가지만 살펴보기로 하자.50)

> (35) a. Es handelt sich hier um ein dringendes Problem.
> b. Die britische Botschaft befindet sich jetzt in Berlin.
> c. In der Nacht hat sich ein Flugzeugunglück ereignet.
> d. Alles dreht sich um das Geld.
> e. Sie hat sich in ihn verliebt.
> f. Er hat sich mit mir über das Wetter unterhalten.

두 번째 유형의 동사와 함께 쓰이는 *sich*는 보통 직접목적어가 나타나는 자리를 차지하면서 공지시 기능을 수행하는 것으로 이해하면 된다. 다음의 문장쌍들을 보면 이 사실이 쉽게 확인된다.

> (36) a. Sie fühlt einen Schmerz.
> b. Sie fühlt sich glücklich/verpflichtet/unschuldig.
> (37) a. Er spricht seinen Dank aus.
> b. In seinem Gesicht sprach sich heftige Erregung aus.
> (38) a. Er zeigte ein paar seiner Zaubertricks.
> b. Er zeigte sich öffentlich.
> (39) a. Der Frisör rasiert den Kunden.
> b. Der Frisör rasiert sich.
> (40) a. Der Mann wäscht den Wagen.
> b. Der Mann wäscht sich.

---

50) sich가 3격으로 쓰이는 경우도 소수가 있다. sich einbilden("Du hast dir diese Krankheit eingebildet.")과 sich überlegen("Ich überlege mir dieses Angebot.")이 대표적인 예들이다.

앞의 예들을 통해 *sich*가 모두 직접목적어 자리에 있는 일반 명사구들을 대체한 것을 볼 수 있다. *sich*가 포함된 문장의 경우 동사가 본래의 의미를 유지하느냐의 여부는 의미를 어떻게 보느냐 하는 관점에 따라 의견이 갈릴 수 있겠다.

이제 sich-재귀구문과 동사의 상호작용에 대해 검토해 보자. 재귀구문과 동사간의 상호작용을 정확하게 포착하기 위해서는 앞서 논의한 두 가지 유형 중 첫 번째 유형에 속하는 동사들은 통계빈도에서 제외해야 할 것이다. 왜냐하면 이 유형에 속하는 소위 "순수 재귀동사"들은 재귀대명사 *sich*와 더불어 하나의 성구를 형성한다고 보기 때문이다. 우리가 재귀구문에 나타나는 동사를 모두 800개로 산출했는데 이 중에서 앞서 (34)에 제시된 순수 재귀동사 29개 중 코퍼스에서 검색된 24개를—*beeilen, betrinken, erkälten, irren, räuspern* 등은 코퍼스에 나타나지 않음—제외한 776개 동사에 대해 공연구조적 연구방법론을 적용하여 그 통계적 사실을 확인하고자 한다. 다음 (41)에 제시된 재귀구문에 대한 공연강도는 재귀구문에 나타나는 동사 776개에 대한 빈도정보와 코퍼스 전체의 어휘수(888,238) 및 재귀구문의 출현빈도(3,864)에 대한 정보를 함께 R for Windows 프로그램에 입력하여 산출한 결과이다. 이 결과를 얻기 위해 공연구조적 통계를 얻는데 필요한 스크립트(coll.analysis.R)를 작동시켰음은 말할 것도 없다.[51]

(41) **재귀구문**(Reflexive Construction)
word.freq : frequency of the word in the corpus
obs.freq : observed frequency of the word with/in Reflexive
exp.freq : expected frequency of the word with/in Reflexive
faith : percentage of how many instances of the word occur with/in Reflexive
relation : relation of the word to Reflexive

---

51) 본문에는 상위 20개와 하위 6개만을 제시한다. 전체는 웹사이트 'http://www.smart21.kr/corpora/'에 정리되어 있다.

coll.strength : index of collocational/collostructional strength : log-likelihood, the higher, the stronger

	words	word.freq	obs.freq	exp.freq	faith	relation	coll.strength
1	aussprechen	116	85	0.50	0.7328	attraction	791.84617778
2	zeigen	397	114	1.73	0.2872	attraction	769.46678239
3	fühlen	100	78	0.44	0.7800	attraction	744.64050130
4	einigen	64	58	0.28	0.9062	attraction	591.85247273
5	wenden	58	52	0.25	0.8966	attraction	527.67442212
6	äußern	123	62	0.54	0.5041	attraction	505.26773055
7	beteiligen	137	61	0.60	0.4453	attraction	476.71896602
8	bemühen	51	45	0.22	0.8824	attraction	453.00837912
9	erweisen	56	46	0.24	0.8214	attraction	448.33428846
10	einsetzen	150	53	0.65	0.3533	attraction	383.09458383
11	ändern	114	48	0.50	0.4211	attraction	367.98453909
12	ergeben	68	42	0.30	0.6176	attraction	366.96575834
13	stellen	342	62	1.49	0.1813	attraction	353.88942942
14	bekennen	48	36	0.21	0.7500	attraction	337.95712766
15	richten	80	40	0.35	0.5000	attraction	324.85828850
16	anschließen	51	35	0.22	0.6863	attraction	317.63342680
17	abzeichnen	29	29	0.13	1.0000	attraction	315.59438474
18	entscheiden	199	48	0.87	0.2412	attraction	304.01859725
19	konzentrieren	49	32	0.21	0.6531	attraction	285.15191557
20	bewegen	68	34	0.30	0.5000	attraction	276.07709876
......							
......							
......							
771	sagen	1354	3	5.89	0.0022	repulsion	1.74065159
772	liegen	481	1	2.09	0.0021	repulsion	0.71101788
773	führen	349	1	1.52	0.0029	repulsion	0.20220148
774	wissen	325	1	1.41	0.0031	repulsion	0.13561727
775	nehmen	291	1	1.27	0.0034	repulsion	0.06049734
776	erwarten	246	1	1.07	0.0041	repulsion	0.00472314

In order to determine the degree of repulsion of verbs that are not attested with/in the word/the construction, the following table gives the collocational/collostructional strength for all verb frequencies in orders of magnitude the corpus size allows for.

	absentees.words	absentees.obs.freqs	absentees.exp.freqs	X.repulsion.	absentees.collstrengths
1	a	1e+01	0.04350185	repulsion	0.0871940
2	b	1e+02	0.43501854	repulsion	0.8719842
3	c	1e+03	4.35018542	repulsion	8.7242727
4	d	1e+04	43.50185423	repulsion	87.6891261
5	e	1e+05	435.01854233	repulsion	925.1687104

If your collostruction strength is based on p-values, it can be interpreted as follows:

Coll.strength$>$3 =$>$ p$<$0.001; coll.strength$>$2 =$>$ p$<$0.01; coll.strength$>$1.30103 =$>$ p$<$0.05.

위에 제시된 통계결과를 살펴보면, *aussprechen, zeigen, fühlen, einigen, wenden, äußern* 등은 재귀구문을 아주 선호(판정결과, "attraction") 하는 반면 *sagen, liegen, führen, wissen, nehmen, erwarten* 등은 재귀구문을 회피(판정결과, "repulsion")하는 것으로 분석된다. 재귀구문을 회피하는 것으로 판정된 6개의 동사는 코퍼스내의 출현빈도가 비교적 높은 동사들이다. 공연구조적 방법론을 따라 얻은 공연강도를 기준으로 삼아 상위 1위부터 50위까지를 재귀구문 선호동사군으로, 최하위에 위치한 동사로부터 50위(727위-776위)개를 재귀구문 회피동사군으로 분류하여 표로 정리한 것이 (42)이다.

(42)

재귀구문 선호동사 50개	재귀구문 회피동사 50개
aussprechen	absehen

재귀구문 선호동사 50개	재귀구문 회피동사 50개
zeigen	einschränken
fühlen	gewinnen
einigen	hängen
wenden	greifen
äußern	holen
beteiligen	behandeln
bemühen	ermitteln
erweisen	errichten
einsetzen	rufen
ändern	bedrohen
ergeben	verweigern
stellen	verteidigen
bekennen	aufheben
richten	beweisen
anschließen	versichern
abzeichnen	akzeptieren
entscheiden	verfolgen
konzentrieren	überzeugen
bewegen	aufbauen
beschäftigen	ausweisen
wehren	begrüßen
verhalten	starten
orientieren	stoßen
entwickeln	kämpfen
auswirken	entdecken
durchsetzen	vermeiden
berühren	umsetzen
beziehen	ankündigen
befassen	reden
treffen	verdienen
engagieren	erreichen
verändern	tun

재귀구문 선호동사 50개	재귀구문 회피동사 50개
stützen	feststellen
verständigen	kosten
lohnen	zählen
aufhalten	versprechen
halten	schaffen
zurückziehen	begründen
zurückhalten	denken
verdoppeln	verlieren
melden	spielen
trennen	planen
türmen	lassen
distanzieren	sagen
ausbreiten	liegen
begeben	führen
niederschlagen	wissen
verantworten	nehmen
tummeln	erwarten

두 동사군들이 속한 의미영역을 분석하여 의미가 구문의 선택에 미치는 영향을 살펴보고자, 각 동사들이 속한 의미영역을 아래 (43)과 같이 빈도 통계로 정리했다.

(43)

재귀구문 선호동사군		재귀구문 회피동사군	
vc4	54	vc6	44
vc14	35	vc4	33
vc7	33	vc7	29
vc6	31	vc14	21
vc10	28	vc10	20
vc1	21	vc2	16
vc8	12	vc1	14
vc3	11	vc13	12

재귀구문 선호동사군		재귀구문 회피동사군	
vc2	10	vc12	11
vc9	10	vc8	11
vc12	9	vc9	9
vc13	5	vc5	4
vc5	3	vc3	3
vc11	1	vc15	3
vc15	1	vc11	1

위의 의미영역 빈도통계를 살펴보면, 동작수동 구문의 경우와 비슷하게 모든 의미영역이 선호와 회피 양쪽에 속해 있기 때문에 동사의 의미가 구문의 선택에 결정적으로 영향을 미치지는 않는다는 결론을 먼저 내릴 수 있다. 구체적으로는, vc4(사회관계동사) 영역에 속하는 많은 동사들이 재귀구문을 선호하는 경향을 보이고, vc6(인지동사) 영역에 속하는 많은 동사들이 재귀구문을 회피하는 경향을 보인다는 사실을 확인할 수 있다. 또한 vc14(변화동사) 및 vc10(장소이동동사) 영역에 속하는 동사들도 재귀구문을 선호하는 경향이 회피하는 경향보다 강하다는 것을 알 수 있다.

이제 이 장을 정리하면서 동작수동 구문과 재귀구문을 선호하는 동사군을 중심으로 비교하여 보자. 이를 위해 개별 구문에 대해 적용했던 공연구조적 방법론을 택하기로 한다. 두 구문을 비교할 경우에는 변별적 연어분석(Distinctive collocate/collexeme analysis) 방식을 택하며 입력자료로는 두 구문의 출현빈도(6,408 : 3,864) 및 데이터파일(견본제시), 총 어휘수(888,238개) 등이 필요하다. 분석결과는 다음과 같다.

(44) 공연구조 분석 결과

Distinctive collocate/collexeme analysis for : Passive vs. Reflexive

obs.freq.1 : observed frequency of the word A-? in/with Passive
obs.freq.2 : observed frequency of the word A-? in/with Reflexive
exp.freq.1 : expected frequency of the word A-? in/with Passive

exp.freq.2 : expected frequency of the word A-? in/with Reflexive
pref.occur : the word/construction to which the word A-? is attracted
coll.strength : index of distinctive collostructional strength:
log-likelihood , the higher, the more distinctive

	words	obs.freq.1	obs.freq.2	exp.freq.1	exp.freq.2	pref.occur	coll.strength
1	töten	69	0	43.04	25.96	Passive	65.39981056
2	verurteilen	64	0	39.93	24.07	Passive	60.64169583
3	festnehmen	55	0	34.31	20.69	Passive	52.08460478
4	verletzen	64	3	41.80	25.20	Passive	41.97185414
5	wählen	56	2	36.18	21.82	Passive	39.52515751
6	erwarten	39	0	24.33	14.67	Passive	36.89579627
7	ablehnen	34	0	21.21	12.79	Passive	32.15552462
8	vorwerfen	34	0	21.21	12.79	Passive	32.15552462
9	ermorden	29	0	18.09	10.91	Passive	27.41821358
10	verhandeln	29	0	18.09	10.91	Passive	27.41821358
11	erreichen	42	2	27.45	16.55	Passive	27.36466179
12	verkaufen	28	0	17.47	10.53	Passive	26.47110631
13	schaffen	40	2	26.20	15.80	Passive	25.65881633
14	aufnehmen	27	0	16.84	10.16	Passive	25.52411728
15	diskutieren	26	0	16.22	9.78	Passive	24.57724647
16	erschießen	26	0	16.22	9.78	Passive	24.57724647
17	nehmen	31	1	19.96	12.04	Passive	22.36244574
18	einführen	23	0	14.35	8.65	Passive	21.73734301
19	nutzen	21	0	13.10	7.90	Passive	19.84466456
20	führen	28	1	18.09	10.91	Passive	19.72154044
21	beschließen	20	0	12.48	7.52	Passive	18.89850240
22	entlassen	20	0	12.48	7.52	Passive	18.89850240
23	kontrollieren	20	0	12.48	7.52	Passive	18.89850240
24	vorlegen	20	0	12.48	7.52	Passive	18.89850240
25	streichen	19	0	11.85	7.15	Passive	17.95245824
26	tragen	19	0	11.85	7.15	Passive	17.95245824
27	bringen	45	6	31.82	19.18	Passive	17.32829993

28	ausschließen	25	2	16.84	10.16	Passive	13.27345629
29	behandeln	20	1	13.10	7.90	Passive	12.80955201
30	ausgeben	22	2	14.97	9.03	Passive	10.92576183
31	bestätigen	21	2	14.35	8.65	Passive	10.15779626
32	anbieten	31	5	22.46	13.54	Passive	10.05199995
33	nennen	47	11	36.18	21.82	Passive	9.57100747
34	eröffnen	21	3	14.97	9.03	Passive	7.61518264
35	rechnen	21	4	15.60	9.40	Passive	5.66913054
36	bezeichnen	25	6	19.34	11.66	Passive	4.87738449
37	legen	22	6	17.47	10.53	Passive	3.40717995
38	erheben	21	7	17.47	10.53	Passive	2.02121701
39	festlegen	21	7	17.47	10.53	Passive	2.02121701
40	ziehen	22	11	20.59	12.41	Passive	0.26319036
41	machen	69	39	67.37	40.63	Passive	0.10602454
42	zeigen	7	114	75.48	45.52	Reflexive	178.01442910
43	fühlen	0	78	48.66	29.34	Reflexive	153.51558006
44	aussprechen	2	85	54.27	32.73	Reflexive	150.20035427
45	einigen	0	58	36.18	21.82	Reflexive	113.96226342
46	wenden	0	52	32.44	19.56	Reflexive	102.12202660
47	erweisen	0	46	28.70	17.30	Reflexive	90.29363251
48	beteiligen	5	61	41.17	24.83	Reflexive	89.13403271
49	äußern	7	62	43.04	25.96	Reflexive	83.08738985
50	ergeben	0	42	26.20	15.80	Reflexive	82.41460312
51	bemühen	1	45	28.70	17.30	Reflexive	79.62302510
52	bekennen	0	36	22.46	13.54	Reflexive	70.60589016
53	richten	2	40	26.20	15.80	Reflexive	64.26787745
54	abzeichnen	0	29	18.09	10.91	Reflexive	56.84393862
55	bewegen	2	34	22.46	13.54	Reflexive	53.09848108
56	ändern	9	48	35.56	21.44	Reflexive	52.92676506
57	verhalten	0	25	15.60	9.40	Reflexive	48.98714655
58	wehren	0	24	14.97	9.03	Reflexive	47.02376329
59	beschäftigen	6	39	28.07	16.93	Reflexive	46.78701916
60	beziehen	1	27	17.47	10.53	Reflexive	45.22517233

61	auswirken	0	23	14.35	8.65	Reflexive	45.06070572
62	zurückziehen	0	23	14.35	8.65	Reflexive	45.06070572
63	orientieren	1	26	16.84	10.16	Reflexive	43.33542361
64	konzentrieren	4	32	22.46	13.54	Reflexive	41.37501704
65	befassen	0	21	13.10	7.90	Reflexive	41.13556711
66	anschließen	6	35	25.58	15.42	Reflexive	40.12512442
67	lohnen	0	18	11.23	6.77	Reflexive	35.25029884
68	engagieren	1	21	13.72	8.28	Reflexive	33.93935616
69	verantworten	0	16	9.98	6.02	Reflexive	31.32841173
70	verändern	3	24	16.84	10.16	Reflexive	31.00456866
71	aufhalten	1	19	12.48	7.52	Reflexive	30.21122487
72	durchsetzen	9	33	26.20	15.80	Reflexive	29.50179893
73	entwickeln	12	36	29.94	18.06	Reflexive	27.87085774
74	melden	4	24	17.47	10.53	Reflexive	27.81446822
75	entscheiden	22	48	43.67	26.33	Reflexive	27.67158122
76	stützen	3	22	15.60	9.40	Reflexive	27.57063368
77	beschränken	1	17	11.23	6.77	Reflexive	26.50555818
78	berühren	2	19	13.10	7.90	Reflexive	25.88338402
79	einsetzen	28	53	50.53	30.47	Reflexive	25.82922959
80	verstehen	4	21	15.60	9.40	Reflexive	22.91163393
81	sehen	16	37	33.06	19.94	Reflexive	22.65248281
82	trennen	3	19	13.72	8.28	Reflexive	22.50688245
83	zurückhalten	2	17	11.85	7.15	Reflexive	22.38346100
84	halten	21	38	36.81	22.19	Reflexive	17.40673338
85	verdoppeln	5	19	14.97	9.03	Reflexive	17.34990132
86	treffen	20	35	34.31	20.69	Reflexive	15.29776518
87	erklären	18	32	31.19	18.81	Reflexive	14.29224727
88	öffnen	6	18	14.97	9.03	Reflexive	13.90176809
89	verpflichten	6	18	14.97	9.03	Reflexive	13.90176809
90	stellen	58	62	74.86	45.14	Reflexive	9.87200356
91	verabschieden	18	15	20.59	12.41	Reflexive	0.84722297
92	reduzieren	21	14	21.83	13.17	Reflexive	0.08433075
93	setzen	24	15	24.33	14.67	Reflexive	0.01186939

If your collostruction strength is based on p-values, it can be interpreted as follows:
Coll.strength⟩3 =⟩ p⟨0.001; coll.strength⟩2 =⟩ p⟨0.01; coll.strength ⟩1.30103 =⟩ p⟨0.05.
Out of the 93 investigated, 59 collocates/collexemes are shared by both words/constructions; i.e. 63.44086 %

위에서 논의한 구문비교를 통해 확인가능한 사실은 동작 수동구문에 사용된 동사 1,558개 중에서 354개만 재귀구문에 나타나고 1,204개 동사는 재귀구문을 회피하는 것으로 확인되었다. 반대로 재귀구문에 쓰인 동사 776개 중에서 354개만이 동작 수동구문에 나타나고 422개 동사는 동작 수동구문을 회피하는 것으로 확인되었다.

이 동사들의 의미영역을 분류한 결과는 다음과 같다.

(45)

재귀구문 회피 동사		수동구문 회피 동사	
vc4	345	vc14	123
vc14	340	vc4	86
vc6	281	vc6	85
vc7	271	vc10	79
vc2	185	vc7	53
vc10	158	vc3	36
vc13	102	vc1	35
vc9	97	vc9	30
vc8	61	vc8	28
vc1	59	vc13	27
vc3	57	vc5	27
vc5	52	vc2	23
vc12	49	vc12	19
vc15	46	vc15	14
vc11	8	vc11	4

이 표에서 흥미롭게 읽히는 부분은 재귀구문과 수동구문을 회피하는 동

사들의 의미영역이 대부분 중복된다는 점이다. 상위 1-3위를 사회관계동
사(v4), 인지동사(v6) 및 변화동사(v14)가 점유하고 있다. 왜 이러한 결과가
나오는 지를 이해하기 위해서는 추가적인 연구가 필요하다.

6.3 lassen sich 구문

형태상으로는 재귀구문이면서 동작수동 구문과 기능을 수행하는 구문이
lassen sich 구문이다. 다음과 같은 용례가 이 구문에 속한다.

(46)
  a. Wie die Regulierung im liberalisierten Fernmeldemarkt organisiert
     werden soll, darüber läßt sich trefflich streiten.   [T$_{8015}$]
  b. Viele Hochschulbauprojekte ließen sich nicht realisieren. [T$_{3888}$]
  c. Natürlich wird sich dieser Weg so nicht fortsetzen lassen： [T$_{29211}$]

위 예문들은 세 가지 상이한 유형을 대표하는데, 첫째 유형은 *lassen*과
*sich*가 같은 층위에 위치한 경우 둘 다 문장범주(S)의 딸마디이다. 둘째
유형은 정동사형으로 쓰인 *lassen*이 상위에 위치하고 *sich*는 목적어구
(OC)안에 위치한다. 셋째 유형은 *lassen*이 부정형으로 쓰이면서 둘째 유
형과 마찬가지로 *lassen*이 *sich*와 비교하여 수형도상에서 상위에 위치한
다. *lassen*과 *sich*간의 상대적인 위치를 살펴보기 위해 문장 (46c)의 수형
도를 보이면 다음 (47)과 같다.

(47)

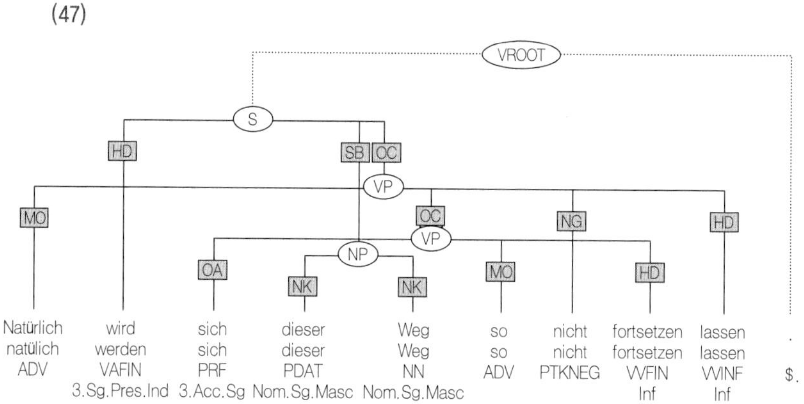

위 수형도를 살펴보면, 문법적으로 *lassen*의 목적어구(OC) 기능을 하는
동사구(VP) 아래에 *sich*가 위치하면서 *sich*가 직접목적어(OA) 기능을 수행
하는 것으로 분석된다.

이와 같은 세 가지 유형의 lassen sich 구문에 속하는 용례를 코퍼스로
부터 추출하기 위해 다음과 같은 검색식을 사용할 수 있다.

(48)

  a. #0 >HD #1:[pos="VVFIN" & lemma="lassen"] &
     #0 >OA #2:[pos="PRF"]

  b. #0:[cat="S"] >HD #1:[pos="VVFIN" & lemma="lassen"] &
     #0 >OC #2:[cat="VP"] &
     #2 >OA #3:[pos="PRF"] &
     #2 >HD #4

  c. #0:[cat="VP"] >HD #1:[pos="VVINF" & lemma="lassen"] &
     #0 >OC #2:[cat="VP"] &
     #2 >OA #3:[pos="PRF"] &
     #2 >HD #4

제1유형을 추출하기 위해서 검색식 (48a)를 이용하면 모두 5개 용례가 추출되는데, 그 중 두 가지는 다른 구문으로 이해된다. 하나는 분리동사 *einlassen*이 나타난 문장이고 다른 하나는 숙어적/성구적 표현인 *sich leben lassen*이 사용된 구문이다.

(49) a. Seiner feinen Witterung für Stimmungen und seinem Lebensmotto "Versöhnen statt spalten" folgend, ließ er sich auf die Gegenkandidatur ein. [T$_{30323}$]

   b. So aber können sie gezielt dort hinschwimmen, wo es sich am besten leben läßt. [T$_{31834}$]

제1유형에 나타나는 완전동사는 *ziehen, sprechen, streiten*이다.

검색식 (48b)를 이용하여 제2유형에 속하는 용례를 추출하면 모두 201개가 검색된다. 이 유형에 속하는 예를 몇 가지 더 들어보면 다음과 같다.

(50) a. Sein Vorkommen läßt sich mit einem Bluttest ermitteln. [T$_{6266}$]

   b. So völlig unrecht, das läßt sich nicht leugnen, hatte selbst Stalin nicht. [T$_{6927}$]

   c. Dabei lassen sich die Initiatoren des Appells von folgendem Grundgedanken leiten : [T$_{3253}$]

   d. Von derlei Worten lassen sich die Gegner aber nicht bremsen. [T$_{43703}$]

위 예에서 (50c)와 (50d)의 경우 수동구문의 행위자역을 수행하는 전치사구가 함께 나타나는 것이 특징적이다. 제2유형안에는 이처럼 행위자구가 표현되는 용례가 14개 발견된다. TIGER 코퍼스에서는 행위자역을 맡는 전치사구에 대해 문법기능 SBP를 부여하기 때문에 이 문법기능을 이용하면 행위자역 전치사구가 포함된 용례만을 추출할 수 있다.52)

---

52) 수동구문에 행위자역(Agent) 전치사구가 포함된 용례만을 추출하려면 아래 검색식을

위 (46c)와 같이 제3유형에 속하는 용례를 추출하기 위해 검색식 (48c)를 이용하면 모두 44개가 검색된다. 이 유형에 속하는 예를 몇 가지 더 들어보면 다음과 같다.

(51) a. Nery Barrios schüttelt das Haupt und will sich nicht festlegen lassen. [T$_{11553}$]

    b. Darüber hinaus müssen sich Reformvorschläge zur Ausbildungsförderung an weiteren Prinzipien messen lassen. [T$_{11736}$]

    c. Und sie fragen danach, ob man sich von rechten Politikern wählen lassen dürfe. [T$_{164}$]

    d. Diese sollten sich freilich von einem Minister Manfred Kanther nicht einschüchtern lassen. [T$_{19409}$]

위 예에서 (51c)와 (51d)는 제2유형에서의 경우와 마찬가지로 수동구문의 행위자역을 수행하는 전치사구가 함께 나타나는 것이 특징적이다. 제3유형안에는 이처럼 행위자구가 표현되는 용례가 8개 발견된다.

지금까지 논의한 lassen sich 구문에 나타나는 완전동사의 분포를 유형을 기준으로 살펴보면 아래의 표 (52)와 같다.

(52)

유형	빈도(토큰)	SBP 빈도
제1유형	3	0
제2유형	201	14
제3유형	44	8
합계	248	22

이용해야 한다.

```
#0:[cat="S"] >HD #1:[pos="VVFIN" & lemma="lassen"] &
#0 >OC #2:[cat="VP"] &
#2 >OA #3:[pos="PRF"] &
#2 >HD #4 &
#2 >SBP #5:[cat="PP"]
```

위 (52)에 정리된 통계빈도는 토큰을 기준으로 한 것인데 이를 타입을 기준으로 하여 다시 정리하면 (53)과 같다.

(53)

유형	빈도(타입)
제1유형	3
제2유형	154
제3유형	42
합계	199

그런데 위 표에 나타난 199개의 동사들로 일부 유형간 중복이 있기 때문에 모두 186개의 상이한 동사가 lassen sich-구문에 참여하는 것으로 분석된다. 이중 빈도서열상 상위에 위치하는 14개 동사만을 제시하면 아래 (54)와 같다.

(54)

lemma	빈도
erkennen	5
ziehen	5
ablesen	4
vertreten	4
belegen	3
einsparen	3
finden	3
fotografieren	3
herstellen	3
leiten	3
reduzieren	3
sagen	3
verbessern	3
wählen	3

이들 동사의 공통점은 직접목적어(OA)를 취하는 동사들이라는 점이다.

이런 맥락에서 lassen sich 구문이 수동의 의미를 가지는 것을 이해할 수 있다. 곧 *lassen* 동사의 주어가 의미상으로 *lassen*의 지배를 받은 완전동사의 직접목적어 역할을 하는 것으로 분석이 가능하다.

제7장 부정사 구문, sein+zu-부정사 구문과 haben+zu-부정사 구문

7.1 부정사 구문

이 절에서는 zu-부정사 구문의 공연구조적 특성에 대해 논의한다. TIGER 코퍼스에서 zu-부정사가 출현하는 환경은 다음 두 가지이다.

(1)
  a. Die Verdächtigung, ein Ladendieb zu sein, trifft viele wie ein Schlag. [T_{215}]
  b. Zudem sei geplant, eine 300 bis 900 Mann starke Reserveeinheit aufzustellen. [T_{1073}]

위 각 문장에 대응하는 수형도는 아래의 (2a)와 (2b)이다.

(2)

a.

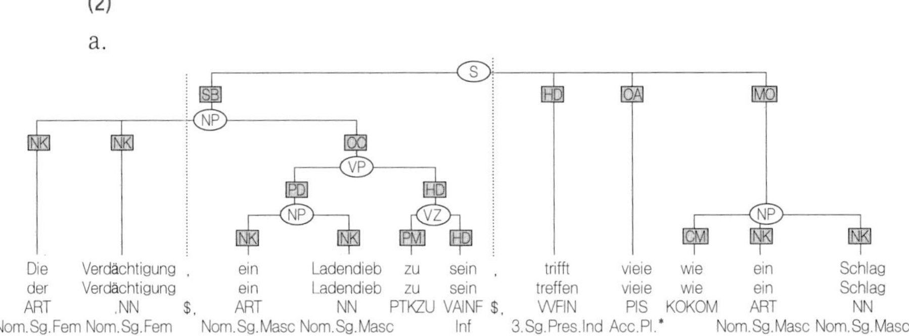

b.

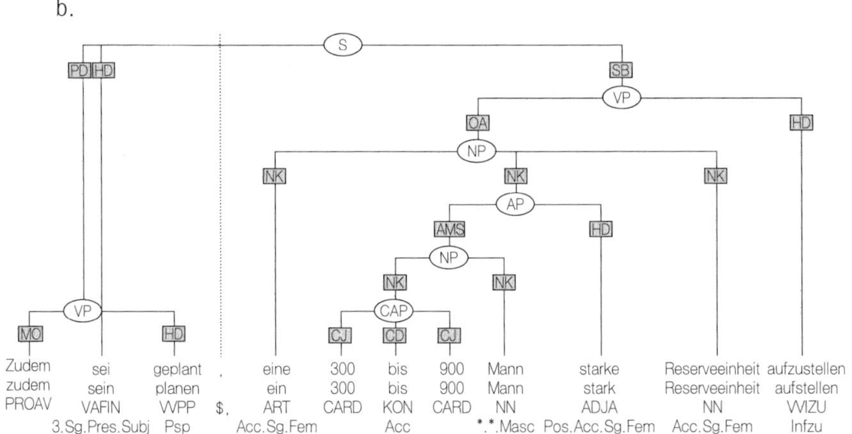

위 수형도 (2a)에서 첨사 *zu*와 동사부정형 *sein*이 결합하여 VZ라는 구 범주를 형성하고, (2b)에서는 첨사 *zu*와 분리동사의 부정형 *aufstellen*이 결합하여 하나의 어휘범주 VVIZU를 형성한다.

구범주 VZ 환경에 나타나는 zu-부정사 구문과 어휘범주 VVIZU 환경에 나타나는 zu-부정사 구문을 TIGER 코퍼스에서 검색하기 위해 우리는 각 각 다음 (3a)과 (3b)에 제시된 검색식을 사용한다.

(3) a. [cat="VZ"]

    b. [pos="VVIZU"]

위 검색식을 이용하여 zu-부정사 구문을 추출하면 VZ 구문은 4,412개가, 그리고 VVIZU 구문은 1,515개가 결과로 얻어진다.

먼저, 구범주 VZ를 포함하고 있는 zu-부정사 구문의 유형을 하위분류하기 위해 용례 100개를 대상으로 하여, 교점 VZ의 직접상위교점을 차지하는 구범주와 그 교점의 문법기능(Grammatische Funktion)을 기준으로 삼아 분석하면, 다음 10가지 유형을 정의할 수 있음을 알 수 있다.

(4)

유형	상위교점의 범주	문법기능	빈도
1	VP	OC	50
2	VP	MO	20
3	VP	MNR	3
4	VP	RE	13
5	VP	CC	1
6	VP	SB	1
7	VP	CJ	9
8	CVZ	OC	1
9	S	SB	1
10	AP	NK	1
합계			100

위의 표에서 확인할 수 있는 사실은 첫 번째 유형, 두 번째 유형 및 네 번째 유형의 출현빈도가 매우 높다는 사실이다.

다음으로, 어휘범주 VVIZU를 포함하고 있는 zu-부정사 구문의 유형을 하위분류하기 위해 용례 100개를 대상으로 하여, 교점 VZ의 직접상위교점을 차지하는 구범주와 그 교점의 문법기능(Grammatische Funktion)을 기준으로 삼아 분석하면, 다음 9가지 유형을 정의할 수 있음을 알 수 있다.

(5)

유형	상위교점의 범주	문법기능	빈도
1	VP	OC	59
2	VP	MO	10
3	VP	RE	15
5	VP	CC	1
6	VP	SB	1
7	VP	CJ	12
8	S	OC	1
9	S	CJ	1
합계			100

위의 표 (5)에서는 유형 1, 유형 3 및 유형 7의 출현빈도가 높다는 것을 알 수 있다.

표 (4)와 표 (5)에 제시된 유형을 통합하여 하나의 유형체계를 구축하여 각각의 빈도를 정리하면 다음 (6)과 같다.

(6)

유형명칭	상위교점의 범주	문법기능	빈도	
			VZ–구문	VVIZU–구문
T1	VP	OC	50	59
T2	VP	MO	20	10
T3	VP	MNR	3	0
T4	VP	RE	13	15
T5	VP	CC	1	1
T6	VP	SB	1	1
T7	VP	CJ	9	12
T8	CVZ	OC	1	0
T9	S	SB	1	0
T10	S	OC	0	1
T11	S	CJ	0	1
T12	AP	NK	1	0
합계			100	100

이제, 두 구문을 통합한 결과 얻어진 새로운 유형체계에 따라 개별 유형이 전체 코퍼스에서 출현하는 지 그 빈도를 알아보기로 하자.

유형 T1이 VZ-환경과 VVIZU-환경에서 출현하는 빈도를 구하는 데 필요한 검색식은 각각 (7a), (7b)와 같다.

(7) a. #1 〉OC #2:[cat="VP"] &
  #2 〉HD #3:[cat="VZ"]
 b. #1 〉OC #2:[cat="VP"] &
  #2 〉HD #3:[pos="VVIZU"]

검색식 (7a)를 통해 추출한 용례는 아래 문장 (8)을 포함하여 2,231개이고 (7b)를 통해 추출한 용례는 778개이다.

(8) Michail Gorbatschow lehnte ab vor Gericht als "Angeklagter" zu
  erscheinen. $[T_{1445}]$

아래의 수형도 (9)는 문장 (8)의 통사구조이다.

(9)

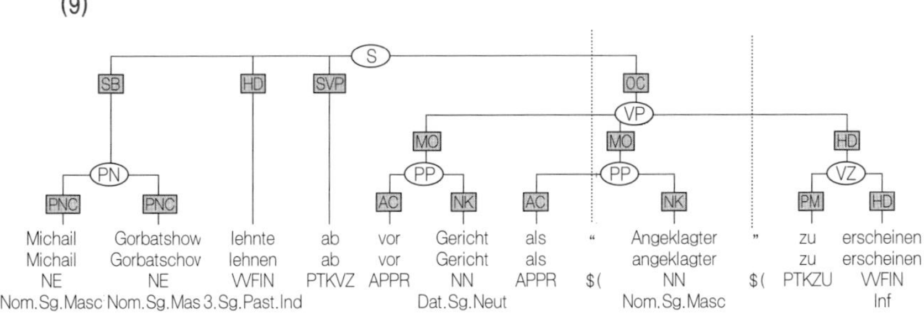

다음 검색식 (10a)와 (10b)는 유형 T2이 VZ-환경과 VVIZU-환경에서 출현하는 빈도를 구하는 데 필요하다.

(10) a. #1 〉MO #2:[cat="VP"] &
      #2 〉HD #3:[cat="VZ"]
   b. #1 〉MO #2:[cat="VP"] &
      #2 〉HD #3:[pos="VVIZU"]

검색식 (10a)를 통해서 651개의 용례가 추출되고 (10b)를 통해서는 179개의 용례가 추출된다.

유형 T3이 VZ-환경과 VVIZU-환경에서 출현하는 빈도를 구하는 데 필요한 검색식은 각각 (11a), (11b)와 같다.

(11) a. #1 〉MNR #2:[cat="VP"] &
      #2 〉HD #3:[cat="VZ"]
   b. #1 〉MNR #2:[cat="VP"] &
      #2 〉HD #3:[pos="VVIZU"]

검색식 (11a)를 통해 추출한 용례는 88개이고 (11b)를 통해 추출한 용례는 34개이다.

아래의 검색식 (12a)와 (12b)는 유형 T4가 VZ-환경과 VVIZU-환경에서 출현하는 빈도를 구하는 데 필요하다.

(12) a. #1 〉RE #2:[cat="VP"] &
      #2 〉HD #3:[cat="VZ"]
   b. #1 〉RE #2:[cat="VP"] &
      #2 〉HD #3:[pos="VVIZU"]

535개의 용례가 검색식 (12a)를 통해서 추출되고 226개의 용례가 (12b)를 통해서는 추출된다.

유형 T5가 VZ-환경과 VVIZU-환경에서 출현하는 빈도를 구하는 데 필요한 검색식은 각각 (13a), (13b)와 같다.

(13) a. #1 〉CC #2:[cat="VP"] &
     #2 〉HD #3:[cat="VZ"]
  b. #1 〉CC #2:[cat="VP"] &
     #2 〉HD #3:[pos="VVIZU"]

검색식 (13a)를 통해 추출한 용례는 47개이고 (13b)를 통해 추출한 용례는 11개이다.

다음 검색식 (14a)와 (14b)는 유형 T6가 VZ-환경과 VVIZU-환경에서 출현하는 빈도를 구하는 데 필요하다.

(14) a. #1 〉SB #2:[cat="VP"] &
     #2 〉HD #3:[cat="VZ"]
  b. #1 〉SB #2:[cat="VP"] &
     #2 〉HD #3:[pos="VVIZU"]

91개의 용례가 검색식 (14a)를 통해서 추출되고 35개의 용례가 (14b)를 통해서는 추출된다.

유형 T7가 VZ-환경과 VVIZU-환경에서 출현하는 빈도를 구하는 데 필요한 검색식은 각각 (15a), (15b)와 같다.

(15) a. #1 〉CJ #2:[cat="VP"] &
     #2 〉HD #3:[cat="VZ"]
  b. #1 〉CJ #2:[cat="VP"] &
     #2 〉HD #3:[pos="VVIZU"]

검색식 (15a)를 통해 추출한 용례는 544개이고 (15b)를 통해 추출한 용례는 211개이다.

다음 검색식 (16a)와 (16b)는 유형 T8이 VZ-환경과 VVIZU-환경에서 출현하는 빈도를 구하는 데 필요하다.

(16) a. #1 〉OC #2:[cat="CVZ"] &
     #2 〉CJ #3:[cat="VZ"]

   b. #1 〉OC #2:[cat="CVZ"] &
     #2 〉CJ #3:[pos="VVIZU"]

6개의 용례가 검색식 (16a)를 통해서 추출되고 (16b)를 통해서 추출된 용례는 하나도 없다.

유형 T9가 VZ-환경과 VVIZU-환경에서 출현하는 빈도를 구하는 데 필요한 검색식은 각각 (17a), (17b)와 같다.

(17) a. #1 〉SB #2:[cat="S"] &
     #2 〉HD #3:[cat="VZ"]

   b. #1 〉SB #2:[cat="S"] &
     #2 〉HD #3:[pos="VVIZU"]

검색식 (17a)를 통해 추출한 용례는 두 개이고 (17b)를 통해 추출한 용례는 한개이다.

아래의 검색식 (18a)와 (18b)는 유형 T10이 VZ-환경과 VVIZU-환경에서 출현하는 빈도를 구하는 데 필요하다.

(18) a. #1 〉OC #2:[cat="S"] &
     #2 〉HD #3:[cat="VZ"]

   b. #1 〉OC #2:[cat="S"] &
     #2 〉HD #3:[pos="VVIZU"]

6개의 용례가 검색식 (18a)를 통해서 추출되고 (18b)를 통해서 추출된 용례는 2개이다.[53)]

---

53) 그 중 하나가 다음 문장이다. zu kritisieren ist die "Methode", sagte Walther. [T_{3903}]

유형 T11이 VZ-환경과 VVIZU-환경에서 출현하는 빈도를 구하는 데 필요한 검색식은 각각 (19a), (19b)와 같다.

(19) a. #1 >CJ #2:[cat="S"] &
     #2 >OC #3:[cat="VZ"]
   b. #1 >CJ #2:[cat="S"] &
     #2 >OC #3:[pos="VVIZU"]

검색식 (19a)를 통해 추출한 용례는 하나도 없고 (19b)를 통해 추출한 용례는 다음 (20)을 포함하여 두 개이다.

(20) Alexij II. versucht dagegenzuhalten, doch es ist schwer für ihn :
$$[T_{33827}]$$

위 문장 (20)에 대한 통사구조를 나타내는 수형도는 아래의 (21)과 같다.

(21)

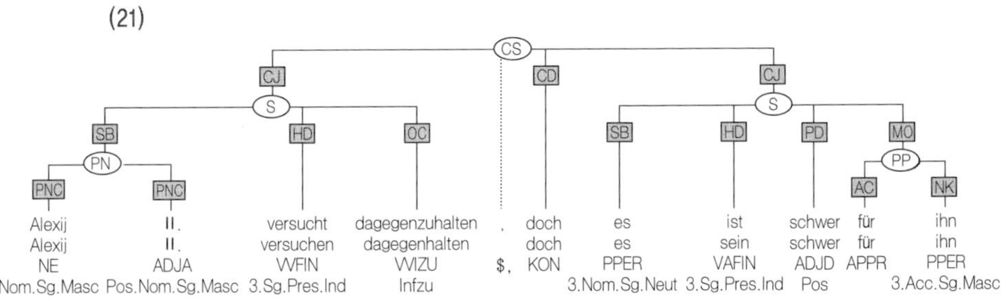

아래의 검색식 (22a)와 (22b)는 유형 T12가 VZ-환경과 VVIZU-환경에서 출현하는 빈도를 구하는 데 필요하다.

(22) a. #1 >NK #2:[cat="AP"] &
     #2 >HD #3:[cat="VZ"]
   b. #1 >NK #2:[cat="AP"] &

#2 〉HD #3:[pos="VVIZU"]

25개의 용례가 검색식 (22a)를 통해서 추출되고 (22b)를 통해서 추출된 용례는 하나도 없다.

지금까지의 검색결과를 정리하여 표로 정리하면 아래의 (23)과 같다.

(23)

유형명칭	상위교점의 범주	문법기능	빈도	
			VZ-구문	VVIZU-구문
T1	VP	OC	2231	778
T2	VP	MO	651	179
T3	VP	MNR	88	34
T4	VP	RE	535	216
T5	VP	CC	47	11
T6	VP	SB	91	35
T7	VP	CJ	544	211
T8	CVZ	OC	6	0
T9	S	SB	2	1
T10	S	OC	6	2
T11	S	CJ	0	2
T12	AP	NK	25	0
유형 합계			4,226	1,469
기타			206	46
코퍼스 용례 합계			4,412	1,515

위 표에서 "기타"로 분류된 용례들 VZ-구문이나 VVIZU-구문의 첫 100개 용례속에 포함되지 않은 예들로서 아래 (24)에 제시된 문장들이다.

(24) a. Entsprechend begannen schon am Sonntag Zivilisten auf eigene Faust <u>Autos anzuhalten und zu durchsuchen</u>. [T$_{23442}$]

    b. Unerläßlich sei für eine solche Reform, <u>das Wohngeld zu</u>

<u>reformieren und aufzustocken</u>.   [T$_{15986}$]

위의 (24a)의 밑줄친 부분의 구조를 나타내는 수형도는 다음 (25)와 같다.

(25)

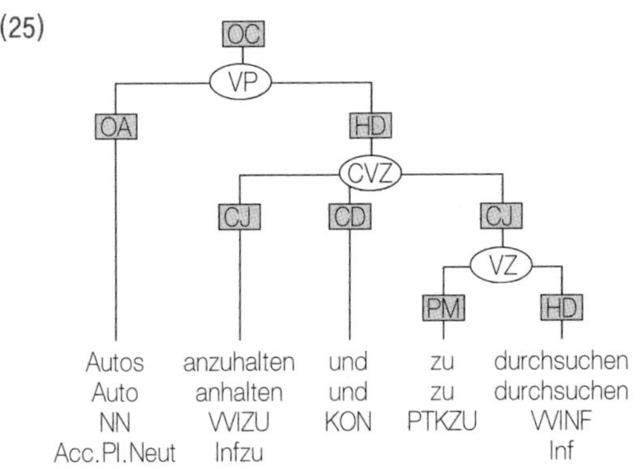

이 수형도에서 알 수 있듯이 VZ 교점의 직접 상위교점이 CVZ이고 이 교점의 문법기능은 핵심어(HD)이다. 따라서 이러한 유형에 속하는 용례를 추출하기 위해서는 다음 (26)과 같은 검색식을 사용하면 된다.

(26) #1 〉HD #2:[cat="CVZ"] &
     #2 〉CJ #3:[cat="VZ"]

이 검색식을 이용하여 추출한 용례는 31개이다.

한편, 위의 (24b)의 밑줄친 부분의 구조를 나타내는 수형도는 아래의 (27)과 같다.

(27)

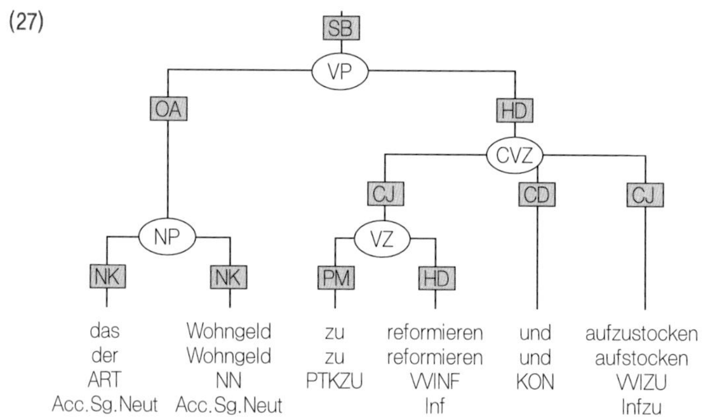

이 수형도에서 우리는 VVIZU 교점의 직접 상위교점이 CVZ이고 이 교점의 문법기능은 핵심어(HD)이라는 사실을 알 수 있다. 따라서 이러한 유형에 속하는 용례를 추출하기 위해서는 다음 (28)과 같은 검색식을 사용하면 된다.

(28) #1 〉HD #2:[cat="CVZ"] &
       #2 〉CJ #3:[pos="VVIZU"]

이 검색식을 이용하여 추출가능한 용례는 8개이다. 이 밖에도 zu-부정사 구문의 여러 가지 하위 유형이 있을 수 있으나 이에 대해 더 이상 논의를 하지는 않겠다.

이제 zu-부정사 구문과 한 문장 안에 빈번히 출현하는 동사들에는 어떤 것이 있는지를 살펴보고 이를 공연구조 문법의 틀 안에서 논의하고자 한다.

앞서 논의한 12가지 유형 중에서 zu-부정사 구문이 주문장 동사와 밀접하게 연관성을 가지게 되는 유형은 제1유형(T1)과 제4유형(T4)이다. 전자의 경우, zu-부정사 구문이 목적절(OC) 기능을 수행하기 때문에 그러하고, 후자의 경우 zu-부정사 구문이 es나 da-의 상관절(RE) 기능을 수행하기 때문이다.

제1유형에 속하는 예문들을 먼저 살펴보자.

(29) a. Er beteuert, alleine gehandelt zu haben. [T$_{8802}$]
    b. Michail Gorbatschow lehnte ab vor Gericht als "Angeklagter" zu erscheinen. [T$_{1445}$]
    c. Auch in Ostdeutschland lassen die Bestellungen viel zu wünschen übrig. [T$_{2760}$]

위 예문에서 보는 바와 같이 제1유형에 속하면서 동시에 zu-부정사구 (VZ)를 목적어로 취하는 주절의 동사를 찾아내기 위해서 필요한 검색식은 다음 (30)과 같다.

(30)
```
#1 >OC #2:[cat="VP"] &
#2 >HD #3:[cat="VZ"] &
#1 >HD #4
```

이 검색식을 통해 얻어지는 용례는 1,701개이고, 이 용례에서 주절의 핵어(HD)로 기능하는 동사들을 빈도를 기준으로 몇 가지만 제시하면 아래 의 표와 같다.

(31)

lemma	Freq
sein	425
haben	145
versuchen	99
scheinen	97
fordern	60

그런데, 이 통계안에는 위의 (29b)나 (29c)와 같이 분리전철의 어간부

분이 포함된 경우도 있기 때문에 이러한 예들은 분리동사로 취급해야 한다. 따라서 분리동사가 나타나는 용례들을 별도로 추출해야 한다. 이를 위한 검색식은 아래의 (32)와 같다.

(32)
#1 >OC #2:[cat="VP"] &
#2 >HD #3:[cat="VZ"] &
#1 >HD #4 &
#1 >SVP #5

이 검색식을 이용해서 추출한 용례는 모두 154개이고 빈도가 높은 예들을 몇 가지 주절의 동사들을 "분리전철+동사어간"의 형태로 제시하면 다음 (33)과 같다.

(33)

lemma (#5)	lemma (#4)	Freq
auf	fordern	44
vor	werfen	44
an	kündigen	13
auf	rufen	8
an	bieten	4

따라서 위 (33)의 빈도를 표 (31)에 반영한다면 여기의 *fordern*의 빈도 60개 중 44는 분리동사 *auffordern*의 몫이 되어야 한다. 그러므로 표 (31)을 수정하면 다음 (34)와 같은 결과가 남는다.

(34)

lemma	Freq
sein	425
haben	145

lemma	Freq
versuchen	99
scheinen	97
fordern	16
auffordern	44

다른 한편, 아래의 (35)와 같이 제1유형의 하위유형으로서 VVIZU-구문(분리동사의 zu-부정사구)을 목적어로 취하는 예들도 있다.

(35)

a. Es ist kaum anzunehmen, daß sich der Bundestag begründeten Bitten der Vereinten Nationen entziehen wird. [T$_{538}$]

b. 1956 bot die Sowjetunion an, im Zuge eines Friedensvertrages zwischen den beiden Ländern zwei der vier südlichen Inselgruppen abzugeben. [T$_{894}$]

c. Die Heilsfront forderte Kafi auf, zu demokratischen Reformen zurückzukehren. [T$_{1174}$]

어떤 주절 동사의 목적어로 쓰이는 VVIZU-구문과 해당 주절의 동사를 찾아내기 위해서 필요한 검색식은 다음 (36)과 같다.

(36)
#1 >OC #2:[cat="VP"] &
#2 >HD #3:[pos="VVIZU"] &
#1 >HD #4

이 검색식을 통해 얻어지는 용례는 556개이고, 이 용례에서 주절의 핵어(HD)로 기능하는 동사들을 빈도를 기준으로 몇 가지만 제시하면 아래의 표와 같다.

(37)

lemma	Freq
sein	108
versuchen	49
fordern	32
haben	25
scheinen	21

그런데, 이 통계안에도 위의 (35b)나 (35c)와 같이 분리전철의 어간부분이 포함된 경우도 있기 때문에 이러한 예들은 분리동사로 취급해야 한다. 따라서 분리동사가 나타나는 용례들을 별도로 추출해야 한다. 이를 위한 검색식은 아래의 (38)과 같다.

(38)
#1 〉OC #2:[cat="VP"] &
#2 〉HD #3:[pos="VVIZU"] &
#1 〉HD #4 &
#1 〉SVP #5

이 검색식을 이용해서 추출한 용례는 모두 44개이고 빈도가 높은 예들을 몇 가지 주절의 동사들을 "분리전철+동사어간"의 형태로 제시하면 다음 (39)와 같다.

(39)

lemma (#5)	lemma (#4)	Freq
auf	fordern	17
an	kündigen	7
vor	schlagen	5
vor	werfen	3
auf	rufen	2

이제 위 (39)의 빈도를 표 (37)에 반영한다면 여기의 *fordern*의 빈도 32개 중 17개는 분리동사 *auffordern*의 몫이 되어야 한다. 그러므로 표 (37)을 수정하면 다음 (40)과 같은 결과가 남는다.

(40)

lemma	Freq
sein	108
versuchen	49
fordern	15
auffordern	17
haben	25
scheinen	21

이상의 논의를 요약하면, OC-VZ 구문(일반부정사구를 목적절로 삼는 구문)의 용례가 1,701개 추출되고, OC-VVIZU 구문(분리동사 부정사구를 목적절로 삼는 구문)의 용례는 556개 추출된다.

제4유형에 속하는 부정사구 중에서는 직접목적어(OA) 기능이나 전치사격 목적어(OP) 기능을 수행하는 예들이 주절의 동사와 부정사구간의 상관관계를 살피는데 적합한 예들이다. 편의상 전자의 경우 es-OA 구문으로 후자의 경우 daPr-OP 구문으로 명명하고자 한다. 이 구문들의 공통점은 진목적어 기능을 하는 부정사구를 대리하는 가목적어가 함께 출현한다는 점이다. 가목적어의 경우 대명사 *es*로 나타나거나 대부사 *da*와 전치사의 융합형 *davon, dazu, daran, darauf* 등으로 나타난다. es-OA 구문은 부정사구를 형성하는 동사가 일반동사인가 분리동사인가에 따라 두 가지로 하위 분류할 수 있는데, 일반동사가 포함된 구문을 es-OA-VZ 구문으로, 분리동사가 포함된 구문을 es-OA-VVIZU 구문으로 부르고자 한다. 마찬가지로 daPr-OP 구문도 부정사구를 형성하는 동사가 일반동사인가 분리동사인가에 따라 두 가지로 하위 분류할 수 있는데, 일반동사가 포함된 구문을 daPr-OP-VZ 구문으로, 분리동사가 포함된 구문을 daPr-OP-VVIZU

구문으로 부르고자 한다.

(41)

a. Er hat es den Gescholtenen erleichtert, ihr Gesicht zu wahren. [T$_{25312}$]

b. Die heutigen Kassensysteme erlaubten es nicht, zwei Preisreihen mit verschiedenen Devisen abzurechnen. [T$_{16281}$]

c. Die politische Instabilität habe zudem ausländische Investoren davon abgehalten, sich in Israel zu engagieren. [T$_{1125}$]

d. Sie warnte davor, durch eine neue Mietrechtsdiskussion Investoren abzuschrecken. [T$_{3687}$]

위 (41a)는 es-OA-VZ 구문의 예로 여기에는 가목적어 es와 진목적어인 일반 부정사구가 나타나고, es-OA-VVIZU 구문의 용례인 (41b)에는 가목적어 es와 진목적어인 분리동사 부정사구가 나타나 있다. 한편, (41c)에는 대부사 융합형 *davon*이 가목적어로서 일반 부정사구가 진목적어로서 나타나는데 이 문장은 daPr-OP-VZ 구문의 용례이며, 분리동사 부정사구가 진목적어로서 그리고 대부사 융합형 davor가 가목적어로 나타난 문장 (41d)는 daPr-OP-VVIZU 구문의 용례이다. 하나의 예로 위 (41b)의 수형도를 보이면 다음 쪽의 (42)와 같다.

이 수형도에서 확인할 수 있듯이 대명사 es는 "자리지킴어(PH)"라는 문법기능을 수행하는 것으로, VP로 실현되는 부정사구는 "반복요소(RE)"라는 문법기능을 가지는 것으로 각각 분석된다.

TIGER 코퍼스로부터 각 구문의 용례를 검색하기 위한 검색식은 각각 다음 (43)-(46)과 같다.

(42)

VROOT
S
NP
VP
PP
SB
HD
PH
NG
OA
RE
MO
AC
NK
Die / der / ART / Nom.Pl.Neut
heutigen / heutig / ADJA / Pos.Nom.Pl.Neut
Kassensysteme / Kassensystem / NN / Nom.Pl.Neut
erlaubten / erlauben / VVFIN / 3.Pl.Past.Subj
es / es / PPER / 3.Acc.Sg.Neut
nicht / nicht / PTKNEG
, / $,
zwei / zwei / CARD
Preisreihen / Preisreihe / NN / Acc.Pl.Fem
mit / mit / APPR
verschiedenen / verschieden / ADJA / Pos.Dat.Pl.Fem
Devisen / Devise / NN / Dat.Pl.Fem
abzurechnen / abrechnen / VVIZU / Infzu
. / $.

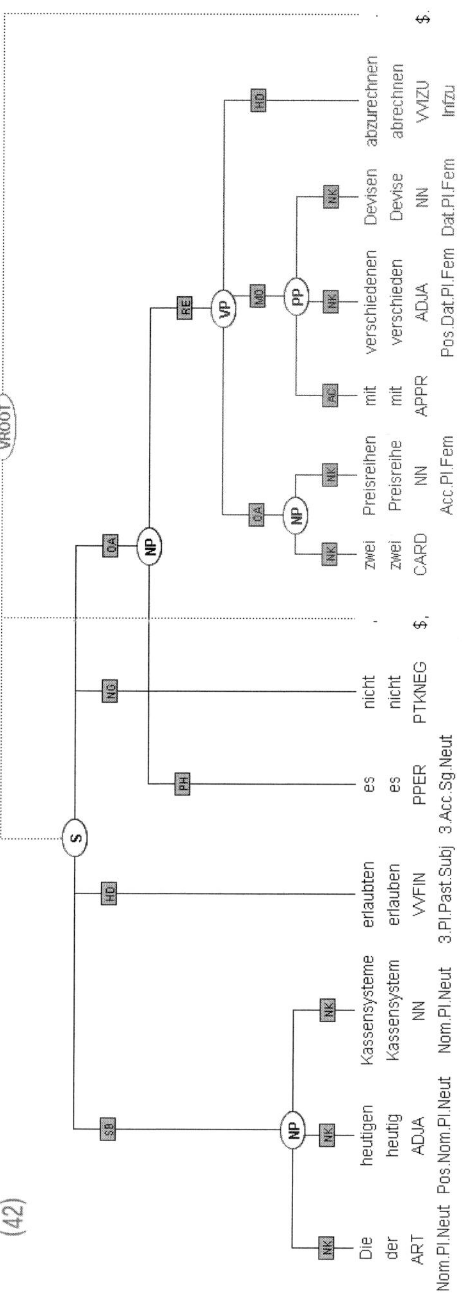

(43)
#0 〉OA #1:[cat="NP"] &
#1 〉PH #2 &
#1 〉RE #3:[cat="VP"] &
#3 〉 #4:[cat="VZ"] &
#0 〉HD #5

(44)
#0 〉OA #1:[cat="NP"] &
#1 〉PH #2 &
#1 〉RE #3:[cat="VP"] &
#3 〉 #4:[pos="VVIZU"] &
#0 〉HD #5

(45)
#0 〉OP #1:[cat="PP"] &
#0 〉HD #6 &
#1 〉PH #2 &
#1 〉RE #3 &
#3 〉 #4:[cat="VZ"] &
#4 〉HD #5

(46)
#0 〉OP #1:[cat="PP"] &
#0 〉HD #6 &
#1 〉PH #2 &
#1 〉RE #3 &
#3 〉HD #5:[pos="VVIZU"]

위 검색식들에 의해 추출된 각 구문의 용례수를 정리하면 다음과 같다.

(47)

구문	용례의 빈도
es-OA-VZ 구문	76
es-OA-VVIZU 구문	30
daPr-OP-VZ 구문	118
daPr-OP-VVIZU 구문	62

한 걸음 더 나아가 추출된 용례들의 구조를 분석하여 주절에 분리전철 (SVP)이 포함된 문장들의 수를 헤아리면 각각 아래의 표와 같다.

(48)

구문	SVP 빈도
es-OA-VZ 구문	6
es-OA-VVIZU 구문	5
daPr-OP-VZ 구문	12
daPr-OP-VVIZU 구문	6

주절의 핵어 동사와 부정사구와의 상관관계를 공연구조적인 방법론에 의해 규명하기 위한 기초 동사 어휘빈도 데이터를 마련하기 위해 지금까지 논의한 여섯 가지 구문의 출현빈도를 분리전철의 빈도와 함께 정리하면 표 (49)와 같다.

(49)

구문	빈도	SVP 빈도
OC-VZ 구문	1701	154
OC-VVIZU 구문	556	44
es-OA-VZ 구문	76	6
es-OA-VVIZU 구문	30	5
daPr-OP-VZ 구문	118	12
daPr-OP-VVIZU 구문	62	6
합계	2,543	227

TIGER 코퍼스로부터 추출한 용례 2,543 문장의 주절에 나타난 핵어들의 목록을 TIGER 코퍼스 전체 동사빈도 목록과 비교한 결과 2,393개 동사가 이 구문의 핵어로 쓰이는 것을 확인할 수 있었다.[54]

아래 (50)에는 zu-부정사 구문을 관할하는 상위교점의 핵어로 출현하는 동사 목록이 제시되어 있다.

(50)

동사	빈도
sein	533
haben	171
versuchen	149
scheinen	118
auffordern	80
vorwerfen	58
fordern	48
beginnen	38
drohen	34
geben	32
glauben	31
aufrufen	30
vermögen	29
verpflichten	28
ankündigen	27

이제 동사빈도 데이터를 기반으로 전체코퍼스 어휘 888,238개를 고려하여 어휘와 부정사구와 주절동사간의 상관관계를 나타내는 공연강도를 구하면 다음 (51)과 같다.[55]

(51)

word.freq : frequency of the word in the corpus

---

obs.freq : observed frequency of the word with/in zu-Infinitiv

exp.freq : expected frequency of the word with/in zu-Infinitiv

faith : percentage of how many instances of the word occur with/in
zu-Infinitiv

relation : relation of the word to zu-Infinitiv

coll.strength : index of collocational/collostructional strength :
log-likelihood, the higher, the stronger

	words	word.freq	obs.freq	exp.freq	faith	relation	coll.strength
1	sein	12244	533	32.99	0.0435	attraction	2.101410e+03
2	scheinen	198	118	0.53	0.5960	attraction	1.135503e+03
3	auffordern	128	80	0.34	0.6250	attraction	7.802584e+02
4	vorwerfen	169	58	0.46	0.3432	attraction	4.709555e+02
5	haben	7514	171	20.24	0.0228	attraction	4.411249e+02
6	vermögen	33	29	0.09	0.8788	attraction	3.191654e+02
7	fordern	366	48	0.99	0.1311	attraction	2.862232e+02
8	drohen	154	34	0.41	0.2208	attraction	2.408666e+02
9	verpflichten	67	28	0.18	0.4179	attraction	2.408032e+02
10	beginnen	255	38	0.69	0.1490	attraction	2.367136e+02
11	weigern	27	22	0.07	0.8148	attraction	2.346886e+02
12	aufrufen	102	30	0.27	0.2941	attraction	2.321791e+02
13	zwingen	63	25	0.17	0.3968	attraction	2.116642e+02
14	glauben	172	31	0.46	0.1802	attraction	2.057075e+02
15	beschließen	109	26	0.29	0.2385	attraction	1.886284e+02
16	warnen	143	27	0.39	0.1888	attraction	1.818597e+02
17	empfehlen	67	22	0.18	0.3284	attraction	1.759540e+02
18	ankündigen	221	27	0.60	0.1222	attraction	1.567576e+02
19	brauchen	186	25	0.50	0.1344	attraction	1.501339e+02
20	bitten	83	20	0.22	0.2410	attraction	1.455087e+02
21	versprechen	106	21	0.29	0.1981	attraction	1.436116e+02
22	bemühen	51	17	0.14	0.3333	attraction	1.365460e+02
23	hoffen	117	19	0.32	0.1624	attraction	1.217033e+02
24	wagen	40	14	0.11	0.3500	attraction	1.140930e+02

25	helfen	112	17	0.30	0.1518	attraction 1.064193e+02
26	hindern	21	11	0.06	0.5238	attraction 1.012069e+02
27	bekommen	169	18	0.46	0.1065	attraction 9.931107e+01
28	geben	1094	32	2.95	0.0293	attraction 9.566005e+01
29	raten	28	11	0.08	0.3929	attraction 9.278853e+01
30	versäumen	15	9	0.04	0.6000	attraction 8.637616e+01
31	beschuldigen	21	9	0.06	0.4286	attraction 7.791662e+01
32	verlangen	146	14	0.39	0.0959	attraction 7.419749e+01
33	aufhören	25	9	0.07	0.3600	attraction 7.394935e+01
34	entschließen	16	8	0.04	0.5000	attraction 7.255608e+01
35	beabsichtigen	10	7	0.03	0.7000	attraction 7.065298e+01
36	erlauben	69	11	0.19	0.1594	attraction 6.998763e+01
37	gelten	391	18	1.05	0.0460	attraction 6.915566e+01
38	schaffen	272	16	0.73	0.0588	attraction 6.911065e+01
39	gehen	692	22	1.86	0.0318	attraction 6.909095e+01
40	verstehen	115	12	0.31	0.1043	attraction 6.567124e+01
41	pflegen	40	9	0.11	0.2250	attraction 6.404778e+01
42	anfangen	43	9	0.12	0.2093	attraction 6.259636e+01
43	veranlassen	16	7	0.04	0.4375	attraction 6.097249e+01
44	kündigen	19	7	0.05	0.3684	attraction 5.791051e+01
45	erwägen	39	8	0.11	0.2051	attraction 5.528094e+01
46	wissen	325	14	0.88	0.0431	attraction 5.197613e+01
47	suchen	159	11	0.43	0.0692	attraction 5.102965e+01
48	ablehnen	214	12	0.58	0.0561	attraction 5.068544e+01
49	bestehen	215	12	0.58	0.0558	attraction 5.057567e+01
50	bedeuten	143	10	0.39	0.0699	attraction 4.660123e+01
......						
......						
239	sagen	1354	1	3.65	0.0007	repulsion 2.715493e+00
240	liegen	481	1	1.30	0.0021	repulsion 7.359046e-02

In order to determine the degree of repulsion of verbs that are not attested with/in the word/the construction, the following table gives the collocational/collostructional strength for all verb frequencies in orders of magnitude the corpus size allows for.

absentees.words	absentees.obs.freqs	absentees.exp.freqs	X.repulsion.	absentees.collstrengths
1 a	1e+01	0.02694098	repulsion	0.05395497
2 b	1e+02	0.26940978	repulsion	0.53957709
3 c	1e+03	2.69409775	repulsion	5.39851029
4 d	1e+04	26.94097753	repulsion	54.26109997
5 e	1e+05	269.40977531	repulsion	572.45762942

If your collostruction strength is based on p-values, it can be interpreted as follows: Coll.strength〉3 =〉p〈0.001; coll.strength〉2 =〉p〈0.01; coll.strength〉1.30103 =〉p〈0.05.

위에 제시된 공연강도를 기준으로 주절동사와 zu-부정사 구문간의 관계를 살펴보면 동사 *sein, scheinen, auffordern, vorwerfen, haben, vermögen, fordern, drohen, verpflichten, beginnen* 등이 zu-부정사구를 목적어로 선호하는 반면, *sagen*과 *liegen*은 선호하지 않는 것으로 나타난다.

7.2 sein+zu-부정사 구문

앞 절에서 살펴본 바와 같이 동사 sein은 zu-부정사구를 목적어로 가장 빈번하게 취하는 동사이다. 아래의 예들은 TIGER 코퍼스로부터 추출한 것이다.

(52)

a. Die bisherige "Entschuldung" sei kaum als solche zu bezeichnen :

[T₆₃₁]

b. Wie aus der adidas-Zentrale zu erfahren war, wird Jäggi vorläufig
   weiter als Chef der Firma im Amt bleiben.   [T₇₄₇]

(53)

a. Es ist kaum anzunehmen, daß sich der Bundestag begründeten
   Bitten der Vereinten Nationen entziehen wird.   [T₅₃₈]

b. Am Montag war noch nicht abzusehen, ob sich Tsomet an einer
   Koalitionsregierung beteiligen wird.   [t₁₄₂₀]

위 예들에서 확인할 수 있듯이 *sein* 동사가 zu-부정사구를 목적어로 취
하는 구문은 수동의 의미와 가능성의 의미를 함께 표현한다.

Tiger 코퍼스로부터 *sein* 동사가 zu-부정사구를 목적어로 취하는 용례
들을 찾기 위해 다음 두 가지 검색식을 이용할 수 있다.

(54)

a.

```
#1 >OC #2:[cat="VP"] &
#2 >HD #3:[cat="VZ"] &
#1 >HD #4:[lemma="sein"] &
#3 >HD #5
```

b.

```
#1 >OC #2:[cat="VP"] &
#2 >HD #3:[pos="VVIZU"]  &
#1 >HD #4:[lemma="sein"]
```


검색식 (54a)를 이용해 추출한 용례는 425개이고, 검색식 (54b)를 이
용해 추출한 용례는 108개이다. 검색결과 이 구문에 가장 많이 나타나는
동사 20개를 빈도와 함께 제시하면 아래의 (50)과 같다.

(55)

Freq	Lemma
24	sehen
21	erwarten
21	rechnen
20	hören
12	machen
12	finden
11	verdanken
10	haben
10	erreichen
8	ansehen
8	ausschließen
8	zurückfüren
7	erkennen
7	spüren
7	erfahren
7	bringen
7	schaffen
6	erklären
6	beobachten
5	einwenden

이제 이 구문과 동사와 상관관계를 살펴보기 위해 공연구조적 방법론을 이용하여 동사들의 공연강도를 산출하면 다음과 같은 결과를 얻는다.56)

(56)

word.freq : frequency of the word in the corpus

obs.freq : observed frequency of the word with/in sein-zu-Infinitiv

exp.freq : expected frequency of the word with/in sein-zu-Infinitiv

faith : percentage of how many instances of the word occur with/in sein-zu-Infinitiv

relation : relation of the word to sein-zu-Infinitiv

---

56) 여기에는 공연강도가 상위 50위안에 포함된 동사들만 제시하고 전체 통계는 [부록 8] 에 담는다.

coll.strength : index of collocational/collostructional strength : log-likelihood, the higher, the stronger

	words	word.freq	obs.freq	exp.freq	faith	relation	coll.strength
1	hören	90	20	0.05	0.2222	attraction	202.232298
2	rechnen	170	21	0.10	0.1235	attraction	185.460186
3	erwarten	246	21	0.15	0.0854	attraction	169.165383
4	sehen	608	24	0.36	0.0395	attraction	155.671376
5	verdanken	27	11	0.02	0.4074	attraction	126.955034
6	haben	17	10	0.01	0.5882	attraction	125.531597
7	zurückführen	21	8	0.01	0.3810	attraction	90.921363
8	finden	350	12	0.21	0.0343	attraction	74.175708
9	ansehen	53	8	0.03	0.1509	attraction	73.889144
10	erreichen	245	10	0.15	0.0408	attraction	65.275391
11	spüren	51	7	0.03	0.1373	attraction	63.208257
12	erfahren	61	7	0.04	0.1148	attraction	60.541297
13	einwenden	10	5	0.01	0.5000	attraction	60.374762
14	ausschließen	122	8	0.07	0.0656	attraction	59.894172
15	erkennen	90	7	0.05	0.0778	attraction	54.853792
16	beobachten	43	6	0.03	0.1395	attraction	54.379188
17	machen	880	12	0.53	0.0136	attraction	52.418512
18	antreffen	8	4	0.00	0.5000	attraction	48.292276
19	bewältigen	31	5	0.02	0.1613	attraction	46.870872
20	entnehmen	12	4	0.01	0.3333	attraction	44.111057
21	danken	13	4	0.01	0.3077	attraction	43.340302
22	ablesen	13	4	0.01	0.3077	attraction	43.340302
23	übersehen	14	4	0.01	0.2857	attraction	42.638231
24	lösen	62	5	0.04	0.0806	attraction	39.537108
25	schaffen	272	7	0.16	0.0257	attraction	39.208138
26	verzeichnen	30	4	0.02	0.1333	attraction	35.848376
27	bringen	392	7	0.24	0.0179	attraction	34.177959
28	verstehen	115	5	0.07	0.0435	attraction	33.228253
29	rechtfertigen	52	4	0.03	0.0769	attraction	31.231363

30	suchen	159	5	0.10	0.0314	attraction	29.979161
31	prüfen	74	4	0.04	0.0541	attraction	28.339327
32	befürchten	85	4	0.05	0.0471	attraction	27.214784
33	erklären	410	6	0.25	0.0146	attraction	26.964552
34	feststellen	92	4	0.06	0.0435	attraction	26.575256
35	überwinden	36	3	0.02	0.0833	attraction	23.914952
36	denken	137	4	0.08	0.0292	attraction	23.384793
37	absehen	40	3	0.02	0.0750	attraction	23.261161
38	berappen	5	2	0.00	0.4000	attraction	22.954875
39	messen	43	3	0.03	0.0698	attraction	22.814319
40	werten	49	3	0.03	0.0612	attraction	22.010955
41	zurechnen	7	2	0.00	0.2857	attraction	21.311610
42	nachlesen	7	2	0.00	0.2857	attraction	21.311610
43	abraten	7	2	0.00	0.2857	attraction	21.311610
44	trauen	8	2	0.00	0.2500	attraction	20.691218
45	belegen	63	3	0.04	0.0476	attraction	20.477421
46	beanstanden	9	2	0.01	0.2222	attraction	20.155064
47	kompensieren	10	2	0.01	0.2000	attraction	19.682923
48	bewundern	10	2	0.01	0.2000	attraction	19.682923
49	vernehmen	13	2	0.01	0.1538	attraction	18.532161
50	veranschlagen	13	2	0.01	0.1538	attraction	18.532161

In order to determine the degree of repulsion of verbs that are not attested with/in the word/the construction, the following table gives the collocational/collostructional strength for all verb frequencies in orders of magnitude the corpus size allows for.

	absentees.words	absentees.obs.freqs	absentees.exp.freqs	X.repulsion.	absentees.collstrengths
1	a	1e+01	0.006000644	repulsion	0.01200496
2	b	1e+02	0.060006440	repulsion	0.12005566
3	c	1e+03	0.600064397	repulsion	1.20116550
4	d	1e+04	6.000643972	repulsion	12.07299926
5	e	1e+05	60.006439715	repulsion	127.36326044

If your collostruction strength is based on p-values, it can be interpreted as follows: Coll.strength⟩3 =⟩ p⟨0.001; coll.strength⟩2 =⟩ p⟨0.01; coll.strength⟩1.30103 =⟩ p⟨0.05.

위에 제시된 공연강도를 기준으로 sein+zu-부정사구문에 나타나는 동사들을 살펴보면 *hören, sehen, finden, spüren* 등 지각동사와 *rechnen, erfahren, beobachten* 등 인지동사들이 이 구문을 선호함을 확인할 수 있다.

7.3 haben+zu-부정사 구문

zu-부정사구가 동사 *haben*과 결합함으로써 양상성(Modalität)을 나타내는 필연성(Notwendigkeit)의 의미가 추가된다는 사실은 잘 알려져 있다 (Buscha/Zoch 1992 : 94). 아래의 예들은 TIGER 코퍼스로부터 추출한 것들이다.

(57)
a. "Es tut weh, mit anzusehen, wie die ganze Familie für eine Tat leidet, die man allein zu verantworten hat", resigniert Castellanos. [T485]
b. Solange der Bund noch 300 000 alte Fälle zu bearbeiten habe, könne eine Wende nicht erreicht werden. [T2063]

TIGER 코퍼스로부터 *haben* 동사가 zu-부정사구를 목적어로 취하는 용례들을 찾기 위해 다음 두 가지 검색식을 이용할 수 있다.

(58)

a.

\#1 〉OC \#2:[cat="VP"] &

\#2 〉HD \#3:[cat="VZ"] &

\#1 〉HD \#4:[lemma="haben"] &

\#3 〉HD \#5

b.

\#1 〉OC \#2:[cat="VP"] &

\#2 〉HD \#3:[pos="VVIZU"] &

\#1 〉HD \#4:[lemma="haben"]

검색식 (58a)를 이용해 추출한 용례는 145개이고, 검색식 (58b)를 이용해 추출한 용례는 25개이다. 다시 말하여 이 구문에 해당하는 용례가 모두 170개가 된다. 그런데 이들 중에는 다음의 예에서 보이는 바와 같이 "의무/필연성"의 의미를 갖지 않는 세 가지 상이한 유형의 구문들이 포함되어 있다.

(59)

a. Die FDP hat erst zugestimmt und will jetzt nichts mehr damit zu tun haben. [T$_{1761}$]

b. Werden, was mit tödlicher Sicherheit eintritt, manche Dinge künftig schieflaufen, dann hat man es in Bayern zum Beispiel leicht, mit altgewohntem Unterton die Berliner Republik zu beschimpfen. [T$_{7349}$]

c. Der philippinische Präsident Fidel Ramos, Gastgeber des nächsten Apec-Gipfels, sagte, er habe vor, 1996 Sicherheitsfragen auf die Tagesordnung zu setzen. [T$_{36027}$]

위의 (59a)-(c)에 제시된 구문들은 각각 haben+zu tun 구문과 haben+es+zu-부정사 구문 및 vorhaben+zu-부정사 구문이다.

세 가지 중에서 haben+zu tun 구문이 코퍼스에서 가장 많이 나타나는데 모두 49회 출현하며 이 구문은 "…과 관계가 있다"라는 관용적인 의미를 생성한다. 따라서 이 관용적인 의미를 지니는 구문과는 우리가 관심을 가지고 살펴보고 있는 의무나 필연을 의미하는 haben+zu-부정사 구문이 구별되어야 한다.57) 다음의 예는 관용적으로 사용되는 haben+zu tun 구문을 추가적으로 보여준다.

(60)

a. Dies sei Sache der Tarifpartner und habe nichts mit ökologischen Elementen im Steuersystem zu tun. [T_{8991}]

b. Was danach kam, hat viel damit zu tun, daß dieses Konzept als Problemlöser versagt hat. [T_{16776}]

TIGER 코퍼스로부터 haben+zu tun 구문을 추출하는 데 사용된 검색식은 다음 (61)이다.

(61)

```
#1 〉OC #2:[cat="VP"] &
#2 〉HD #3:[cat="VZ"] &
#1 〉HD #4:[lemma="haben"] &
#3 〉HD #5:[lemma="tun"]
```

이 검색식에 의거하여 용례가 49회 추출되는데 이 용례들을 살펴 보면 이 구문이 nichts(11회), was(4), nichts mehr(3), etwas(1회), viel(1회), wenig(1회), genug(1회)와 같은 정도를 나타내는 표현들과 연어관계를 이룸을 알 수 있다.

위 (59b)에 제시된 구문은 haben+es+leicht/schwer 구문("…하기가 어

---

57) Stefanowitsch(2006)은 용법을 4가지로 구분한다.

렵다/쉽다" 라는 의미)으로 코퍼스에서는 용례가 2개 발견된다.

이 용례를 추출하기 위해 사용한 검색식은 다음 (62)와 같다.

(62)
```
#0 >OA #1:[cat="NP"] &
#1 >PH #2 &
#1 >RE #3:[cat="VP"] &
#3 > #4:[cat="VZ"] &
#0 >HD #5:[lemma="haben"]
```

다음으로 구문 vorhaben+zu-부정사 구문이 위 (59c)에 제시되어 있으며 그 의미는 "…을 행할 의도/계획을 가지고 있다"이다. 이 용례는 단 하나 발견되는데 이를 추출하기 위한 검색식은 아래의 (63)과 같다.

(63)
```
#1 >OC #2:[cat="VP"] &
#2 >HD #3:[cat="VZ"] &
#1 >HD #4:[lemma="haben"] &
#3 >HD #5 &
#1 >SVP #6
```

이제 "…을 해야 한다"라는 "의무/필연성"을 표현하는 haben+zu-부정사 구문에 2회 이상 출현하는 동사 20개를 빈도와 함께 제시하면 아래의 (64)와 같다.

(64)

Lemma	Freq
verantworten	7
bieten	6
entscheiden	5
erwarten	4

Lemma	Freq
gelten	4
kämpfen	4
verdanken	4
bedeuten	3
einwenden	3
leiden	3
tragen	3
beantworten	2
entgegensetzen	2
erzählen	2
klären	2
prüfen	2
setzen	2
verkraften	2
verlieren	2
zahlen	2

지금까지 논의한 바와 같이 구문 haben+zu-부정사는 원형적인 의미로서 "의무/필연성"을 나타내는데 이런 양상의미를 표현하는 대표적인 화법조동사가 *müssen*이므로 두 구문을 비교하는 것도 의의가 적지 않을 것으로 판단된다. 이를 위해 müssen-구문에 어떤 동사들이 나타나는지를 살펴볼 목적으로 아래와 같은 검색식을 통해 코퍼스로부터 müssen-구문에 해당하는 용례를 추출했다.

(65)
```
#1 >OC #2:[cat="VP"] &
#2 >HD #3:[cat=/V.*/] &
#1 >HD #4:[lemma="müssen"]
```

이 검색식을 통해 추출된 용례는 모두 1,652개 인데, 그 중 대표적인 예가 다음 (66)에 제시되어 있다.

(66) Jaschke : Hier muß man eine Unterscheidung treffen.   [T$_{133}$]

위 (66)의 동사 *treffen*과 같이 müssen-구문에 출현하는 원형동사들을 출현 빈도 9를 기준으로 상위 21개만 제시하면 다음 (67)과 같다.

(67)

Lemma	Freq
werden	409
sein	116
haben	35
bleiben	29
zahlen	27
hinnehmen	26
lassen	26
rechnen	23
machen	22
verantworten	18
nehmen	17
geben	14
bezahlen	13
einstellen	12
können	11
stellen	10
entscheiden	10
führen	9
sehen	9
zustimmen	9
erklären	9

haben+zu-부정사 구문에 많이 출현하는 어휘목록 (64)와 müssen-구문에 많이 출현하는 어휘목록 (67)을 비교해 볼 때 동사 3개만이, 곧 *entscheiden, verantworten, zahlen*만이 중복출현한다는 사실이 흥미롭다. 구체적으로 어떤 의미부류에 속하는 동사들이 haben+zu-부정사 구문에 주로 나타나고 어떤 의미부류에 속하는 동사들이 müssen-구문에 주로 나타나는지를 분석하기 위해 좀 더 면밀한 검토가 필요하다.

7.4 부사적 용법의 부정사 구문

독일어에서 zu-부정사 구문이 부사적인 기능을 갖는 경우는 접속사 *um, (an)statt* 및 *ohne*가 부정사 구문을 이끄는 경우에 한정된다.[58)]

다음의 예문들과 수형도에서 확인할 수 있듯이 zu-부정사구문은 주절의 동사를 수식하는 부사적인 기능을 갖는다.

(68)

  a. Ist moderne Wirtschaftspolitik, sich auf Sozial-und Umweltdumping einzulassen, um die Interessen der Unternehmen zu sichern?[T14922]

  b. Statt Details zu nennen, wiederholt er unverdrossen die "Erfolgsformel" :   [T40]

  c. Es kann dann zu spät sein, unser Ziel einer großen Volkspartei noch zu proklamieren, ohne sich lächerlich zu machen.   [T7439]

  d.

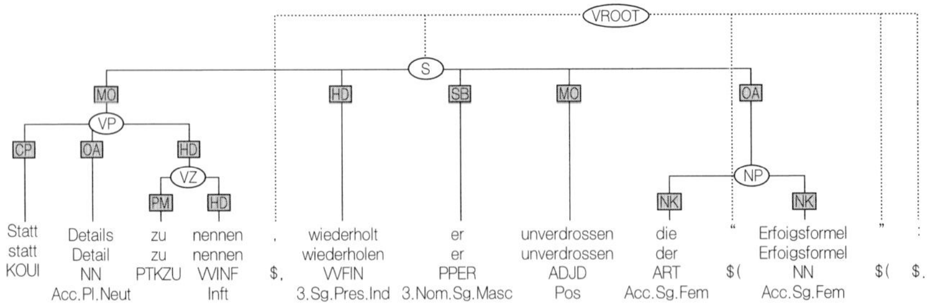

위 (68a)의 um+zu-부정사 구문은 "…할 목적으로/ …하기 위하여"라는 의미를 표현하고, (68b)의 statt+zu-부정사 구문은 "…하는 대신에"라는 의미를 가지며 (68c)의 ohne+zu-부정사 구문은 "…하지 않고"라는 의미를 나타낸다.

---

58) 전치사 *außer*가 부정사구문 앞에 나타나는 경우도 드물게 있지만 출현빈도가 매우 낮기 때문에 여기서는 다루지 않기로 한다.

이제 각 하위 구문의 특성을 살펴보기로 한다.

7.4.1 um+zu-부정사 구문

앞서 논의한 (68a)를 포함하여 um+zu-부정사 구문에 속하는 용례를 TIGER 코퍼스로부터 추출하기 위해 우리는 다음 (69a) 및 (69b)와 같은 검색식을 사용한다.

(69)
a.
#1:[cat="VP"] &
#1 >HD #2:[cat="VZ"] &
#2 >HD #3 &
#1 >CP #4:[lemma="um" & pos="KOUI"]
b.
#1:[cat="VP"] &
#1 >HD #2:[pos="VVIZU"] &
#1 >CP #4:[lemma="um" & pos="KOUI"]

검색식 (69a)와 (69b)에 의해 추출된 용례는 각각 605개와 19개이다. 검색식 (69b)는 분리전철 동사(Partikelverben)가 zu-부정사 구문에 나타나는 경우를 찾아내기 위한 목적으로 만들어진 것이다. 토큰을 기준으로 총 624회 출현하는 동사들의 빈도를 출현빈도 5이상을 최저기준으로 정리하면 다음 (70)과 같다.

(70)

Lemma	Freq
können	50
machen	24
verhindern	19

Lemma	Freq
vermeiden	12
werden	11
erreichen	10
ermöglichen	9
sein	9
bringen	8
finden	8
lassen	8
schaffen	8
sichern	8
halten	7
bekommen	6
entgehen	6
finanzieren	5
geben	5
gewährleisten	5
gewinnen	5
protestieren	5
treffen	5
verstärken	5

위 표에 제시된 동사들이 의미적인 분류에 따라 일관되게 어떤 부류에 속하는 지의 여부는 추가적인 검토가 필요하다.

7.4.2 statt+zu-부정사 구문

앞서 논의한 바와 같이 statt+zu-부정사 구문은 "… 하는 대신에"라는 의미를 갖는다. (68b)를 포함하여 이 구문에 속하는 용례를 Tiger 코퍼스로부터 추출하기 위해 우리는 다음 (71a) 및 (71b)와 같은 검색식을 사용한다.

(71)

a.
#1:[cat="VP"] &
#1 >HD #2:[cat="VZ"] &
#2 >HD #3 &
#1 >CP #4:[lemma="statt" & pos="KOUI"]
b.
#1:[cat="VP"] &
#1 >HD #2:[pos="VVIZU"] &
#1 >CP #4:[lemma="statt" & pos="KOUI"]

검색식 (71a)와 (71b)에 의해 추출된 용례는 각각 29개와 7개인데, 다음 (72)에 제시된 예문이 검색식 (71b)에 의해 추출된 것으로 여기에는 분리전철 동사가 나타난다.

(72)

Statt den Nürnberger Trichter anzusetzen, ist es sinnvoller, durch "learning by doing" die Schüler frühzeitig mit praktischen Erfahrungen im sozialen, ökologischen und betrieblichen Bereich zu konfrontieren.

$[T_{19917}]$

"··· 하는 대신에"라는 의미를 표현하기 위해 접속사 *statt* 대신에 *anstatt* 가 zu-부정사 구문을 이끌게 할 수도 있는데 코퍼스에서는 모두 6개의 용례가 검색된다. 이를 위해 필요한 검색식은 (73a)와 (73b)이다.

(73)

a.
#1:[cat="VP"] &
#1 >HD #2:[cat="VZ"] &
#2 >HD #3 &
#1 >CP #4:[lemma="anstatt" & pos="KOUI"]

b.
```
#1:[cat="VP"] &
#1 >HD #2:[pos="VVIZU"] &
#1 >CP #4:[lemma="anstatt" & pos="KOUI"]
```

이 검색식들에 의해 용례가 각각 4개 혹은 2개 추출된다.

결과적으로 *statt*나 *anstatt*에 의해 이끌어지는 zu-부정사 구문은 코퍼스에서 모두 42개가 검색되는데 이 구문에 나타나는 동사들을 모두 제시하면 다음 (74)와 같다.

(74)

Lemma	Freq
herumschlagen	2
reden	2
abfedern	1
annähern	1
anschließen	1
ansetzen	1
ausladen	1
begeben	1
beschäftigen	1
betreiben	1
bewahren	1
blasen	1
entlasten	1
erlassen	1
erteilen	1
erweitern	1
gehen	1
helfen	1
importieren	1
investieren	1
kämpfen	1
mieten	1
mitzuteilen	1
müssen	1
nennen	1

Lemma	Freq
pflegen	1
plazieren	1
produzieren	1
schaffen	1
stellen	1
stützen	1
tragen	1
unterbinden	1
verdichten	1
verringern	1
verstehen	1
wachsen	1
widersprechen	1
zählen	1
zuwenden	1

위 표에 제시된 동사들은 출현빈도가 너무 낮아 의미론적 분류에 의해 유의미한 결론을 끌어내기가 쉽지 않아 보인다.

7.4.3 ohne+zu-부정사 구문

앞서 논의한 바와 같이 "… 하지 않고"라는 의미를 갖는 ohne+zu-부정사 구문에 속하는 용례를 TIGER 코퍼스로부터 추출하기 위해 우리는 다음 (75a) 및 (75b)와 같은 검색식을 사용한다.

(75)

a.

```
#1:[cat="VP"] &
#1 >HD #2:[cat="VZ"] &
#2 >HD #3 &
#1 >CP #4:[lemma="ohne" & pos="KOUI"]
```

b.
#1:[cat="VP"] &
#1 〉HD #2:[pos="VVIZU"] &
#1 〉CP #4:[lemma="ohne" & pos="KOUI"]

위의 검색식 (75a)와 (75b)에 의해 추출된 용례는 각각 68개와 18개이며, 다음 예 (76)은 분리전철동사를 포함하는 문장이다.

(76)

Der Krieg mit dem irakischen Nachbarland ermöglichte dem Imam, die Einlösung seiner Versprechen zu vertagen, ohne seine Glaubwürdigkeit gänzlich einzubüßen. [T$_{386}$]

토큰을 기준으로 총 86회 출현하는 동사들의 빈도를 출현빈도 2이상을 최저기준으로 정리하면 다음 (77)과 같다.

(77)

Lemma	Freq
sein	5
verlieren	4
haben	3
müssen	3
nennen	3
werden	3
wissen	3
arbeiten	2
aufgeben	2
geraten	2
hinterlassen	2
konsultieren	2
machen	2
verteufeln	2
wollen	2

위 표에 나열된 동사들의 경우에도 GermaNet의 의미적인 분류 체계에 따라 어떤 공통점을 나타내지 않는다. 이에 대해서는 어휘규모가 더 큰 코퍼스를 대상으로 한 면밀한 분석이 요구된다.

제8장 es-구문

TIGER 문법에서 es는 인칭대명사(PPER)로 분류된다. 다음 (1)과 같은 검색식을 통해 es가 출현하는 용례는 모두 3,935개가 검색된다. 이 중에서 고유명사(NE)로 분류되는 경우[59] 하나를 제외하면 인칭대명사로 쓰이는 es는 3,935개이다.

    (1) #1:[lemma="es"]

인칭대명사 es는 여러가지 문법적인 기능을 수행하는데, 이는 곧 주어(SB), 직접목적어(OA), 보어(PD), 비인칭주어(EP), 자리지킴어(PH) 및 삽입어(PAR)을 말함이다.[60] 이들 문법기능의 분포를 표로 정리하면 다음 (2)와 같다.

    (2)

문법기능	빈도수	용 례	
SB	864	Für ehrliche Kunden ist es ein Schock.	[T$_{207}$]
OA	261	Ich weiß auch, daß es einige nicht mehr schaffen.	[T$_{5029}$]

---

59) 코퍼스에서 찾은 용례는 다음과 같다. s11173 : SCHWERIN / BREMEN (dpa / es).
60) Pütz(1986)에서 es의 여러 가지 용법이 논의된다.

문법기능	빈도수	용 례
PD	22	Eines ist gewiß : Der Keynesianismus kann es nicht sein. [T$_{16760}$]
EP	1743	Denn Arbeit gibt es in Kasdorf nur noch wenig. [T$_{577}$]
PH	956	Der Entwurf einer neuen Datenschutzrichtlinie verbot es, daß Kirchen, Arbeitgeber und Staat Daten miteinander austauschen. [T$_{14805}$]
PAR	81	Auch die Bedenken gegen den Inhalt des Beschlusses "wurden mit einiger Wärme aufgenommen", wie es ein Teilnehmer ausdrückte. [T$_{13090}$]
기타	7	–
합계	3934	

위 표에서 확인할 수 있듯이 es가 비인칭주어(EP)로 쓰이는 경우가 가장 많다. EP로 분석된 es는 *es gibt, es geht um etw*^{4} 등 관용구의 한 구성성분으로 쓰이는 것으로 이에 대해서는 이 장에서 별도의 절을 할애해 논의할 예정이다. 자리지킴어(PH) 기능을 하는 es가 포함된 문장은 일반적으로 외치구문으로 다루어질 수 있는데 외치구문에 대해서는 제13장에서 살펴보려고 한다. es가 삽입어(PAR) 기능을 하는 깃으로 분석된 용례도 적지 않은데, 이들 중 많은 예는 분석에 있어 오류를 보인다. 기타에 속하는 예 중의 하나는 es가 VROOT의 직접관할을 받는 것으로 분석된 다음 (3)과 같은 용례인데 이는 명백히 분석의 오류에 속한다.

(3)
Es habe sich um Farbpigmente gehandelt, die nicht gesundheitsge-
fährdend seien, teilte Hoechst mit.   [T$_{23816}$]

위 용례에 나타난 es는 마땅히 비인칭주어(EP)로 분석되어야 한다. 이와 같은 분석에 있어서의 오류는 es의 분석에 있어 아주 빈번히 나타나는데 보어(PD)나 삽입어(PAR)로 분석된 경우들에 특히 많이 발견된다. 다음 예를 보자.

(4)

  a. Und es ist nicht unbedingt das Böse, sondern es ist vielleicht Gott, der unsere Schulter berührt und uns einen Weg zeigt, um die spirituellen Seiten des Lebens kennenzulernen. [T$_{26451}$]

  b. Ausdrücklich wies der Richter darauf hin, daß es in dem US-Verfahren auch nicht um die Schuld von Schneider gegangen sei. [T$_{13393}$]

위 (4a)의 es는 소위 분열문의 필수성분으로서 주어기능을 한다. 그런데 이 용례를 포함하여 몇 개의 문장에서는 보어(PD)로 분석이 되어 있다. 분석의 오류로 간주될 수 있는 예들이다. (4b)의 es는 동사 *gehen* 및 전치사 *um* 이 이끄는 전치사구와 함께 관용구를 형성해서 독자적인 의미를 표현한다. 따라서 이 es는 비인칭주어(EP)로 분석이 되어야 하는데 삽입어(PAR)로 잘못 분석되었다. 이처럼 삽입구로 분석된 많은 예들이 잘못 분석되어 있다.61)

다음 예에서는 es가 주어(SB) 기능을 하는 것으로 분석된다. 앞서 언급한 분열문(Spaltsatz, Cleft-sentence)에 es가 나타난 예이다.

(5) Es sind nun einmal Polizisten, die das gelernt haben. [T$_{4986}$]

(6)

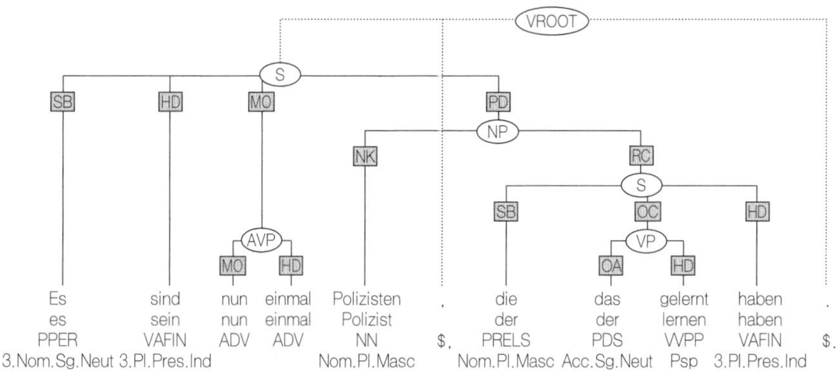

---

61) 분석의 오류에 대해서는 코퍼스 TIGER 2.1에 대한 전반적인 평가를 포함한 후속연구 및 논의가 필요하다고 생각된다.

es가 직접목적어(OA) 기능을 수행하는 예와 그에 대한 수형도는 다음과
같다.

(7) Ich weiß auch, daß es einige nicht mehr schaffen.   [T_{5029}]

(8)

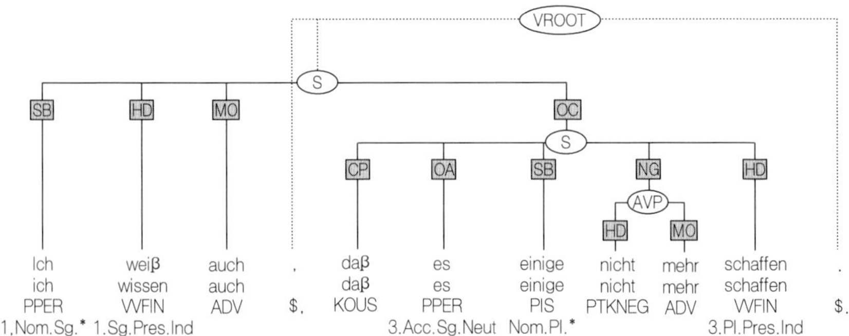

다음의 예는 es가 보어(PD) 기능을 갖는 경우이다. 분석이 올바르게 되
어 있는 경우이다.

(9) Doch das war's ja wohl nicht.   [T_{25192}]

Pittner/Berman(2004)에서는 대명사 es를 통사적인 속성에 따라 네 가
지로 구분하고 있다. 곧, 인칭대명사-es, 허사-es, 전장-es 및 상관사-es
등이다. 인칭대명사-es는 TIGER 문법에서는 주어(SB) 기능을 하는 es와
보어(PD) 기능을 하는 es에 포함되어 있으며, 허사-es는 TIGER 문법에서
허사(EP) 기능을 하는 es에 대응된다. 반면 전장-es는 TIGER 문법에서
모두 주어(SB) 기능을 하는 es 속에 포함되고 상관사-es는 TIGER 문법에
서 자리지킴어(PH) 기능을 하는 es에 대응된다.62)

---

62) 전장의 es도 일부는 자리지킴어(PH)가 아닌지에 대해 논의가 필요가 있다고 본다.

이상의 논의에서 분명히 확인되듯이 es의 쓰임은 매우 다양하다. es가 나타나는 여러 가지 구문 중에서 이 장에서는 분열문과, 허사 구문 및 자리지킴어(PH) 구문에 대해 상세히 다루기로 한다.

8.1 분열문(Spaltsätze)

독일어의 분열문은 "es＋sein동사＋분열표현＋관계절"의 형태를 취한다. 이러한 형태를 취하는 용례들을 TIGER 코퍼스로부터 추출하기 위해 우리는 아래 (10)과 같은 검색식을 사용한다.

(10)
#1 〉SB #2:[lemma="es"] &
#1 〉HD #3:[lemma="sein"] &
#1 〉PD #4 &
#4 〉RC #5

검색 결과 58개의 용례가 추출된다. 이 용례에 나타난 sein동사의 어휘 형태의 분포는 다음 (11)과 같다.

(11)
ist	24
war	21
waren	6
sind	5
Ist	1
War	1

앞서 언급한 바와 같이, 분열문에 나타나는 es는 주어(SB) 기능을 하는

것으로 TIGER 문법에서 간주된다. 형식상으로 es가 주어역할을 하지만 동사와 일치관계를 보이는 것은 보어이기 때문에 보어가 복수이면 동사의 형태로 그에 따라 복수활용형으로 나타난다. 다음 (12)에 그런 예가 제시되어 있다.

(12) Sie <u>sind</u> es, die die Welt führen, weil sie den Mann führen. [T$_{47358}$]

위 예에서 보어는 복수 3인칭 대명사 "sie"이다. 따라서 정동사의 형태도 "sind"가 된다. 이처럼 동사가 복수로 쓰인 예는 위의 빈도 자료 (11)에서 확인할 수 있듯이 58개 중 11개(waren, sind)에 이른다.

또한 분열문은 평서문뿐만 아니라 의문문으로도 쓰일 수 있다는 사실을 보여주는 용례가 두 개 있다. 다음 예들이다.

(13)

a. Ist es nur die Entfernung – hier die Nordsee vor der Haustür, dort das nicht einmal im Urlaubsprospekt ausgewiesene Niger-Delta –, die die Wahrnehmung selbst in unserem globalen Dorf verzerrt?　　　　　　　　　　　　　　　　　　　[T$_{27257}$]

b. War es die Bedeutung, die London seiner eigenen Rolle als Atomstreitmacht, und damit dem Bündnis mit Paris, zumißt?

　　　　　　　　　　　　　　　　　　　　　　　　　[T$_{20736}$]

분열문의 필수성분인 관계절(RC) 속의 관계대명사의 격에 따른 분포가 어떤 지를 알아보기 위해 검색식 (10)에 어휘범주에 관한 정보를 추가하여 다음과 같이 만든다.

(14)

```
#1 >SB #2:[lemma="es"] &
#1 >HD #3:[lemma="sein"] &
```

#1 ⟩PD #4 &
#4 ⟩RC #5 &
#5 ⟩ #6:[pos="PRELS"]

이 검색식에 의해 추출된 용례는 다음 (15)와 같은 구조를 포함하는 하나의 하위유형에 속하며 모두 47개이다.

(15)

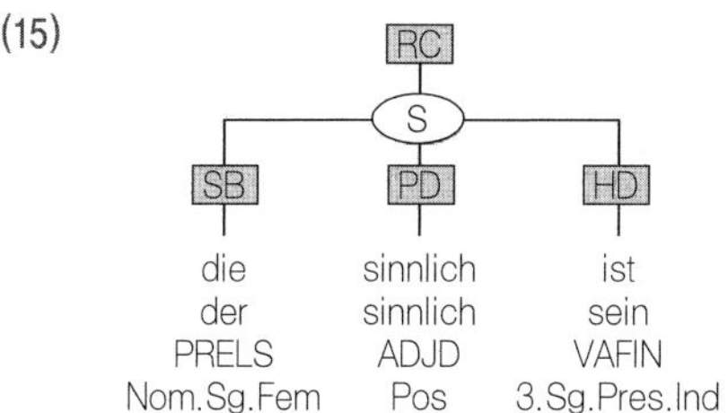

구조 (15)의 특징은 어휘범주 "PRELS"로 표현되는 관계대명사가 관계절(RC)인 "S"에 의해 직접관할된다는 점이다. 이와 같이 "S"가 관계대명사를 직접관할하는 예가 47개에 이른다. 이 하위유형에 속하는 관계절의 성격을 더 살피기 위해, 성과 수 및 격에 따른 관계대명사의 분포를 추출하면 다음과 같다.

(16)

Morph	Freq
Nom.Sg.Fem	16
Nom.Sg.Masc	12
Nom.Pl.Masc	5
Nom.Sg.Neut	4
Nom.Pl.*	3
Acc.Sg.Fem	3
Dat.Sg.Masc	1
Acc.Sg.Neut	1
Nom.Pl.Fem	1
Nom.Pl.Neut	1

위 통계를 단 하나의 기준, 격(Case)을 기준으로 단순화시키면 다음과
같다.

(17)

Case	Freq
Nom	42
Acc	4
Dat	1

이 표는 분열문의 경우 1격(Nominativ) 관계대명사가 압도적으로 많이
출현하다는 점을 시사한다.

분열문의 제2 하위유형은 다음 검색식을 이용하여 추출할 수 있다.

(18)
```
#1 >SB #2:[lemma="es"] &
#1 >HD #3:[lemma="sein"] &
#1 >PD #4 &
#4 >RC #5 &
#5 >MO #6 &
#6 >NK #7:[pos="PRELS"]
```

이 검색식에 의해 용례 3개가 추출되는데 그 예들은 다음과 같다.

(19)
a. Es ist jener Hutmacher Lantier, von dem Gervaise zwei uneheliche
   Kinder hat. [T$_{26740}$]
b. Es ist der Tag, an dem die "Beatles Anthology", die erste von
   drei neuen Doppel-CDs der wiedervereinten Fab Four weltweit
   in die Läden kommt. [T$_{33183}$]
c. Es war ein Land, in dem das produzierende Gewerbe mit einer
   ausgeprägten Montanindustrie und vielen anderen Großfirmen

das ökonomische Zentrum bildete. [T$_{39778}$]

이 예들의 공통점은 앞서 논의한 제1 하위유형과 달리 관계대명사가 "S"
에 의해 직접 관할되지 않고 전치사와 관계대명사가 전치사구(PP)를 형성
한다는 데 있다. 이 사실은 다음에 제시된 수형도, 곧 (19a)의 부분 수형
도 통해 확인된다.

(20)

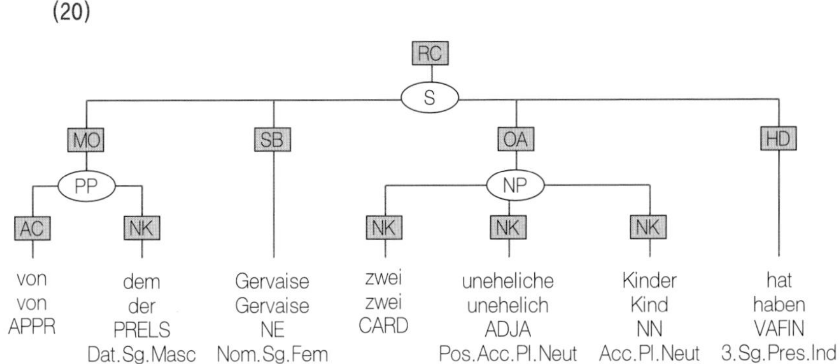

제2 하위유형과 마찬가지로 제3 하위유형의 분열문도 관계대명사(PRELS)
가 S에 의해 직접 관할되지 않는다. 이 유형에 속하는 용례들을 추출하기
위해 다음과 같은 검색식을 사용한다.

(21)
#1 〉SB #2:[lemma="es"] &
#1 〉HD #3:[lemma="sein"] &
#1 〉PD #4 &
#4 〉RC #5 &
#5 〉CJ #6 &
#6 〉 #7:[pos="PRELS"]

이 검색식에 의해 모두 5개의 용례가 추출되는데 그 중 하나의 예를 보이면 (22)와 같다.

(22)

Die Angst vor diesem Nichts war es, die die Haare mit Eigelb zu Berge stehen oder sie blau und grün färben ließ, und wenn Punk als Mode auch längst passé ist, so haben die genau plazierten Markenzeichen, Schnürsenkel, Gürtel, Kettchen, Ringe oder Löcher in den Hosenbeinen, mit denen Jugendliche einander zu erkennen geben, zu welcher Szene sie gerechnet werden wollen, sich gleichsam zu einem ganzen System von Verkehrszeichen ausgewachsen. [T$_{4777}$]

이 용례는 각각 S 범주로 표현되는 두 개의 관계절이 접속사 *oder*를 통해 접속되어 상위 관계절("CS")을 형성한 등위접속 구문으로서 관계대명사는 첫 번째 하위 관계절에 의해 직접관할된다. 다음 수형도를 통해 이러한 관할관계를 확인할 수 있다.

(23)

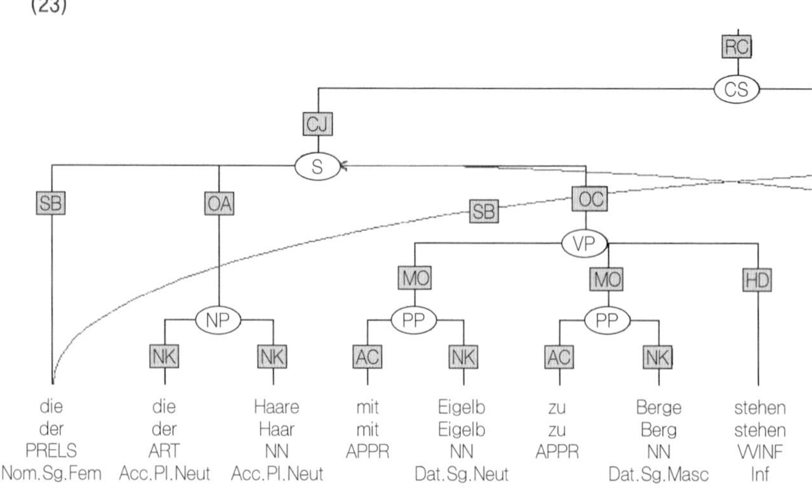

앞의 수형도에서 관계대명사(PRELS) *die*는 첫 하위절 (S)의 주어기능을
한다.

분열문의 제4 하위유형은 관계부사(PWAV)가 나타나는 경우로서 다음과
같은 검색식에 의해 추출된다.

(24)
#1 〉SB #2:[lemma="es"] &
#1 〉HD #3:[lemma="sein"] &
#1 〉PD #4 &
#4 〉RC #5 &
#5 〉 #6:[pos="PWAV"]

이 검색식에 의해 추출된 용례는 단 하나로서 (25)와 같다.

(25) Es ist der Augenblick, wo uns das Böse berührt.   [T₂₆₄₅₀]

이 용례의 수형도는 (26)이다.

(26)

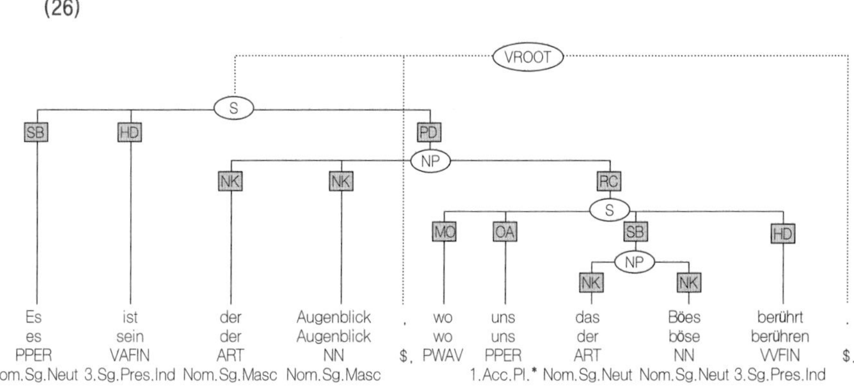

앞의 수형도를 통해 확인할 수 있듯이 관계절(RC)내에서 관계부사 *wo*가 문법적으로 수식어(MO) 기능을 하고 선행사는 시간을 표현하는 명사 *Augenblick*이다.

제5 하위유형의 분열문은 다음과 같다.

(27) Es ist eine grandiose bis zu 100 Meter hohe Steilküste, deren Wahrzeichen die zwölf Apostel sind - bis zu 65 Meter hohe ockerfarbene und rote Kalksteinfelsen, die wie Backenzähne aus dem Meer ragen. [T$_{16694}$]

이 예에서 관계대명사는 2격 부가어적 관계대명사(PRELAT)으로서 핵명사와 명사구를 형성하여 관계절내에서 보어(PD) 기능을 수행한다. 이 문장의 구조를 파악하기 위해 수형도의 일부만 제시하면 (28)과 같다.

(28)

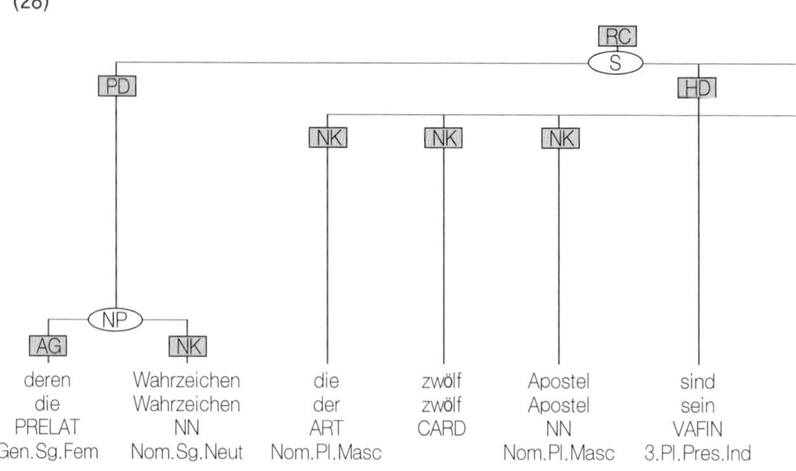

이 용례를 추출하기 위해 사용한 검색식은 다음 (29)와 같다.

(29)
#1 〉SB #2:[lemma="es"] &
#1 〉HD #3:[lemma="sein"] &
#1 〉PD #4 &
#4 〉RC #5 &
#5 〉 #6:[cat="NP"] &
#6 〉 #7:[pos="PRELAT"]

마지막으로 분열문의 제6 하위유형은 관계대명사가 삽입구(PAR) 기능을
하는 동사구(VP)와 결합하여 관계절 "S" 범주에 의해 직접관할되는 구조를
갖는 특이구문이다. 그 예는 (30)과 같으며 이 용례는 (31)과 같은 검색식
에 의해 추출된다.

(30)
Es war der sozialpolitische Sprecher der SPD, Rudolf Dressler, der
als eine Art advocatus diaboli auf den Petersberg geladen, "mit
Vehemenz" diesem Versuch entgegentrat, die Systeme der sozialen
und der privaten Krankenversicherung zu vermischen.   [T$_{38684}$]

(31)
#1 〉SB #2:[lemma="es"] &
#1 〉HD #3:[lemma="sein"] &
#1 〉PD #4 &
#4 〉RC #5 &
#5 〉 #6:[cat="NP"] &
#6 〉 #7:[pos="PRELS"]

지금까지 우리는 독일어 분열문의 구성형식과 6가지 하위유형에 대해
논의를 했다. 이를 통해 하위유형이 관계절의 차이에 의해 구분된다는 사
실을 확인했다. 출현빈도가 가장 많은 제1 하위유형의 경우에 관계대명사

(PRELS)의 격은 1격(Nom)이 절대다수를 차지한다는 점도 확인했다.

8.2 허사 구문

이 장의 서두에서 논의한 바와 같이 es의 여러가지 쓰임 중 문법적으로 허사(EP) 기능을 하는 쓰임이 TIGER 코퍼스에 가장 많이 출현한다. 이 쓰임을 검색하기 위해 우리는 간단히 다음 (32)와 같은 검색식을 사용한다.

```
(32)
#0 >EP #1:[lemma="es"] &
#0 >HD #2
```

위 검색식에 의해 추출된 허사-es의 용례는 모두 1,740개이다. 이 중에서 대표적인 예들을 보이면 다음 (33)과 같다.

(33)

a. Allerdings gibt es dem Magazin zufolge in kleinen und mittleren Firmen viele Unternehmer, die meinen, Perot sei einer von ihnen, und die den Texaner unterstützen. [T$_{19}$]

b. "Hier geht es um mehr, als nur Profit zu machen", fügt er hinzu. [T$_{44}$]

c. Immer wieder heißt es, nun würden die Japaner und die Deutschen massiv einsteigen, aber der große Durchbruch läßt auf sich warten. [T$_{83}$]

d. Denn nach wie vor hapert es gewaltig mit der Infrastruktur, die eine Voraussetzung für lukrative Geschäfte ist. [T$_{87}$]

위의 예에서 보듯이 허사로 쓰이는 es는 특정동사와 함께 쓰여 관용구를 형성하고 그 관용구에 고유한 관용적인 의미를 생성하는데 기여한다. 따라서 허사-es 구문과 관련한 의미있는 논의는 곧 이 구문에 나타나는 동사들의 분포가 어떻게 되는지를 파악하는 작업일 것이다.

이 구문에 출현하는 동사의 상대적인 출현빈도를 구하기 위해 검색식 (32)외에 검색식 두 개, 곧 (34)과 (36)을 통해 얻어진 결과를 함께 고려했다.

검색식 (34)은 허사-es를 취하는 동사가 zu-부정사 구문의 핵어로 나타나는 경우를 포함시키기 위한 목적으로 도입되었다.

```
(34)
#0 >EP #1:[lemma="es"] &
#0 >HD #2 &
#2 >HD #3
```

그런데 검색식 (34)에 의해 추출된 용례 4개 모두 앞 장에서 살펴본 바 있는 "mit etw^3 zu tun haben"(무엇과 관계가 있다) 구문에 속하는 것이다. 다음 (35)에 예문 하나가 제시되어 있다.

(35) Auch die GGLF hat es vornehmlich mit Klein-und Kleinstbetrieben
     zu tun.   [T$_{10147}$]

이 예에서 허사 es는 1격이 아닌 4격으로 쓰였다.

한편, 검색식 (36)은 분리전철 동사의 출현을 포함시키기 위한 목적으로 도입되었다.

```
(36)
#0 >EP #1:[lemma="es"] &
#0 >HD #2 &
#0 >SVP #3
```

이 검색식은 분리전철(SVP)이 허사-es 구문내에 포함되어 있는 30개 용례를 추출하는데 사용되는데, 이에 따라 추출한 분리동사들은 다음과 같다.

(37)

Lemma	Freq
ankommen	11
aussehen	8
zugehen	3
weitergehen	3
abwärtsgehen	2
aufnehmen	1
vorangehen	1
aushalten	1

이상으로 세 가지 검색식에 의해 추출된 결과를 종합하여 허사-es 구문에 빈번히 출현하는 동사들의 빈도를 15개만 제시하면 다음 (38)과 같다.[63]

(38)

Lemma	Freq	Aux
geben	640	
heißen	271	
gehen	229	
handeln	86	
sein	72	v
werden	70	v
haben	53	v
kommen	41	
können	25	v
sollen	22	v
gelten	21	
scheinen	19	
bedürfen	18	
fehlen	15	
ankommen	13	

---

63) [부록 9]에 이 구문에 나타나는 전체 동사의 빈도가 제시되어 있다.

앞의 표에 조동사(Aux)로 분류될 수 있는 동사들— *sein, werden, haben, können, sollen* —을 제외한 10개 동사가 포함된 허사구문을 각각 살펴보기로 하자. 이 동사들은 허사 es와 함께 관용구를 형성하여 고유한 의미를 만들어낸다.

8.2.1 es gibt etw^4 구문

이 구문은 "…이 있다"라는 관용적인 의미를 지니며, 이 구문의 목적어 자리에 오는 명사구는 4격으로 나타난다. 아래에 몇 가지 용례가 있다.

(39)

a. Es gibt zum Glück eine deutlich positive Entwicklung.　　[T$_{4929}$]

b. Allein zur Approbationsordnung habe es zahllose Änderungen gegeben.

[T$_{2323}$]

c. Auch mit Syrien wird es eine Möglichkeit geben, Frieden zu schließen.　　[T$_{4559}$]

위 (39a), (39b)와 (39c)에 각각 *eine deutlich positive Entwicklung, zahllose Änderungen*과 *eine Möglichkeit*가 4격 목적어로 쓰이고 있다. 이 구문에서 4격 목적어로 쓰이는 명사구의 핵명사의 수에 있어 단수, 복수의 분포를 확인하기 위해 다음 (40)에 제시된 두 가지 검색식을 이용했다.

(40)

a.

#0 〉EP #1:[lemma="es"] &

#0 〉HD #2:[lemma="geben"] &

#0 〉OA #3 &

#3 〉NK #5:[pos="NN" & morph=/Acc\.Sg.*/]

b.
```
#0 >EP #1:[lemma="es"] &
#0 >HD #2:[lemma="geben"] &
#0 >OA #3 &
#3 >NK #5:[pos="NN" & morph=/Acc\.Pl.*/]
```

검색식 (40a)과 (40b)에 의해 각각 246개와 232개 용례가 추출되었는데, 이는 단수 명사와 복수 명사가 비교적 균등하게 es gibt 구문에 나타난다는 것을 의미한다.64)

단수 명사가 출현한 용례들 중에서 관사(ART)가 포함된 예가 있는지를 살펴보기 위해 다음 검색식 (41)을 이용했다.

(41)
```
#0 >EP #1:[lemma="es"] &
#0 >HD #2:[lemma="geben"] &
#0 >OA #3 &
#3 >NK #5:[pos="NN" & morph=/Acc\.Sg.*/] &
#3 >NK #6:[pos="ART"]
```

위 검색식에 의해 추출된 용례는 125개인데, 이들의 분석과 관련하여 관사(ART)의 레마(lemma)에 대한 통계분석을 통해 "ein"은 110회, "der"는 15회 출현함을 확인할 수 있었다.65)

(42)
a. Es gibt eine gewisse Faszination des Schattens von Auschwitz.

[T$_{149}$]

---

64) 용례 246개 외에 분석이 잘못되어 다른 구문으로 분류된 용례 3가지가 더 포함되어야 한다.
65) 영어의 there is 구문과 마찬가지로 비한정성 효과가 나타나는 지를 검토할 필요가 있다.

b. Da gab es den führenden PKK-Funktionär Ali Cetiner, der, nachdem er in Berlin wegen Mordes lediglich zu fünf Jahren Haft verurteilt worden war, beim Düsseldorfer Kurdenprozeß einen derart schwachen Auftritt hinlegte, daß selbst die Bundesanwaltschaft ins Zweifeln geriet. [T_{2884}]

8.2.2 es heißt 구문

이 구문은 "⋯라는 소문이다", "⋯라고들 말한다"는 관용적인 의미를 표현한다. 이 구문은 보통 종속절(OC)과 함께 쓰이며 종속절은 소문의 내용을 담는다. 이 구문의 출현빈도 271회인데, 이 구문이 정동사를 가진 "S" 범주의 종속절과 함께 출현하는 빈도는 219회이다. 이 용례들을 추출하기 위해 다음 (43)과 같은 검색식을 이용한다.

(43)
```
#0 >EP #1:[lemma="es"] &
#0 >HD #2:[lemma="heißen"] &
#0 >OC #3:[cat="S"] &
#3 >HD #4
```

이 검색식에 의해 추출된 용례들 중 대표적인 것은 아래 (44)에 제시되어 있다.

(44)
a. Der betroffenen Bevölkerung sei Entschädigung zugesagt worden, hieß es in der Meldung. [T_{2459}]
b. Immer wieder heißt es, nun würden die Japaner und die Deutschen massiv einsteigen, aber der große Durchbruch läßt auf sich warten. [T_{83}]
c. "Das Damoklesschwert einer militärischen Intervention wird über

den Serben hängen", hieß es in der deutschen Delegation. [T$_{2545}$]
d. 40 Prozent der Russen bewerteten den 7. November 1917 positiv,
   hieß es nach Angaben des Instituts.   [T$_{6370}$]

위 예들에서 종속절에 나타난 정동사들을 살펴보면 (44a)의 경우 접속법 1식("pres.sub") 형태가, (44b)의 경우 접속법 2식("past.sub") 형태가, (44c)의 경우 직설법 현재("pres.ind") 형태가 그리고 (44d)의 경우 직설법 과거("past.indic") 형태가 쓰이고 있다는 것을 알 수 있다. 이와 관련하여 es heißt 구문의 종속절 정동사의 어휘형태 분포를 살펴볼 필요가 있기 때문에 위 검색식 (43)에 대해 통계적인 분석을 실행했는데 이 결과를 정리한 것이 다음의 표 (45)이다.

(45)

Morph	Morph	Freq	Freq
Subjunctive	3.Sg.Pres.Subj	104	151
	3.Pl.Past.Subj	33	
	3.Pl.Pres.Subj	7	
	3.Sg.Past.Subj	6	
	1.Pl.Past.Subj	1	
Indicative	3.Sg.Pres.Ind	37	68
	3.Pl.Pres.Ind	16	
	3.Pl.Past.Ind	6	
	1.Pl.Pres.Ind	5	
	3.Sg.Past.Ind	3	
	1.Sg.Pres.Ind	1	

이 표에 따르면 종합적으로 접속법(Sub, subjunctive) 형태가 거의 70%(전체 219 중 151) 정도를 차지하고 나머지를 직설법(Ind, indicative) 형태가 차지함을 확인할 수 있다. 또한 이 구문에 나타나는 heißen 동사 자체의 어휘형태를 살펴보면 현재("3.Sg.Pres.Ind") 형태가 127회, 과거("3.Sg.Past.Ind") 형태가 92회 쓰이고 있다.

8.2.3 es geht um etw^4 구문

이 구문은 "…에 관한 문제이다"라는 관용적인 의미를 지닌다.[66]

TIGER 코퍼스로부터 이 구문을 추출하기 위해서 검색식 (46)을 이용한다.

(46)
#0 >EP #1:[lemma="es"] &
#0 >HD #2:[lemma="gehen"] &
#0 >OP #3:[cat="PP"] &
#3 > #4:[lemma="um"]

이 검색식에 의해 추출된 용례는 126개인데, 그 중 대표적인 문장 몇 가지만 보이면 다음과 같다.

(47)
a. Zudem gehe es nicht um große Mengen.   [T$_{4821}$]
b. Österreich möchte nicht sitzenbleiben, wenn es um das Klassenziel
   Währungsunion geht.   [T$_{7152}$]

8.2.4 es handelt sich um etw^4 구문

이 구문은 "…이 문제다/중요하다"라는 관용적인 의미를 가지고 있다.

---

66) es geht jemandem gut/schlecht 구문이 8번 출현한다. 검색식은 다음과 같다.
    #0 >EP #1:[lemma="es"] &
    #0 >HD #2:[lemma="gehen"] &
    #0 >DA #3 &
    #0 > #4:[lemma=("gut"|"schlecht")]
    이 검색식을 이용해 추출한 용례는 다음과 같다.
    Dabei geht es den Bewohnern von felix Austria gar nicht schlecht.   [T$_{7126}$]
    Den Oppelner Fünflingen geht es gut   [T$_{15323}$]

이 구문에 속하는 예들을 검색하기 위해 다음 (48)과 같은 식을 사용한다.

(48)
```
#0 >EP #1:[lemma="es"] &
#0 >HD #2:[lemma="handeln"] &
#0 >OA #3:[lemma="sich"] &
#0 >OP #4:[cat="PP"] &
#4 > #5:[lemma="um"]
```

이 검색식에 의해 추출된 용례는 76개이며 대표적인 몇 가지를 보이면 (49)와 같다.

(49)

a. Es handelte sich um das zweite Gipfeltreffen der Gemeinschaft und Japans. $[T_{1110}]$

b. Allmählich wird auch der Polizei klar, daß es sich um eine Verwechslung handelt, daß Nazli Top unschuldig ist. $[T_{2700}]$

c. Es handelt sich um die bisher umfangreichste Befragung dieser Art. $[T_{12121}]$

위 (49a)의 수형도는 다음 쪽 (50)에 제시되어 있다.

es handelt sich um^4 구문과 es geht um^4 구문은 의미상으로 서로 유사하기 때문에 전치사구내에 나타나는 명사(NN) 자리를 차지하는 명사 목록에 공통점이 있는지를 살피기 위해 294쪽의 (51)과 같은 빈도 대조표를 제시한다.

(50)

VROOT
S
EP
HD
OA
OP
PP
AC
NK
NK
NK
AG
CNP
CJ
NP
NK
NK
CD
CJ
Es	handelte	sich	um	das	zweite	Gipfeltreffen	der	Gemeinschaft	und	Japans
es	handeln	sich	um	der	zweiter	Gipfeltreffen	der	Gemeinschaft	und	Japan
PPER	WFIN	PRF	APPR	ART	ADJA	NN	ART	NN	KON	NE	$.
3.Nom.Sg.Neut	3.Sg.Past.Ind	3.Acc.Sg	Acc.Sg.Neut	Pos.Acc.Sg.Neut	Acc.Sg.Neut	Gen.Sg.Fem	Gen.Sg.Fem	Gen.Sg.Neut

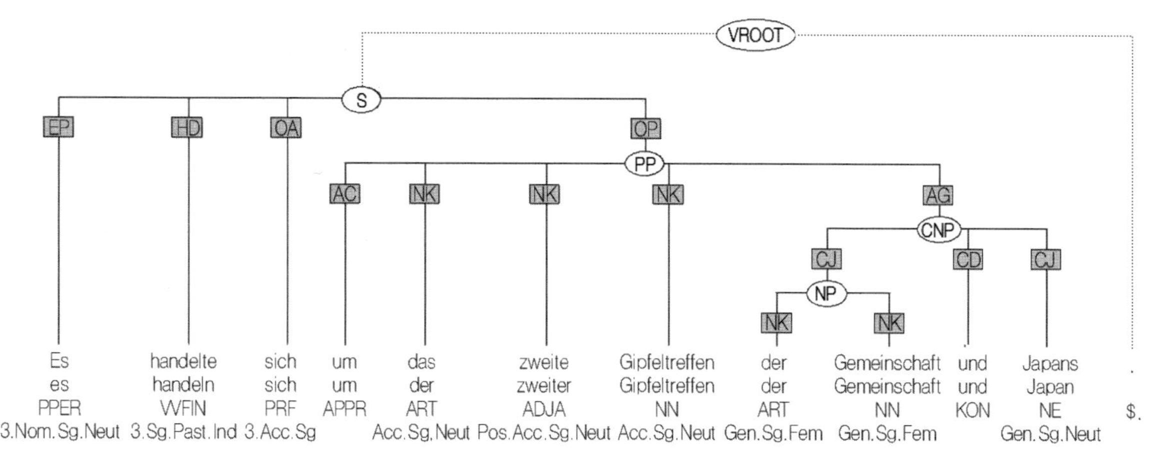

(51)

es geht 구문		es handelt 구문	
Lemma	Freq	Lemma	Freq
Frage	5	Mitglied	2
Geld	5	737er-Modell	1
Thema	5	Anlaufverlust	1
Detail	2	Arm	1
Ding	2	Auflösung	1
Entscheidung	2	Ausländerin	1
Verkauf	2	Bakteriengattung	1
Zusammenarbeit	2	Befragung	1
Anteilspaket	1	Beihilfe	1
Arbeitsplatz	1	Beihilfefall	1
Aufarbeitung	1	Buch	1
Aufklärung	1	Einzelheit	1
Aufstockung	1	Empfänglichkeit	1
Auseinandersetzung	1	Enkel	1
Ausgestaltung	1	Erscheinung	1
Auslandsschuld	1	Fach	1
Ausweitung	1	Forderung	1
Bewegung	1	Frage	1
Botschaft	1	Fragestellung	1
Chemie	1	Gegner	1
Dialog	1	Genußmittel	1
Durchsetzung	1	Gipfeltreffen	1
Einheitswert	1	Glaubenssatz	1
Einsatz	1	Gruppe	1
Eintragung	1	Habilitation	1
Entmilitarisierung	1	Halle	1
Entsendung	1	Herabwürdigung	1
Erhaltung	1	Investition	1
Ermordung	1	Journalist	1
Fast-Food	1	Kernfrage	1
Geflecht	1	Klientel	1
Geschäft	1	Kurden-Demo	1
Gewaltausteilung	1	Mann	1
Grundkonsens	1	Mensch	1
Hoffnung	1	Musterbeispiel	1
Ideengeschichte	1	Nato-Befehl	1
Industrie	1	Niederlage	1
Industriepolitik	1	Opfer	1

es geht 구문		es handelt 구문	
Lemma	Freq	Lemma	Freq
Innerei	1	Parlament	1
Kandidatenrede	1	Peanuts	1
Karte	1	Periode	1
Klassenziel	1	Person	1
Kommunikation	1	Pharaonen-Grabanlage	1
Kompetenzzuschreibung	1	Problem	1
Kriegsverbrechen	1	Projekt	1
Lackiererei	1	Recht	1
Macht	1	Regionsverantwortliche	1
Mann	1	Romanfigur	1
Markt	1	Salers-Rind	1
Maskenbildnerei	1	Schritt	1
Menge	1	SED-Mittel	1
Modernisierung	1	Siedler	1
Mord	1	Sieg	1
Neudefinition	1	Sperma	1
Offizier	1	Strohmann	1
Oper	1	Täter	1
Plan	1	Truppe	1
Privatisierung	1	Veranstalter	1
Repräsentation	1	Verbindlichkeit	1
Sache	1	Verletzung	1
Sachverhalt	1	Versuch	1
Saisonarbeitsplatz	1	Verwechslung	1
Säule	1	Wähler	1
Schaffung	1	Wert	1
Schuld	1	Zucker-Eiweiß-Molekül	1
Selbstrettung	1		
Show	1		
Steuergeschenk	1		
Suche	1		
Sümmchen	1		
Summe	1		
Technologie-Transfer	1		
Totschlag	1		
Trennung	1		
Überfischung	1		
Umschuldung	1		
Umsetzung	1		

es geht 구문

Lemma	Freq
verfrachten	1
Verletzung	1
Vernichtung	1
Vorwurf	1
Wahl	1
Währungsunion	1
Wiederherstellung	1
Wirtschaftsmodell	1
Zeitpunkt	1

두 구문의 어휘목록을 비교해보면 *Frage*와 *Mann*을 제외하고는 다른 어휘들은 두 구문에 중복되지 않음을 확인할 수 있다. 이 사실은 두 구문이 의미상 유사하지만 서로 독립적임을 뜻한다. 그러나 두 명사군간의 의미분류상의 차이에 대해서는 여기서 확정짓기가 간단하지 않다.

8.2.5 es kommt zu etw^3 구문

이 구문은 "(결국) …에 이르다/다다르다"라는 관용의미를 지닌다. 이 구문을 코퍼스로부터 추출하기 위해 사용한 검색식은 (52)이다.

```
(52)
#0 >EP #1:[lemma="es"] &
#0 >HD #2:[lemma="kommen"] &
#0 >    #3:[cat="PP"] &
#3 >    #4:[lemma="zu"] &
#3 >NK  #5:[pos="NN"]
```

이 검색식을 통해 33개 용례가 추출되는데, 이 구문에 속하는 전치사구(PP)는 때로는 전치사격 목적어(OP) 기능을 가진 것으로 때로는 수식어/부가어(MO) 기능을 가진 것으로 분석된다. 다음에 몇 가지 대표적인 예와 수형도 하나가 제시되어 있다.

(53)

a. Zu Konflikten kommt es immer wieder mit zwei Bundestagsparteien, die Ansprüche auf wertvolle Gebäude ihrer Vorgängerparteien erheben. [T_{568}]

b. In der Hauptstadt Seoul kam es zu Zusammenstößen zwischen Studenten und der Polizei. [T_{4451}]

c. Dabei kam es zum Streit ; [T_{23310}]

이 용례들을 살펴보면 전치사구내의 명사가 일반적으로 "갈등" 혹은 "충돌"을 의미하는 의미장에 속한다는 점을 확인할 수 있다. 보다 구체적으로 어떤 명사들이 이 자리에 나타나는 지를 보기 위해 전치사구안의 일반명사(NN)에 대한 출현빈도 통계를 구해서, 다음과 같은 결과를 얻었다.

(54)

Lemma	Freq	Lemma	Freq
Zusammenstoß	3	Knochenbruch	1
Abstimmung	1	Kompromiß	1
Alternative	1	Konflikt	1
Anklage	1	Massaker	1
Auftritt	1	nebeneinander	1
Auseinandersetzung	1	Positionsänderung	1
Austausch	1	Problem	1
Beckenbruch	1	Schwur	1
Behinderung	1	Selbstjustiz	1
Demonstration	1	Stichwahl	1
Detonation	1	Streit	1
Einigung	1	Stromausfall	1
Film	1	Tat	1
Gefecht	1	Übereinkunft	1
Handgreiflichkeit	1	Unfallserie	1
Knatsch	1		

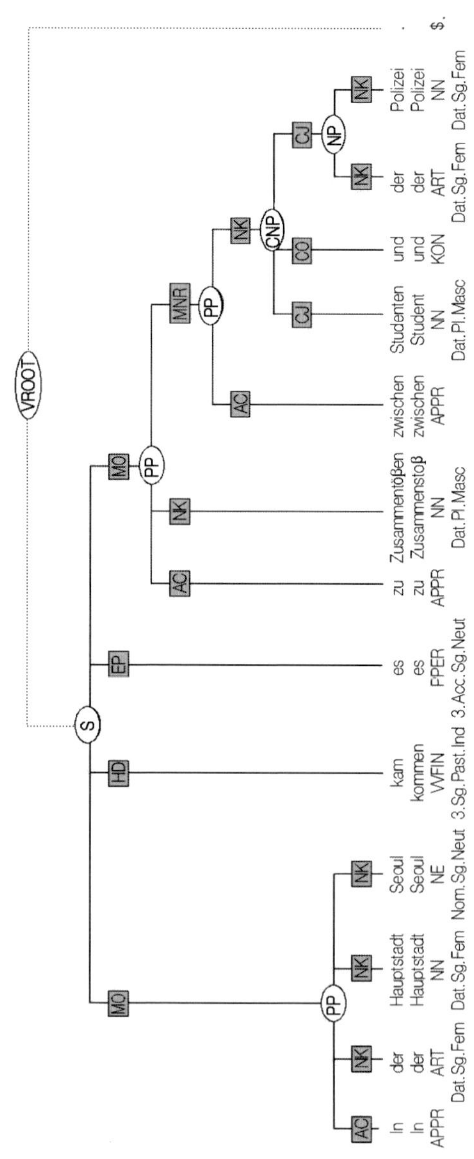
(53) d.

이 표를 살펴보면 *Konflikt, Problem* 등 갈등을 나타내는 어휘들이 이 슬롯에 많이 나타난다는 사실을 확인함과 동시에 *Abstimmung*과 같은 긍정적인 어휘도 출현하는 것을 또한 확인하게 된다.

8.2.6 es gilt VP[zu] 구문

이 구문은 숙어적으로 "…할 때다"라는 의미로 쓰인다. 이 구문에 속하는 용례 몇 가지와 수형도를 하나 보이면 다음과 같다.

(55)

a. Es gilt, einen Energiekonsens zwischen Politik, Wirtschaft und Gewerkschaften herbeizuführen. [T_{5180}]

b. Nach Lehmanns Worten gelte es, den christlich-jüdischen Dialog weiter zu stärken. [T_{15745}]

c. Dann kam der 1. Oktober 1946, die Urteile wurden gesprochen, es galt Abschied zu nehmen. [T_{34926}]

d. Da gilt es einiges richtigzustellen : [T_{48768}]

e.

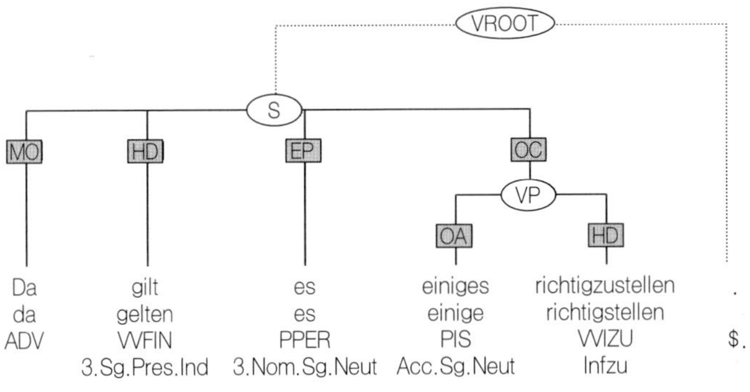

8.2.7 es scheint 구문

이 구문은 "…처럼 보인다"라는 숙어적 의미를 지닌다. 이 구문에 용례

몇 가지와 수형도는 다음과 같다. 이 구문은 접속사가 포함되거나 포함되지 않은 문장(S) 혹은 zu-부정사구를 목적절(OC)로 취할 수 있다.

(56)

a. Es scheint, die Menschen haben andere Sorgen. [T_{1739}]

b. Bei den lautstarken Querschüssen scheint es allerdings oft mehr um die eigene Profilierung als um die Sache zu gehen. [T_{8035}]

c. Es scheint mir, daß es nur einen Weg gibt : [T_{11462}]

d.

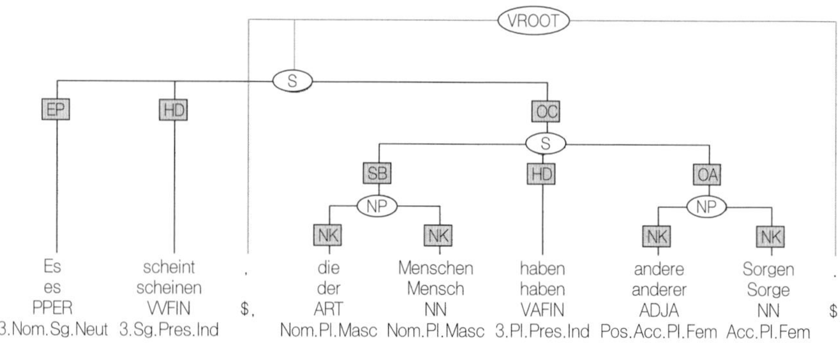

8.2.8 es bedarf etwas^2 구문

2격 목적어(OG)를 포함하는 이 구문은 "…이 필요하다"라는 관용적인 의미를 지닌다. 코퍼스상에서 용례가 많이 발견되지는 않는다. 몇 가지 예문과 수형도를 제시하면 다음과 같다.

(57)

a. Dazu bedarf es Kompetenz und eines gewissen Apparates. [T_{8020}]

b. Dazu bedarf es überzeugender und vertrauenerweckender Persönlichkeiten. [T_{18267}]

c. Aber es bedarf der näheren Begründung. [T_{35606}]

d.

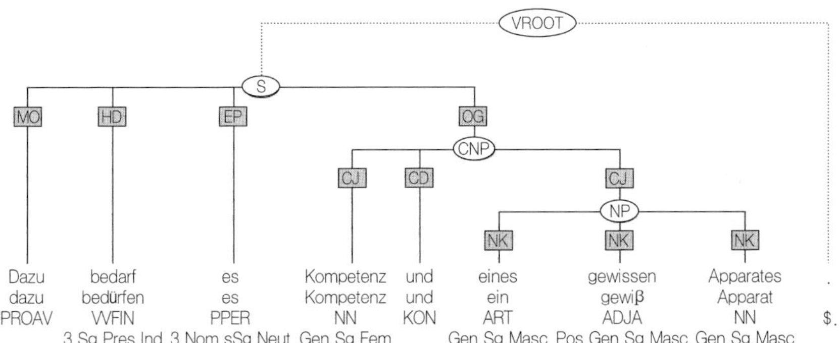

8.2.9 es fehlt an etw^3 구문

전치사 *an*이 이끄는 전치사구를 포함한 이 구문은 "…이 부족하다"라는
숙어적인 의미를 지닌다. 이에 대한 용례 몇 가지와 수형도를 살펴보자.

(58)

a. allein, es hat am systematischen Vorgehen gefehlt. [T$_{9421}$]

b. Den Klein- und Kleinstwinzern fehlt es an Marketing- know-how
und Ideen. [T$_{16500}$]

c. Hierzulande fehle es, klagt der Wissenschaftler, der seinen
Namen nicht in der Zeitung lesen will, offenbar an einer
langfristigen Strategie. [T$_{39490}$]

d.

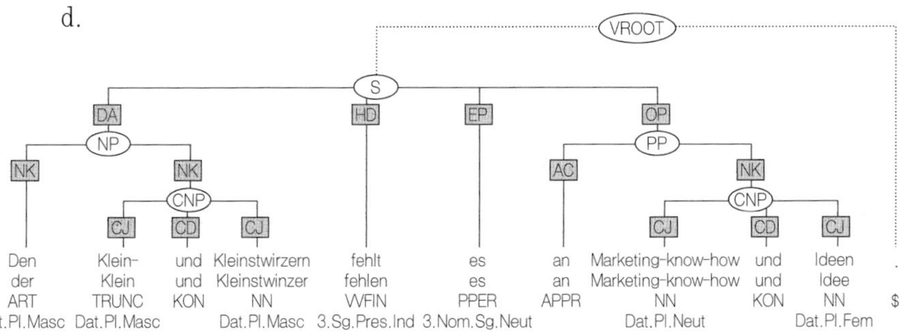

8.2.10 es kommt auf etw^4 an 구문

이 구문은 "…에 달려 있다"라는 관용적인 의미를 지닌다. 이 구문에 속하는 몇 가지 용례와 수형도를 보이면 다음과 같다.

(59)

a. Es komme jetzt darauf an, möglichst rasch bestimmte Mindeststandards zu vereinbaren : [T11866]

b. Gegenüber den Bischöfen wird es vor allem auf diese Zahl ankommen. [T20470]

c. "Auf die Feinheiten kommt es an", hat Dieter Birke (34) inzwischen gelernt. [T50075]

d.

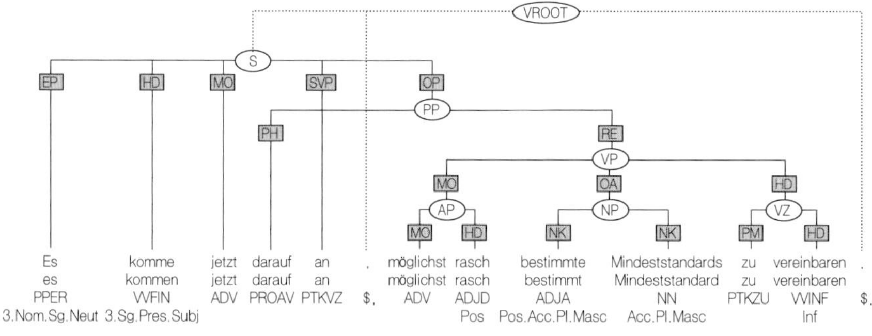

지금까지 우리는 허사 *es*와 함께 쓰여 관용적인 의미를 갖게 되는 구문 10가지에 대해 논의를 했다. 이들 구문은 출현빈도에 차이를 보이긴 하나 독일어 텍스트에서 매우 자주 접하게 되는 표현들이다.

8.3 자리지킴어(PH) 구문

이 절에서는 빈자리를 지키는 기능을 수행하는 *es*가 나타나는 구문에 논의한다. 이 구문은 *es*에 대응되는 상관어구(Korrelat)를 동반하느냐, 동반하지 않느냐에 따라 크게 두 가지 하위유형으로 구분된다. 다음 예를 보자.

(60)
a. Seltener kommt es vor, daß in der Fragestunde richtig gelacht wird. [T3213]
b. Es bestehe kein dringender Tatverdacht, sagte Staatsanwalt Martin Uebele am Dienstag. [T3763]

위 (60a)에는 자리지킴어 *es*와 그에 대한 상관어구(RE)로서 daß-절이 나타나있는 반면, (60b)에는 자리지킴어 *es*만이 쓰이고 있다. 아래에 각각의 예에 대한 수형도가 제시되어 있다.

(61)
a.

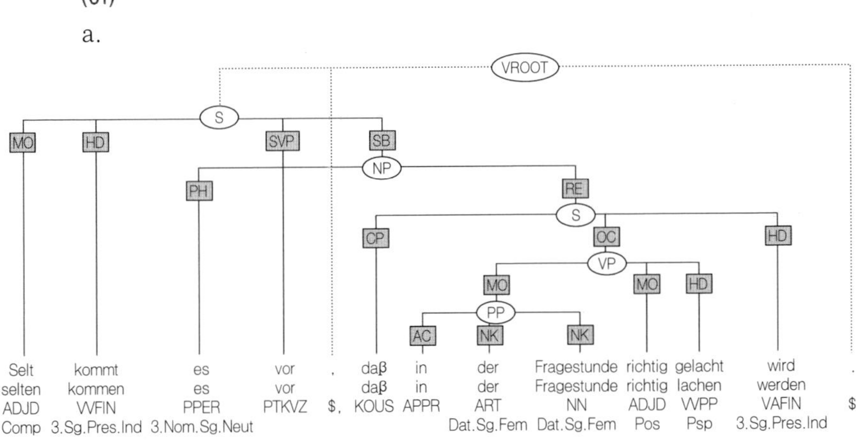

b.

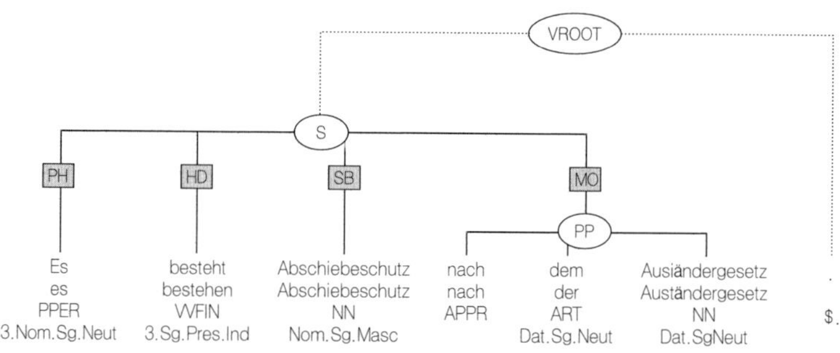

위의 두 가지 유형중에서 상관어구가 동반하는 유형은 일종의 외치(Extrapoition) 구문으로서 다양한 하위유형이 존재하고 이에 대해서는 보다 상세한 논의가 필요하기 때문에 제13장에서 포괄적으로 논의를 할 예정이다. 이 절에서 상관어구가 동반하지 않는 유형에 대해서 논의를 계속하기로 한다. 이 유형에 속하는 용례를 코퍼스로 추출하기 위해 다음 (62)와 같은 검색식을 사용한다.

(62)
#0 ⟩PH #1:[lemma="es"] &
#0 ⟩HD #2

이 검색식에 의해 모두 155개의 용례가 추출된다. 이 가운데서 몇 가지와 수형도를 살펴보자.

(63)

a. Daraus wurde dann allerdings nichts – es herrschte der kalte Krieg und die USA wußten einen sowjetisch-japanischen Friedensvertrag zu verhindern. [T895]

b. Es wird um ein Familienmitglied gefeilscht, schließlich wird es an einen fahrenden Zirkusartisten verkauft. [T7053]

c. Es gehe einfach kein "Leuchtfeuer" mehr aus von der Partei, beklagte in der Kongreßhalle die gescheiterte Spitzenkandidatin Ingrid Stahmer.   [T$_{12603}$]

d. Es schließt sich eine Rundreise an.   [T$_{31938}$]

e.

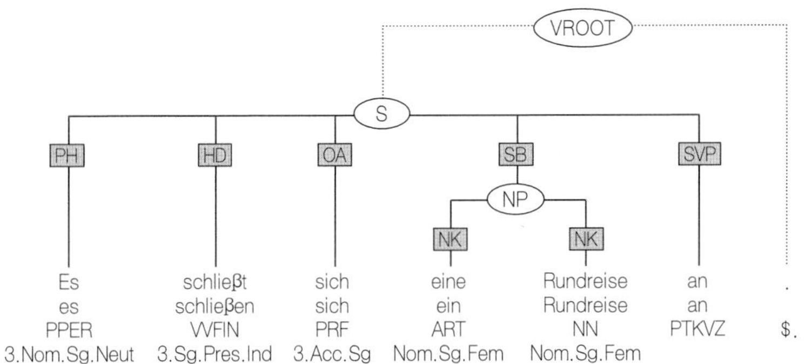

위 수형도 (63e)는 용례 (63d)의 통사구조를 나타난 것인데, 분리동사 *anschließen*이 사용된 예이다.

이처럼 여러 가지 예들이 상관어구없이 *es*만이 단독으로 자리지킴어-구문에 나타나는데 이런 구문에 선호되는 일반동사들의 목록을 보이면 다음과 같다.67)

(64)

Lemma	Freq
bestehen	14
fehlen	6
folgen	6
herrschen	5
gelten	4
vorliegen	3
entstehen	3
bleiben	3
hinzukommen	3

---

67) 조동사를 포함한 동사 전체 목록은 [부록 10]에 제시된다.

위 표에서 확인할 수 있듯이 동사 *bestehen*이 이 구문에서 가장 빈번히 출현하고 *fehlen*과 *folgen*이 그 뒤를 따른다.

이 구문과 관련하여 조동사들―*sein, werden, müssen, sollen, dürfen* 등―가운데에서는 sein 동사의 출현빈도가 특히 높은데, sein 동사는 여러 가지 구문 유형과 함께 나타난다. 먼저, sein 동사가 werden-수동 구문의 현재조동사로 쓰일 때에 자리지킴어 *es*와 함께 쓰이는 경우가 많다. 모두 8차례 나타난다. 다음에 몇 가지 예와 수형도가 있다.68)

(65)

a. Es seien mehr als 73 Millionen Mark ausgeschüttet worden.

[T_{23543}]

b. Es sei sogar der deutsche Außenminister Klaus Kinkel (FDP) vorgeschlagen worden.　　　　[T_{23736}]

c. Es sei keine Betriebsstörung festgestellt worden.　　[T_{23817}]

d. Es seien aber schon Fortschritte erzielt worden.　　[T_{50191}]

e.

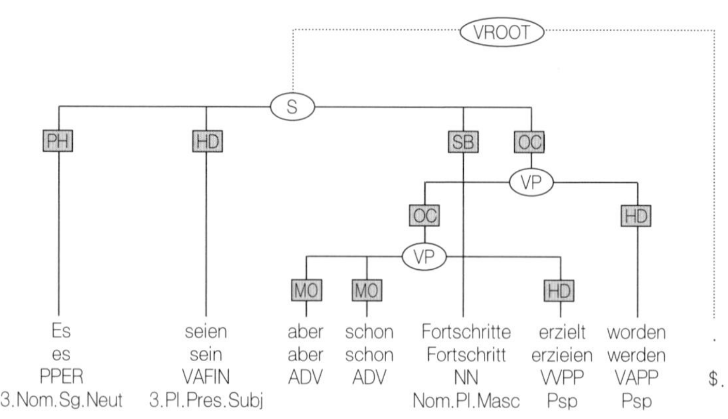

또한, zu-부정사와 함께 sein 동사가 쓰일 때에도 자리지킴어 *es*와 함

---

68) 검색식으로 #0 〉PH #1:[lemma="es"] & #0 〉HD #2:[lemma="sein"]을 사용한다.

께 쓰이는 경우가 있다. 모두 4번 나타난다. 다음에 몇 가지 예가 있다.

(146)

a. Es sei kein Zuwachs an Arbeitsplätzen zu erwarten, urteilt
   Schoser.   [T$_{9998}$]
b. "Jetzt ist meine Tochter 16 Jahre alt, und es ist ein ähnlicher
   Alptraum zu befürchten."   [T$_{27644}$]

상태수동 구문에도 자리지킴어 *es*가 3번 출현한다. 다음에 예가 몇 개
제시된다.[69)]

(67)

a. Es ist kein Fall bekannt, in dem diese Frauen oder Männer
   nach dem Strafrichter riefen, und das ist auch gut so.   [T$_{10189}$]
b. Es sei aber nur an Beteiligungen, nicht an Übernahmen, gedacht.
                                                              [T$_{12195}$]

이 장에서는 비인칭주어 *es*가 출현하는 세 가지 구문, 곧 분열문, 허사
구문 및 자리지킴어 구문과 연관이 깊은 어휘군에 대해 논의했다. 그 결과
몇 가지 새로운 사실을 발견했다.

---

69) 다음 용례에서 *es*가 자리지킴어(PH)로 분석되었는데 계절을 가리키는 표현이므로 허
    사(EP)로 분석되는 것이 올바르다고 보여진다
    Es ist Herbst an der Great Ocean Road im Süden des australischen Bundesstaates
    Victoria.   [T$_{16653}$]

제9장 접속법 구문

9.1 접속법 1식 구문

이 장에서는 접속법 구문에 대해 논의한다. 접속법 구문의 경우 접속법을 실현하는 동사의 활용형태가 핵심적인 이슈가 된다. 이와 관련하여 TIGER 형식문법에서는 접속법 구문의 핵어인 정동사가 지니는 형태정보 (morph)의 상이성에 따라 접속법 구문을 직설법이나 명령법 구문으로부터 분리시킨다. 일반적으로 정동사의 접속법에 대한 형태정보는 예를 들어 "3.Sg.Pres.Subj"와 같이 인칭(3), 수(Sg), 시제(Pres) 정보 다음에 끝자리 (Subj, 영어 용어 Subjunctive를 줄인 표현)에 위치한다. 반면 직설법 정동사의 경우, 이 자리에는 속성 "Ind"이 들어있다. 곧 형태정보 "3.Sg.Pres.Ind"가 "3.Sg.Pres.Subj"과 최소대립쌍을 이룬다고 할 수 있다.[70]

---

70) 접속법과 달리 명령법은 동사의 어휘범주(Pos)에 반영되고 VAIMP, VVIMP 두 가지가 있다. 동사 sein, haben 혹은 werden이 명령법으로 쓰인 VAIMP의 경우 TIGER 코퍼스에서 모두 4개 검색되고 나머지 명령법은 완전동사의 활용형(VVIMP)이다. 동사 werden이 명령법으로 사용되는 것은 사실 매우 드문 현상이기 때문에 그 용례를 아래에 제시한다.

"Mensch, werde wesentlich"—diese Aufforderung bekamen die in Soest versammelten

접속법은 용법에 따라 접속법 1식과 접속법 2식으로 구분된다. 접속법 1식은 주로 간접화법으로 쓰이고, 접속법 2식은 비현실적인 사실을 가정하기 위해 쓰인다. TIGER 문법에서는 정동사가 지니는 형태정보중에서 세번째 자리에 있는 시제정보를 이용하여 1식과 2식을 아래 (1)과 같이 구분한다.

(1) a. [3.Sg.Pres.Subj]
     b. [3.Sg.Past.Subj]

접속법 1식 정동사는 (1a)와 같이 세번째 자리에 "Pres"라는 속성을 지니고, 접속법 2식 동사는 같은 자리에 "Past"라는 속성을 가진다.

본격적으로 용례들을 살피기에 앞서서 접속법 정동사의 형태정보에 따른 분포를 살펴보면 (2)와 같다.

(2)

Morph	Freq
3.Sg.Pres.Subj	5866
3.Pl.Past.Subj	1786
3.Sg.Past.Subj	1615
3.Pl.Pres.Subj	686
1.Pl.Past.Subj	52
1.Sg.Past.Subj	43
2.Sg.Pres.Subj	3
1.Sg.Pres.Subj	3
2.Sg.Past.Subj	1
1.Pl.Pres.Subj	1
합 계	10,056

이 통계에 따르면 TIGER에서 접속법 문장은 모두 10,056개 나타나며, 그 중 접속법 1식은 6,559번 출현하고 접속법 2식은 3,497회 나타난다.

Weiterbildner gleich zweimal zu hören.   [T$_{26512}$]

표를 통해 확인할 수 있는 다른 사실은 접속법에서 1인칭이나 2인칭은 드물게 나타나며, 특히 2인칭은 매우 드물다는 점이다.

각각의 경우를 코퍼스로부터 추출하기 위해 사용한 검색식은 (2a)-(2c)에 제시되어 있다.71)

> (2) a. #1:[morph=/.*Subj/]
> b. #1:[morph=/.*Pres.Subj/]
> c. #1:[morph=/.*Past.Subj/]

접속법 전체를 검색하기 위해 (2a)를, 접속법 1식을 추출하기 위해 (2b)를 그리고 접속법 2식을 추출하기 위해 (2c)를 이용한다. 1식과 2식의 예를 하나씩만 보기로 하자.

> (3) a. Von seinen Beschäftigten verlange er vor allem Arbeitsmoral und ordentliches Auftreten. [T33]
> b. Für Indien wäre das eine Tragödie. [T98]

(3a)에서 정동사 *verlange*가 접속법 1식으로 쓰인 것인데, 이 문장은 암묵적인 보고문으로 이해되어야 한다. 보고를 표현하는 주절이 동반하지 않기 때문이다. (3b)에서는 정동사 *wäre*의 형태를 보아 이 문장이 비현실적인 사태를 표현하는 접속법 2식 문장임을 알 수 있다.

이제 구체적으로 접속법 1식부터 논의하기 위해 먼저 용례를 몇 개 살펴보기로 하자.

> (4)
> a. Allerdings glaubt fast die Hälfte der Chief Executives, daß Perot durchaus Chancen habe, die Wahl im November zu gewinnen,

---

71) 형태정보 검색을 위해 속성 morph를 사용한다.

        wenn er denn kandidiert.   [T_{11}]

    b. Gott habe den Mostazafin die Erde vererbt, verkündete er frei
       nach dem Koran.   [T_{384}]

    c. Die Erzeugerpreise seien im Durchschnitt um drei Prozent
       gesunken.   [T_{678}]

    d. Besonders Bayern habe hierbei Schwerpunkte setzen wollen.[T_{2806}]

    용례 (4a)는 접속법 1식의 단순형 구문이라는 점에서 완료형 구문인 다른 세 문장과 구분된다.[72)

    단순형 구문과 완료형 구문은 먼저 형태상으로 차이를 보이는데, 완료형 구문에서는 위 (4b), (4c)에서 보는 바와 같이 haben/sein+과거분사형이거나 (4d)에서처럼 haben/sein+화법조동사의 부정형의 형태를 취한다.

    접속법 1식의 단순형 구문과 완료형 구문의 차이는 또한 의미해석시에도 고려가 되어야 하는데, 전자의 경우 주문장의 시제와 동일하게 해석이 되어야 하는 반면, 후자는 보고나 발언을 표현하는 주절의 시제보다 한 시제 앞선 시점에 접속법 1식으로 표현되는 사건이 일어나는 것으로 이해되어야 한다. 예를 들어 (4a)의 주절 동사는 *glaubt*이고 접속법 1식은 단순형으로 표현되어 있다. 이 경우 접속법 1식 구문은 현재적인 의미 "기회를 갖는다"라는 해석을 포함한다. 반면 (4b)의 주절 동사는 과거형인 *verkündete*이고, 접속법 1식은 완료형 구문형을 취하고 있으므로 이 구문은 주절에 의해 표현되는 과거사건이전에 일어난 일("하나님이 땅을 유산으로 남겼었다")을 보고하는 것으로 해석된다. 그런데 (4c)나 (4d)처럼 주절이 없는 경우에는 문맥상 추론이 가능한 지시시점과 비교하여 접속법 1식으로 표현되는 사건이 그 이전에 일어나는 것으로 해석되어야 한다.

---

72) Duden, IDS 등 일반 문법서에는 접속법 1식 현재형과 접속법 1식 과거형으로 구분하는데, 본서에서는 혼동을 피하기 위해 각각 단순형 구문과 완료형 구문으로 부르기로 한다. 이 명칭은 시제를 구분할 때 단순시제와 완료시제를 구분하는 분류법에서 차용한 것이다.

문장구조의 이해를 위해 위 문장 (4c)에 대한 수형도를 제시하면 다음
과 같다.

(5)

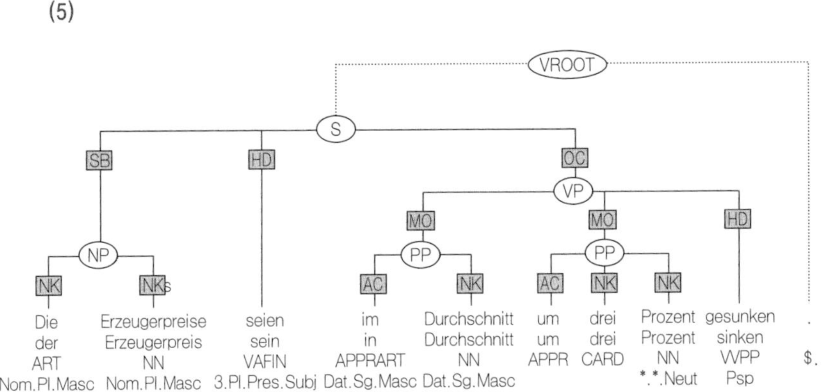

수형도상에도 접속법 1식 동사 *seien*의 형태정보가 "3.Pl.Pres.Subj"로
표시되는 것을 우리는 확인할 수 있다. 또한 이 동사는 VAFIN이라는 어
휘범주로 분석되는 것을 알 수 있다.

TIGER 코퍼스에서 접속법 1식 형태로 실현되는 동사는 모두 토큰 기
준 6,559개이고 레마를 기준으로 하여 620개이다.[73]

이 중에서 출현빈도가 높은 32개 동사를 아래 표 (6)에 제시하고 비교
논의를 위해 코퍼스 전체에 대한 출현빈도 상위동사 32개를 함께 제시한
다.[74]

---

73) [부록 11]에 접속법 1식으로 실현되는 동사의 전체 목록이 제시되어 있다.
74) 빈도를 정확하게 산출하기 위해 분리동사는 별도로 처리를 했다. 이를 위해 다음 검
색식을 사용했다. 그 결과 토큰 기준으로 207개 동사가 검색되었다.
#0 〉HD #1:[morph=/.*Pres.Subj/] &
#0 〉SVP #2

(6)

접속법 1식 구문		TIGER 전체	
Lemma	Freq	Lemma	Freq
sein	2187	sein	12244
haben	911	werden	9383
werden	667	haben	7514
müssen	289	können	2727
können	262	sollen	2194
sollen	177	müssen	1880
wollen	143	wollen	1648
geben	136	sagen**	1402
dürfen	65	geben	1238
stehen	49	gehen	958
liegen	45	machen	936
gehen	36	kommen	906
bestehen	34	lassen	890
handeln	34	stehen	817
gelten	28	sehen	727
brauchen	22	bleiben	639
kommen	22	dürfen	609
bedeuten	21	halten	542
halten	21	liegen	541
machen	21	stellen	497
zeigen	21	heißen**	449
bleiben	19	fordern**	442
hoffen*	17	nehmen	436
drohen	16	bringen	430
gehören	16	erklären**	410
lassen	16	finden	410
wissen	16	führen	406
führen	15	zeigen	401
darstellen*	14	gelten	391
fehlen*	14	setzen	368
sehen	14	sprechen**	353
versuchen	14	wissen	326

표를 검토해 보면 32개 동사중 21개는 양쪽에 속하고 각각 10개 동사는 한쪽에만 속하는 것을 알 수 있는데 접속법 1식 구문에서 상위 32위안에 들지만 코퍼스전체에서는 그 밖으로 밀려나 있는 동사들은 단어 끝에 '*'

기호로 표시하고, 반대로 전체코퍼스에서는 32위안에 들지만 접속법 1식 구문에서의 출현빈도는 그 밖으로 벗어나 있는 동사들은 단어 끝에 '**' 기호로 표시를 해 두었다. 첫 번째 부류에 속하는 동사 10개 중에서 흥미로운 것들은 *hoffen, fehlen* 및 *darstellen*이다. 이들 동사는 코퍼스전체에서는 각각 112위, 124위 및 240위를 차지하기 때문에 이 동사들이 접속법 1식 구문과 상대적으로 호응이 잘되는 것으로 분석할 수 있다. 두번째 부류에 속하는 동사들 중 *sagen, heißen, forden, sprechen* 및 *erklären*에 주목을 할 필요가 있다. 왜냐하면 이들 동사는 접속법 1식 형태로 실현되는 경우가 매우 드물거나 전혀 나타나지 않기 — *erklären*의 경우 — 때문이다. 대신 이 동사들은 접속법 1식 구문을 목적절로 취하는 주절의 동사로 많이 나타난다. *sagen, heißen*과 *erklären*은 다음의 표 [7]에서 보듯이 상위 5위안에 드는 동사들이다.

다음 표는 접속법 1식 구문을 목적절로 취하는 주절 동사의 출현빈도를 보여준다. 여기서는 출현빈도가 3이상인 동사들만 제시한다.[75]

(7)

Verb	Freq
sagen	136
heißen	51
berichten	47
mitteilen	42
erklären	35
betonen	24
meinen	13
behaupten	12
kritisieren	10
melden	9
schreiben	8
einräumen	7
bestätigen	6
vorwerfen	6

---

75) [부록 12]에 전체목록이 제시된다.

Verb	Freq
urteilen	5
wissen	5
erzählen	4
angeben	3
bekanntgeben	3
erinnern	3
erläutern	3
feststellen	3
glauben	3
rügen	3
verlauten	3
versichern	3

이 표에 나타난 동사들은 의미적인 분류 방법에 따르면 "의사소통 동사"들로서 GermaNet의 분류방법에 따르면 7번째 동사부류에 속한다.

접속법 1식 구문이 주절 동사의 목적절 기능을 하는 용례는 다음과 같은 검색식을 통해 추출이 가능한다.

(8)
```
#1 >HD #2 &
#1 >OC #3 &
#3 > #4:[morph=/.*Pres.Subj/ & lemma=("haben"|"sein")] &
#3 >OC #5
```

검색식에 의해 모두 513개 용례가 추출되며 그 중의 몇 가지만 살펴보면 다음과 같다.

(9)

a. In Tokio jubelte man verfrüht, Rußland habe seinen Vorschlag, zwei Inseln herauszugeben, wiederholt. [T_{898}]

b. Minister Roelf Meyer bedauerte Mandelas ablehnende Haltung und sagte, der ANC habe sich für Konflikt und gegen Frieden und Verhandlungen entschieden. [T₉₅₄]

c. Lautman betonte, das bisherige Fehlen einer friedensfördernden Politik in Israel habe der israelischen Wirtschaft schwer geschadet. [T₁₁₂₃]

d. Es sei Sache der Union zu prüfen, ob er durchzusetzen sei.[T₂₅₀₀]

수형도 (10)은 문장 (9d)의 통사구조를 보여준다.

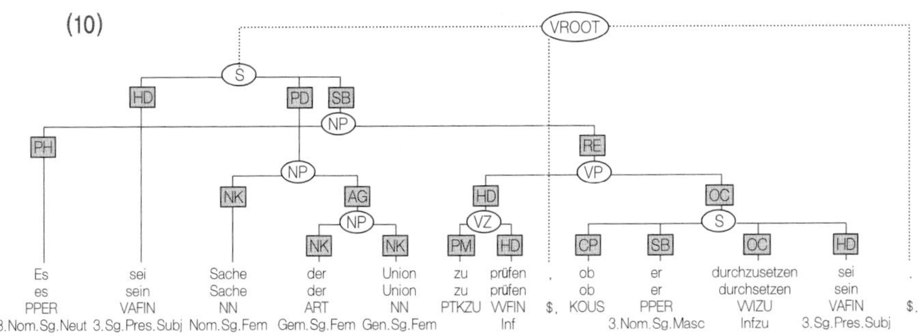

수형도를 통해 확인할 수 있듯이 주절의 동사는 *prüfen*이고 접속법 1식 구문의 정동사는 *sei*이다. 예측가능하듯이 sei의 어휘범주는 VAFIN이며 이 동사의 형태정보는 "3.Sg.Pres.Subj"로 표시되어 있다.

이제 접속법 1식의 완료형 구문에 대해 논의를 하기로 한다.

이 구문은 다음 (11)과 같은 검색식에 의해 추출이 가능하다.

(11)
#1 〉#2:[morph=/.*Pres.Subj/ & lemma=("haben"|"sein")] &
#1 〉OC #3 &
#3 〉HD #4:[pos=("VVPP"|"VMINF")]

검색식에 의해 추출되는 용례는 모두 990개이며 그 중에서 완료조동사가 *haben*인 경우가 734개이고 *sein*인 경우가 256개이다. 또한 완전동사

의 과거분사형(VVPP)이 쓰인 경우가 951개이고 화법조동사의 부정형이 쓰인 경우가 39개이다.[76)

먼저 용례를 몇 가지 살펴보기로 하는데 이미 앞에서 논의된 용례도 포함된다.

(12)

a. Die Erzeugerpreise seien im Durchschnitt um drei Prozent gesunken. [T$_{678}$]

b. Lautman betonte, das bisherige Fehlen einer friedensfördernden Politik in Israel habe der israelischen Wirtschaft schwer geschadet. [T$_{1123}$]

c. Besonders Bayern habe hierbei Schwerpunkte setzen wollen. [T$_{2806}$]

d. Marianne Heuwagen sagt, von den vier verbliebenen Kandidaten habe letztlich keiner wirklich überzeugen können. [T$_{9450}$]

완료형 구문의 통사구조를 이해하기 위해 용례 (12c)의 수형도를 살펴보자.

(13)

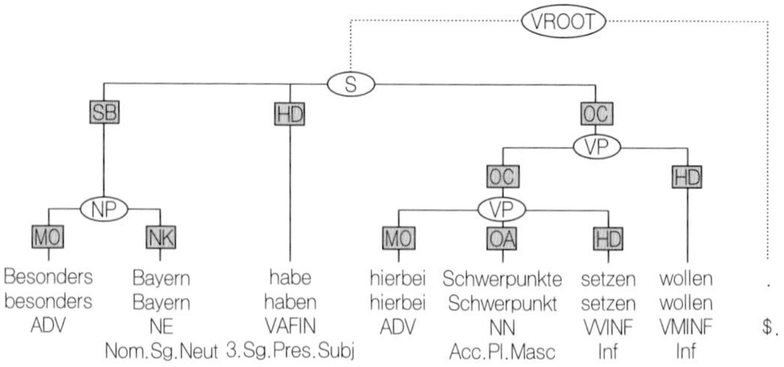

수형도를 통해 확인할 수 있는 사실은 접속법 1식의 완료형 구문에서는

---

76) 접속법 1식의 단순형 구문은 접속법 1식 구문 전체 6,559개에서 접속법 1식 완료형 구문 990개를 뺀 5,569개이다.

완료조동사가 동사구(VP)로 실현되는 목적절(OC)을 취하고 화법조동사는
부정형으로 실현되어 그 목적절의 핵어(HD) 기능을 수행한다는 점이다.
이 화법조동사는 동시에 다른 완전동사의 부정형이 중심이 된 동사구(VP)
를 다시 자신의 목적절(OC)로 취한다. 곧 이런 유형의 구문에는 적어도 두
개 이상의 OC가 존재한다.

이 예와 같이 화법조동사의 기본형이 목적절의 핵어로 쓰인 경우만을
따로 살펴보기 위해서는 다음 (14)와 같은 검색식을 이용하면 된다.

(14)
```
#1 〉 #2:[morph=/.*Pres.Subj/ & lemma=("haben"|"sein")] &
#1 〉OC #3 &
#3 〉HD #4:[pos="VMINF"] &
#3 〉OC #5
```

이 검색식에 의해 추출된 용례는 39개인데, 이들 중에서 흥미있는 예들
두 가지만 살피기로 하자.

(15)
  a. Bei "einigen" Unternehmen, deren Zahl nicht beziffert wird, habe
     die Kontrollbehörde jedoch einschreiten müssen.   [T$_{12919}$]
  b. Eine nachträgliche Interpretation hat Bachtin unterstellt, er habe
     mit seinem Buch auf die Willkürherrschaft Ivans des Schrecklichen
     und damit indirekt auf Stalin anspielen wollen :   [T$_{32899}$]

(15a)에서 화법조동사 *müssen*이 완전동사 하나—*einschreiten*—만을
목적절로 취한다는 점이 일반적인 경우와 다르다고 할 수 있다. 반면
(15b)에서 흥미로운 점은 화법조동사 *wollen*의 목적절이 단순히 VP가 아
니고 동사구들의 등위접속구(CVP)라는 점이다. 다음 쪽의 수형도 (16)은
CVP 부분만을 보여준다.

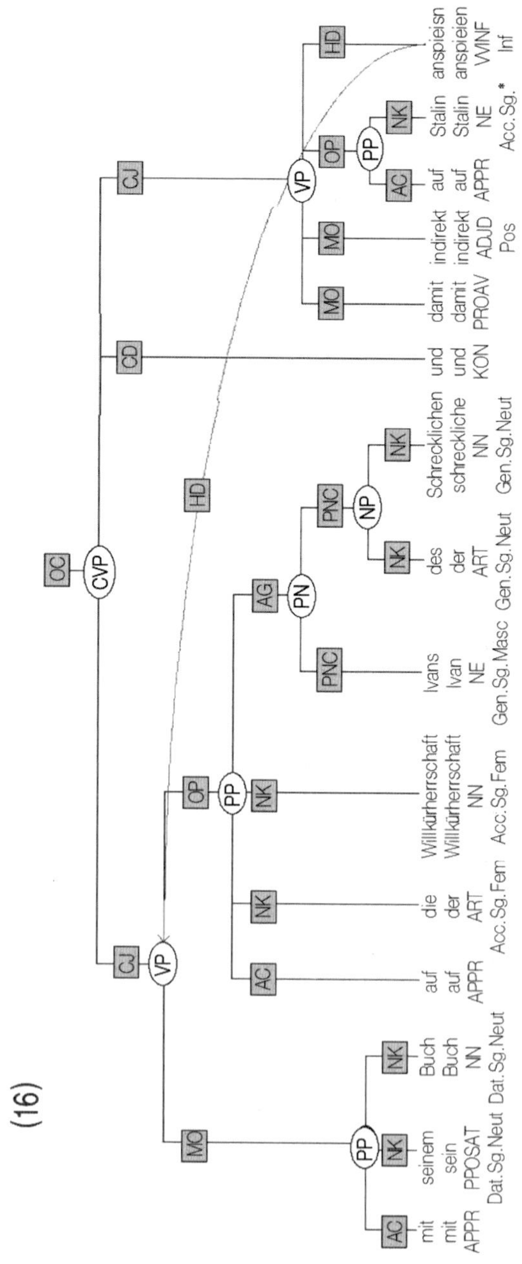

9.2 접속법 2식 구문

지금부터는 접속법 2식에 대해 논의를 하기로 한다. 접속법 2식도 접속법 1식과 마찬가지로 단순형 구문과 완료형 구문으로 나눌 수 있다. 형태상으로 완료형 구문은 완료조동사 haben/sein＋과거분사형이거나 haben/sein＋화법조동사의 부정형의 형태를 취한다. 코퍼스로부터 접속법 2식 구문을 추출하기 위해 사용가능한 검색식은 다음 (17)과 같다.

(17) #1:[morph＝/.*Past.Subj/]

이 검색식에 의해 모두 3,497개의 용례가 추출된다. 이 중에서 완료형 구문만을 추출하기 위한 검색식은 다음 (18)과 같다.

(18)
#1 〉 #2:[morph＝/.*Past.Subj/ & lemma＝("haben"|"sein")] &
#1 〉OC #3 &
#3 〉HD #4:[pos＝("VVPP"|"VMINF")]

이 검색식에 의해 추출되는 용례는 모두 540개이다. 정리하자면 접속법 2식은 코퍼스내에서 모두 3,497개 나타나고 그 중에서 단순형 구문은 2,957개, 완료형 구문은 540개이다.

접속법 2식 구문의 정동사로 실현되는 동사들 중에서 출현빈도가 5 이상인 동사들을 코퍼스 전체 빈도와 비교하여 살펴보기로 하자.

(19)

접속법 2식 구문		TIGER 전체	
Lemma	Freq	Lemma	Freq
haben	632	sein	12244
werden	631	werden	9383

접속법 2식 구문		TIGER 전체	
Lemma	Freq	Lemma	Freq
können	546	haben	7514
sein	402	können	2727
müssen	235	sollen	2194
dürfen	224	müssen	1880
sollen	208	wollen	1648
kommen	33	sagen**	1402
geben	26	geben	1238
lassen	26	gehen	958
stehen	23	machen**	936
wollen	22	kommen	906
liegen	19	lassen	890
gehen	15	stehen	817
bleiben	12	sehen	727
bekommen*	7	bleiben	639
finden	7	dürfen	609
vorliegen*	7	halten**	542
bestehen*	6	liegen	541
brauchen*	6	stellen**	497
fahren*	6	heißen**	449
fehlen*	6	fordern**	442
sehen	6	nehmen**	436
wissen*	6	bringen**	430
entstehen*	5	erklären**	410
gehören*	5	finden	410
treffen*	5	führen**	406
tun*	5	zeigen	401
zeigen	5	gelten**	391

위 표에서 단어 뒤에 '*' 기호로 표시된 동사들은 접속법 2식 구문에서는
상위 29위안에 포함되나 코퍼스 전체빈도에서는 29위밖으로 밀려난 동사
들이고, 반대로 단어 위에 '**' 기호가 붙은 동사들은 코퍼스 전체를 대상
으로 했을 때에는 29위안에 들지만 접속법 2식 구문을 대상으로 했을 때
에는 29위 밖으로 밀린 동사들이다. 일반적으로 어떤 구문의 통계에서든
하위에 위치한 동사일수록 다른 구문의 통계에서는 더 밖으로 밀릴 확률
이 높다고 할 수 있다. 때문에 접속법 2식의 '*' 기호로 표시된 모든 동사

들이 전체 빈도 통계에서 29위밖으로 밀린 것과 전체빈도 통계에서 *halten* 이하 9개 동사들이 접속법 2식 구문 통계에서 29밖으로 밀려난 것도 이해가 될 수 있다. 그러나 전체 빈도에서 상당히 상위를 차지하는 동사 *sagen*과 *machen*이 접속법 2식 구문에 자주 나타나지 않는 것은 특기할 만하다. 실제로 *sagen*은 출현빈도가 1로서 93위에, 그리고 *machen*은 빈도가 3으로서 38위에 랭크되어 있다. 이런 관점에서 보면 *machen*도 크게 문제삼을 것은 없어 보인다. 사실은 이 두 동사들이 약변화동사이기 때문에 이들이 접속법 2식 구문에 출현하는 일반적인 경우는 würden＋부정형 구문에 나타나야 한다. 다음 몇 가지 예는 코퍼스로부터 추출한 würden＋부정형 구문을 보여준다.

(20)
    a. "Würden Sie bitte mal Ihre Tasche öffnen?"   [T$_{213}$]
    b. Parallel dazu würden die Verbraucherpreise etwas langsamer steigen.
        [T$_{1224}$]
    c. "Wenn man das machen würde, wäre das eine Aufforderung zur Tarifflucht."   [T$_{22240}$]
    d. "Geradeaus bis kurz vor der Alten Oper, rechts, links und geradeaus bis zum Eschenheimer Tor", würde vielleicht eine Frau sagen.   [T$_{45716}$]

예들에서 (20b)를 제외하고는 완전동사가 모두 약변화동사이다. 약변화동사의 경우 주어가 단수인경우에 접속법 2식 동사활용형의 바탕이 되는 동사의 과거형이 직설법의 과거형과 구분이 안되기 때문에 würden＋부정형 구문을 대신 사용한다.

통사구조의 이해를 위해 (20b)의 수형도를 살펴보면 다음과 같다.

(21)

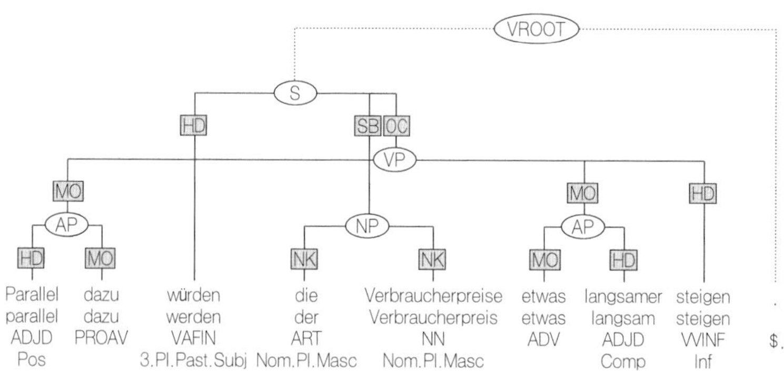

수형도에서 확인가능하듯이 이 구문을 이끄는 정동사 *würden*이 형태론
적으로 "3.Pl.Past.Subj"라는 형태정보를 가진다. 이 동사의 목적절(OC)는
핵어는 *steigen*이고 어휘범주는 VVINF이다.

지금까지의 논의를 따라서 과연 동사 *sagen*과 *machen*이 접속법 2식
구문에 드물게 나타나는 지를 확인하기 위해서는 würden+부정형 구문에
출현하는 동사들의 빈도가 어떻게 되는 지를 살펴볼 필요가 있다.

이를 위해 우리는 다음과 같은 검색식을 사용한다.

(22)
```
#0 〉#1:[morph=/.*Past.Subj/ & lemma="werden"] &
#0 〉OC #2 &
#2 〉HD #3:[pos="VVINF"]
```

이 검색식을 통해 모두 338개 용례가 추출되고, 그 용례들에 대해 완전
동사의 부정형(#3)으로 실현되는 동사들에는 어떤 것들이 있는지를 조사해
야 한다. 그 결과 다음 (23)에 제시된 통계를 얻는다. 여기서는 빈도가 3
이상인 동사들만 보인다.

(23)

Lemma	Freq
führen	8
machen	8
bedeuten	7
sehen	6
kommen	6
lassen	6
entstehen	4
bringen	4
übernehmen	4
schaden	3
sagen	3
treffen	3
nehmen	3
stellen	3
fortsetzen	3
verstehen	3
geben	3
halten	3
gelten	3

이 통계를 근거로 우리는 동사 *machen*과 *sagen*이 접속법 2식 구문에 잘 어울리지 않는 동사라는 결론을 내리기가 쉽지 않다.

이제 접속법 2식의 완료형 구문에 대한 논의로 넘어가자. 이 구문에 속하는 용례들은 다음과 같다.

(24)

a. Er hätte es besser wissen müssen. $[T_{469}]$

b. Viele Menschen wären nicht umgekommen, wenn der Taifun richtig eingeschätzt worden wäre. $[T_{4118}]$

c. Zwar hätte grundsätzlich auch die Gemeinde als neuer Eigentümer des Geländes zur Sanierung verpflichtet werden können. $[T_{13070}]$

통사구조에 대해 살피기 위해 예문 (24a)의 수형도를 보기로 하자.

(25)

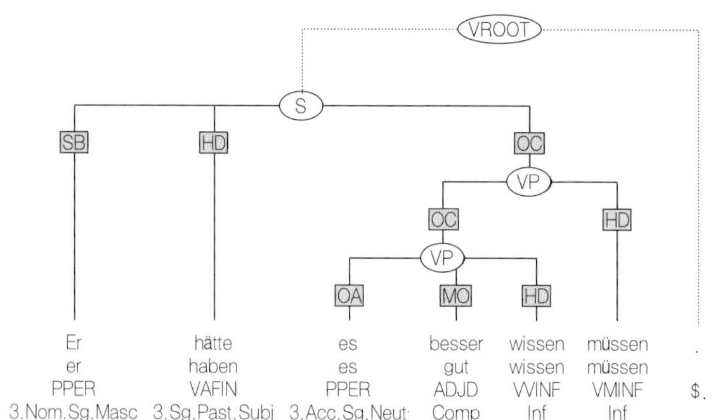

수형도상에서 확인할 수 있듯이 접속법 2식 정동사는 *hätte*이고 동사구 (VP)가 문법적으로 목적절(OC) 기능을 수행한다. 이 목적절의 핵어는 VMINF 범주인 *müssen*이며 이 화법조동사가 다시 다른 동사구를 목적절로 취하고 있다. 한편 문장 (24c)에는 목적절 기능을 하는 동사구가 세 개 나타나며 과거분사(VVPP)인 *verpflichtet*가 가장 깊숙한 곳에 위치한 동사구의 핵어이다.

앞서 잠깐 언급한 바와 같이 접속법 2식의 완료형 구문은 검색식 (18)에 의해 모두 540개 추출된다. 이 가운데서 접속법 2식 정동사의 레마가 *sein*인 경우가 64개이고 레마가 *haben*인 경우가 476개이다. 더 나아가 정동사의 목적절 기능을 하는 동사구의 핵어가 완전동사 과거분사(VVPP)인 경우가 436개로서 압도적으로 많이 나타나고 화법조동사 부정형(VMINF)인 경우가 104개 출현한다. 후자의 경우에 부정형 동사의 목적절 기능을 하는—위 수형도 (25)에서 "es besser wissen"과 같은—동사구가 어떤 범주로 실현되는지를 조사하기 위해 우리는 다음 (26)과 같은 검색식을 이용한다.

(26)
```
#1 〉 #2:[morph=/.*Past.Subj/ & lemma=("haben"|"sein")] &
#1 〉OC #3 &
#3 〉HD #4:[pos="VMINF"] &
#3 〉OC #5
```

이 검색식에 의해 추출되는 용례는 당연히 104개이다. 우리의 관심은
두 번째 목적절(OC)의 구범주(cat)나 어휘범주(pos)가 어떻게 실현되는 가
의 문제이다. TIGERSearch를 운용하여 위 검색식의 #5에 대한 통계를
추출하면, VP로 실현되는 것이 91개, 등위접속구인 CVP로 실현되는 것
이 9개 그리고 간단히 VVINF로 실현되는 것이 4개라는 것을 확인할 수
있다. 접속법 2식 완료형 구문에 나타나는 주로 나타나는 동사에는 어떤
것들이 있는지를 살펴보기 위해 우리는 다음 (27)과 같은 검색식을 이용
할 수 있다.

(27)
```
#1 〉 #2:[morph=/.*Past.Subj/ & lemma=("haben"|"sein")] &
#1 〉OC #3 &
#3 〉HD #4:[pos="VMINF"] &
#3 〉OC #5 &
#5 〉HD #6
```

이 검색식을 이용해 추출한 91개의 용례에 대해서, 두 번째 목적절의
핵어(#6)에 대한 빈도통계를 추출하면 다음에서 확인할 수 있듯이 몇 개의
동사만이 빈도 2이상으로 출현한 것을 알 수 있다.

(28)

Lemma	Freq
werden	12
sein	10

Lemma	Freq
führen	3
verhindern	3
lassen	3
hindern	2
zeigen	2
leisten	2

가장 빈도가 높은 동사 *werden*의 경우 이 구문에서는 VAINF로 실현되는데, 이 동사는 계사(Kopula) 기능 혹은 수동조동사 기능을 한다.

(29)

a. Er schien ein "Klassiker", der genausogut auch Pop-Idol hätte werden können. [T$_{26655}$]

b. Zeit und Ort hätten nicht besser gewählt werden können : [T$_{38659}$]

*werden*이 계사 기능을 하는 예가 (29a)이고 수동조동사 기능을 하는 예가 (29b)이다. 분포를 보면 계사 기능을 하는 경우는 단 하나뿐이고 나머지 11개가 수동조동사 기능을 한다.

이와 유사한 예가 동사 *sein*이다. *sein*도 계사 기능과 수동조동사 기능을 가진다.

(30)

a. Zweitens hätte mir schon anhand der Überschrift klar sein müssen, daß Kotzwinkle für mein Thema überhaupt nichts hergibt. [T$_{49118}$]

b. Damit hätte die Sache eigentlich erledigt sein können. [T$_{15312}$]

위 (30a)는 동사 *sein*이 계사로 사용된 예이고 (30b)는 상태수동 조동사로 쓰인 경우이다. 종합적으로 10개의 용례를 모두 살펴본 결과, 동사 *sein*은 *werden*과는 반대로 계사로 쓰인 경우가 다수—8번—이고 상태 수동조동사로 사용된 경우가 2번이었다.

구조의 이해를 돕기 위해 위 (30b)의 수형도를 보이면 다음 (31)과 같다.

(31)

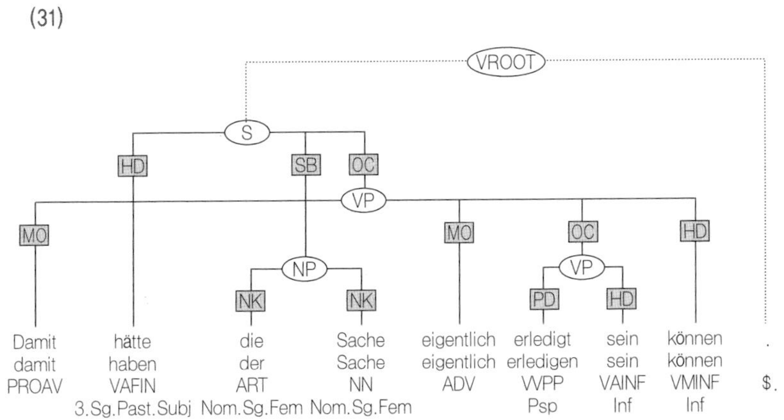

수형도를 통해 과거분사(VVPP) *erledigt*가 수동조동사 *sein*의 보어(PD) 기능을 하는 것으로 분석된 것을 볼 수 있다. 그런데 이 문장의 경우 사실은 목적절(OC)로 분석되어야 하는데 오분석이 된 예이다.

이들 두 동사외에 사역동사 *lassen*이 출현빈도가 3임을 알 수 있는데, 특별히 이 동사가 나타난 용례들을 살펴보면 다음 문장과 같이 이 동사가 다른 완전동사―*gefallen*―를 취하는 것을 알 수 있다.

(32)

Denn natürlich hätten sich selbstbewußte Abgeordnete, die auch in einer Koalition als parlamentarische Aufsicht über die Exekutive ihre Diäten wert sind, Waigels Trauerspiel um die verlorenen 20 Milliarden Mark nicht gefallen lassen dürfen.   [T$_{10042}$]

마지막으로 접속법 2식 동사 *würden*이 완료구문을 목적절(OC)로 취하는 용례가 있는지를 검토하고자 다음 (33)과 같은 검색식을 운용했는데 단 하나의 예도 발견되지 않았다.

(33)
```
#1 〉#2:[morph=/.*Past.Subj/ & lemma="werden"] &
#1 〉OC #3 &
#3 〉HD #4:[lemma=("haben"|"sein")] &
#3 〉OC #5 &
#5 〉HD #6:[pos=("VVPP"|"VMINF")]
```

마지막으로 접속법 1식 구문이 관용적으로 사용되는 경우에 대해 살펴보자. "es sei denn"-구문이 그 예이다. 이 구문은 "… 하지 않으면" 혹은 "…인 경우가 아니라면"으로 해석된다. 이 용례는 코퍼스에서 10개 발견된다. 이 중 몇 가지만 제시하면 다음과 같다.

(34)
    a. Es sei denn, Sie essen nur Kaviar.   [T$_{18457}$]
    b. Die Zeit will bemerkt werden, man kann sich nicht an ihr vorbeistehlen in den Stücken Jan Fabres – es sei denn, man gönnt sich einen Theaterschlaf.   [T$_{35436}$]
    c. Der Hauseigner müßte das Geld an die Länder weitergeben, es sei denn, er schafft damit sozialen Wohnraum.   [T$_{38365}$]

예문들을 살펴보면, *es sei denn* 뒤에 따라오는 문장의 주어에 있어 인칭의 제한이 없음을 확인할 수 있다. (34b)와 (34c)의 경우 *es sei denn* 이 의미적으로 일종의 부정 종속접속사 기능을 하면서 앞뒤 두 문장을 연결시켜 준다. 그리고 위 예문 (34a)의 수형도는 다음 (35)와 같다.

(35)

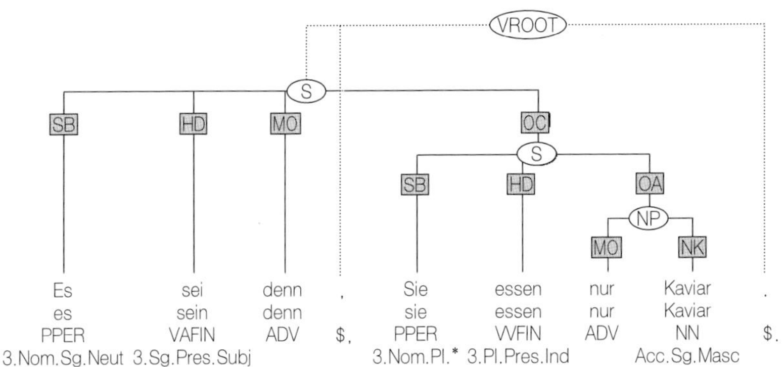

수형도에서는 *es sei denn* 뒤에 따라오는 절은 동사 *sei*의 목적절로 분석이 된다.

지금까지 이 장에서는 접속법 1식과 접속법 2식의 단순형 구문과 완료형 구문에 대해서, 그리고 würden+부정형 구문에 대해서 그 구문에 나타나는 동사들의 분포를 중심으로 논의를 했다.

제10장 등위접속 구문

10.1 등위접속 구문의 하위유형

이 절에서는 코퍼스 TIGER의 등위접속 구문에 속하는 구조분석에 사용된 전산문법에 관한 통계적인 분석결과를 제시한다. 먼저 독일어 등위접속구문의 전반적인 구구조규칙의 유형 및 적용과 관련한 통계를 보이려고 한다.[77]

독일어의 등위접속 구문에 속하는 아래와 같은 예들이 TIGER 코퍼스에서 24,343개 검색되었다. 등위접속 구문은 보통 "C"로 시작하는 구범주명을 갖기 때문에 TIGERSearch에 의해 검색하기가 용이하다.[78] 이를 위한 검색식은 다음 (1)과 같다.

    (1) #1:[cat=/C.*/ & cat != "CH"]

---

[77] Clematide(2006)은 등위접속 구문에 나타나는 통사적인 중의성 문제를 다룬다.

[78] 코퍼스에서 228개 용례가 검색되는 CH는 chunk(뭉치)를 나타내는 것으로 등위접속 구문으로 보기는 어렵다. 따라서 등위접속 구문의 용례는 24,571개 중 CH 228개를 제한 나머지 24,343개이다.

이 검색식에 의해 모두 24,343개의 용례가 추출된다. 그 중에서 몇 가지를 보이면 다음과 같다.

(2)

  a. Das macht den Unterschied aus zwischen den Republikaner-Erfolgen heute und den alten NPD-Erfolgen. [T_{116}]

  b. Aber er war eine Enttäuschung, und deshalb habe ich unterschrieben. [T_{494}]

  c. Die Bundesbank verfolge eine "völlig richtige und konsequente Politik". [T_{1537}]

  d. Von der Kunst, die Brandenburger zugleich aufzumuntern und zu besänftigen [T_{1664}]

  e. Alle Parteien, alle Interessengruppen leben von Öffentlichkeit und von Öffentlichkeitsarbeit. [T_{126}]

  f. Denn das Ganze ist kilometerweit sichtbar, eine neue Visitenkarte Hamburgs. [T_{311}]

  g. Die Hintergründe des Mordes sind nach wie vor unklar. [T_{1165}]

  h. Mosenergo unterhält 21 Kraftwerke, die rund 16 Millionen Menschen in und um Moskau mit Strom und Wärme versorgen. [T_{14181}]

  i. Sie zu ächten und zu verabscheuen gibt es gute Gründe ; [T_{45568}]

  j. Zum Wochenbeginn sondierte der Abgeordnete bei beteiligten und betroffenen Immobilienfirmen, Bankern und Unternehmensberatern, ob und welche Alternativen es zu einem Ausverkauf gibt. [T_{42827}]

통사구조의 이해를 위해 (2d)와 (2f)의 수형도를 살펴보자.

(3)

a.

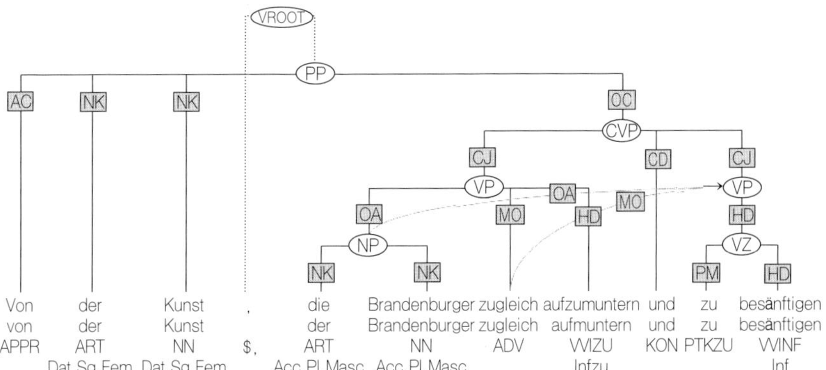

b.

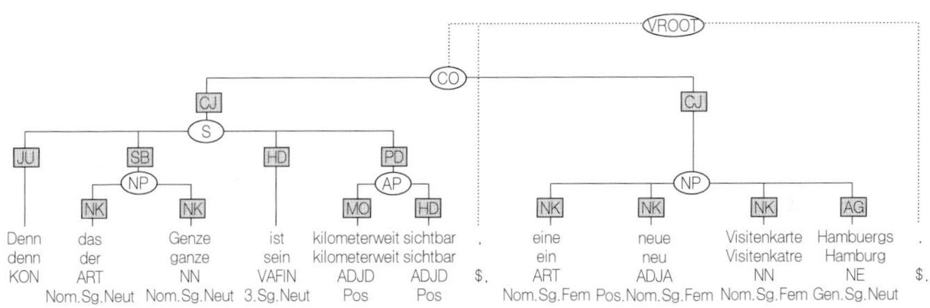

　수형도 (3a)는 동사구(VP)가 동사구(VP)와 결합하여 등위접속 동사구 (CVP)를 생성한 구조를 보여준다. 이 수형도에서 특별한 점은 등위접속된 두 개의 동사구가 직접목적어(OA) *die Brandeburger*와 부사(ADV) *zugleich* 를 공유한 것으로 분석되어 있다는 점이다. 수형도 (3b)는 소위 비대칭 등 위접속 구문을 표시하는 구범주 CO가 문장(S) 범주와 명사구(NP) 범주의 결합으로 되어 있음을 보여준다. 이처럼 서로 상이한 두 개의 구범주가 새 로운 구범주를 형성하여 등위접속 구문을 형성할 때 상위 구범주는 CO로 설정된다. 이러한 비대칭 등위접속 구문에 대해서는 제10.2절에서 다시 논의를 하기로 한다.

위의 문장들에서 흥미로운 것 하나는 (2g)인데, 이 용례는 부사구접속 (CAVP)의 예이다. 이 예문에서는 관용적으로 쓰이는 표현 *nach wie vor* 가 출현하는데 이와 유사한 관용구들이 코퍼스내에서 얼마나 사용되는지 를 살펴보기 위해 다음과 같은 검색식을 이용하여 용례들을 추출했다.

(4)
#0 〉 #1:[cat = "CAVP"] &
#1 〉 #2:[pos ="ADV"] &
#1 〉 #3:[] &
#1 〉 #4:[pos ="ADV"] &
#2 . #3 &
#3 . #4

결과로 얻어진 용례는 모두 150개로서 전체 등위접속 부사구(211개)의 75%를 차지한다. 이 패턴으로 실현되는 관용구들의 출현빈도를 조사한 결과를 빈도 2이상 되는 관용구만 제시하면 다음과 같다.[79]

(5)

ADV	KON/APPR	ADV	Freq
nach	wie	vor	66
mehr	oder	weniger	10
nach	und	nach	7
hin	und	her	5
mehr	und	mehr	4
ganz	und	gar	3
auch	und	gerade	3
wohl	oder	übel	3
durch	und	durch	3

---

79) 전체자료는 [부록 13]에 제시된다.

ADV	KON/APPR	ADV	Freq
kreuz	und	quer	3
so	oder	so	3
ab	und	an	3
hier	wie	dort	2
damals	und	heute	2
auf	und	ab	2
montags	bis	freitags	2
wieder	und	wieder	2
hier	und	dort	2
rechts	oder	links	2

위 관용구중에서 다음 용례에 제시되는 두 개만을 제외하고 모두 ADV-KON-ADV 패턴을 지닌다.

(6)

a. Die Koalitionsvereinbarung sieht *montags bis freitags* Ladenöffnungszeiten von 6 Uhr bis 20 Uhr und samstags von 6 Uhr bis 16 Uhr vor. [T$_{10205}$]

b. Schloß Mochental in 7930 Schloß Mochental ist *dienstags bis freitags* von zehn bis zwölf Uhr und von 14 bis 17 Uhr, samstags von 14 bis 17 Uhr und sonntags von zehn bis 17 Uhr zu besichtigen. [T$_{31797}$]

앞서 (2a)-(2j)에 제시된 여러 가지 유형의 등위접속 구문을 분석하는 데 사용된 구구조규칙은 945개인데, 이 규칙들이 적용되어 문장분석이 이루어진 TIGER 코퍼스의 문장수는 17,640개이다.[80] 이 규칙들의 상위교점에 나타난 범주명을 기준으로 분류하여 등위접속 구문들의 분포를 제시하면 다음의 (7)과 같다.

---

80) 용례 전체는 24,343개이기 때문에 한 문장에 여러 개의 등위접속 구문이 나타날 수도 있다.

(7)

범주명	등위접속 성분	빈도	백분율	누적 빈도	누적 백분율
CNP	명사구 접속	12567	51.62	12567	51.62
CS	문장 접속	5909	24.27	18476	75.9
CAP	형용사구 접속	2314	9.51	20790	85.4
CVP	동사구 접속	1603	6.59	22393	91.99
CPP	전치사구 접속	1292	5.31	23685	97.3
CO	일반 접속	391	1.61	24076	98.9
CAVP	부사구 접속	211	0.87	24287	99.77
CAC	전치사 접속	31	0.13	24318	99.9
CVZ	부정사구 접속	23	0.09	24341	99.99
CCP	접속사 접속	2	0.0008	24343	100

위의 표에서 제시된 바에 따라 단 두 번 적용된 규칙은 상위교점의 범주명이 CCP인 규칙으로 구체적인 형식은 다음 (8)과 같다.

(8)

a. CCP → KOUS KON KOUS
b. CCP → KOUS KON PWAT

구구조규칙 (8a)는 위 문장 (2j)의 분석을 위해 단 한번 사용되었고 (8b)도 다른 문장의 분석을 위해 한 번 사용되었다.

이 규칙을 제외하고 등위접속 구문의 분석에 사용된 구구조 규칙들의 빈도와 백분율 및 누적백분율을, 각 유형별로 빈도수가 상위 1위부터 5위까지의 하위 유형 규칙들만을 대상으로 하여 보이면 다음 (9a)-(9i)와 같다.

(9)

a.

규칙	빈도	누적빈도	누적백분율
CNP → NN KON NN	3125	3125	24.87

CNP → NP KON NP	3032	6157	48.99
CNP → TRUNC KON NN	881	7038	56.00
CNP → NE KON NE	765	7803	62.09
CNP → NN KON NP	431	8234	65.52
CNP → NN NN KON NN	365	8599	68.43

b.

규칙	빈도	누적빈도	누적백분율
CS → S KON S	3337	3337	56.47
CS → S S	1852	5189	87.82
CS → S S KON S	236	5425	91.81
CS → S S S	133	5558	94.06
CS → S CS	45	5603	94.82

c.

규칙	빈도	누적빈도	누적백분율
CAP → ADJA KON ADJA	591	591	25.54
CAP → ADJD KON ADJD	289	880	38.03
CAP → CARD KON CARD	222	1102	47.62
CAP → ADJA ADJA	213	1315	56.83
CAP → ADJA AP	150	1465	63.31

d.

규칙	빈도	누적빈도	누적백분율
CVP → VP KON VP	1195	1195	74.55
CVP → VP VP	130	1325	82.66
CVP → VP VP KON VP	79	1404	87.59
CVP → VVPP KON VVPP	31	1435	89.52
CVP → VVPP KON VP	16	1451	90.52

e.

규칙	빈도	누적빈도	누적백분율
CPP → PP KON PP	888	888	68.73

	빈도	누적빈도	누적백분율
CPP → PP PP	211	1099	85.06
CPP → KON PP KON PP	64	1163	90.02
CPP → PP PP KON PP	46	1209	93.58
CPP → PP PP PP	32	1241	96.05

f.

규칙	빈도	누적빈도	누적백분율
CO → ADJD KON PP	31	31	7.93
CO → ADV KON PP	26	57	14.58
CO → NP KON PP	19	76	19.44
CO → AP KON PP	17	93	23.79
CO → ADJD KON VP	13	106	27.11

g.

규칙	빈도	누적빈도	누적백분율
CAVP → ADV KON ADV	157	157	74.41
CAVP → ADV ADV	9	166	78.67
CAVP → AVP KON AVP	5	171	81.04
CAVP → PWAV KON PWAV	4	175	82.94
CAVP → ADV KON AVP	3	178	84.36

h.

규칙	빈도	누적빈도	누적백분율
CAC → APPR KON APPR	22	22	70.97
CAC → APPR KON APPRART	2	24	77.42
CAC → TRUNC KON APPR	1	25	80.65
CAC → AVP APPR KON AVP	1	26	83.87
CAC → AVP AVP	1	27	87.10
CAC → APPR APPR KON APPR	1	28	90.32

i.

규칙	빈도	누적빈도	누적백분율
CVZ → VZ KON VZ	13	13	56.52

CVZ → VZ KON VVIZU	5	18	78.26
CVZ → VVIZU KON VZ	3	21	91.30
CVZ → KON VZ VZ KON VZ	1	22	95.65
CVZ → KON VZ KON VZ	1	23	100.00

위의 표를 통해 다른 규칙들과 뚜렷이 구별되는 규칙들이 (9f)에 제시된 바 CO를 상위교점의 범주로 삼고 있는 규칙들이다. 이들 규칙들은 적용빈도수가 높은 상위 5개의 규칙의 누적백분율을 모두 합해도 27.1%에 불과하다. 이 수치는 상위 5개 규칙의 누적백분율이 낮게는 68.43%부터 높게는 100%에 이르는 다른 규칙유형들과 크게 구분되는 값이다. 이는 등위접속 구문에 속하는 문장들을 분석하는 과정에서, 예외적인 등위접속을 나타내는 문장들의 분석을 위해 CO를 상위교점의 범주로 삼고 있는 규칙들을 설정한데 기인한다.

10.2 비대칭 등위접속 구문

앞서 논의한 바대로 독일어 등위접속구문의 여러 유형 중 예외적인 현상인 비대칭 등위접속 구문을 생성하는데 사용된 구구조규칙들의 유형과 분포에 대해 살펴보려 한다.

따라서 소위 비대칭 등위접속 구문이 등위접속의 예외현상을 기술할 목적으로 설정된 만큼 이 유형에 속하는 규칙들도 그 유형이 다양할 것으로 기대되는데 통계적인 데이터가 이 사실을 뒷받침한다. TIGER 전산문법에서는 이 유형을 165가지로 하위분류하고 있으며 이중 119개(72.1%) 구구조 규칙이 단 한 번 사용된다.[81] 391개에 불과한 비대칭 등위접속 구문을

---

81) 비대칭 등위접속 구문 규칙 유형에 대한 통계가 [부록 14]에 제시되어 있다.

처리하기 위해 165가지 규칙이 필요하다는 사실이 언어세계에서도 예외를
다루는 것이 매우 어렵고 비용이 많이 드는 일이라는 점을 암시한다.[82]
　비대칭 등위접속 구문이 얼마나 다양한 통사구조를 표상하는 지를 명시
적으로 보이기 위해서 이 유형에 속하는 규칙들의 적용을 받아 분석된 문
장들을 7개만 접속을 이룬 통사범주들과 함께 제시하면 다음과 같다.

(10)
a. "Die Bevölkerung", sagte Rafsandschani, "ist mit einer Menge
   Probleme konfrontiert und daher unzufrieden. (VP-AP) 　　[T_{374}]
b. Nur eine Unterschrift – und er war Dissident (NP-S) 　　[T_{459}]
c. Daran nämlich, wie im konkreten Falle entschieden wird, ob und
   in welcher Art deutsche Soldaten eingesetzt werden.(KOUS-PP)
   　　　　　　　　　　　　　　　　　　　　　　　　　[T_{513}]
d. Die Mehrzahl ist, so Holm, erwerbslos, abgewandert oder in
   Vorruhestand. (ADJD-VVPP-CJ) 　　　　　　　　　[T_{619}]
e. Aber das war allgemein gedacht, und nicht Mann gegen Frau.
   (ADJD-NP) 　　　　　　　　　　　　　　　　　[T_{4858}]
f. Inzwischen reden wir mehr und offener darüber, aber das gelingt
   immer nur punktuell und nicht mit jedem. (AP-PP) 　　[T_{4956}]
g. Wirklich sind Gotscheffs Blödeleien ohne jeden Witz, unintelligent
   und anödend. (PP-CAP) 　　　　　　　　　　　　[T_{5507}]

　위 예문들만을 가지고도 우리는 비대칭 등위접속 구문이 매우 다양한
통사구조를 반영한다는 사실을 확인할 수 있다. 이 구문의 통사구조를 자
세히 살펴보기 위해 문장 (10g)의 수형도를 제시하면 다음과 같다.

---

82) 이민행(2008)에서는 코퍼스 TIGER 2.1과 다르고 이보다 규모가 작은 NEGRA 코퍼
　　스를 분석대상으로 하여 유사한 결론에 이른 바가 있다.

(11)

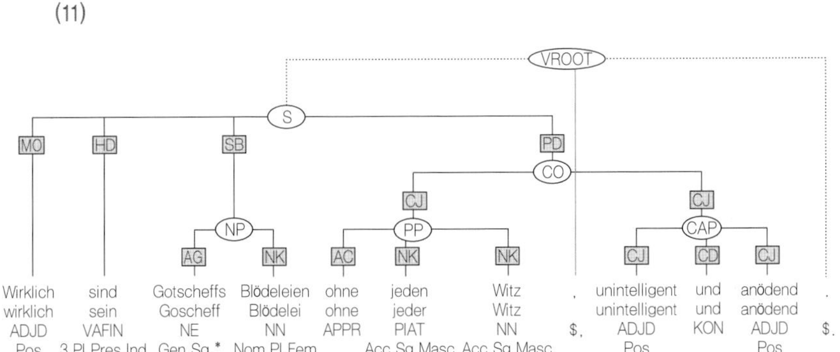

이 수형도를 통해서 전치사구(PP) *ohne jeden Witz*가 등위 접속 형용
사구(CAP) *unitelligent und anödend*가 결합하여 일반 접속구(CO)를 구
성함을 확인할 수 있다.

이 장에서는 사역구문과 결과구문의 여러가지 속성에 대해 논의를 한다.

11.1 사역구문

독일어의 사역구문을 이끄는 대표적인 동사는 *lassen*이다. 독일어에서 *lassen*이 나타나는 환경은 다양하다. 다음 몇 가지 예를 살펴보자.

(1)
 a. Sie wollen die Wahl verschieben lassen.   [T$_{24241}$]
 b. Die Bundesländer hätten die Hochschulen verkommen lassen. [T$_{23398}$]
 c. "Die hohe Arbeitslosigkeit darf uns nicht ruhen lassen, mahnte
   er weiter und sprach sich dafür aus, die eingeleiteten Reformen
   in der Steuer-und in der Sozialpolitik rasch zu vollenden. [T$_{40281}$]
 d. Laßt uns nicht schweigen, sondern die Stimme erheben und laut
   nach Frieden rufen.   [T$_{8508}$]
 e. EU läßt Rheinmetall freie Hand   [T$_{39742}$]
 f. Richter läßt Indiomörder frei   [T$_{8546}$]

g. Putengeschäft läßt keine Federn [T_{39555}]

위 예들은 사역성의 존재여부에 따라 크게 두 부류로 구분된다. (1a)와 (1b)는 사역성을 내포하는 구문인 반면, 나머지는 그렇지 않다. 사역성은 어떤 선행하는 행위가 후속 행위가 유발하도록 영향을 미치는 것을 의미하는데, 이런 관점에서 (1c)와 (1d)는 사역성을 갖는다고 보기가 어렵다.[83] (1c)와 (1d)의 공통점은 동사 *lassen*의 지배를 받는 완전동사(*ruhen, schweigen*)가 구문안에 존재한다는 사실이다. 그러나 의미상으로 (1c)는 "…하도록 내버려 두다"라는 의미를 가지며, (1d)는 청유형으로 쓰이고 있다. (1e)와 (1f)는 구문상으로는 상호간에 구분이 되지만 의미상으로 "…을 허용하다"라는 공통점을 가지고 있다. (1e)는 자유재량권을 허용받았다는 의미를, (1f)는 석방되었다는 의미를 가진다. 마지막으로 (1g)는 관용적인 표현으로서 "희생을 치루고 목표를 달성하다"는 의미를 담고 있다.

이 절에서 우리의 관심사는 사역성을 지니는 구문을 발견하는 데 있기 때문에 논의를 (1a)와 (1b)로부터 시작하기로 한다.

문장 (1a)는 다음과 같은 통사구조를 가진다.

(2)

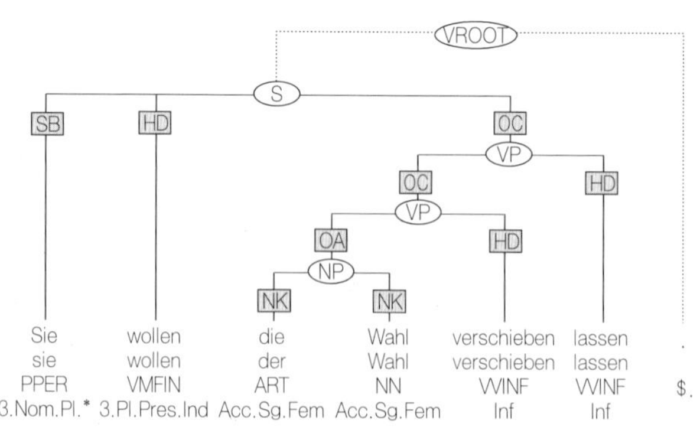

83) 독일어의 사역구문의 유형에 대한 논의는 Koo(1997 : 41) 참조.

위 수형도에서 우리는 동사 *lassen*이 동사구(VP) 하나를 목적절로 취하고 있고 그 목적절안에 목적어 기능을 하는 명사구(*die Wahl*)와 완전동사(*verschieben*)가 하나 포함되어 있다는 사실을 확인할 수 있다. 곧 "선거가 연기되도록 그들(Sie)은 영향력을 행사하기를 바란다"라는 의미안에 포함된 이 문장의 사역성은 이러한 구문구조로부터 생겨난다고 보는 것이 구문문법의 입장에 충실한 해석이다. 따라서 이런 구문을 가지는 다른 예들에서도 사역성이 발견되는지를 검토할 필요가 있다. 이를 위해 우리는 다음 (3)과 같은 검색식을 이용한다.

(3)
#1 〉HD #2:[lemma="lassen"] &
#1 〉OC #3:[cat="VP"] &
#3 〉HD #4 &
#3 〉OA #5

이 검색식에 의해 추출된 용례는 439개이고 그 중 몇 가지 예를 보이면 다음과 같다.

(4)
a. Im Treuhandunterausschuß will er die Umstände des Verkaufs der Firma an Mayer klären lassen. [T$_{1935}$]
b. Die Firma Seat ließ bereits Zulieferteile nach Barcelona einfliegen [T$_{3583}$]
c. Viele Kleinaktionäre wollen zudem die Höhe ihrer Abfindung gerichtlich festlegen lassen. [T$_{3721}$]
d. Nur so lassen sich die Katastrophe noch vermeiden. [T$_{33861}$]

위 예에서 (4a)-(4c)는 사역성을 지니는 반면, (4d)는 사역성대신에 수동가능의 의미를 가진다. (4d)에 사역성이 없는 것은 목적어자리에 일반

명사구나 인칭대명사가 아닌 재귀대명사가 나타나는 구문적 특성에 기인
한다. 이 사실을 확인하기 위해 (4d)의 수형도를 살펴보자.

(5)

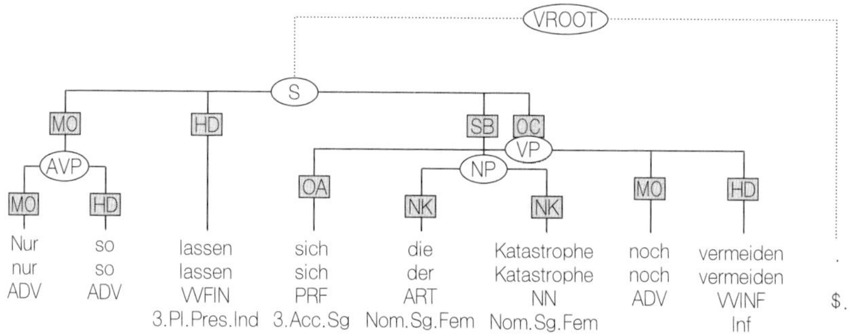

```
                                          VROOT
                                            |
                      S
        MO          HD                SB  OC
       AVP                                VP
    MO    HD                       NP          MO    HD
   Nur    so   lassen   sich   die   Katastrophe  noch  vermeiden  .
   nur    so   lassen   sich   der   Katastrophe  noch  vermeiden
   ADV    ADV  VVFIN    PRF    ART   NN           ADV   VVINF      $.
              3.Pl.Pres.Ind 3.Acc.Sg Nom.Sg.Fem Nom.Sg.Fem        Inf
                              OA     NK    NK
```

위 수형도를 보면 동사 *lassen*의 목적절인 VP안에서 재귀대명사 *sich*
가 목적어(OA) 기능을 수행하는 것을 확인할 수 있다. 이처럼 재귀대명사
*sich*가 사역동사 *lassen*과 함께 나타나는 구문 "lassen-sich" 구문은 앞서
제6장에서 논의한 바와 같이 수동의미와 가능의미를 동시에 지니는 것으
로 간주된다. 위 검색식 (3)에 의해 추출되는 구문의 하위유형으로서
"lassen-sich" 구문을 가진 용례들만을 다음 (6)과 같은 검색식을 이용하
여 추출할 수 있다.

(6)
```
#1 >HD #2:[lemma="lassen"] &
#1 >OC #3:[cat="VP"] &
#3 >HD #4 &
#3 >OA #5:[lemma="sich"]
```

이 검색식에 의해 추출되는 용례는 모두 245개이며 그 중의 몇 개를 제
시하면 다음과 같다.

(7)

a. Viele Hochschulbauprojekte ließen sich nicht realisieren. [T$_{3888}$]

b. Sein Vorkommen läßt sich mit einem Bluttest ermitteln. [T$_{6266}$]

c. Die Krankheit läßt sich mit Antibiotika recht erfolgreich behandeln.

[T$_{8933}$]

d. Aber auch seine Unschuld habe sich nicht beweisen lassen.[T$_{31011}$]

e. Und sie fragen danach, ob man sich von rechten Politikern wählen

lassen dürfe.   [T$_{164}$]

위 예들을 살펴보면 (7e)를 제외하고 다른 예들은 모두 수동/가능 의미를 지니는 것을 알 수 있다. 수동/가능의 의미를 지니는 예들은 주어가 무생물이라는 공통점을 지닌다. 반면 lassen sich 구문을 포함하고 있으면서도 사역성을 지니는 (7e)는 주어가 사람이고 동시에 행위자를 나타내는 전치사구가 함께 쓰였다는 점에서 다른 예들과 구분된다. 이러한 사실이 함의하는 바는 lassen sich 구문에 속하는 모든 문장이 일률적으로 수동/가능 의미를 지닌 것이 아니고 주어가 사람이고 동시에 행위자를 나타내는 전치사구를 포함하는 문장은 수동/사역 의미를 갖는다는 것이다. 다음에 이런 유형에 속하는 예들이 제시된다.

(8)

a. Dabei darf man sich allerdings nicht von der scheinbar größeren

Intaktheit vollständiger Familien täuschen lassen.   [T$_{416}$]

b. Wegen der Haushaltskrise im eigenen Land ließ er sich diesmal

von seinem Vize Al Gore vertreten.   [T$_{35653}$]

c. Von derlei Worten lassen sich die Gegner aber nicht bremsen.

[T$_{43703}$]

이와 같이 행위자가 포함된 예들을 코퍼스로부터 검색하기 위해 우리는 다음 (9)와 같은 검색식을 이용할 수 있다.

(9)
#1 〉HD #2:[lemma="lassen"] &
#1 〉OC #3:[cat="VP"] &
#3 〉HD #4 &
#3 〉OA #5:[lemma="sich"] &
#3 〉SBP #6

위 검색식에서 마지막 조건이 행위자에 대한 조건이다. 문법기능으로서 SBP는 수동문의 의미상의 주어("Passivized Subject")라는 뜻이다. 이 검색식에 의해 모두 22개 용례가 추출된다. 이 예들은 모두 수동/사역의 의미를 지닌다.

한편, 앞서 논의한 문장 (1b)의 통사구조를 나타내는 수형도는 다음과 같다.

(10)

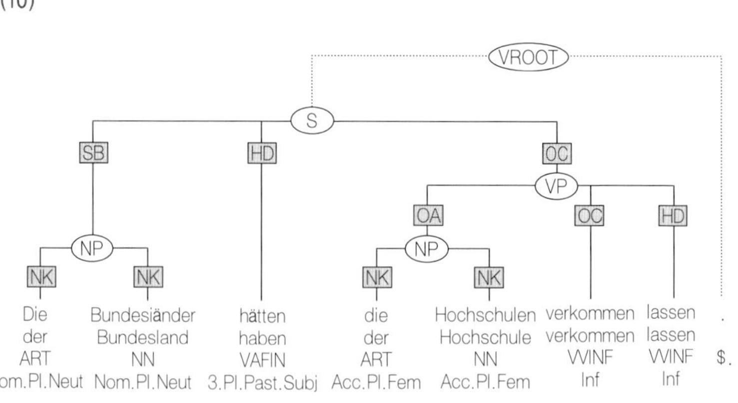

이 구문구조에서 동사 *lassen*, 목적어 및 완전동사가 서로 자매관계에 있다. 바로 이 점에서 앞서 논의한 바 있는 목적어와 완전동사가 동사 *lassen*의 목적절(OC)안에 포함되는 구조와 구분된다. 이 구조를 가진 lassen-구문을 코퍼스로부터 추출하기 위해 우리는 다음 검색식을 이용할 수 있다.

(11)
#1 〉HD #2:[lemma="lassen"] &
#1 〉OC #3:[pos="VVINF"]   &
#1 〉OA #5

이 검색식에서 세 번째 조건을 통해 목적어 자리에 나타나는 구성성분
에 대한 제약을 부여하지 않는다. 이 자리에 재귀대명사가 나타나는 경우
는 없다. 이 검색식에 의해 추출되는 용례는 모두 62개인데, 이 중 몇 개
를 보이면 다음과 같다.

(12)
a. Eine Aufforderung, die schon so manchen Kunden im Supermarkt
   erbleichen ließ.   [T_{214}]
b. Tapie läßt Offerte für adidas verfallen   [T_{738}]
c. Bonitätsprüfung läßt viele Veranstalter scheitern   [T_{4258}]
d. Wieder alles laufen lassen wie in den besten Zeiten Erhards?

                                                            [T_{16763}]
e.

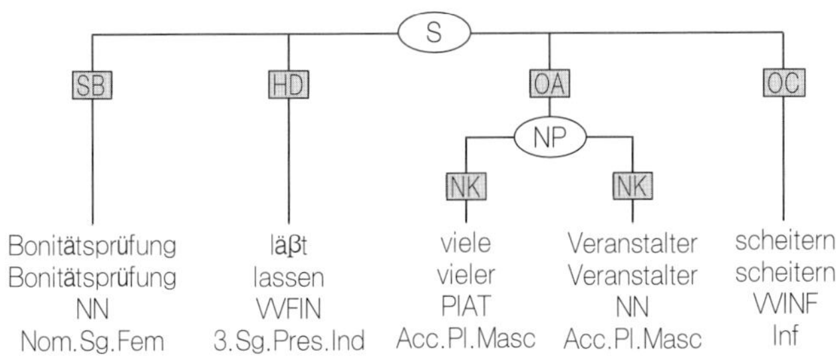

위 (12e)는 문장 (12c)의 수형도이다. 이 통사구조를 통해 동사 *lassen*,
목적어 및 완전동사 *scheitern*이 자매관계를 이룬 것을 확인할 수 있다.

이상에서 논의한 동사 *lassen*이 중심이 되어 사역성의미를 가지는 구문 내의 완전동사 자리에 나타나는 동사들중 출현빈도가 3이상인 동사들을 살펴보면 다음과 같다.84)

(13)

Lemma	Freq
gefallen	7
verstreichen	5
aufkommen	4
bauen	4
einfallen	4
entstehen	4
erkennen	4
machen	4
ausfallen	3
befürchten	3
durchsuchen	3
errichten	3
gelten	3
kommen	3
läuten	3
nehmen	3
ruhen	3
scheitern	3
setzen	3
springen	3
steigen	3
verbreiten	3
vergolden	3
walten	3

위 사역구문에 빈번히 나타나는 동사들은 의미적인 분류에 따르면 주로 행위동사들이다. 소위 상태동사들은 이 맥락에 출현하는 빈도가 낮을 수밖에 없다.

---

84) 전체 목록은 [부록 15]에 정리되어 있다.

다음 예와 같이 동사 *lassen*이 목적어 및 목적보어와 함께 나타나는 문장은 어떤 후속행위가 유발되는 것이 아니기 때문에 사역구문으로 보기보다는 결과구문으로 분석하는 것이 옳다.

(14)

a. Wie dieser aussehen könnte, läßt er offen.　　　　　[T$_{38494}$]

b.

Wie / wie / PWAV

dieser / dieser / PDS / Nom.Sg.Masc

aussehen / aussehen / VVINF / Inf

könnte / können / VMFIN / 3.Sg.Past.Subj

läßt / lassen / VVFIN / 3.Sg.Pres.Ind

er / er / PPER / 3.Nom.Sg.Masc

offen / offen / PTKVZ

이 문장은 목적절 기능을 수행하는 간접의문문에 의해 함축된 "문제(Frage)"를 해결하지 않고 남겨둔다는 뜻이다. 다시 말하여 결과적으로 그 문제가 해결되어 있지 않는 상태로 남는다는 의미이다. 때문에 이 구문은 사역구문이 아니라 결과구문으로 간주되어야 한다. 결과구문에 대한 논의는 다음 절에서 이어진다.

동사 *lassen*이 이끄는 사역구문외에도 동사 *bringen*이 중심이 되는 사역구문도 있다. 예를 들어 보자.

(15)

a. Die Eingeschlossenen von Dayton werden die US- Regisseure des Friedensdramas zum Schwitzen bringen.　　　　　[T$_{12674}$]

b. Bis weit in das folgende Jahr hinein kann der gewiefte Unternehmer mit Brot locken, das nur Gesichter und nicht ganze Körper zum

    Strahlen bringt.   [T$_{38879}$]

c. MG will Management zum Schweigen bringen   [T$_{37483}$]

d. Vereiste Weichen und zehn Zentimeter dicke Eispanzer an den Oberleitungen hatten den Eisenbahnverkehr zum Erliegen gebracht.   [T$_{44797}$]

e.

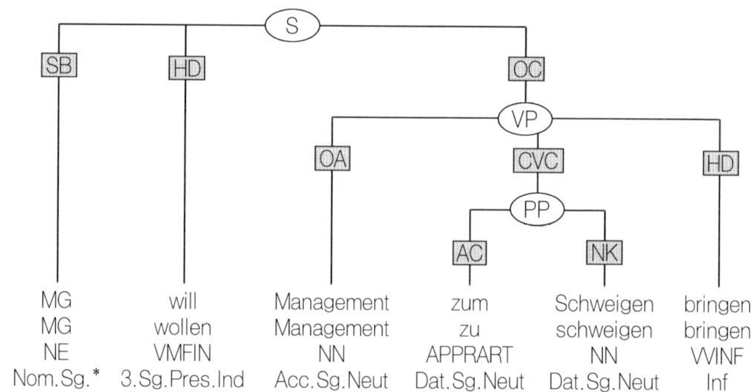

위 문장들은 동사의 부정형이 명사화된 표현을 공통적으로 가지고 있다. 이런 사실때문에 이런 유형의 구문이 사역성을 내포하게 된다. 이 구문을 우리는 bringen-zum-NN 구문으로 명명하겠다. 이 구문을 코퍼스로부터 추출하기 위해 사용할 수 있는 검색식은 다음 (16)과 같다.

(16)

```
#1 >HD #2:[lemma="bringen"] &
#1 >OA #3 &
#1 >CVC #4 &
#4 >AC #5 &
#4 >NK #6:[pos="NN" & morph="Dat\.Sg\.Neut"]
```

이 검색식에 의해 용례가 11개 추출된다. 검색식의 마지막 줄에서 명사를 중성(Neut)으로 제한함으로써 동사로부터 파생된 명사만을 고려하도록 했다. 이 구문에 나타나는 파생명사로는 *Erlöschen*과 *Verstummen*이 있다. 위 수형도 (15e)에서 확인가능하듯이 파생명사는 문법적으로 CVC(기능동사구 부속어) 기능을 하는 구성성분에 포함된다.

지금까지 논의한 lassen-사역구문과 bringen-사역구문외에 어휘적인 사역구문도 독일어에서는 허용된다. 몇 가지 예를 보자.

(17)

   a. "Die Zahlen haben uns selbst überrascht", sagt Herbst.　　[T₂₂₆₅₇]

   b. Was sie am meisten überraschte, war die Feigheit der Angeklagten, deren Ausweichmanöver vor Gericht.　　[T₃₄₈₆₉]

   c. Ob dieses Medium den Vater begeistert hätte?　　[T₁₆₉₅₃]

   d. Geschah, nur ein Beispiel, die Anordnung der Glieder so geschickt, daß sie das Auge, noch unter einem ungünstigen Einfallswinkel, erfreuten.　　[T₃₂₁₉₂]

   e. Dann strömt er jenes unwiderstehliche Odeur von Meer aus, jenen Reiz unschätzbarer Weite und befreiten Wogens, der schon Sisi bezauberte.　　[T₁₆₈₉₇]

   f. "Ick bin ja immer die Naive vom Dienst", sagte sie und erheiterte die von einem langen Debattentag übermüdeten Delegierten, "ick sitze hier und sehe : Det Ding jeht in die Hose."　　[T₂₇₀₃₂]

   g. So mancher behauptete, mit all den Greuelnachrichten, die aus dem Gericht nach außen drangen, wollten die Alliierten die deutsche Bevölkerung nur demütigen.　　[T₃₄₈₉₆]

   h.

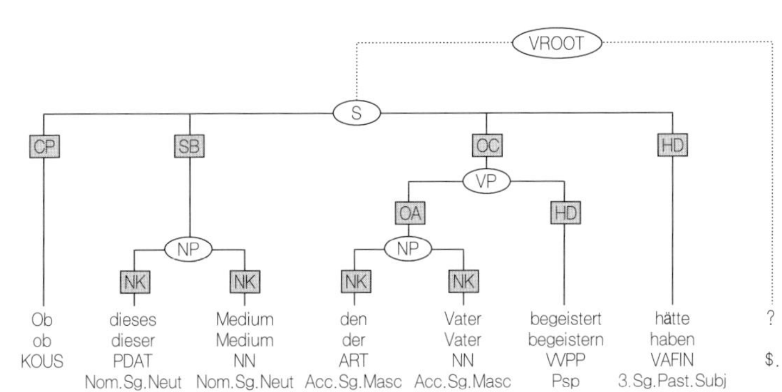

위 문장들에 나타나는 사역동사들은 심리동사들로서—수형도 (17h)에서 목적어자리에 위치한—사람의 마음에 나타나는 변화를 표현한다. 이 동사들은 소위 목적어-경험자 심리동사들이다.[85]

이 절에서는 독일어의 사역구문을 통사적인 사역구문과 어휘적 사역구문으로 나누어 논의했다. 전자의 경우 다시 lassen-사역구문과 bringen-사역구문으로 구분된다. 어휘적인 사역구문을 이끄는 동사들로 심리동사들의 태도에 대해 살펴보았다.[86]

11.2 결과구문

앞 절에서 논의한 사역구문과 결과구문을 구분하기가 간단치 않다.[87] 두 구문은, 연속해서 일어나는 두 사건간의 인과관계를 표현한다는 점에서 공통점을 지닌다. 두 구문간에 어떤 차이가 있는지를 검토하기 위해 문장들을 비교해 보자.

(18)

a. Sie wollen die Wahl verschieben lassen. 〈 = (1a) 〉 [T$_{24241}$]

b. Wir fordern : Macht die Kopfkissen kürzer! [T$_{16982}$]

---

85) 독일어의 심리동사에 대해서는 이익환/이민행(2005 : 151) 참조.

86) stellen, legen, hängen, setzen 등 전통적인 사역동사들이 포함된 문장에 대해 검토해 볼 가치가 있다.

87) 독일어의 결과구문에 대한 본격적인 연구로는 Müller(2002)와 Boas(2003)이 있다.

c.

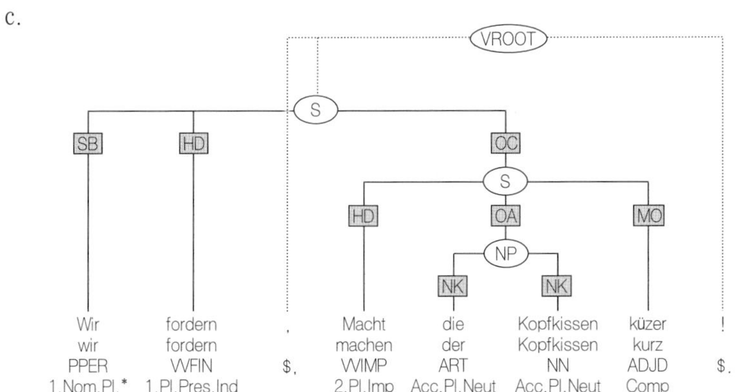

(18a)로 대표되는 사역구문은 연속적으로 일어나는 두 개의 사건간의 관계에 인과성을 부여하는 것이라고 한다면, (18b)로 대표되는 결과구문은 첫 번째 사건에 참여한 어떤 대상이 그 사건의 영향으로 인해 상태의 변화를 겪게 되는 것을 표현하는 것으로 이해할 수 있다. (18b)에서는 베개(Kopfkissen)가 더 짧아지는 변화를 겪는 상황이 결과구문에 의해 표현된다. 결과의미를 표현하는 대표적인 구문이 위 (18b)와 같이 동사 *machen*이 목적어 및 목적보어와 함께 나타나는 구문이다. (18b)의 통사구조를 나타내는 수형도 (18c)를 살펴보자. 수형도에서 우리는 동사 *machen*이 목적어로서 *die Kopfkissen*을 취하고 형용사 *kürzer*가 그 목적어를 수식하는 보어기능을 하는 것을 확인할 수 있다. 이처럼 동사 *machen*이 목적어 및 목적보어와 함께 나타나는 용례를 추출하기 위해 다음 (19)와 같은 검색식을 사용할 수 있다.

(19)
#1 〉HD #2:[pos=/VV.*/ & lemma="machen"] &
#1 〉OA #3 &
#1 〉MO #4:[pos="ADJD"] &
#3 〉@r #5 &

#5 .1,3 #4

이 검색식에 의해 추출되는 용례는 모두 97개인데, 그 중 몇 가지를 보이면 다음과 같다.

(20)

a. Milliardenverlust macht Mori nicht arm $\quad$ [T$_{2293}$]

b. Die GAP macht die Landwirtschaft der Dritten Welt kaputt – die soll unsere Autos kaufen, aber bloß nicht versuchen, umgekehrt bei uns Zucker loszuwerden. $\quad$ [T$_{18462}$]

c. "Der Punkt ist einfach, es macht alle glücklich." $\quad$ [T$_{33215}$]

d. Düsseldorf macht sich fit für das 21. Jahrhundert $\quad$ [T$_{38014}$]

e. Auch andere Delegationen machten Vorbehalte geltend. $\quad$ [T$_{43513}$]

f. "Zweifellos machen diese Maßnahmen den Finanzplatz attraktiver. $\quad$ [T$_{45890}$]

g. Das macht viele nervös", sagt ein namhafter Christdemokrat. [T$_{49466}$]

위 예들은 독일어 결과구문이 전형이다. 검색된 97개의 용례 중에서 다음에 제시되는 두 가지 경우만을 제외하고 모두 결과적인 의미를 나타낸다는 사실에 비추어 machen-ADJD-구문이 독일어의 결과구문을 대표하는 구문이라고 이해해도 좋을 것이다.

(21)

a. Aber der macht sich sicherheitshalber rasch aus dem Staube. $\quad$ [T$_{1679}$]

b. Zum zweiten hat Gingrich – wie manche moderate Republikaner meinen unnötigerweise – die Siebenjahresfrist für einen ausgeglichenen Haushalt öffentlich zum Prüfstein für Erfolg oder Versagen seiner Partei gemacht. $\quad$ [T$_{30004}$]

c.

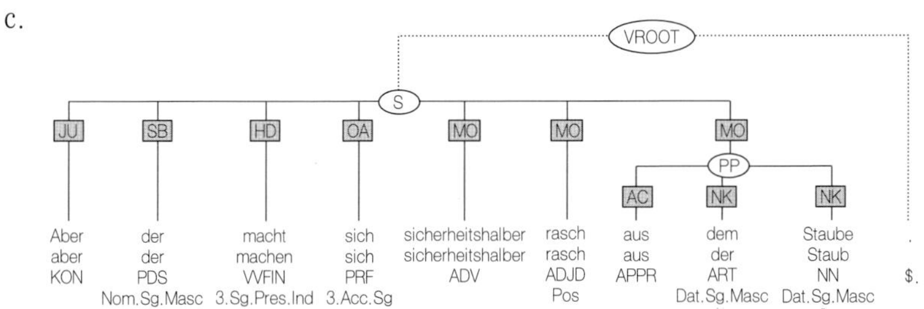

이 예들에서 서술적인 형용사(ADJD)로 분석된 *rasch*와 *öffentlich*는 문법적인 기능으로 보아 목적어의 보어기능을 하는 것이 아니고 동사를 수식하는 부사어 기능을 수행한다. 이런 점에서 이들이 여타 95개의 용례와 구별된다. 그런데 우연히도 두 문장 모두 결과의미를 가지고 있는데, 전자는 장소의미를 가지는 전치사구 *aus dem Staube* 때문이고, 그리고 후자는 *zum Prüfstein*이라는 전치사구 때문이다. (21c)에 그 수형도가 제시된 문장 (21a)는 장소의 이동—안에서 밖으로—을 표현한다는 점에서 결과구문이고 (21b)는 자격의 변화라는 점에서 결과구문으로 분석된다. machen-ADJD 구문에 나타남으로써 이 구문이 결과의미를 갖도록 하는 형용사들을 빈도수—빈도 2이상—에 따라 정리하면 다음과 같다.

(22)

Lemma	Freq
geltend	7
rückgängig	4
streitig	3
deutlich	3
sicher	3
erforderlich	3
falsch	2
nervös	2
glücklich	2
verantwortlich	2
fit	2

Lemma	Freq
frei	2
schmackhaft	2
publik	2
schuldig	2
überflüssig	2

앞서 논의한 machen-구문의 두 하위유형이 보다 일반적인 속성을 갖는 결과구문으로 분류될 수 있는 지를 검토하기 위해 검색식을 이용해 추출된 용례를 살펴보았는데 후자의 경우만 결과구문으로 분류되었다. 이 구문에 속하는 용례를 추출하기 위해 사용한 검색식은 다음과 같다.

(23)
#1 〉HD #2:[pos=/VV.*/ & lemma="machen"] &
#1 〉OA #3 &
#1 〉MO #4:[cat="PP"] &
#3 〉@r #5 &
#4 〉@l #6:[pos=("APPR"|"APPRART") & lemma=("zu"|"zum")] &
#5 .1,3 #6

검색식 마지막에서 두 번째 줄에 전치사구의 핵어가 *zu*이거나 *zum*이어야 한다는 제약을 두었다. 이 검색식에 의해 추출된 용례는 모두 34개인데 모두 결과의미를 가진 것으로 분석되었다. 그 중 몇가지를 제시하면 다음과 같다.

(24)

a. Die mit dem Beschluß einhergehende Unterstellung, Langzeitarbeitslose seien arbeitsunwillig, mache die "Opfer einer verfehlten Wirtschaftspolitik zu Tätern". [T$_{13213}$]

b. Im Mittelpunkt steht aber das persönlich Erlebte und Gesehene, was das Buch zu einem angenehmen Reisebegleiter macht. [T$_{16376}$]

    c. Ihre Vielzahl macht sie zu einem kaum vergleichbaren Experimen-
tierfeld. [T$_{23974}$]

    d. "Wir werden dieses Thema zum Gegenstand der kommenden
Wahlen machen." [T$_{27870}$]

    e. Wer sich einen Taxifahrer zum Freund machen will, braucht nur
gegen die Polizei, die Korruption und die Regierungspartei PRI
zu schimpfen und hat garantiert Erfolg. [T$_{31546}$]

이제까지 논의한 동사 *machen*이 중심이 된 결과구문외에도 독일어에는 결과의미를 지니는 구문이 여러가지가 있다. 그 중의 하나는 앞 절에서 잠깐 언급한 바 있는 lassen-구문이다. 동사 *lassen*이 중심이 된 결과구문의 예는 다음과 같다.

(25)

    a. keiner von beiden darf dabei die Eventualität außer acht lassen,
daß er möglicherweise nach dem zweiten Wahltag auch noch
politisch tätig sein wird. [T$_{8156}$]

    b. Dazu senken sich wuchtige Plexiglasröhren von der Decke und
lassen Dampf ab, ambivalent sowohl Lebensodem wie giftige
Gase symbolisierend. [T$_{36085}$]

    c. Kaum ein Zufall : Die Berliner Wettbewerbshüter sind dem Bonner
Wirtschaftsministerium untergeordnet-und dessen Chef Günter
Rexrodt läßt seit langem keine Gelegenheit aus, dem CSU-Mann
Bötsch publikumswirksam in die Parade zu fahren. [T$_{8034}$]

    d. Das Orchester ließ Abend für Abend kaum etwas zu wünschen
übrig. [T$_{28841}$]

    e. Testa-Arbeiter versiegelten leere Baracken und ließen das Gas
frei. [T$_{44546}$]

    f. Einige Versuchskartographen ließen zum Beispiel ganze Bezirke
weg, die in ihrer psychologischen Welt offenbar nicht existierten.
[T$_{45732}$]

g. Die Zeile "Keiner Dichter noch ließ seine Heimat los" flattert
daneben auf einem drei Meter langen Band im Wind.　　[T$_{48414}$]

h.

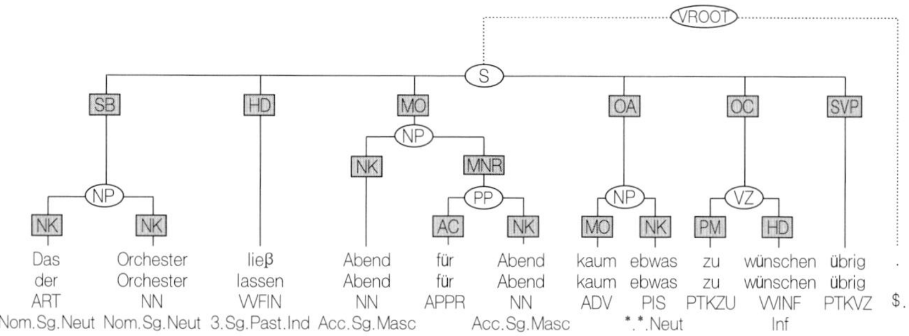

위 예들 중 (25a)에서만 결과상태를 표현하는 결과구가 문법적으로 CVC 기능을 수행하는 *außer acht*이며, 나머지 (25b)-(25g)와 수형도 (25h)의 예에서는 분리전철이 결과구가 된다. 전자와 달리 후자는 상당히 생산적인 결과구문으로 간주된다. 이 구문에 속하는 용례를 추출하기 위해 사용하는 검색식은 다음과 같다.

(26)
#1 〉HD #2:[lemma="lassen"] &
#1 〉OA #3 &
#1 〉SVP #5

이 검색식에 의해 추출된 용례는 23개인데, 거의 대부분 결과의미를 포함한다.

또한 앞서 논의한 문법적으로 CVC 기능을 수행하는 구성성분이 타동사와 함께 쓰이는 구문도 독일어의 대표적인 결과구문으로 간주된다. 다음에 몇 가지 예가 제시되어 있다.

(27)

a. Tausende zogen ins Stadtzentrum und steckten alles in Brand,
   was nach staatlichen Einrichtungen aussah.   [T_{355}]

b. Der entflammte Zorn der eigenen Basis dürfte die Mullahs mehr
   in Schrecken versetzt haben als einst die Bomben der
   Volksmudschaheddin zu Beginn der islamischen Republik. [T_{392}]

c. Ja, man hat mich mal außer Gefecht gesetzt   [T_{4881}]

d. Union trägt die Öko-Steuerreform zu Grabe   [T_{22730}]

e.

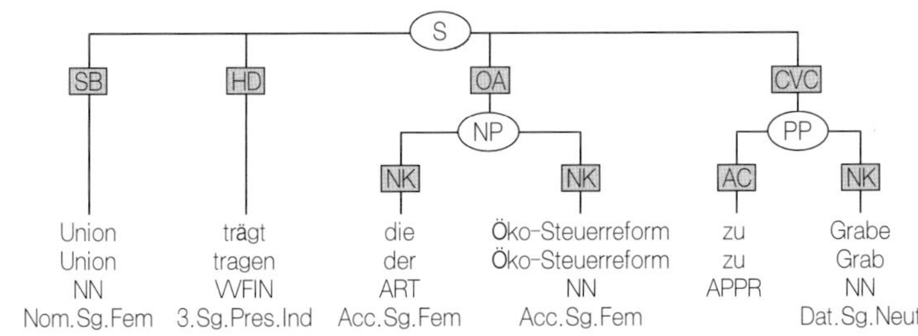

위의 예들은 결과의미를 지니며 CVC가 전치사구(PP)로 실현되어 있다
는 공통점을 지닌다. 이런 용례들을 코퍼스로부터 추출하기 위해 사용한
검색식은 다음과 같다.

(28)
#1 〉HD #2 &
#1 〉OA #3 &
#1 〉CVC #4:[cat="PP"] &
#4 〉AC #5 &
#4 〉NK #6

이 검색식에 의해 추출된 용례는 모두 313개이다. 이들 중에서 결과의
미를 가지는 예는 동사가 *setzen, versezten, stecken* 및 *tragen*인 경우
에 한정된다. 오히려 다음 예에서 확인가능하듯이 결과의미를 가지지 않
고 단순히 관용적인 의미로만 쓰이는 예가 대부분이다.

(29)

a. Indessen wartete Staatspräsident Rafsandschani den Lauf der Dinge ab, bevor er sich zu Wort meldete. [T$_{372}$]

b. Bereits vor Wochen hatte Jäggi allerdings erklärt, auf Wunsch des Aufsichtsrates den Posten jederzeit zur Verfügung zu stellen. [T$_{749}$]

c. Nun kann er sich als der Präzeptor des vernünftigen Amerika profilieren, das seine Finanzen in Ordnung bringt, ohne dabei sein soziales Gewissen zu verlieren. [T$_{15452}$]

d. Sie rufen darüber hinaus zum einen deren gelegentlich verdrängte Vorteile in Erinnerung. [T$_{24530}$]

e. Die schleswig-holsteinische Regierungschefin Heide Simonis nahm Schröder vor weiteren Vorwürfen in Schutz. [T$_{25408}$]

이 구문을 통해 관용적인 의미를 가지는 예들을 몇 가지 빈도수—출현 빈도 4 이상—를 고려하여 제시하면 다음과 같다.

(30)

Prep	NN	Verb	Freq
in	Frage	stellen	22
zu	Verfügung	stellen	21
in	Anspruch	nehmen	13
in	Kauf	nehmen	11
in	Aussicht	stellen	10
zu	Ausdruck	bringen	9
in	Grenze	halten	8
in	Gang	bringen	8
zu	Kenntnis	nehmen	8
unter	Druck	setzen	7
zu	Folge	haben	6
auf	Spiel	setzen	5
zu	Wort	melden	4
in	Spiel	bringen	4

이상에서 논의한 몇 가지 구문외에도 이동동사들이 핵이 되는 결과구문이 상당히 생산적인 결과구문에 속한다. 다음 예들을 보자.

(31)

  a. UN-Blauhelme brachten die Lage unter Kontrolle.   [T$_{13342}$]

  b. Zwei andere hätten sich durch einen Sprung auf einen Pkw-Anhänger in Sicherheit gebracht, den Polizisten geistesgegenwärtig unter die Fenster geschoben hätten, sagte der Polizeisprecher Helmut Salitta.   [T$_{13696}$]

  c. Dieser Sachverhalt hat bereits die Liberalen in eine Krise gestürzt.   [T$_{17855}$]

  d. Sie treibe insbesondere die Großstädte in rasch steigende Defizite   [T$_{23162}$]

  e. Mit kaufmännischem Gespür setzen sie ein zweites Standbein ins Ausland.   [T$_{42722}$]

  f. Calabresi hatte 1969 die Ermittlungen im Fall des Attentats auf die Mailänder Landwirtschaftsbank geführt, zwei Anarchisten verhaftet, von denen einer sich nach einem Verhör aus dem vierten Stock des Polizeigebäudes zu Tode stürzte.   [T$_{49008}$]

  g.

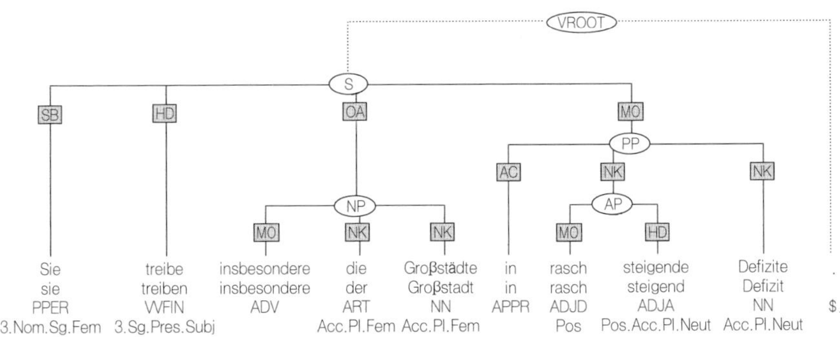

위의 수형도 (31g)에 명시적으로 드러나 있듯이, 이동동사들이 핵이 되고 직접목적어(OA)와 수식어구(MO)가 동반하는 구문에서 결과의미가 생성

된다. (31c)의 경우, 자유주의자들이 위기에 빠진 결과가 초래되었다는 결과의미를 갖는다. 반면 (31f)에는 무정부주의자 한 사람이 경찰서 건물로부터 추락을 해서 죽었다는 의미가 포함되어 있다. 이처럼 이동동사가 직접목적어 및 수식어구와 함께 쓰일 경우에 결과의미를 산출해내는 경우가 적지 않으나 모든 경우에 그러하다라고 단정하기는 어렵다.

다음에 제시되는 문장들도 넓은 의미에서 결과의미를 담고 있다.[88]

(32)

a. Mancher Sportsfreund nimmt die Sache zu ernst, so daß der Gegner schon mal im Krankenhaus landet. [T$_{253}$]

b. Manche Bakterien seien bereits gegen mehr als zehn resistent, so daß es praktisch kein Mittel mehr gegen sie gebe. [T$_{6218}$]

c. Der beispielsweise Uganda im Frühjahr gewährte Erlaß von 338 Millionen Dollar trete erst ein Jahr später in Kraft, so daß noch einmal 200 Millionen Dollar an Zins und Tilgung fällig würden.
[T$_{42323}$]

이 문장들에서는 부사 *so*와 접속사 *daß*가 인접하여 종속절을 이끌고 있으며, 종속절 자체가 결과의미를 지닌다. 이 예문들을 추출하기 위해 사용한 검색식은 다음과 같다.

(33)
#1 〉 #2:[lemma="so"] &
#1 〉 #3:[lemma="daß"] &
#2 . #3

---

88) 이 용례들은 앞서 정의한 바 '결과구문'과 달리 선행하는 사건이 어떤 대상에 영향을 미쳐서 그 대상의 상태가 변화를 겪은 사건을 의미하지는 않는다. 이들은 오히려 선행하는 사건이 종속절에 표현된 사건의 원인이 되고 종속절 사건은 그 결과가 됨을 의미한다. 때문에 이 구문이 '넓은 의미에서' 결과구문에 속하는 것으로 분류한다. 이러한 분석은 바로 뒤에서 논의하는 so-ADJD-daß 구문에도 적용된다.

검색식에 의해 추출된 용례는 모두 42개이다. 반면 다음과 같이 부사 so가 주절에 위치하고, daß-절이 뒤따르는 문장에도 구문의 고유특성에 의해 결과의미가 생성된다.

(34)

   a. Die geht mittlerweile in Deutschland so weit, daß die Lager der Großhändler leergefegt sein sollen. [T7900]

   b. So ansteckend, daß die Epidemie auch die Schulmauern mühelos übersprang. [T10979]

   c. Chinas Armee sei in China so einflußreich, daß man ihr sowohl politisch wie wirtschaftlich nicht aus dem Weg gehen könne, streuten des Kanzlers Diplomaten vor seiner Anreise. [T20309]

   d. Ihre Schilderungen waren so ungeheuerlich, daß sie zunächst auf Unglauben stießen : Männer zu Hunderten auf Feldern aufgereiht und erschossen. [T30794]

   e. Hier wurde so ausgiebig gefeiert, daß man im ganzen Land davon sprach. [T48424]

   f.

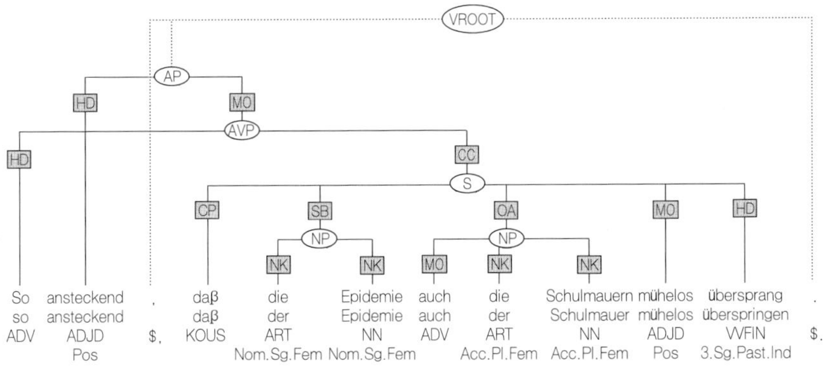

이 용례들은 (35)와 같은 검색식을 통해 추출되는데, 종속절과의 연결 관계를 위해 의미상으로 부사 so가 정도를 표현하는 형용사(ADJD)를 수식

한다. 그러나 수형도 (34f)에는 부사가 종속절을 직접 수식하는 구조로 되어 있다는 점이 특이한 분석이라고 할 수 있다.

(35)
#1 〉 #2:[lemma="so"] &
#1 〉 #3:[cat="S"] &
#3 〉 #4:[lemma="daß"]

이 검색식에 의해 모두 122개의 용례가 추출되며 이들은 대부분 결과의 미를 담고 있다.

이제 마지막으로 어휘적인 결과구문에 대해 논의하고자 한다. 다음 예들을 보자.

(36)
a. Bei Sprengstoffanschlägen haben am Samstag in der nordspanischen Stadt Fuenterrabia Unbekannte sieben Autos zerstört.   [T_{999}]
b. Aus physikalischen Gründen dürften auf der Erde wohl niemals Wasserstoffatome zu Helium verbrannt werden können, sondern nur das Problemgemisch der schweren Ableger Deuterium und Tritium.   [T_{18622}]

이 예들은 결과의미를 내포하는 동사들이 핵이 되는 문장들이다. 동사 *zerstören*과 *verbrennen*은 어휘적인 의미속에 결과를 포함하고 있는데, 전자는 어떤 대상이 '파괴된' 상태임을, 후자는 어떤 사물이 '불에 탄' 상태임을 의미한다.

이처럼 어휘의미가 결과의미를 부분적으로 함축하는 다른 유형의 동사로는 *prügeln, schlagen, walzen, arbeiten*이 있다.

(37)

a. Ein 35jähriger Katholik ist am Sonntag in der nordirischen Stadt Belfast bei einem Zusammenstoß zwischen Katholiken und Protestanten zu Tode geprügelt worden. [T₁₄₀₂]

b. Sie soll irgendwo an irgendeiner Krankheit gestorben sein – erst später erfahren wir, daß sie sich schlicht zu Tode arbeitete – oder wurde sie umgebracht? [T₇₀₅₆]

c. Die Division gehört zur Volksbefreiungsarmee, deren Panzer im Juni 1989 Mitglieder der Demokratiebewegung zu Tode walzten. [T₂₅₁₆₂]

d. Da beschreibt der Angeklagte den Vorgang des Skalpierens – "wie die Indianer es machen" –, er legt ein Taschentuch auf seine Hand und schlägt immer wieder darauf – wie er die Gesichter der Toten zu Brei geschlagen hat. [T₃₄₇₁₀]

위 예들의 경우 앞서 (36a)와 (36b)에서처럼 결과상태가 동사의 어휘의미속에 포함되어 있는 것은 아니고, 일부 구문적인 특성이 반영되어 결과의미가 도출된다고 할 수 있다. (37a)에는 35세의 카톨릭교도를 심하게 때려서 그 결과 그가 죽었다는 의미가 내포되어 있으며, (37b)으로부터는 한 여성이 너무 일을 많이 해서 그 결과 과로사로 죽게 되었다는 의미가 도출된다. (37c)의 결과의미는 탱크에 깔려서 시위자들이 죽었다는 뜻이다. (37d)에서는, 구조상으로 다른 셋과 동일하지만 관용적인 의미 "아주 심하게 때리다"를 갖는 숙어 *zu Brei schlagen*이 쓰이고 있다.

지금까지 우리는 이 절에서 여러가지 유형의 결과구문의 통사적, 의미적 속성에 대해 논의를 했다. 결론적으로 우리는 독일어에는 결과구문을 표현하는 정형화된 형식으로 machen-OA-ADJD 구문이 하나 존재한다는 것을 확인할 수 있었다. 이 점에서 우리의 입장은 Goldberg를 위시한 구문문법학자들과 부분적으로 의견의 일치를 본다. 이들 구문문법학자들은 특정 구문이 구문자체의 의미를 지닌다는 주장을 펴기 때문이다.

제12장 전장(Vorfeld)의 통사론

12.1 전장(Vorfeld)의 통사적 특성

이 장에서는 위상적 장이론(Topologische Feldtheorie)에서 가장 중요한 영역으로 간주되는 전장의 통사적인 특성에 대해 논의를 한다. 앞서 제5장에서 논의한 바와 같이, 장이론에 따르면 독일어의 문장은 크게 보아 다섯 영역(Feld)으로 구성된다. 다섯 영역이란 전장(Vorfeld, 이하 VF), 좌측 문장괄호(linke Satzklammer, 이하 LSK), 중장(Mittelfeld, 이하 MF), 우측 문장괄호(rechte Satzklammer, 이하 RSK) 및 후장(Nachfeld, 이하 NF)이다. 영역 개념을 이해하기 위해 하나의 예를 들어 보자.

(1)

a. Die Festspiele teilten dazu nur mit, daß die Veranstaltung stattfinde. [T$_{8904}$]

b.

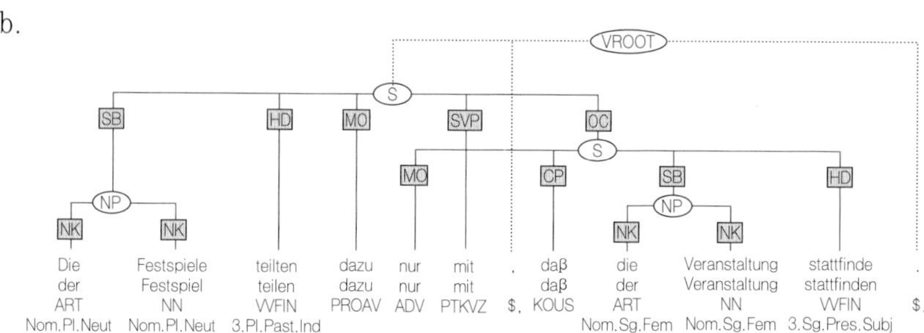

　　문장 (1a)에서 주절의 동사는 *mitteilen*인데, 이 동사가 분리전철 *mit* 과 동사어간 *teilen*으로 나뉘어서 동사어간이 정동사 기능을 한다. 주절 동사의 구성요소들이 문장의 문설주[89] 역할을 하기 때문에 장이론에서는 이들이 각각 좌측 문장괄호와 우측 문장괄호 자리를 차지하는 것으로 분석한다. 이 예에서는 정동사 *tilten*이 위치하는 자리가 좌측 문장괄호이고 *mit*이 자리잡고 있는 곳이 우측 문장괄호이다. 두 문장괄호 사이에 자리한 영역이 중장이고 좌측 문장괄호 앞의 영역이 전장이며, 우측 문장괄호 뒤의 영역이 후장이다. 우리의 예에서 전장에는 *die Festspiele*가, 중장에는 *dazu nur*가 그리고 후장에는 *daß die Veranstaltung stattfinde*라는 종속절이 위치한다. 순환적인 관점에서 볼 때 후장에 위치한 종속절 자체도 장이론적인 구조로 되어 있는데, 접속사 *daß*가 좌측 문장괄호 자리에, 정동사 *stattfinde*가 우측 문장괄호 자리에 그리고 *die Veranstaltung*는 중장에 위치한 것으로 분석된다. 곧 이 종속절의 경우 전장이나 후장이 비어있는 구조를 갖는다고 할 수 있다. 종합적으로 문장 (1a)를 장이론적인 구조로 표상을 하면 다음 (2)와 같다.

---

89) '문설주'는 전통한옥에서 문선이라고도 하며 문(門)의 양쪽에 세워놓아 거기에 문을 끼워 달 수 있게 하는 기둥인데, 문장괄호의 기능도 유사한 것으로 유추를 해서 Satzklammer를 문장괄호대신에 문(文)설주로 번역을 해도 좋을 것이라 생각한다.

(2)

VF	LSK	MK	RSK	NF				
Die Festspiele	teilten	dazu nur	mit	daß die Veranstaltung stattfinde				
				VF	*LSK*	*MK*	*RSK*	*NF*
				daß	die Veranstaltung	stattfinde		

독일어 어순과 관련하여, 정동사 앞자리, 곧 전장에는 단 하나의 구성성분만 나타날 수 있다는 제약이 매우 중요시된다. 이 제약을 다른 각도에서 풀이하면 평서문의 주절에서 정동사는 두 번째 자리에 위치해야 한다는 의미로 해석된다. 그러나 이 제약이 아주 강력한 구속력을 갖는 것은 아니어서 정동사 앞자리에 둘 이상의 구성성분이 나타나는 경우도 있다. 이에 대해서는 이 장의 끝에서 다시 논의를 한다.

이 장에서 우리가 깊이 있게 논의할 주제는 전장에 하나의 구성성분이 나타날 경우 그것이 어떤 문법기능을 수행하며 어떤 구범주나 어휘범주로 실현되는가이다. 다음 예에서 확인할 수 있듯이 전장에 나타나는 성분이 수행하는 문법적인 기능은 매우 다양하다.[90]

(3)

a. Investitionen in die Qualifikation haben typischerweise positive externe Effekte. (SB/NP) [T_{17657}]

b. Nur in einer statischen Wirtschaft gibt es kein wirtschaftliches und kein soziales Risiko, aber auch keine Chancen. (MO/PP)

[T_{17671}]

c. Welche Konsequenzen hat das? (OA/NP) [T_{26480}]

d. Es wird privatisiert und verschlankt. (EP/PPER) [T_{26520}]

e. Schon jetzt betroffen sind die Farmer, deren für den Export bestimmte Produkte in den Häfen verderben. (PD/VP) [T_{35235}]

---

90) Mode(1987)도 전장에 위치하는 성분이 다양한 문법기능을 수행한다는 사실을 관찰한 바 있다.

f. Sie werde einen dreistelligen Millionenbetrag kosten, schätzt er.
(OC/S)   [T$_{35391}$]

주어(SB)가 명사구(NP) 형태로 전장에 나타난 예가 (3a)이고, (3b)에서
는 수식어(MO)가 전치사구(PP)로 전장에 출현한 예이다. 명사구(NP)가 문
법적으로 직접목적어(OA) 기능을 수행하는 용례는 (3c)에, 비인칭대명사
(EP)가 전장에 나타난 예는 (3d)에 나타난다. (3e)에서는 동사구(VP)가 보
어(PD) 기능을 하는 것을, 그리고 (3f)에서는 문장(S)이 동사의 목적절(OC)
기능을 수행하는 것을 확인할 수 있다. 이 용례의 통사구조를 볼 수 있는
수형도가 다음 (4)에 제시된다.

(4)

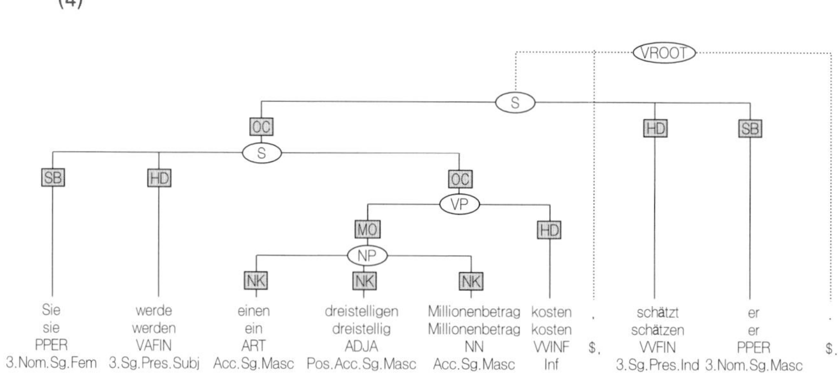

수형도에서 확인할 수 있듯이 정동사 *schätzt*의 앞자리인 전장에는 정
동사의 목적절 기능을 하는 문장 나타난다.

이처럼 전장에 위치할 수 있는 문법기능은 다양한데, 이들 중 어떤 것이
전장에서의 출현빈도가 가장 높은지, 그리고 어떤 범주로 실현되는지를
본격적으로 살피고자 한다. 이를 위해 코퍼스로부터 적절한 용례들을 추
출할 필요가 있다. 다음 (5)는 용례추출에 필요한 검색식이다.

(5)

```
#0 〉 #1:[cat="S"] &                    // line 1
#1 〉@l #2 &                            // line 2
#1 〉 #3 &                              // line 3
#1 〉HD #4:[pos=/V.*FIN/] &             // line 4
#3 〉@l #2 &                            // line 5
#3 〉@r #5 &                            // line 6
#5 . #4 &                              // line 7
#1 !〉@r #4 &                           // line 8
#0 !〉RC #1                             // line 9
```

검색식의 첫 줄은 문장(S) 범주를 가진 어떤 구성성분(#1)이 어떤 상위 교점(#0)에 의해 관할된다는 의미를 담고 있으며 두번째 줄은 이 문장이 다른 구성성분(#2)을 좌측코너 성분으로 두고 있다는, 곧 이 구성성분이 문장을 구성하는 여러 성분중 가장 왼편에 위치한다는 의미이다. 다른 구성성분(#3) 또한 문장에 의해 관할된다는 의미를 세번째 줄에서 읽을 수 있으며, 네째줄에서에서는 정동사(#4)가 문장의 핵어로서 문장범주에 의해 관할된다는 의미를 끌어낼 수 있다. 다섯째 줄은 문장범주의 좌측코너(#2)가 동시에 그 문장에 의해 관할되는 다른 구성성분(#3)의 좌측코너이기도 하다는 의미를 담고 있다. 이 구성성분(#3)의 우측코너가, 다시 말하여 가장 오른편에 나타나는 성분(#5)이 적어도 하나 존재한다는 뜻을 여섯째 줄에서 파악할 수 있으며, 이 우측코너 성분이 정동사(#4)의 바로 앞에 위치하는 의미를 일곱째 줄이 담고 있다. 여덟째 줄은 정동사가 문장의 우측코너여서는 안된다는 제약을, 마지막 줄은 문장이 관계절이어서는 안된다는 제약을 표현하고 있다. 한 문장의 전장을 형식적으로 엄밀히 정의하기 위해서는 이와 같이 상당히 복잡한 여러가지 속성과 제약을 부여해야 하며, 이 검색식에 의해 추출된 용례는 모두 31,196개—이 가운데에서 전장에 구범주(CAT)가 나타나는 예가 19,728개이고 어휘범주(pos)가 나타나는 경우가 11,468개—이다. 물론 이것이 전장을 포함하는 문장 전체는 아니다. 하지만 적어도 이 검색식에 의해 추출된 용례들이 코퍼스 전체에서 전장이 나타나는 문장의 절반이상을 포착하는 것으로 판단되기 때문에 독일어의 전장과 관련된 통계적인 사실을 이끌어내는데는 전혀 문제가 없다고 판단된다.

이제 문법기능에 따라 얼마나 많이 전장에 나타날 수 있는지, 나타날 경우에 어떤 구범주(cat)나 어휘범주(pos)로 실현되는 지를 하나씩 살펴보기로 하자. 먼저 주어(SB)부터 검토해 보자. 이를 위해 위 검색식 (5)의 세째 줄에 문법기능이 주어(SB)라는 제약을 부여하면 다음 (6)과 같이 된다. 이 외에 다른 조건들은 모두 그대로 사용할 수 있다.

```
(6)
#0 〉#1:[cat="S"] &
#1 〉@l #2 &
#1 〉SB #3 &                        // "〉"뒤에 SB 추가
#1 〉HD #4:[pos=/V.*FIN/] &
#3 〉@l #2 &
#3 〉@r #5 &
#5 . #4 &
#1 !〉@r #4 &
#0 !〉RC #1
```

이 검색식에 의해 추출된 용례는 모두 19,872개이다. 이 결과의 구범주와 어휘범주의 분포를 보면, 전자가 13,217개이고 후자가 6,655개이다. 용례들 중에서 대표적인 몇 가지를 제시하면 다음 (7)과 같다.

(7)

a. Mit Coca-Cola oder Schnaps gefüllte Gläser machen die Runde.
   (NP) $[T_{4731}]$

  b. Landbesetzungen nahmen ebenso zu wie gewaltsame Konflikte
     und Entführungen. (NN) [T$_{4759}$]
  c. Was bleibt der Weiterbildung zu tun, wenn man alle Informationen
     online über Internet bezieht? (PWS) [T$_{26554}$]

용례들로부터 알 수 있듯이, 주어가 전장에 나타날 경우 구현되는 형식은 명사구(NP), 보통명사(NN), 의문대명사(PWS) 등 매우 다양하다. 구현형식에 대한 전체적인 통계를 정리하기에 앞서 검색식 (6)의 제한점에 대해 논의를 하고자 한다. 이 검색식에 의해서는 다음에 제시된 바와 같은 용례들이 추출되지 않는다.

(8)

  a. Der Wissenschaftler irrte. [T$_{5862}$]
  b. Wer glaubt, den Begriff als reine Ortsbezeichnung inhaltlich in
     der Balance halten zu können, der irrt. [T$_{7334}$]
  c. Immer mehr Menschen in der Bundesrepublik und den europäischen
     Nachbarstaaten verarmen. [T$_{16128}$]
  d.

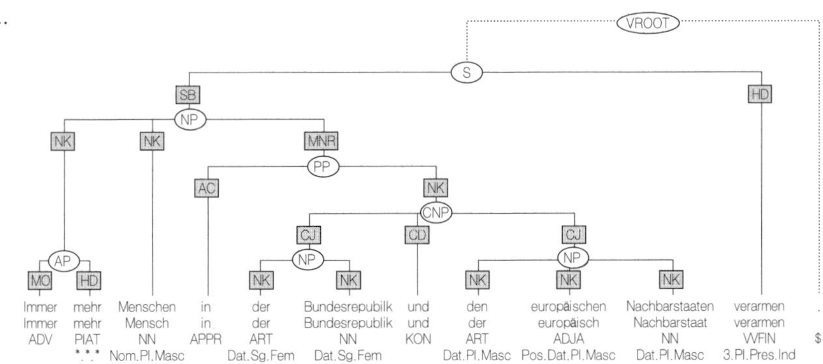

이 문장들은 주어뒤에 따라나오는 요소가 정동사뿐이라는 공통점을 지닌다. 수형도 (8d)는 문장 (8c)의 통사구조를 보여주는데 이 수형도에서 주어와 정동사의 관계가 극명하게 드러나 보인다. 사실 앞서서 논의한 검색식 (6)은 이처럼 정동사가 자신이 속한 문장의 우측코너가 되는 것을 원천적으로 봉쇄했다. 그에 대한 제약은 여덟째 줄에 표시되어 있다. 부문장에서는 그 구문의 마지막 자리에 정동사가 나타나므로 부문장이 추출되는 것을 포괄적으로 막기 위해 이 제약이 필요하다. 그러나 주어가 전장에 나타나는 경우에 (8a)-(8c)의 예에서 보듯이 주어-동사만으로 구성된 문장도 있으므로 이 문장들을 별도로 추출할 필요가 있다. 이를 위한 검색식이 다음 (9)이다.

(9)
```
#0:[cat="VROOT"] > #1: [cat="S"] &        // line1
#1 >@l #2 &                               // line2
#1 >SB #3 &                               // line3
#1 >HD #4:[pos=/V.*FIN/] &                // line4
#3 >@l #2 &                               // line5
#3 >@r #5 &                               // line6
#5 . #4 &                                 // line7
#1 >@r #4                                  // line8
```

이 검색식에서는 주어와 정동사를 포함하는 문장(#1)이 최상위의 주문장이어야 한다는 제약을 첫 줄에 설정하면서 동시에 마지막 줄에 있던 제약, 정동사가 그 문장의 가장 오른 자리에 나타나서는 안된다는 제약은 제거된다. 이 검색식에 의해 추출된 용례는 모두 62개인데, 용례들을 개별적으로 검토한 결과 모두 적절한 예로 판정되었다.

이제 추가된 검색식 (9)와 원 검색식 (6)으로부터 추출된 용례 19,934개의 언어적인 실현형태에 대한 통계를 제시하면 다음 (10)과 같다.

(10)

CAT	Freq	POS	Freq
NP	12,274	PPER	2,842

CAT	Freq	POS	Freq
CNP	627	NE	1,596
PN	322	PDS	945
VP	18	NN	789
AP	11	PIS	404
S	5	PWS	66
NM	2	CARD	15
CVP	1	ADJA	4
CH	1	ADJD	3
AVP	1	PRELS	3
		FM	3
		PPOSS	1
		PIAT	1
합계	13,262	합계	6,672
총합계	19,934		

표를 통해 확인할 수 있는 사실은 전장에 나타나는 주어는 명사구(NP)로 실현되는 경우가 압도적이라는 점과 인칭대명사나 고유명사로 실현되는 경우가 그 뒤를 따른다는 점이다. 구범주(CAT)로 실현되는 경우가 어휘범주(POS)로 실현되는 경우의 두 배 조금 넘는다는 사실도 이 표에서 확인된다.

이제 문법기능 수식어(MO)에 대해 살펴보자. 수식어를 코퍼스로부터 추출하기 위한 검색식은 앞서 주어에 대한 논의에서 언급한 바와 같이 주어 검색식 (6)의 세번째 줄에 나타나는 "〉SB"을 "〉MO"로 대체함으로써 얻어진다. 따라서 다음 (11)이 수식어를 위한 검색식이다.

(11)
```
#0 〉 #1:[cat="S"] &
#1 〉@l #2 &
#1 〉MO #3 &                    // "〉"뒤에 MO 추가
#1 〉HD #4:[pos=/V.*FIN/] &
#3 〉@l #2 &
#3 〉@r #5 &
```

```
#5 . #4 &
#1 !>@r #4 &
#0 !>RC #1
```

이 검색식에 의해 추출되는 용례는 모두 8,497개이다. 이들 중에서 몇 가지를 보이면 다음 (12)와 같다.

(12)

a. Als größte Schwäche des Texaners nennen die Befragten seinen Mangel an Erfahrung auf dem politischen Parkett. (PP) $[T_{12}]$

b. Heute weiß man es besser. (ADV) $[T_{55}]$

c. Wie könnte sich unsere Gesellschaft ein solches Reifezeugnis ausstellen? (PWAV) $[T_{153}]$

d. Für den Entwurf stimmten 237 Abgeordnete, dagegen 189. (PP) $[T_{31344}]$

e. Dabei solle es zu Anklagen kommen, kündigte ein Staatsanwalt an. (PROAV) $[T_{31361}]$

f.

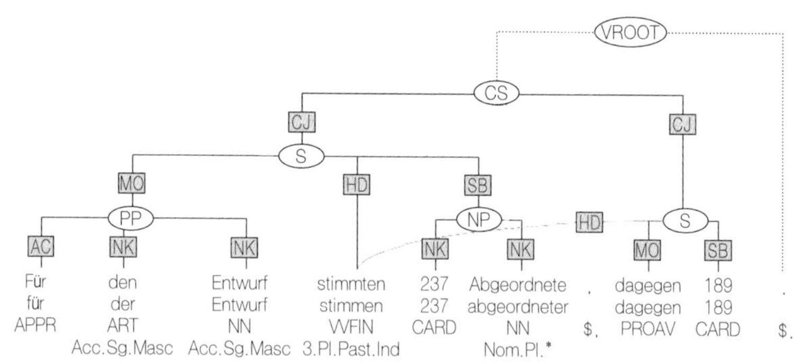

위 (12a)-(12e)의 용례들을 통해서 우리는 수식어(MO)가 언어적으로 실현되는 형태도 전치사구, 부사, 의문부사 등 여러가지라는 사실을 확인하게 되며, 문장 (12d)의 수형도는 (12f)에서 전장에 나타나는 전치사구 (PP)가 수식어(MO) 기능을 수행하는 것을 명시적으로 보여준다. 수식어 기

능을 포함하는 용례 8,497개에 대해 실현형태를 조사한 통계결과는 다음 (13)에 제시된다.

(13)

CAT	Freq	POS	Freq
PP	4,308	ADV	1,992
AVP	331	PROAV	838
AP	174	ADJD	417
NP	127	PWAV	95
VP	40	CARD	73
CPP	34	NE	5
CAP	15	VVPP	3
CAVP	10	PTKVZ	2
AA	9	NN	2
CO	8	KOUS	1
PN	7		
S	5		
CH	1		
합계	5069	합계	3428
총합	8,497		

위 표를 통해서는 수식어로 가장 많이 쓰이는 구범주와 어휘범주는 각각 전치사구(PP)와 부사(ADV)라는 사실을 알 수 있다. 이와 관련하여 전장에 나타나는 부사는 특수한 하위부류를 형성하는 지를 확인할 필요가 있는데, 이를 위해 다음 (14)에 제시된 검색식을 이용한다.

(14)
```
#0 > #1:[cat="S"] &
#1 >@l #2 &
#1 >MO #3:[pos="ADV"] &      // "#3"뒤에 어휘범주에 대한 제약 추가
#1 >HD #4:[pos=/V.*FIN/] &
#3 >@l #2 &
#3 >@r #5 &
#5 . #4 &
```

```
#1 !>@r #4 &
#0 !>RC #1
```

위 검색식을 써서 모두 189개의 부사를 추출했으며 그 중에서 빈도기준 상위 20위까지만 제시하면 다음과 같다.[91]

(15)

ADV	Freq
so	318
da	134
dann	89
allerdings	80
nun	66
hier	61
dort	60
zwar	60
jetzt	59
schließlich	56
dennoch	46
heute	46
insgesamt	40
bisher	33
derzeit	32
auch	31
zugleich	27
inzwischen	26
immerhin	26
natürlich	25

이 목록을 코퍼스 전체에서 추출한 부사(ADV) 목록 (16b)의 상위 20위 까지와 비교하면 흥미로운 사실을 발견하게 된다. 이 목록의 추출을 위해 서는 검색식 (16a)를 이용한다.

---

91) 전체 목록은 [부록 16]에 제시된다.

(16)

a. #1:[pos="ADV"]

b.
ADV	Freq
auch	4066
nur	2063
noch	2014
so	1783
aber	1184
schon	800
dann	731
wieder	714
immer	683
mehr	660
etwa	600
nun	590
bereits	536
selbst	527
jetzt	496
heute	457
erst	439
allerdings	417
jedoch	408
dort	397

목록 (16b)는 부사 전체 782개(토큰기준 38,470개) 중에서 빈도순위 상위 1위부터 20위까지를 나열한 것이다. 이 목록을 전장에 나타나는 부사 목록 (15)와 비교하면 8개 부사만이 양쪽 리스트에 포함된 것을 알 수 있다. 그 8개는 *allerdings, auch, dann, dort, heute, jetzt, nun, so*이다. 주목할 만한 사실은 전체 순위에서 2위와 3위에 올라있는 *nur*와 *noch*가 전장 부사 목록에서는 20위밖으로 밀려나 있다는 점과 위 표에는 나와 있지 않으나 전체 목록에는 35위에 랭크되어 있는 *sogar*가 전장에는 한 번도 나타나지 않는다는 점이다. *nur, noch*와 *sogar*와 같은 부사는 초점첨사로 알려져 있는 표현들인데 전장에 단독으로는 잘 나타나지 않는다는 점은 오래전부터 언어학자들이 관찰한 사실인데 이 사실을 통계를 통해 다

시 확인할 수 있다는 게 의의있는 일이다.

이제 문법기능 직접목적어(OA)에 대해 살펴보자. 코퍼스로부터 직접목적어를 추출하기 위해서는 다음 검색식 (17)을 사용한다.

```
(17)
#0 ⟩ #1:[cat="S"] &
#1 ⟩@l #2 &
#1 ⟩OA #3 &                          // "⟩"뒤에 OA 추가
#1 ⟩HD #4:[pos=/V.*FIN/] &
#3 ⟩@l #2 &
#3 ⟩@r #5 &
#5 . #4 &
#1 !⟩@r #4 &
#0 !⟩RC #1
```

모두 853개 용례가 이 검색식에 의해 추출된다. 이들 중에서 몇 가지를 보이면 다음 (18)과 같다.

(18)

a. Das vom Landwirtschaftsminister gern benutzte Arbeitsplatz-Argument läßt er nicht gelten. (NP) $[T_{7002}]$

b. Das finde ich erstens auch, zweitens selbstverständlich. (PDS) $[T_{7507}]$

c. Schönborn und seine beiden Mitangeklagten wertete das Gericht als "Überzeugungstäter". (CNP) $[T_{12370}]$

d. Was bedeutet eigentlich der Begriff moderne Wirtschaftspolitik? (PWS) $[T_{16723}]$

e.

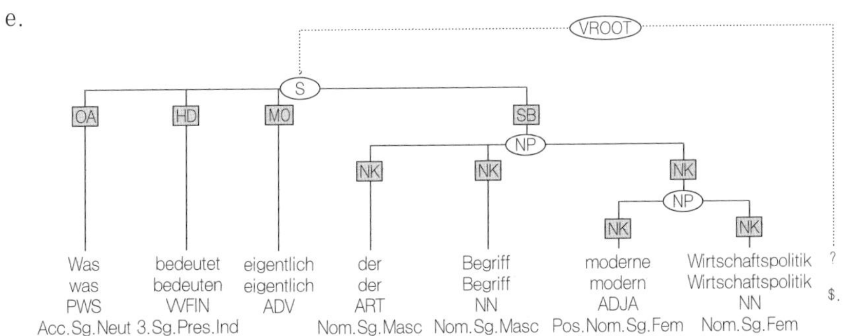

위 용례들과 예문 (18d)에 대한 통사구조인 수형도를 통해 확인할 수
있듯이 전장에 나타나는 직접목적어도 NP, CNP, PDS 및 PWS 등과 같
이 다양한 방식으로 구현된다. 직접목적어 853개가 언어적으로 실현되는
형태를 정리한 통계표는 다음 (19)와 같다.

(19)

CAT	Freq	CAT	Freq
NP	563	PDS	199
CNP	13	NN	42
NM	1	PWS	16
AP	1	PIS	7
CO	1	PPER	5
		NE	3
		CARD	1
		PTKANT	1
합계	579	합계	274
총합	853		

위 통계에서 관심을 가져볼 만한 점은, das나 dies- 등 지시대명사(PDS)
가 어휘범주들 가운데서 가장 많이 전장에 출현한다는 사실이다. 상대적
으로 인칭대명사(PPER)는 전장에서 직접목적어로 실현되는 경우가 매우
드물다는 사실에도 주목할 필요가 있다. 지시대명사가 전장에 나타난 다

른 용례는 (20)에 제시되어 있다.

(20)

Dies sagte der Berliner Kulturstaatssekretär Winfried Sühlo. (PDS)

$[T_{21027}]$

이제 문법기능 보어(PD)와 관련한 통계적 사실에 대해 논의하자. 보어를 코퍼스로부터 추출하기 위해서는 다음 검색식을 사용한다.

(21)
```
#0 〉 #1:[cat="S"] &
#1 〉@l #2 &
#1 〉PD #3 &                        // 〉"뒤에 PD 추가
#1 〉HD #4:[pos=/V.*FIN/] &
#3 〉@l #2 &
#3 〉@r #5 &
#5 . #4 &
#1 !〉@r #4 &
#0 !〉RC #1
```

이 검색식을 이용하여 추출한 용례는 모두 742개이며 이 중 몇 가지 예을 제시하면 다음과 같다.

(22)

a. Vorsitzender ist der parteilose Professor Hans-Jürgen Papier. (NN) $[T_{554}]$

b. Entscheidend ist das bessere Betriebskonzept - und das heißt auch : die größere Finanzkraft. (ADJD) $[T_{660}]$

c. Am schwungvollsten war wieder Debattenprofi Glotz, der indirekt ebenfalls für Ämterbegrenzungen plädierte : (AA) $[T_{1874}]$

d.

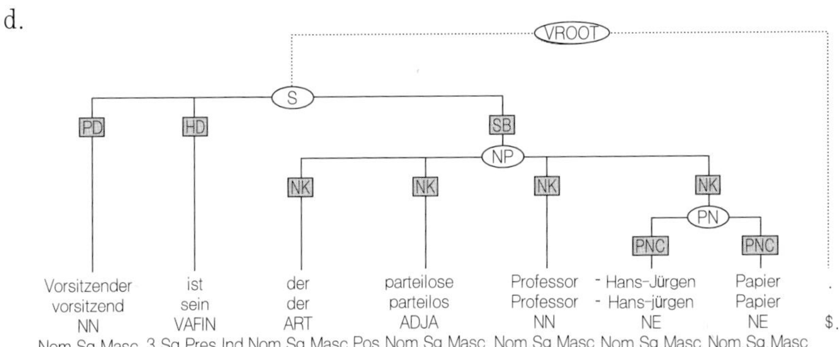

용례들과 문장 (22a)의 수형도에서 확인가능하듯이 보어(PD)가 구현되는 형태도 보통명사, 서술적 형용사, 부사적 형용사 등 다양하다. 보어로 쓰인 전체 용례 742개의 실현형태에 대한 종합적인 통계는 다음 (23)에 제시되어 있다.

(23)

CAT	Freq		POS	Freq
NP	299	166	ADJD	166
AP	93	88	NN	88
VP	19	41	VVPP	41
CAP	9	6	PDS	6
AA	5	5	PPER	5
CNP	2	3	PWAV	3
S	1	2	NE	2
VZ	1	1	PROAV	1
		1	PWS	1
합계	429		합계	313
총합			742	

구범주 가운데서는 명사구 다음으로 형용사구(AP)와 동사구(VP)가 많이 쓰이고 어휘범주 중에는 서술적 형용사(ADJD), 보통명사(NN)외에 완전동사의 과거분사(VVPP)가 많이 나타난다는 점이 흥미롭다고 할 수 있다. 독

일어 통사론에서 가장 특이한 현상으로 간주되는 소위 과거분사의 선치현
상을 보여주는 예 몇 가지를 제시하면 다음과 같다.

(24)

a. *Vertreten* sind alle Fraktionen aus der letzten Volkskammer und
alle Bundestagsparteien sowie der Deutsche Gewerkschaftsbund.

[T_{553}]

b. *Betroffen* sind vor allem die Obristen, aber auch Generäle. [T_{3837}]

c. *Gemeint* waren Anschläge auf Israelis seit dem Friedensschluß mit
der PLO, den Ejal als Verrat ansieht. [T_{8800}]

이처럼 전장에 과거분사의 형태로 완전동사의 목록을 살펴보면 (25)와
같다.

(25)

Lemma	Freq
betreffen	8
planen	7
meinen	6
vorsehen	3
ausnehmen	3
suchen	2
beilegen	1
vertreten	1
gefährden	1
vereinbaren	1
verabreden	1
ausklammern	1
fordern	1
verbreiten	1
mitbeschuldigen	1
beteiligen	1
anklagen	1
fragen	1

이 동사들이 의미적으로 특정 부류를 형성하는지에 대해서는 추가적인 연구검토가 필요할 것으로 생각된다.

전장에 허사(EP)가 나타나는 경우도 코퍼스에서 288개 용례가 추출된다. 이를 위해 사용한 검색식은 (26)에 제시되어 있다.

(26)
#0 〉 #1:[cat="S"] &
#1 〉@l #2 &
#1 〉EP #3 &
#1 〉HD #4:[pos=/V.*FIN/] &
#3 〉@l #2 &
#3 〉@r #5 &
#5 . #4 &
#1 !〉@r #4 &
#0 !〉RC #1

이 검색식에 의해 추출된 용례 몇 가지와 그 중 한 용례에 대한 수형도를 보이면 다음과 같다.[92]

(27)
a. Es gebe aber noch eine offene Passage, um die Bewohner der Stadt zu evakuieren. (PPER) [T_{1069}]
b. Es handelte sich um das zweite Gipfeltreffen der Gemeinschaft und Japans. (PPER) [T_{1110}]
c. Es scheint, die Menschen haben andere Sorgen. (PPER) [T_{1739}]
d. Es komme jetzt darauf an, möglichst rasch bestimmte Mindeststandards zu vereinbaren : (PPER) [T_{11866}]

---

92) (27c)의 es를 허사(EP)로 분류하는 것이 바른 분석인지 의문이 든다. 자리지킴어(PH)로 분석하는 것이 옳을 것 같다.

e.

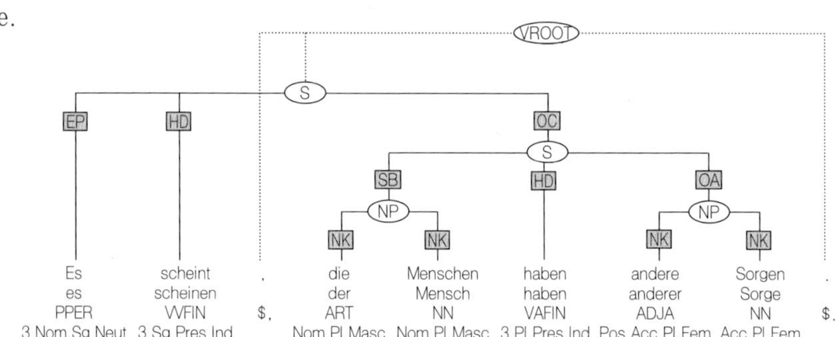

이 용례들을 보아 알 수 있듯이 문법기능 EP의 실현형태는 어휘범주 인칭대명사(PPER) 한 가지이다. 오히려 흥미를 가져볼 만한 것은 어떤 동사들이 허사를 취하는가의 문제이다. 이와 연관하여 동사목록을 추출한 결과는 다음 표와 같다. 화법조동사는 제외하고 완전동사만을 모았다.

(28)

lemma	Freq
geben	128
gehen	49
handeln	23
scheinen	10
ankommen	5
fehlen	4
bedürfen	4
regnen	3
gelten	3
stehen	2
bleiben	1
kommen	1
reichen	1
knirschen	1
riechen	1
mangeln	1
dauern	1
stinken	1

위 통계에는 용례 (27d)에 나타난 것과 같은 분리동사(ankommen)의 빈
도도 고려되어 있다.

이제 전장에 나타나는 전치사격 목적어(OP)에 대해 살펴보기로 하자.
전치사구를 추출하기 위한 검색식은 다음과 같다.

(29)
```
#0 〉 #1:[cat="S"] &
#1 〉@l #2 &
#1 〉OP #3 &                          // "〉"뒤에 OP 추가
#1 〉HD #4:[pos=/V.*FIN/] &
#3 〉@l #2 &
#3 〉@r #5 &
#5 . #4 &
#1 !〉@r #4 &
#0 !〉RC #1
```

이 검색식에 의해 모두 238개 용례가 추출된다. 이들 중 몇 가지와 수
형도를 보이면 다음 (30)과 같다.

(30)
a. An dem Gipfel nahmen zehn der elf GUS-Staatschefs teil. (PP)
$[T_{2239}]$
b. Darum kümmert sich der Patentanwalt des Unternehmens mit
Millionenumsatz. (PROAV) $[T_{11346}]$
c. Worin besteht die historische Bedeutung von sozialen Bewegungen
in den politischen Systemen der Gegenwart? (PWAV) $[T_{26078}]$

d.

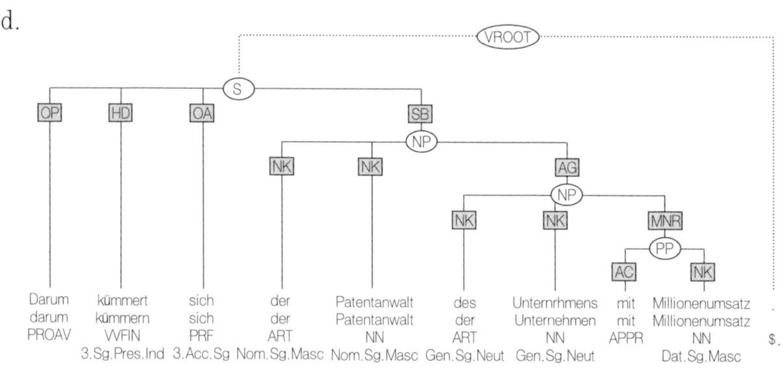

전치사격 목적어(OP)가 전장에 나타날 때 실현되는 형태는 전치사구 (PP)외에도 대부사(PROAV)와 의문부사(PWAV)가 될 수 있다는 사실을 위 용례들과 예문 (30b)의 통사구조인 수형도를 통해 확인할 수 있다. 전치 사격 목적어의 실현형태의 빈도를 정리한 표는 다음 (31)과 같다.93)

(31)

CAT	Freq	POS	Freq
PP	176	PROAV	57
		PWAV	4
		PPER	1
합계	176	합계	62
총합		238	

위 표를 통해서 전치사구(PP)가 전치사격 목적어를 대표하는 실현형태 라는 점을 재확인하게 된다.

간접목적어(DA)도 전장에 나타나는 경우가 드물지 않다. 다음 검색식은 전장에 위치한 간접목적어를 코퍼스로부터 추출하기 위한 것이다.

---

93) 다음 용례에서 *es*를 OP로 분석한 것은 명백한 오류이다. EP로 분석해야 옳을 것이다. Es habe sich um Farbpigmente gehandelt, die nicht gesundheitsgefährdend seien, teilte Hoechst mit.[T$_{23816}$] 따라서 *es*의 어휘범주인 PPER 빈도에서 하나를 제외한다.

(32)
```
#0 > #1:[cat="S"] &
#1 >@l #2 &
#1 >DA #3 &                         // ">"뒤에 DA 추가
#1 >HD #4:[pos=/V.*FIN/] &
#3 >@l #2 &
#3 >@r #5 &
#5 . #4 &
#1 !>@r #4 &
#0 !>RC #1
```

검색식에 의해 추출되는 용례는 222개이며 이 중 몇 가지와 수형도를
제시하면 다음 (33)과 같다.

(33)

a. Der FDP warf Blüm vor, nicht mehr zum Beschluß zu stehen.
   (NP)   [T_{2493}]

b. Dem Vorstand bereitet es sichtlich Mühe, die Gewinne halbwegs
   zu verstecken. (NP)   [T_{3429}]

c. Mir macht das nichts aus. (PPER)   [T_{4861}]

d.

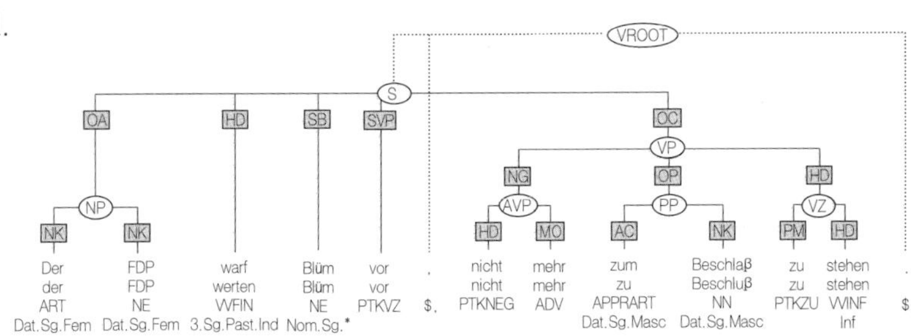

문장 (33a)의 수형도는 명사구(NP)가 간접목적어 기능을 수행하는 예를
보여주며, (33c)에서는 인칭대명사(PPER)가 간접목적어 기능을 한다는 사
실을 확인할 수 있다. 전체 용례 222개의 실현형태에 대한 분포통계는 다

음 (34)와 같다.

(34)

CAT	Freq	POS	Freq
NP	164	PPER	27
CNP	4	NE	9
		PDS	8
		NN	4
		PIS	2
		PWS	2
		PDAT	1
		PRF	1
합계	168	합계	54
총합		222	

간접목적어의 경우 관심을 가져볼 만한 주제는 어떤 동사들이 간접목적어를 취하는가이다. 이 물음에 대한 답이 다음에 표로 정리되어 있다. 106개 동사중에 빈도가 3이상인 상위 23위까지를 표로 정리한 것이다.[94]

(35)

Verb	Freq
drohen	12
sein	11
gehen	10
angehören	9
fehlen	9
vorwerfen	7
gegenüberstehen	6
gelingen	6
sagen	6
stehen	6
bevorstehen	5
entsprechen	5
erteilen	5
folgen	4
gehören	4

---

94) 빈도계산시에 분리전철 동사에 대해서도 함께 고려가 되었다.

Verb	Freq
zukommen	4
ankündigen	3
bescheinigen	3
bieten	3
gelten	3
zufließen	3
zugrundeliegen	3
zustehen	3

이제 문법기능 자리지킴어(PH)가 전장에 나타나는 경우에 대해 논의를 하자. 용례를 추출하기 위한 검색식은 다음 (37)과 같다.

(37)
```
#0 〉 #1:[cat="S"] &
#1 〉@1 #2 &
#1 〉PH #3 &                    // "〉"뒤에 PH 추가
#1 〉HD #4:[pos=/V.*FIN/] &
#3 〉@1 #2 &
#3 〉@r #5 &
#5 . #4 &
#1 !〉@r #4 &
#0 !〉RC #1
```

모두 145개의 용례가 검색식에 의해 추출된다. 이들 중 몇 개와 수형도 를 제시하면 다음과 같다.

(38)
a. Na denn, ich hoffe es klappt alles wie geplant ⋯ (PPER) [T$_{5582}$]
b. Der polnische Wahltag ist vergangen, es lebe der Wahlkampf. (PPER)   [T$_{8150}$]
c. Es besteht Abschiebeschutz nach dem Ausländergesetz.(PPER) [T$_{8955}$]
d. Es sei kein Zuwachs an Arbeitsplätzen zu erwarten, urteilt

Schoser. (PPER) [T_{9998}]

e.

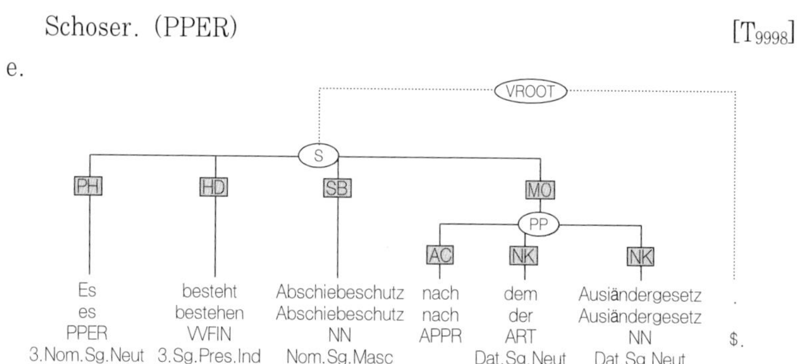

수형도는 문장 (38c)의 통사구조를 보여주는데, 여기에서 인칭대명사 es가 자리지킴어(PH) 기능을 수행하는 것을 확인할 수 있다. 이 점은 다른 용례들에서도 마찬가지로 확인이 된다. 사실 모든 용례에서 이 기능이 실현되는 형태는 인칭대명사(PPER)이다. 이 구문에서 흥미를 가질만한 주제는 역시 동사들일 것이다. 모두 44개 동사가운데서 빈도가 2이상이면서 완전동사인 레마만 고른 결과가 다음 표이다.

(39)

Lemma	Freq
bestehen	13
folgen	6
fehlen	5
herrschen	5
bleiben	3
entstehen	3
gelten	3
vorliegen	3
ausgehen	2
hinzukommen	2
leben	2
scheinen	2
stehen	2

이 표를 보면 동사 *bestehen*이 자리지킴어 구문에 빈번히 나타남을 알

수 있고, 그 뒤를 따른 동사들이 *folgen, fehlen, herrschen* 등이다.

독일어에서는 목적절(OC) 기능을 수행하는 구성성분이 전장에 나타나는 경우도 드물지 않다. 다음에 제시되는 예문들과 수형도가 그러한 구문을 명시적으로 보여준다.

(40)

a. Viel zu tun gab es allerdings schon damals nicht mehr : (VP) [T$_{765}$]

b. Leicht verletzt wurde eine Korrespondentin des deutschen ARD-Fernsehens. (VVPP) [T$_{2087}$]

c. Spekuliert wird, daß für das 33-Prozent-Paket gut eine Viertel Milliarde Mark zu berappen sind. (VVPP) [T$_{2479}$]

d. Ins Kraut geschossen ist auch der Sicherheitsaufwand für ein derartiges Großspektakel. (VP) [T$_{3478}$]

다음 쪽의 수형도 (40e)는 문장 (40d)의 통사구조를 보여주는데, 여기에서는 완전동사의 과거분사(VVPP)가 전장에 나타나서 목적절(OC) 기능을 수행하고 있다. 이 점에서는 용례 (40b)도 마찬가지이다. 반면, (40a)와 (40c)에서는 동사구(VP)가 전장의 위치에서 목적절 기능을 수행한다. 이와 같이 목적절 기능을 수행하는 용례들을 코퍼스로부터 추출하기 위한 검색식은 다음 (41)과 같다.

(41)
```
#0 > #1:[cat="S"] &
#1 >@l #2 &
#1 >OC #3 &
#1 >HD #4:[pos=/V.*FIN/] &
#3 >@l #2:[pos != ("PWAV"|"PWS")] &            // line 5
#3 >@r #5 &
#5 . #4 &
#1 !>@r #4 &
#0 !>RC #1
```

(40) e.

VROOT
S
HD
ist
sein
VAFIN
3.Sg.Pres.Ind
OC
VP
MO
PP
AC
Ins
in
APPRART
Acc.Sg.Neut
NK
Kraut
Kraut
NN
Acc.Sg.Neut
HD
geschossen
schießen
VVPP
Psp
SB
NP
MO
auch
auch
ADV
NK
der
der
ART
Nom.Sg.Masc
NK
Sicherheitsaufwand
Sicherheitsaufwand
NN
Nom.Sg.Masc
MNR
PP
AC
für
für
APPR
NK
ein
ein
ART
Acc.Sg.Neut
NK
derartiges
derartig
ADJA
Pos.Acc.Sg.Neut
NK
Großspektakel
Großspektakel
NN
Acc.Sg.Neut
.
$.

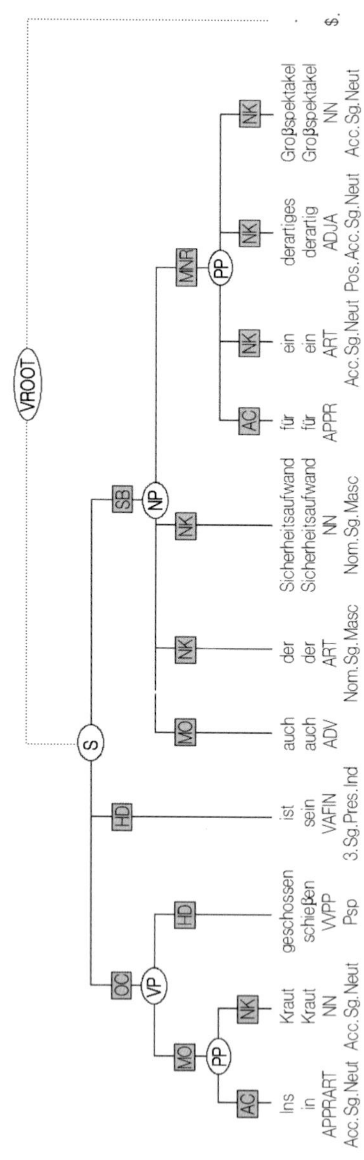

이 검색식의 특성은 다섯째 줄에 설정되어 있는 제약이다. 이 제약은 의문대명사나 의문부사가 문장(#1)의 좌측코너 성분으로 나타나는 것을 금지하는 것인데, 이는 간접의문문을 배제하기 위한 목적이다. 이 검색식에 의해 추출되는 용례는 모두 11개인데, 이 가운데 다음 (42)에 제시된 문장은 간접의문문을 포함하고 있어 우리가 여기서 다루는 구문과는 거리가 멀다.

(42)

a. "1996 hat sich gezeigt, in welch hohem Maß die deutsche Innen- und Außenpolitik verzahnt sein muß, wenn man in konkreten ausländerrechtlichen Fragen zu tragfähigen Lösungen kommen will", sagte Wrocklage am Freitag in Schwerin, wo er den IMK-Vorsitz an Mecklenburg-Vorpommerns Innenminister Rudi Geil (CDU) abgab. [T_{44499}]

b.

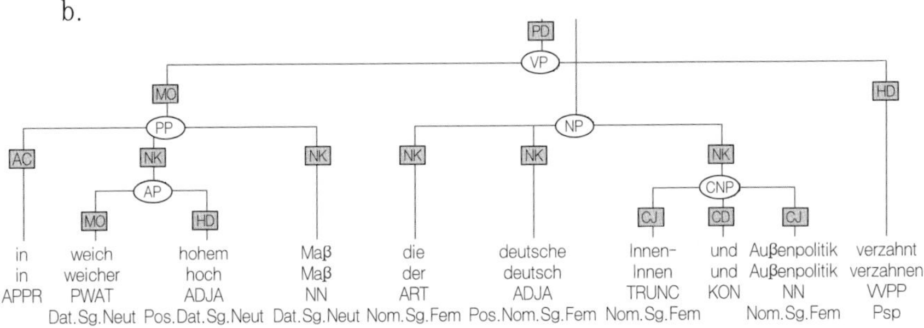

위 수형도는 문장 (42a)의 통사구조의 일부를 보여주는데, 이 구조는 전장이라는 영역이 처음부터 존재하지 않는 간접의문문에 속한다. 간접의문문이나 종속절, 부사절 및 관계절에서는 정동사가 문장의 끝에 위치하기 때문에 전장은 존재하지 않는 것으로 간주된다.

문장 (42a)의 밑줄친 부분에 있어 첫 자리에 전치사(APPR)이 나타나는데, 이처럼 전치사로부터 시작하는 전치사구가 전장에 위치하거나 전치사로부터 시작하는 동사구가 전장의 위치에서 목적절(OC) 기능을 수행하는 것은 자연스러운 일에 속한다. 다음 몇 가지 예와 수형도가 이를 입증한다.

(43)

  a. Bei den einen war Irritation, bei den anderen Häme zu vernehmen ; (PP)   [T_{6873}]

  b. Außer acht gelassen würden auch die sozialen Effekte. (VP) [T_{43713}]

  c.

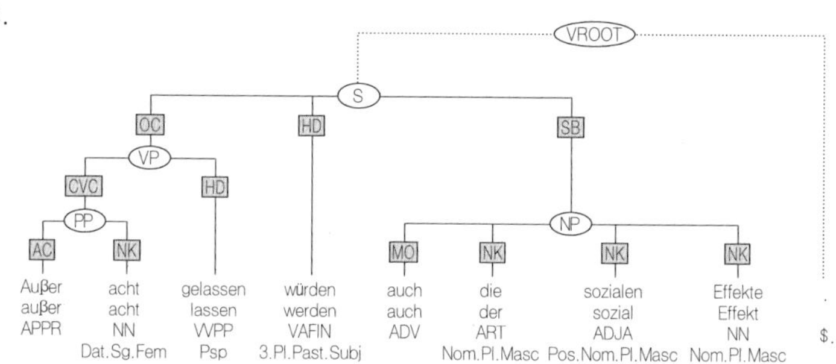

위 수형도는 문장 (43b)의 통사구조인데, 전장에 자리한 동사구가 목적절 기능을 수행하는 것을 잘 보여준다. 전체 117개 용례에서 목적절이 실현되는 형태를 통계적으로 정리한 표가 다음 (44)에 제시된다.

(44)

CAT	Freq	POS	Freq
VP	54	VVPP	46
VZ	10	VVINF	6
S	1	VVIZU	1
합계	64	합계	53
총합		117	

  표에서 확인가능한 사실은 동사구(VP)와 완전동사의 과거분사가 전장에서 목적절 기능을 수행하는 경우가 절대다수라는 점이다.95)

---

95) 완전동사의 과거분사(VVPP)를 전장으로 옮기는 구문을 선호하는 보이는 동사군에

TIGER 문법에서는 분리동사의 분리전철에 대해 어휘범주 PTKVZ를 부여하고, 동시에 문법기능으로서 SVP를 상정하고 있다. 그런데, 분리전철(PTKVZ)이 전장에 위치하는 예들도 코퍼스에서 발견된다. 다음에 몇 가지 예와 수형도가 제시되어 있다.

(45)

a. Hinzu kam die schwierige Regierungsbildung in Rom. (PTKVZ)

$[\text{T}_{1505}]$

b. Einher ging eine sehr hohe Gewaltbereitschaft. (PTKVZ) $[\text{T}_{4932}]$

c. Verloren ging dabei endgültig das Selbstverständnis der Einheimischen. (PTKVZ)

$[\text{T}_{32528}]$

d.

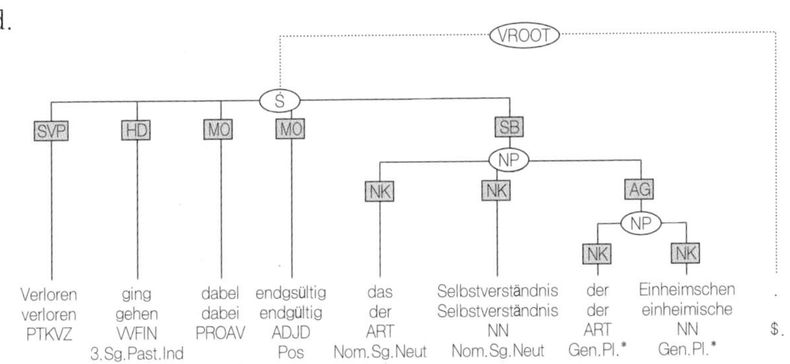

문장 (45c)의 통사구조인 수형도와 다른 용례들에서 확인할 수 있듯이 동사의 분리전철(PTKVZ)이 전장에 위치하기도 한다. 이런 용례는 코퍼스에서 33개 검색된다. 이 경우 모두 분리전철이 SVP 기능을 수행한다.

이 구문에 나타나는 분리동사 목록은 다음 (46)과 같다.

대해 추가적인 연구를 수행할 수 있을 것이다. 이민행(2008)에서는 NEGRA 코퍼스를 대상으로 이 문제를 다룬다.

(46)

Lemma	Freq
hinzukommen	19
feststehen	5
dazukommen	2
starkgehen	1
hereintreten	1
wiesein	1
verlorengehen	1
dazugehören	1
runterkommen	1
einhergehen	1
wegkommen	1
zugrundelegen	1
offenlassen	1
zurückbleiben	1

표를 통해 알 수 있는 사실은 동사 *hinzukommen, feststehen* 및 *dazukommen*이 이 구문에 많이 나타난다는 점이다. 특히 *hinzu*와 *dazu* 의 경우 앞 문장과의 연결관계를 성립시키는 일종의 담화표지(DM) 기능을 수행하는 것이 아닌가 하는 생각이 든다. 이에 대해서도 후속연구가 필요 하리라고 본다.

지금까지 우리는 주어(SB)로부터 시작하여 전장에 나타나는 10가지 문 법기능의 통계적인 분포 및 용례에 대해 살펴보았다. 이들외에도 전장에 서의 출현빈도가 각각 10개 미만인 문법기능들이 몇 개 있는데 이들에 대 해 종합적으로 논의를 하기로 한다. 이들은 기능동사구 구성어(CVC), 2격 목적어(OG) 및 제2 직접목적어(OA2)인데 용례들은 다음과 같다.

(47)

a. Zu Wort meldete sich Sedat Caner, 33 Jahre alt, Vater von zwei
Kindern. (PP) [T$_{2647}$]

b. Wachsender Beliebtheit erfreuen sich jedoch Personalcomputer mit den dazugehörigen Lernprogrammen, insbesondere CD-Rom. (NP) [T_{13136}]

c. Was kümmert uns die Sau, die gestern durchs Dorf lief, lautet eine andere geflügelte Insiderwendung. (PWS) [T_{32365}]

(47a)에는 CVC의 예가, (47b)에는 OG의 예가, 그리고 (47c)에는 OA2의 예가 제시되어 있다. 이들 각각이 실현되는 형태는 다음 표 (48)에 정리했다.

(48)

	CAT	Freq	POS	Freq	합계
CVC	PP	6	PROAV	2	8
OG	NP	3	—	—	3
OA2	—	—	PDS	1	
	—	—	PWS	1	2

이제까지 논의한 문법기능 13개외에는 보문소(CP)의 지위에 대해 논의를 할 필요가 있는데, 문제의 초점은 보문소가 과연 전장에 위치하는 것인가, 아닌가 하는 질문이다. 용례 몇 가지와 수형도를 살펴보자.[96]

(49)

a. "Es sieht aus, als sei die Stadt bombardiert worden.(KOUS)

[T_{4468}]

b. Nur der Hauptdarsteller tut so, als könne er nicht aus der Rolle der Miss Sophie. (KOUS) [T_{10038}]

c. Der Hessische Verwaltungsgerichtshof (VGH) hält die sogenannte Drittstaatenklausel im deutschen Asylrecht nur dann für anwendbar, wenn feststeht, aus welchem "sicheren Drittstaat" ein Asylbewerber eingereist ist. (KOUS) [T_{23223}]

---

96) Das ist, als triumphierte der Loser noch über seinen Loser-Status.[T_{20032}] (49c) 는 KOKOM가 아니고 (49a), (49b)에서와 같이 KOUS로 분석해야 옳다.

(49) d.

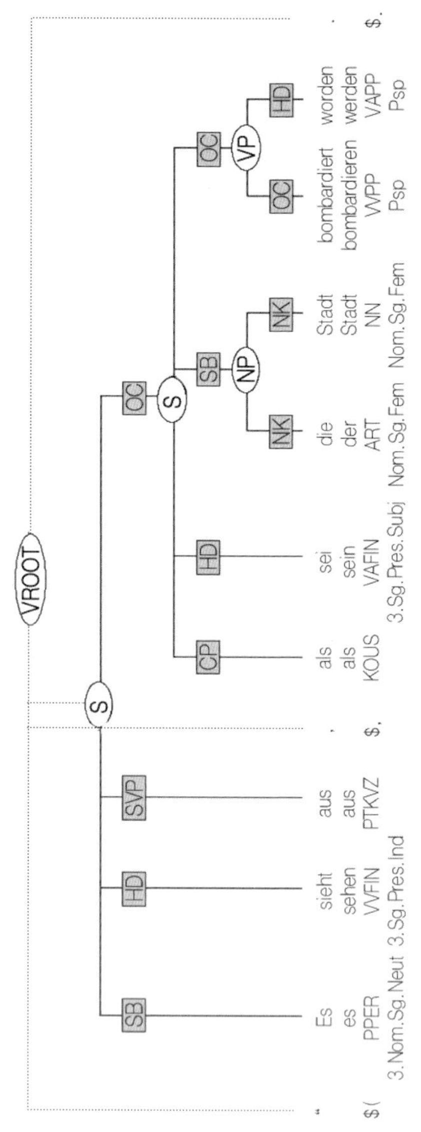

앞쪽의 수형도 (49d)는 문장 (49a)에 대한 통사구조인데 수형도의 구조상으로는 보문소(CP) 기능을 하는 접속사 *als*가 나타나는 자리가 정동사 *sei*의 앞자리이므로 분명히 전장이다. 그러나 장이론이나 변형문법 계열의 원리와 매개변항이론에서는 정동사가 별도의 자리를 차지하기보다는 보문소 자리의 접속사에 연접되는 것으로 분석된다. 어떻든 이 구문은 논란의 여지가 있는 문제를 보여준다. TIGER 코퍼스에서 이 구문은 모두 15개 추출되는데 구문의 성격은 모두 동일하고 접속사는 *als*가 14번, *wenn*이 한 번 출현한다.

보문소를 제외하고 지금까지 논의한 13개 문법기능이 실현되는 언어적인 형태를 포괄한 통계를 보여주는 것이 다음 표 (50)이다.

(50) 문법기능의 분포

	구범주(Cat) 빈도	어휘범주 (Pos)빈도	빈도 합계	누적빈도	누적 백분율
SB	13,262	6,672	19,934	19,934	64.13
MO	5,069	3,428	8,497	28,431	91.47
OA	579	274	853	29,284	94.22
PD	429	313	742	30,026	96.6
EP	0	288	288	30,314	97.53
OP	176	62	238	30,552	98.29
DA	168	54	222	30,774	99.01
PH	0	145	145	30,919	99.48
OC	64	53	117	31,036	99.85
SVP	0	33	33	31,069	99.96
CVC	6	2	8	31,077	99.98
OG	3	0	3	31,080	99.99
OA2	0	2	2	31,082	100
합계	19,756	11,326	31,082		

위 표를 보면, 전장에 나타나는 문법기능이 주어(SB)와 수식어(MO)로 집중되는 경향이 강하다는 사실을 알 수 있다.[97] 이러한 사실은 누적백분

---

97) Lim, Byoung-Hwa(2006)도 코퍼스의 분석 결과 전장에 주어가 45% 이상, 부사어가

율에 분명하게 표현되어 있다. 소위 Zipf의 법칙이 여기에도 작용하고 있음을 목격하게 된다.[98]

12.2 전전장(Vorvorfeld)의 특성

이 장의 서두에서 우리는 독일어의 전장에 나타날 수 있는 구성성분이 하나로 제한되는 것이 일반적인 통사규칙에 속한다고 언명한 바 있다.

이와 상반되는 통사론 연구자들의 관찰도 있는데, 이에 따르면 전장에 둘 이상의 구성성분이 출현하는 예도 적지 않다. 코퍼스에 기반한 Müller(2006)의 경우가 본격적으로 이 문제에 대해 접근한 성과라고 할 수 있다. 이제 우리는 TIGER 코퍼스로부터 용례들을 추출한 후에 이를 바탕으로 논의를 진전시켜 보자. 이 목적을 위해 검색식은 다음에 제시된 것이다.

```
(51)
#0 > #1:[cat="S"] &                                    // line 1
#1 >@l  #2:[pos != ("KON"|"KOUS"|"PRELS"|"PRELAT"|"PWAV"|
"PWS"|"PWAT")] &                                       // line 2
 #1 > #3 &                                             // line 3
 #1 > #6 &                                             // line 4
 #1 >HD #4:[pos=/V.*FIN/] &                            // line 5
 #3 >@l #2 &                                           // line 6
 #3 >@r #5 &                                           // line 7
 #6 >@l #7 &                                           // line 8
 #5 .1,3 #7 &                                          // line 9
```

35% 정도 나타난다고 보고하고 있다. Lim, Byoung-Hwa(2005)는 한국어와의 대조적인 관점에서 독일어 전장의 통사적인 특성에 대해 논의한다.

98) 등위접속사 und/oder/denn 바로 뒤의 전장에 나타나는 문장성분들에 대해서도 살펴보아 이를 반영해 분포를 다시 계산할 필요가 있다.

```
#7 .1,3 #4 &                          // line 10
#1 !)@r #4 &                          // line 11
#0 !)RC #1                            // line 12
```

검색식의 첫 줄은 문장(S) 범주를 가진 어떤 구성성분(#1)이 어떤 상위 교점(#0)에 의해 관할된다는 의미를 담고 있으며 두번째 줄은 이 문장이 다른 구성성분(#2)을 좌측코너 성분99)으로 두고 있다는 의미와 함께 이 성분(#2)의 어휘범주가 등위접속사("KON"), 종속접속사("KOUS"), 관계대명사("PRELS"), 관계관형사("PRELAT"), 부사적의문사("PWAV"), 의문대명사("PWS"), 의문관형사("PWAT") 중 하나여서는 안된다는 제약을 표현하고 있다. 이 줄의 제약은 복합문이나 간접의문문을 배제하기 위해 설정된 것이다. 다른 두 개의 구성성분(#3, #6) 또한 문장에 의해 관할된다는 의미를 세번째 줄과 네째 줄에서 읽을 수 있으며, 다섯째 줄에서는 정동사(#4)가 문장의 핵어로서 문장범주에 의해 관할된다는 의미를 끌어낼 수 있다. 여섯째 줄은 문장범주의 좌측코너(#2)가 동시에 그 문장에 의해 관할되는 다른 구성성분(#3)의 좌측코너이기도 하다는 의미를 담고 있다. 이 구성성분(#3)의 우측코너가, 다시 말하여 가장 오른편에 나타나는 성분(#5)이 적어도 하나 존재한다는 뜻을 일곱째 줄에서 알 수 있다. 다른 줄에 대한 설명은 생략하고 열한번째 줄과 마지막 줄을 살펴보면, 열한번째 줄에서는 정동사가 문장의 우측코너여서는 안된다는 제약을, 마지막 줄에서는 문장범주(S)인 #1 성분이 관계절이어서는 안된다는 제약을 표현하고 있다.

위 검색식에 의해 추출된 용례는 모두 387개이다. 이 중 몇 가지와 수형도를 보이면 다음과 같다.

---

99) 좌측코너 성분이란 앞에서 논의한 바 있듯이 수형도상에서 한 교점에 의해 관할되는 여러 개의 가지 중에서 가장 좌측에 위치하는 성분을 일컫는다.

(52)

a. Im Augenblick unerfüllbar seien aber seine Bedingungen für einen solchen Pakt. [T$_{27166}$]

b. So schön das Gefühl war, mit Brent Spar etwas gegen die Ohnmachtsgefühle der Bürger ausrichten zu können, und so schön die Vorstellung ist, es ab und an aufzufrischen, so wenig entläßt dies die gewählten Staatenlenker und Konzernschefs aus ihrer Verantwortung für die Menschenrechte und die Umwelt. [T$_{27265}$]

c. Negativ auf den Gewinn wirkten sich vor allem Wechselkursschwankungen aus. [T$_{28309}$]

d. "Der echte Ring vermutlich ging verloren" – [T$_{28921}$]

e. Prinzipiell zu diesem Lager rechnet sich auch Stuttgarts SPD-Umweltminister Harald B. Schäfer, der die Windenergie als Alternative zu Kernkraftnutzung forcieren will. [T$_{28970}$]

f.

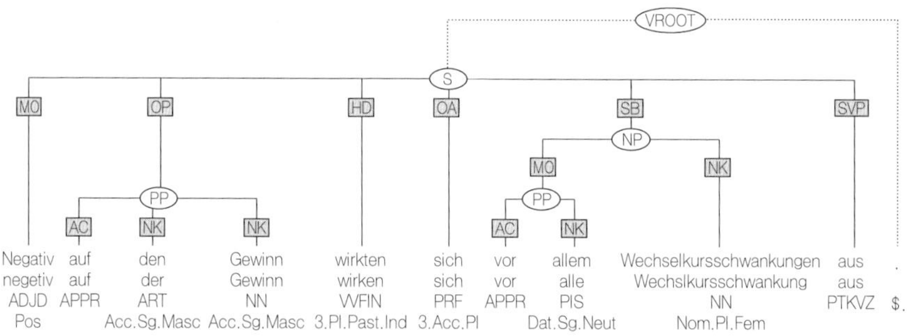

수형도 (52g)는 문장 (52c)의 통사구조인데, 이 수형도는 정동사 *wirkten* 앞에 두 자리가 있어 각각의 자리에 수식어(MO)와 전치사격 목적어(OP)가 나타남을 명시적으로 보여준다. 이 용례의 두 구성성분을 하나로 묶기도 어렵기 때문에 두 개의 구성성분이 정동사앞에 나오는 분석하는 견해가 지극히 타당하다. 이러한 사실을 장이론적인 틀안에서 구조적으로 설명하기 위해 학자들은 전장앞에 전전장(Vorvorfeld)라는 영역이 존재한다

고 가정한다. 위 (52g)의 수형도상에서는 서술적 형용사(ADJD) *negativ*가
자리잡은 영역이 전전장이고, 전치사구 *auf den Gewinn*이 위치한 영역이
전장이 된다. 다른 용례들도 유사하게 분석될 수 있다. 추출된 용례중에는
두 개의 성분을 하나의 통합구성체로 보아도 무방한 예들이 여럿 존재한
다. 다음 예를 보자.

(53)

   a. Das SPD-Programm auf Seite 10 verbindet beide Notwendigkeiten.

$$[T_{18236}]$$

   b. Gesund für die Musikkultur(en) wäre es, wenn es überall solche
lokalen "Götter" gäbe, flankiert von weltweit wirkungskräftigen
wie Gould. PD-MO $[T_{26686}]$

   c. Von Januar bis Oktober gewann die eidgenössische Währung im
Vergleich zu den 15 wichtigsten Devisen sieben Prozent an
Wert, wie dieser Tage das Bundesamt für Konjunkturfragen in
Bern vorrechnete. $[T_{27351}]$

위에 제시된 용례들에서 정동사 앞자리에 나타나는 성분들이 TIGER
코퍼스에서는 두 개의 구성성분으로 분석되어 있는데 하나의 성분으로 분
석할 수도 있는 예들이다. 예를 들어 (53c)에 있는 *von Januar bis
Oktober*의 경우 각각 수식어(MO)로 분석되어 있으나 합쳐서 하나의 수식
어로 분석하는 것이 타당하다는 주장이다. 이처럼 두 개의 성분을 복합적
인 성분 하나로 볼 수 있으며 그 출현빈도가 매우 높은 예들이 다음 (54)
에 제시된다.

(54)

   a. Unternehmen dagegen reduziert sie die ohnehin kaum vorhandenen
finanziellen Spielräume. $[T_{19883}]$

   b. So bewundernswert wie bei der älteren Kunst aber ist auch heute

die Vielfalt originaler Ideen auf der Basis figürlicher Motive und
abstrakter Formen aus der Umwelt. [T$_{24183}$]

c. Dieser wiederum reicht nur knapp zur Hälfte aus, um das
Gehalt des Juniors zu finanzieren. [T$_{28185}$]

이 예들의 공통점은 정동사 바로 앞에 나타나는 성분이, 곧 코퍼스상에서 전장에 나타나는 것으로 분석이 되는 성분이 부사(ADV)라는 점이다. 이 부사들은 담화상에서 앞선 문장과의 의미적인 연결고리 기능을 수행하는 것으로 이해된다. 예를 들어 (54a)의 *dagegen*은 '앞선 명제의 내용과는 반대로'라는 함축의미를 갖는다고 풀이할 수 있다. 이런 유형의 부사들은 다음 (55)에 정리되어 있듯이 매우 여러가지이다. 여기에는 빈도가 2 이상인 부사들만 제시했다.

(55)

Lemma	Freq
aber	58
jedoch	10
so	8
wiederum	7
allerdings	6
hingegen	5
nämlich	3
auch	3
nur	3
indessen	2
selbst	2
freilich	2
wieder	2
noch	2
mehr	2
jedenfalls	2

그런데, 이들 중 많은 부사들은 문장의 첫 자리에, 곧 전전장에 나타나기

도 하기 때문에 (54a)와 같은 문장에서 *dagegen*이 보통명사 *Unternehmen*
과 하나의 성분을 이루는 것으로 간주하는 것이 적절한 지에 대해 다시 한
번 생각을 해 볼 필요가 있다. 다음 예를 보자.

(56)

  a. Auch hier löste die Auseinandersetzung um das unerlaubte Bauen,
     in deren Folge mehrere Menschen von einem Bulldozer zermalmt
     wurden, die blutigen Zusammenstöße aus.   [T$_{359}$]

  b. So, nun herrscht wieder Ordnung in den Reihen.   [T$_{25039}$]

  c. Wieder etwas hoffnungsvoller sind die 300 Beschäftigten im
     Zweigwerk Peißenberg des zur Dasa gehörenden Triebwerkherstellers
     MTU.   [T$_{34550}$]

  d.

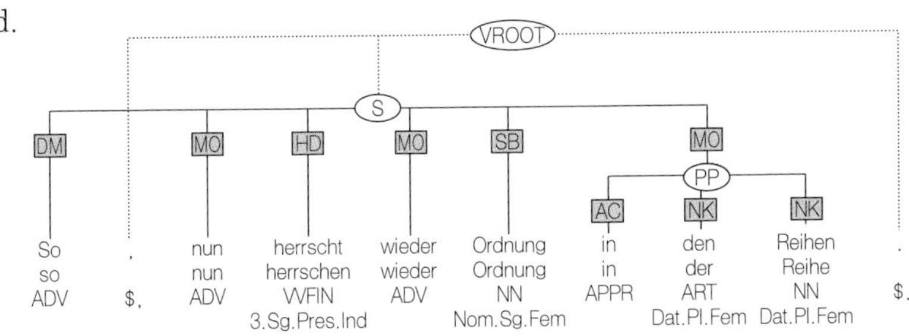

전전장과 전장이 동시에 존재한다는 주장을 뒷받침하는 것으로 간주되
는 또 다른 유형의 문장들은 다음 (57)에 열거되어 있다.

(57)

  a. Trotzdem : Existenzsorgen braucht er kaum zu haben.   [T$_{597}$]

  b. Offen gestanden, wir können das nicht mehr hören.   [T$_{17976}$]

  c. Zugegeben, dies ist nicht der Platz politischer Missionierung. [T$_{17988}$]

  d. Sicher, der Globalisierungsprozeß ist an sich nichts Neues. [T$_{18149}$]

  e. Im Gegenteil : Sie verstehen es als Feigheit und lehnen es als
     Arroganz ab.   [T$_{18288}$]

f. In der Tat: Dem Bundeskanzler kann jetzt nicht daran gelegen sein, seinen Außenminister wegen einer Nichtausladung Welayatis loszuwerden. [T$_{23100}$]

g. Im Gegenteil, Else Lasker-Schüler erinnert sich durchaus an antisemitische Pöbeleien in ihrer Kindheit, von denen sie auch nicht in der Weimarer Republik verschont blieb. [T$_{23921}$]

h. Bloß : Was fürchtet die Junta in Abuja? [T$_{20774}$]

i. Zum Vergleich : Dieser Betrag dürfte, grob gerechnet, dem addierten Ergebnis der drei Vergleichsperioden 1991 bis 1993 entsprechen. [T$_{29961}$]

j. So gefährlich die Lage war, heute lachen die Zuhörer bei soviel Chuzpe. [T$_{46669}$]

위 용례들에서 맨 앞자리에 위치한 성분들은 주로 앞문장의 내용을 요약하거나 앞 문장의 내용에 대한 화자의 입장을 표현하는 가능을 가진 것으로 이해된다. 이런 이유로 넓은 의미에서 이들 요소들을 담화표지사(DM)로 분류할 수 있다는 주장을 하고자 한다.

마지막으로 다음 용례들에서 보는 바와 같이 호격(VO) 성분이나 응답첨사(PTKANT)는 뒤따르는 문장과는 분리된 성분으로 이해되어야 할 것이다. 이런 맥락에서 이들은 전전장에 나타나는 것이 아니다.

(58)

a. Glückwunsch Leute, Eure Funpark-Idee war so toll wie ein Birdie. [T$_{22231}$]

b. Ja, der Mensch ist antiquiert, bestätigt Bolz die These aus Günter Anders' Buch. [T$_{26556}$]

c. Nein, ich bekenne mich ausdrücklich zu unserer Unternehmung. [T$_{29210}$]

d. Ja, vielleicht kann man es auch so sehen. [T$_{48349}$]

이 장에서 우리는 독일어의 전장에 나타나는 구성성분들에는 어떤 것들이 있으며 이들이 어떠한 문법기능을 수행하는 지, 그리고 어떤 형태로 표현되는지에 대해 코퍼스로부터 추출한 통계를 바탕으로 논의를 했다. 관련되는 현상으로 전전장의 존재하는 것으로 간주되는 구문에 대해서도 함께 논의를 했다.

제13장 외치(Extraposition)구문

독일어에서는 dass-절, 간접의문문, zu-부정사구 등이 문장의 끝, 곧
후장(Nachfeld)에 위치시키는 어순전략이 선호된다. 이처럼 구층위 이상의
복합표현이 후역에 위치함으로써 외치구문이 생성되는데 구문이 실현되는
양식은 매우 다양하다. 다음 예들을 보자.

(1)
a. Die beiden Beschuldigten gaben an, die Angaben seien erfunden.

$[T_{19166}]$

b. Man wird sicherlich aufpassen müssen, daß man sie nicht aufwertet.

$[T_{148}]$

c. Gleichwohl hat sie sich zuletzt bemüht, zu retten was zu retten
war. $[T_{9775}]$

d. Sie warnte davor, durch eine neue Mietrechtsdiskussion Investoren
abzuschrecken. $[T_{3687}]$

e. Neue Ermittlungen wurden aufgenommen, nachdem mehrere
Hinterbliebene von Deportierten 1990 17 weitere Klagen gegen
sie erhoben hatten. $[T_{1391}]$

f. Daß es lange dauerte, bis die Banken das Geld lockermachten,
verhehlt er nicht: $[T_{594}]$

 g. "Wir haben alles erreicht, was wir wollten", erklärte Japans Außenminister Yohei Kono. [T$_{35646}$]

 h. Danach könnte er durchaus zum Katalysator einer Bewegung werden, die Republikaner wieder in die politische Mitte zu führen. [T$_{15462}$]

 i. Sie hört eine Männerstimme sagen : "Nun wirst du sehen, was mit dir passiert!" [T$_{2644}$]

위 (1a)에서는 접속사없는 종속절이, (1b)에서는 dass-절이 외치구문으로 실현되고 있다. (1c)에서는 zu-부정사구가 주절의 목적어기능을 수행하고, (1d)에서는 zu-부정사구가 주절의 자리지킴어 기능을 하는 대용전치사에 대한 상관어구 기능을 수행한다. (1e)에는 주절의 사건시점에 선행하는 다른 사건을 표현하는 부사절이 나타나 있으며, (1f)에는 주절의 자리지킴어 *es*의 상관어구 기능을 수행하는 부사절이 포함되어 있다. (1g)에는 주절에 선행사를 둔 관계대명사 *was*가 이끄는 관계절이 나타나고, (1h)에서는 전치사구(PP)안에 포함된 명사구(NP)로부터 빠져나가 후역에 자리를 잡은 관계절을 볼 수 있으며 (1i)에서는 간접의문문이 동사 *sehen*의 목적어 기능을 수행하고 있다.

위에서 살펴본 여러가지 외치구문중에서 다음 몇 가지 구문에 대해 좀 더 자세히 논의를 하고자 한다.100)

(2)
- 의문사가 이끄는 간접의문문
- 접속사가 이끄는 종속절
- "es"와 상관어구를 이루는 간접의문문
- "es"와 상관어구를 이루는 종속절
- "da(r)Prep"와 상관어구를 이루는 zu-부정사구
- "da(r)Prep"와 상관어구를 이루는 간접의문문

---

100) 종속절에 대한 연구로는 Zitterbart(2002)가 있다. 이 연구서에서는 상관관계를 중심으로 종속절 문제를 다룬다.

• "da(r)Prep"와 상관어구를 이루며 접속사가 이끄는 종속절/부사절

13.1 의문사가 이끄는 간접의문문

코퍼스 TIGER2.1에서 의문사의 어휘범주는 PWAV(부사어적 의문대명사 혹은 관계대명사), PWS(대체요소로 쓰이는 의문대명사) 혹은 PWAT(부가어적 의문대명사)이다.

이런 성분들이 포함된 간접의문문을 코퍼스로부터 추출하기 위한 검색식은 다음 (1)과 같다.

(1)
```
#1 〉HD #2:[pos=/V.*/] &
#1 〉OC #3:[cat="S"] &
#3 〉@1 #4:[pos=("PWAV"|"PWS"|"PWAT")] &
#2 .* #4
```

이 검색식은 간접의문문이 주문장동사(#2)의 목적절 기능을 한다는 전제에서 출발하며, 의문사(#4)는 이 목적절의 첫자리(@1)를 차지한다는 제약을 부가한다.

모두 322개의 용례가 검색식에 의해 추출되고, 그 중 몇 가지 예를 보이면 다음 (2)와 같다.

(2)
a. "Was glauben Sie, was wir für Kopfstände gemacht haben!" [T595]
b. Mecklenburgs Agrarminister Brick: "Die wissen überhaupt noch nicht, welche Aufgabe da auf sie zukommt." [T654]
c. Sie hört eine Männerstimme sagen: "Nun wirst du sehen, was mit dir passiert!" [T2644]

간접의문문이 나타나는 용례 (2c)의 수형도 일부는 다음 (3)과 같다.

(3)

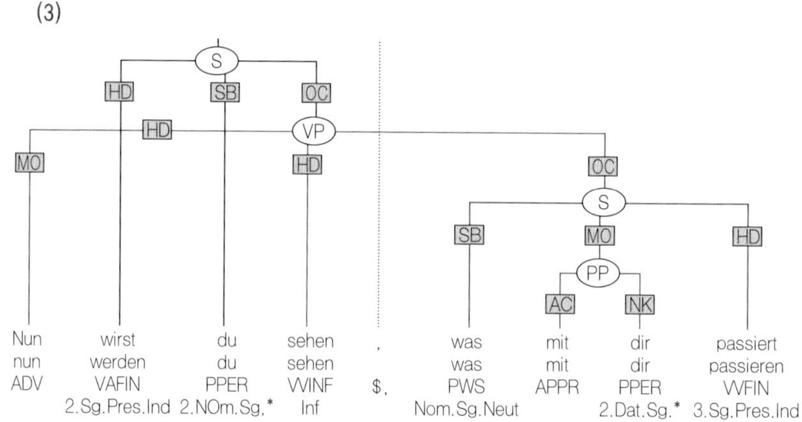

수형도를 통해 의문대명사 *was*가 이끄는 간접의문문이 주절 동사 *sehen*의 목적절(OC) 기능을 한다는 사실을 확인할 수 있다.

간접의문문이 포함된 용례 322개의 분포를 살펴보면 PWAV가 이끄는 간접의문문이 181개이고, PWS가 이끄는 간접의문문이 117개이며 PWAT가 이끄는 간접의문문이 24개이다.

13.2 접속사가 이끄는 종속절

종속접속사가 이끄는 종속절도 대표적인 외치구문에 속한다. 코퍼스 TIGER2.1에서 종속절은 주문장 동사의 목적절 기능을 수행하고 종속접속사(KOUS)는 그 종속절내에서 CP라는 문법기능을 수행하는 것으로 분석된다. 이런 사실들을 고려하여 종속절이 나타나는 용례를 코퍼스로부터 추출하는데 쓰이는 검색식은 다음 (4)와 같다.

(4)

#1 〉HD #2:[pos=/V.*/] &
#1 〉OC #3:[cat="S"] &
#3 〉@l #4 &
#2 .* #4 &
#3 〉CP #5:[pos="KOUS"]

이 검색식에 의해 추출된 용례는 모두 1,133개이며 그 중 대표적인 몇 가지가 다음 (5)에 제시되어 있다.

(5)

a. Die mächtigen Gewerkschaften haben bisher verhindert, daß unrentable Firmen geschlossen oder privatisiert werden. [T_{91}]

b. Man wird sicherlich aufpassen müssen, daß man sie nicht aufwertet. [T_{148}]

c. Deshalb muß der Bundestag nach der Sommerpause entscheiden, ob er die Regelung fortschreiben will. [T_{2877}]

용례 (5c)의 수형도는 다음과 같다.

(6)

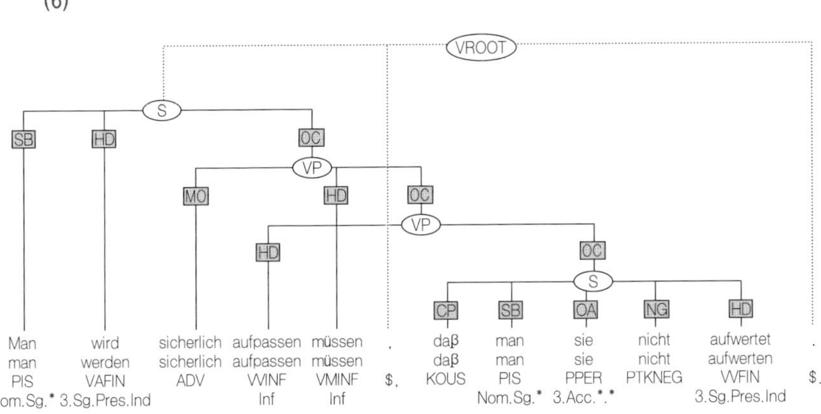

수형도에서 종속절이 문법적으로 주절 동사 *auffassen*의 목적절(OC) 기능을 수행하고 접속사 *daß*는 종속절내에서 CP 기능을 수행한다는 사실을 다시 확인할 수 있다. 이 종속절 구문을 이끄는 접속사들의 분포를 살펴보면 다음 (7)과 같다.

(7)
daß/dass 1045
ob 71
wenn 5
als 4
bis 2
weil 2
das 1
da 1
nachdem 1
damit 1

제시된 통계를 살펴보면 접속사로 *daß/dass*가 압도적으로 많이 나타나는 것을 알 수 있다. 두 번째 자리를 차지하는 *ob*이 어떠한 주절동사와 어울리는지를 검토하기 위해 위 (4)의 검색식을 약간 수정하여 다음 (8)과 같이 수정했다.

(8)
#1 >HD #2:[pos=/V.*/] &
#1 >OC #3:[cat="S"] &
#3 >@l #4 &
#2 .* #4 &
#3 >CP #5:[pos="KOUS" & word="ob"]

결과 71개의 용례가 추출되었는데, 이 용례들에 나타난 주절동사의 분포는 다음 (9)와 같다.

(9)

Lemma	Freq
prüfen	15
fragen	12
wissen	9
entscheiden	6
überlegen	5
sehen	2
klären	2
bezweifeln	2
ablesen	1
feststellen	1
rätseln	1
nachhaken	1
lassen	1
stellen	1
aufpassen	1
weisen	1
testen	1
beweisen	1
hervorgehen	1
sagen	1
erinnern	1
nachfragen	1
bestimmen	1
ermitteln	1
untersuchen	1
festlegen	1

이들이 목적절로서 *ob*이 이끄는 간접의문문을 취하는 대표적인 동사들로 간주될 수 있다.

13.3 "es"와 상관어구를 이루는 간접의문문

앞서 논의한 간접의문문이 자리지킴어(PH) 기능을 수행하는 *es*에 대한 상관어구 기능을 하는 구문도 외치구문의 일종이다. 이런 예들을 코퍼스로부터 추출하는데 쓰이는 검색식은 다음 (10)과 같다.

(10)
```
#1 >PH #2:[lemma="es"] &
#1 >RE #3:[cat="S"] &
#3 >@l #4:[pos=("PWAV"|"PWS"|"PWAT")] &
#2 .* #4
```

검색식에 의해 추출된 용례는 모두 15개이고, 간접의문문을 이끄는 의문사들의 분포는 PWS가 7개, PWAV도 7개 그리고 PWAT는 한 개이다. 이들 중 몇 가지 예를 보이면 다음 (11)과 같다.

(11)

a. "Es ist wirklich schwer zu sagen, welche Positionen er einnimmt, da er sich noch nicht konkret geäußert hat", beklagen Volkswirte.

$$[T_{36}]$$

b. Sie wiesen darauf hin, daß es für Konsumenten beispielsweise belanglos sei, wieviel Parfüm pro Liter koste. $[T_{13458}]$

c. Es wußte ja ohnehin jeder, wer gemeint war. $[T_{25313}]$

용례 (11c)에 대한 수형도는 (12)와 같다.

(12)

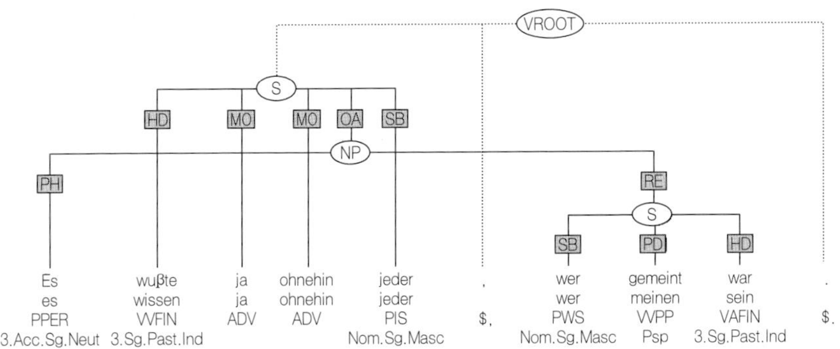

es가 자리지킴어(PH) 기능을, 그와 짝을 이루는 상관어구(RE) 기능을 간접의문문이 수행한다는 사실을 수형도를 통해 확인할 수 있다. es와 간접의문문은 하나의 구성성분을 이루어 정동사 wußte의 직접목적어(OA) 기능을 하는 것을 수형도를 통해 또한 알 수 있다.

13.4 "es"와 상관어구를 이루는 종속절

외치구문의 하위유형에는 es가 자리지킴어 기능을 수행하고 종속절이 상관어구 기능을 하는 구문도 있다.

이 구문을 코퍼스로부터 추출하기 위한 검색식은 (13)과 같다.

(13)
#1 >PH #2:[lemma="es"] &
#1 >RE #3:[cat="S"] &
#3 >@1 #4:[pos="KOUS"] &
#3 >CP #4 &
#2 .* #4

검색식 (13)에 의해 추출되는 용례는 모두 266개이며 그 중 몇 가지가 아래에 제시되어 있다.

(14)

a. Daß es lange dauerte, bis die Banken das Geld lockermachten, verhehlt er nicht: [T$_{594}$]

b. Es sei schon lange kein Geheimnis, sagte Simon weiter, daß es mit der Medizinerausbildung nicht zum besten stehe. [T$_{2321}$]

c. Es dürfe nicht zugelassen werden, daß ganz Frankreich von einer einzigen Gruppe der Gesellschaft gelähmt werde. [T$_{2528}$]

d. Seltener kommt es vor, daß in der Fragestunde richtig gelacht wird. [T$_{3213}$]

e. Erst jetzt zeigt sich, welchen Schock es bedeutet, wenn sie ausfällt. [T$_{4781}$]

문장 (14e)의 부분수형도를 보이면 다음 (15)와 같다.

(15)

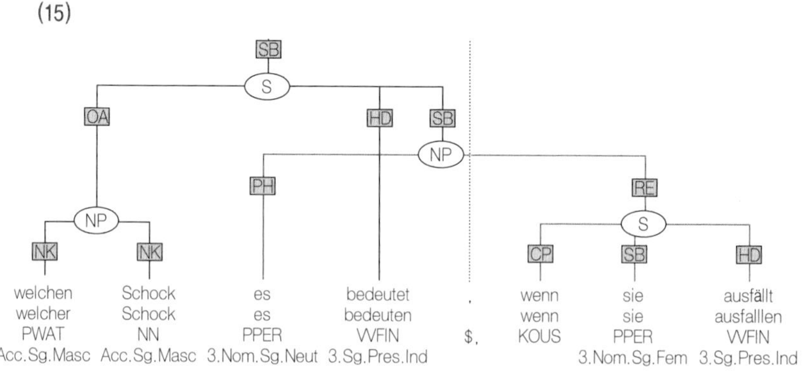

수형도를 통해서 자리지킴어 *es*와 종속절(S)가 함께 명사구(NP)를 이루어 주절 동사 *bedeutet*의 주어기능을 한다는 사실을 알 수 있다. 더불어 종속절은 상관어구(RE) 기능을 수행함을 확인할 수 있다. 이 구문에 나타나는 종속접속사들의 분포를 조사해 보면 (16)과 같은 결과를 얻는다.

(16)
dass   205
wenn   38
ob   17
bis   5
als   1

예측이 가능한 사실이긴 하지만 역시 접속사 *dass*가 이 구문에서 압도
적으로 많이 출현한다.

이 구문은 앞서 제13.2절에서 논의한 구문과 상당부분 겹친다고 볼 수
있겠다. 그러나 완전히 하위구문은 아니다. 이 점은 두 구문에서의 접속사
*wenn*의 출현빈도를 비교하면 바로 확인할 수 있다.

13.5 "da(r)Prep"와 상관어구를 이루는 zu-부정사구

다음 예들을 살펴보자.

(17)
a. Die politischen Direktoren seien dabei, den Text auszuarbeiten.
   [T$_{2548}$]
b. Sie warnte davor, durch eine neue Mietrechtsdiskussion Investoren
   abzuschrecken.   [T$_{3687}$]
c. Die politische Instabilität habe zudem ausländische Investoren
   davon abgehalten, sich in Israel zu engagieren.   [T$_{1125}$]
d. Immer wieder fragt die junge Frau nach einem Arzt, besteht
   darauf, untersucht zu werden.   [T$_{2704}$]

e. In Lyon zum Beispiel hatten Lastwagenfahrer sich ausdrücklich dagegen verwahrt, von den Gewerkschaften vertreten zu werden.

[T$_{3357}$]

이 예문들에는 자리지킴어(PH)로서 "da(r)Prep"가 나타나고 zu-부정사구가 그에 대한 상관어(RE)로 기능한다. 이 사실은 다음과 같은 수형도에서 명시적으로 드러난다.

(18)

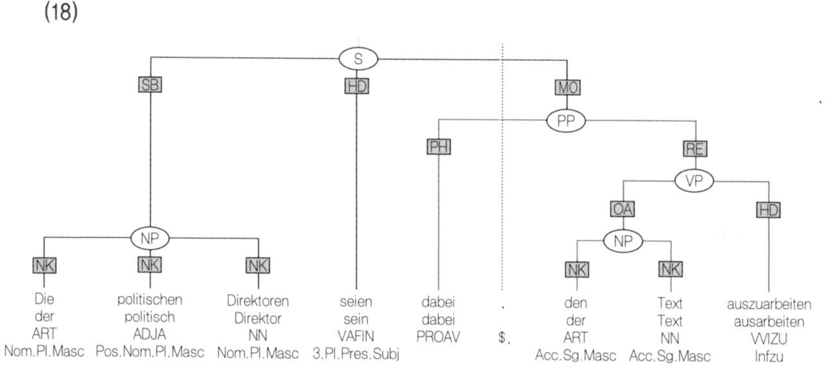

위 수형도는 예문 (17a)의 통사구조에 대한 수형도의 일부이다. 이 예에서는 *dabei*가 자리지킴어(PH) 기능을 수행하고 부정사구가 상관어구(RE) 기능을 한다. 이 둘은 합하여 전치사구(PP)로서 주절 동사 *seien*에 대한 수식어(MO) 기능을 수행한다.

이처럼 "da(r)Prep"가 자리지킴어 기능을, zu-부정사구가 상관어구 기능을 수행하는 용례들을 코퍼스로부터 추출하기 위해 필요한 검색식은 (19)이다. TIGER 형식문법에서 da(r)Prep에는 PROAV라는 어휘범주가 부여된다.[101]

---

101) 검색식이 다른 구문에 비해 복잡해진 것은 핵어인 주절의 동사(#1)에 대한 통계를 추출하기 위한 목적때문이다.

(19)

```
#0 〉HD #1 &
#0 〉 #2:[cat="PP"] &
#2 〉PH #3:[pos="PROAV"]&
#2 〉RE #4 &
#4 〉 #VC:[(cat="VZ"|pos="VVIZU")] &
#4 〉@1 #5 &
#3.* #5
```

이 검색식에 의해 추출되는 용례는 모두 330개이다. 이 용례로부터 주절의 정동사와 자리지킴어로 쓰이는 da(r)-Prep간의 상관관계를 추출한 통계중 상위빈도만 보이면 다음 (20)과 같다.

(20)

Lemma	Lemma	Freq
warnen	davor	24
gehen	darum	21
hindern	daran	11
sein	dabei	11
beginnen	damit	10
bestehen	darin	9
beitragen	dazu	8
sprechen	dafür	8
rufen	dazu	8
verzichten	darauf	7
einigen	darauf	6
abhalten	davon	6
dienen	dazu	5
plädieren	dafür	5
zwingen	dazu	4
neigen	dazu	4
denken	daran	4
stimmen	dafür	4
zielen	darauf	4
kommen	darauf	4
bestehen	darauf	4

Lemma	Lemma	Freq
verständigen	darauf	4
bitten	darum	3
entfernt	davon	3
stolz	darauf	3
beschränken	darauf	3
tun	daran	3
aussprechen	dafür	3
sein	dafür	3
beschäftigen	damit	3
helfen	dabei	3
drohen	damit	3
bringen	dazu	3
rechnen	damit	3

위에 열거된 동사들은 자리지킴어에 포함된 전치사와 연어관계를 이루는 것으로 일반적으로 이해된다. 곧 이들은 전치사격 목적어 혹은 보충어를 취하는 동사들로 알려져 있기 때문이다.

지금까지의 논의와 관련하여 독일어 학습자들이 궁금해하는 점은 소위 자리지킴어인 da(r)Prep 표현이 어떤 동사의 경우 필수적이고 어떤 동사의 경우 선택적인지를 밝혀내는 과제일 것인데 코퍼스로부터 그 문제에 대한 해답을 찾기는 어렵다. 좀 더 세밀한 연구가 필요하리라 생각된다.102)

13.6 "da(r)Prep"와 상관어구를 이루는 간접의문문

간접의문문이 상관어구(RE)로서 기능하면서 자리지킴어인 da(r)Prep와 짝을 이루는 구문도 외치구문에 속한다.

다음 검색식은 그런 예들을 코퍼스로부터 추출하기 위한 유용한 수단이다.

---

102) [부록 17]에 전체목록이 제시된다.

(21)

```
#1 >PH #2:[pos="PROAV"]&
#1 >RE #3:[cat="S"] &
#3 >@l #4:[pos=("PWAV"|"PWS"|"PWAT")] &
#2 .* #4
```

검색식에 의해 추출된 용례는 모두 59개이며 그 중 몇 가지를 제시하면 다음과 같다.

(22)

a. Muß man stärker darauf achten, wen man einstellt?　　　[T$_{4960}$]

b. Es ging ja nicht um mich, sondern darum, wie sie mit den Leuten umgehen.　　　[T$_{5022}$]

c. Kohl lehnte es jedoch ab, darüber zu reden, welches Land zu welchem Zeitpunkt sich der Währungsunion anschließen werde.

[T$_{12837}$]

위 예문 (22a)의 수형도는 다음 (23)과 같다.

(23)

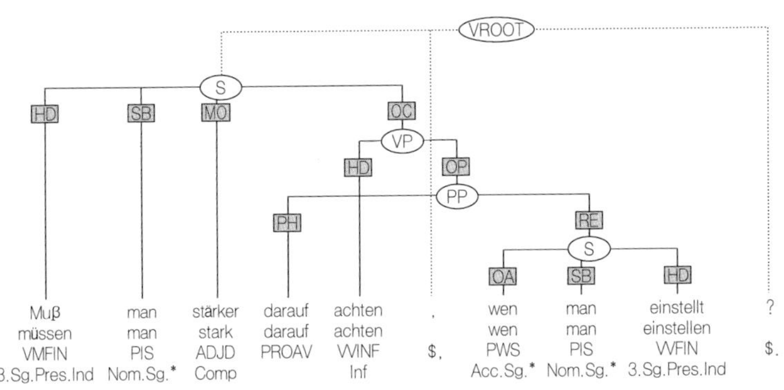

다음 (24)는 간접의문문에 출현하는 의문사의 분포를 보여준다.

(24)

```
PWAV        31      // wie
PWS         18      // was wer wen wem
PWAT        10      // wieviele welches welche
```

13.7 "da(r)Prep"와 상관어구를 이루는 종속절/부사절

자리지킴어(PH)로서의 "da(r)Prep"와 상관어구를 이루면서 동시에 접속사에 의해 이끌려지는 종속절/부사절도 외치구문에 속한다.[103]

아래의 예들에 이 구문이 포함되어 있다.

(25)

a. Und sie fragen danach, ob man sich von rechten Politikern wählen lassen dürfe. [T164]

b. Major setzte sich dafür ein, daß der Westen keine ungebührlich harten Bedingungen stellt. [T1107]

c. Und so muß man davon ausgehen, daß unter den Zurückgewiesenen ganz sicher auch Bosnier gewesen sind. [T1964]

위 예문 (25a)의 수형도는 다음쪽에 제시되어 있는 (26)인데, 이에 대해 살펴보기로 하자.

우리는 수형도를 통해 자리지킴어와 상관어구가 하나의 구성성분 PP를 이루어 주절 동사 *fragen*에 대한 전치사격 목적어(PP) 기능을 하는 것을 확인하게 된다. 이와 유사한 용례를 추출하기 위해 필요로 하는 검색식은 (27)과 같다.

---

103) 접속사가 없는 경우 상관어구 구성이 가능한지에 대한 검토가 필요하다.

(26)

VROOT
S
OP
PP
RE
S
HD
OC
OC
VP
VP
HD
HD
SBP
PP
AC
NK
NK
OA
SB
CP
PH
JU
SB
HD
Und
und
Kon
sie
sie
PPER
3.Nom.Pl. *
fragen
fragen
VVFIN
3.Pl.Pres.Ind
danach
danach
PROAV
ob
ob
KOUS
man
man
PIS
Nom.Sg. * 3.Acc.Sg
sich
sich
PRF
von
von
APPR
rechten
rechter
ADJA
Pos.Dat.Pl.Masc
Politikern
Politiker
NN
Dat.Pl.Masc
wählen
wählen
VVINF
Inf
lassen
lassen
VVINF
Inf
dürfe
dürfen
VMFIN
3.Sg.Pres.Subj
$.

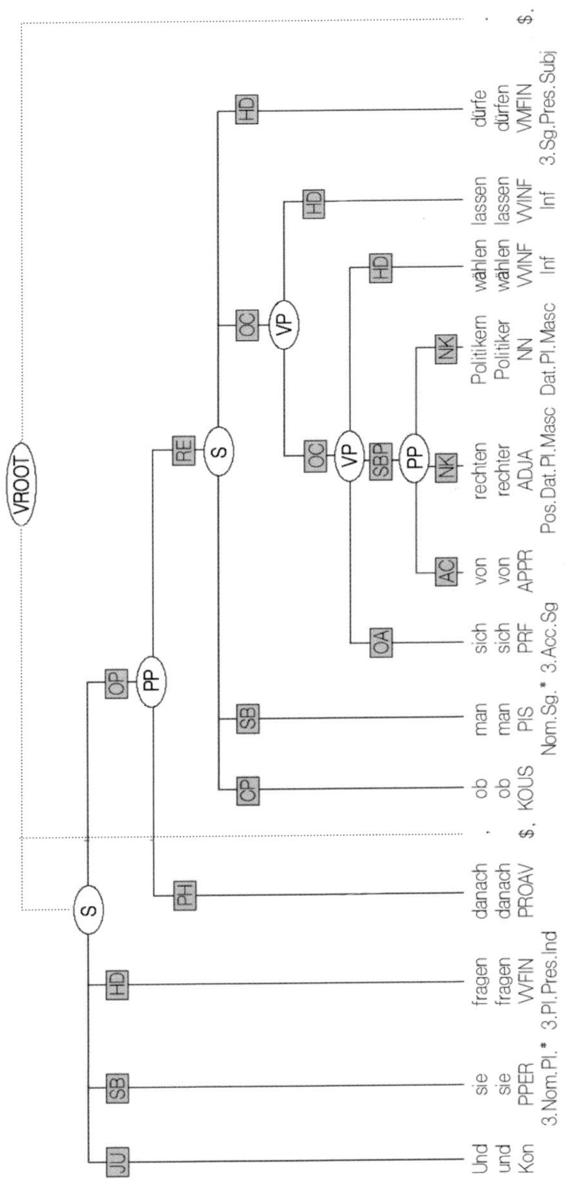

(27)
#1 〉PH #2:[pos="PROAV"]&
#1 〉RE #3:[cat="S"] &
#3 〉@l #4 &
#2 .* #4 &
#3 〉CP #5

검색식에 의해 542개의 용례가 추출된다. 이들 용례를 기반으로 하여
da(r)Prep와 접속사간의 연어관계를 보기 위해 추출한 빈도를 출현빈도
정리한 것이 다음 표이다.

(28)

Lemma	Lemma	Freq
darauf	daß	102
dafür	daß	86
davon	daß	73
daran	daß	53
damit	daß	36
dazu	daß	36
darüber	daß	33
deshalb	weil	31
darin	daß	20
darüber	ob	16
dadurch	daß	15
dagegen	daß	6
deswegen	weil	6
darum	daß	4
davon	ob	4
daraus	daß	3
dazu	ob	3
danach	ob	2
davor	daß	2
darum	ob	2

또한 용례로부터 접속사의 분포를 추출하면 다음과 같다.

(29)

dass	471
weil	37
ob	30
das	2
wenn	2

이 장에서는 독일어 외치구문에 속하는 여러 하위구문들과 그들의 통계적인 특성을 살펴보았다.[104]

---

104) [부록 18]에 종속구문과 상관관계를 이루는 전치사목록이 제시된다.

제14장 코퍼스 TrivLit 21의 구축 및 활용

14.1 코퍼스의 구축

이 장에서는 독일어 문학작품을 주 구성요소로 하는 TrivLit 21의 내용 구성 및 형식에 대해 논의한다.

코퍼스 TrivLit 21은 규모가 대략 100만에 근접하며 의도적으로 TIGER 2.1의 규모와 비슷하게 구성을 했다. 이 코퍼스를 구성하는 컨텐츠는 다음 (1)과 같다.

(1)

장르	어휘규모	백분율
대중소설	247,313	25.03165
순수소설	187,186	18.94593
자서전	354,982	35.92932
기행문	198,520	20.0931
합계	988,001	100%

TrivLit 21의 장르분포

대중소설 장르에는 모두 7권의 소설이 포함되는데 이 소설들은 주로 젊은이들의 사랑을 주제로 하는 내용을 담고 있으며 비교적 평이한 일상독일어로 쓰여져 있다.

이 소설들의 저자와 제목은 다음 (2)와 같다.

(2)
Burgmer, Heidi. 2004. Am Berghof fand er seine Heimat. Köln: Candide Verlag.
Lindenau, Julia. 2004. Nur einmal keine Prinzessin sein. Köln: Candide Verlag.
Lindenau, Julia. 2004. Als sie bittere Rache nahm. Köln: Candide Verlag.
von Hoff, Annika. 2004. Einladung aufs Fürstenhof. Köln: Candide Verlag.
von Hoff, Annika. 2004. Sie tantzten den Walzer ins Glück. Köln: Candide Verlag.
Williams, Chris. 2004. Schöne Worte-Lauter Lügen. Köln: Candide Verlag.
Williams, Chris. 2004. So verliebt wie damals. Köln: Candide Verlag.

순수소설 장르에 속하는 작품들은 Goethe, Mann, Kafka, Hesse, Storm의 단편작품과 현대작가 Scheib의 장편소설 중 일부분이다. 저자와 제목을 정리하면 다음 (3)과 같다.

(3)
Johann Wolfgang von Goethe. Der Leiden des Jungen Werthers.
Thomas Mann. Tonio Kröger.
Franz Kafka. In der Strafkolonie.
Hermann Hesse. Knulp:Drei Geschichten aus dem Leben Knulps.
Theodor Storm. Immensee.
Asta Scheib. Das Schönste, was ich sah. (1장-11장, 모두 131쪽)

자서전 장르에 속하는 작품은 Elias Canetti의 "Die gerettete Zunge: Geschichte einer Jugend"와 Hillary Rodham Clinton의 자서전을 독일 어로 번역한 "GELEBTE GESCHICHTE"(원제 : Living History)이다. 기행 문 장르에는 Goethe의 "Italienische Reise"가 유일하게 포함되어 있다.

코퍼스 TrivLit 21은 형태정보가 부착된(morphologisch annotiert) 코퍼스 로서 Stuttgart 대학에서 개발한 CWB 시스템에서 작동이 가능하며 따라 서 CQP 검색시스템에 의해 검색이 가능하도록 설계되어 있다.105) CWB 시스템은 open source를 토대로 구축된 것으로 기본적으로 유닉스(UNIX) 계열의 OS에서 작동한다.

이제 TrivLit 21의 구축과정에 대해 기술하자면 그 절차는 다음 (4)와 같다.

(4)
제1단계 : 코퍼스의 자원이 되는 텍스트 파일(trivit21.txt) 생성(Western
           European Windows / ISO-8859로 인코딩)
제2단계 : TreeTagger를 이용하여 "trivit21.txt"의 각 어휘에 형태정보를
           부착, 그 결과 "trivlit21.vrt" 파일 생성
제3단계 : 이 파일을 CWB 시스템에 넣기 위해 인코딩
제4단계 : CWB 시스템내에서 구축여부 확인

위 제2단계부터 제4단계에 이르는 과정을 캡처한 결과를 보이면 다음과 같다.

(5)

```
[#0] logos@CastlePATHOS: ~/TreeTagger/cmd$
[#1] logos@CastlePATHOS: ~/TreeTagger/cmd$ ./tree-tagger-german2 trivlit21.
    txt > trivlit21.vrt
```

---

105) 코퍼스 TrivLit 21의 내용 일부가 [부록 19]에 제시된다.

```
        reading parameters ...
        tagging ...
988000      finished.
[#2] logos@CastlePATHOS:~/TreeTagger/cmd$ sudo mkdir /usr/local/share/
    cwb/registry/TrivLit21
[sudo] password for logos:
[#3] logos@CastlePATHOS:~/TreeTagger/cmd$ sudo cwb-encode -d /usr/local/
    share/cwb/registry/TrivLit21 -f trivlit21.vrt -R   /usr/local/share/cwb/
    registry/trivlit21 -P pos -P lemma -S s
[#4] logos@CastlePATHOS:~/TreeTagger/cmd$ sudo cwb-make -V trivlit21
[#5] logos@CastlePATHOS:~/TreeTagger/cmd$ cqp
[no corpus]> TRIVLIT21:
[#6] TRIVLIT21> A = [pos="ADJA"];
[#7] TRIVLIT21> count A by lemma > "freqADJAtrivlit21.txt";
[#8] TRIVLIT21> exit:
[#9] logos@CastlePATHOS:~/TreeTagger/cmd$
```

위 [#0]로부터 알 수 있는 사실은 "castlePATHOS"라는 이름을 가진 리눅스 시스템에 logos라는 ID를 가진 사용자가 접속을 해서 /TreeTagger/ cmd라는 폴더로 이동을 해 있다는 것이다. 이 폴더에는 형태정보를 부착하기 위한 실행파일들이 들어있기 때문에 먼저 이 폴더로 이동을 한다. 물론 이 폴더안에 "trivlit21.txt" 파일이 들어 있어야 한다. 이제 형태태깅을 실행할 시점이다. 이 과정은 [#1]에서 확인가능하듯이 "./tree-tagger-german2 trivlit21.txt > trivlit21.vrt"라는 명령을 통해 수행된다. 그 결과 앞서 언급한 바와 같이 파일 "trivlit21.vrt"이 생성된다. 다음 단계 [#2]에서 형태분석이 된 파일을 근간으로 CWB 시스템에서 검색가능한 코퍼스 TrivLit 21의 컨텐츠가 자리를 잡을 폴더 "TrivLit21"을 미리 만든다. 단계 [#3]에서는 본격적으로 파일 "trivlit21.vrt"을 CWB시스템에 적합하도록 인코딩한다. 인코딩된 코퍼스에 색인작업을 해서 CQP에 의한 검색이 용이하도록 하는 단계가 [#4]이다. 이처럼 태깅, 인코딩 및 색인

과정이 끝나면 [#5]에서 처럼 cqp라는 명령어를 통해 CWB시스템을 작동시킨 후에 코퍼스 TrivLit 21을 불러올 수 있다. 단계 [#6]은 코퍼스 TrivLit 21이 로딩되어 있는 것을 확인가능하게 하며 이제 검색이 가능한 환경이 만들어진 것이므로 이 코퍼스를 기반으로 어떤 질문이든지 할 수가 있다. 우리의 예-[#6]-에서는 부가어적으로 쓰이는 형용사를 검색하라는 명령을 내린 것을 볼 수 있다. 그 다음 단계 [#7]에서 이 검색결과를 "lemma"를 기준으로 정렬하여 "freqADJAtrivlit21.txt"라는 파일로 출력하라는 명령을 줄 수 있다. [#8]은 검색을 끝내고 CWB시스템에서 벗어난 것을 보여준다. 검색결과의 최종결과물인 파일 "freqADJAtrivlit21.txt"의 일부내용만을 보이면 다음 (6)과 같다.[106)]

(6)

1456	groß	[#15818-#17273]
1014	ander	[#2645-#3658]
839	klein	[#21485-#22323]
753	gut	[#17436-#18188]
708	erst	[#10104-#10811]
669	alt	[#1711-#2379]
639	ganz	[#12640-#13278]
619	jung	[#20549-#21167]
606	schön	[#30833-#31438]
575	neu	[#26369-#26943]

위의 (6)에서 첫 번째 열에는 각 형용사의 출현빈도가 나타나고 두 번째 열에는 각 lemma가 나타나며 세 번째 열에는 검색된 어휘가 나타나는 용례의 번호들이 정리된다. 이 중에서 우리에게 중요한 것은 lemma와 출현빈도이다.

---

106) 전체 어휘의 출현 빈도에 대한 통계는 [부록 20]에 제시된다.

위 (5)의 [#9] 단계에서 "cwb-describe-corpus TRIVLIT21"이라는 명령을 통해 코퍼스에 대한 정보를 얻게 되는데 출력화면을 캡쳐한 그림은 다음 (7)과 같다.

(7)

```
============================================================
Corpus: TRIVLIT21
============================================================

description:
registry file:   registry/trivlit21
home directory:  TrivLit21/
info file:       TrivLit21/.info
size (tokens):   988010

  3 positional attributes:
      word            pos            lemma

  1 structural attributes:
      s

  0 alignment  attributes:
```

이 화면을 통해 우리는 이 코퍼스의 규모가 토큰 988,010개이며 이 코퍼스안에는 어휘형태(word), 어휘범주(pos) 및 레마(lemma)에 대한 정보가 들어 있음을 알 수 있다.

한편 앞서 언급한 바 있는 형태분석 정보가 포함된 파일 "trivlit21.vrt"의 일부를 보이면 다음 (8)과 같다.

(8)

Wir	PPER	wir
haben	VAFIN	haben
alles	PIS	alle
besprochen	VVPP	besprechen
,	$.	,

meine	PPOSAT	mein
Liebe	NN	Liebe
.	$.	.
Du	PPER	du
kannst	VMFIN	können
mit	APPR	mit
den	ART	d
Reisevorbereitungen	NN	Reisevorbereitung
beginnen	VVINF	beginnen
.	$.	.

위에 제시된 내용은 두 개의 독일어 문장 "Wir haben alles besprochen. Du kannst mit den Reisevorbereitungen beginnen."에 나타난 각 어휘형태에 대한 형태정보 및 lemma 정보이다. 여기서 형태정보는 각 줄의 두번째 열에, lemma 정보는 세번째 열에 기입되어 있다. 이러한 형식으로 문장에 대한 정보를 표상하는 양식을 "수직(vertical) 형" 또는 "수출(export) 형"이라고 부른다.

이 코퍼스 TrivLit 21에 부착된 형태정보는 어휘범주 정보로 제한되는데 여기서 채택된 어휘범주 체계는 코퍼스 TIGER 2.1과 같은 STTS ("Stuttagrt Tübingen Tag Set")에 기반을 둔다. 이에 따라 위 (8)에 나타난 어휘범주들을 살펴보면, PPER(인칭대명사), VAFIN(완전동사의 정동사형), PIS (부정대명사), VVPP(완전동사의 과거분사형), $,(콤마), PPOSAT(부가어적 소유대명사), NN(보통명사), PPER(인칭대명사), VMFIN(화법조동사의 정동사형), APPR(전/후치사), ART(관사), VVINF(완전동사의 부정형), $.(마침표) 등이 나타난다.

lemma 정보의 경우 정관사(der, des, dem, den, die, der, das 등)는 모두 d로 대표되는데, TIGER 2.1에서는 der로 대표된다는 점에서 두 코퍼스가 차이를 보인다. 그러나 부정관사(ein, eines, einem, einen, einer 등)는 TrivLit

21과 TIGER 2.1에서 모두 *ein*에 의해 대표된다.

14.2 코퍼스의 활용방안

CWB 시스템에서 사용되는 검색시스템 CQP는 독자적인 형식문법을 갖추고 있는데 코퍼스 TrivLit 21로부터 적절한 결과를 검색하기 위해서는 CQP 문법에 대한 이해가 필요하다. 위 (5)의 [#6]에 나타나 있는 형식 A=[pos="ADJA"]도 CQP 문법에 의해 허용되는 하나의 형식문(Formel)이다. 이 형식문은 어휘범주로 ADJA를 가지는 어휘가 나타나는 모든 문장들을 A라고 정의한다는 의미를 갖는다. 이어 [#7]에 있는 형식문 count A by lemma 〉 "freqADJAtrivlit21.txt"는 앞서 설명한 바와 같이 A로 정의된 용례들로 부터 레마만을 빈도수를 기준으로 추출하고 그 결과를 파일 "freqADJAtrivlit21.txt"에 저장하라는 의미를 지닌다. CQP 문법은 연어 관계(collocation)를 포착하는데도 사용될 수 있는데 한 가지 예를 보이면 다음 (9)와 같은 형식문들이다.

(9)
a. C = [pos="ADJA" & lemma="ander"] [pos="NN"] ;
b. group C matchend lemma by match lemma 〉 "colloNNander
   TRIVLIT21.txt";

위 (9a)의 형식문은 어휘범주가 "ADJA"이고 레마가 "ander"인 어휘의 바로 다음에 나타나는 보통명사(NN)를 검색하고 그 결과를 정의한다는 의미를 지닌다. 이어 (9b)에 제시된 형식문은 앞선 형식문에 의해 정의된 C를 재검색해서 보통명사 ― matchend라는 정박(anchor)함수로 표현됨 ― 를 빈도수를 기준으로 정렬한 후에 파일 "colloNNanderTRIVLIT21.txt"

에 저장하라는 의미를 가진다.

최종 결과로 얻어진 파일의 일부내용만 보이면 아래 (10)과 같다.

(10)

```
#-------------------------------------------------------------------
ander                      Seite                    40
                           Mensch                   36
                           Frau                     29
                           Man                      24
                           Land                     17
                           Leute                    14
                           Tag                      14
                           Ding                     14
                           Weise                    13
                           Gast                     10
                           Lehrer                    9
                           Mädchen                   9
                           Gedanke                   9
                           Kind                      9
                           Ende                      9
```


위 (10)을 통해 우리는, 코퍼스 TrivLit 21에서 부가어적 용법의 형용사 "ander-"의 연어명사로서 Seite가 가장 많이 쓰이고, 그 다음이 Mensch이고 Frau, Mann이 그 다음 순서라는 사실을 알 수 있다.

유사한 방법론을 따라 관용구도 코퍼스로부터 추출이 가능한데, 아래의 형식문은 "Tag für Tag"과 같이 관용구내의 두 어휘가 동일한 관용구를 검색할 때 유용하게 쓰인다.

```
(11)  MW  =  a:[pos="NN"]  [lemma="f\374r"]  b:[pos="NN"]  ::
             a.lemma=b.lemma;
```

이 형식문의 두 가지이다. 하나는 변수를 도입하면서 동시에 이들간의 동일성을 표현하는 방식이 도입되어 있다는 점이다. 다른 하나는 움라우트를 나타내는 새로운 형식이 등장했다는 점이다. 전치사 "für" 앞뒤 두 보통명사가 동일하다는 제약을 두기 위해 변수 a와 b를 도입하고 이들의 레마가 동일하다는 사실을 기호 "::"뒤에 제약 'a.lemma=b.lemma'을 두어 표현한다. 움라우트는 해당 문자의 ASCII 코드를 "\" 뒤에 표시함으로써 처리된다. 따라서 움라우트 ä는 \344로 ö는 \366로 표현된다. ß도 움라우트처럼 "\"뒤에 ASCII 코드로 표현되므로 "\337"이다.

위 검색식 (11)을 실행한 다음에 (12)를 실행하면 검색결과가 고스란히 파일 "freqNNfuerNNtrivlit21.txt"에 저장된다.

(12) count MW by lemma 〉 "freqNNfuerNNtrivlit21.txt";

아래 (13)에는 위 결과파일의 일부가 제시되어 있다.

(13)
12   Tag für Tag
3   Stunde für Stunde
2   Abend für Abend
2   Jahr für Jahr
2   Nacht für Nacht
2   Wort für Wort

위에서 논의한 관용구와 매우 유사하지만 전치사가 하나 더 있는 관용구를 추출하는 검색식을 소개하면 다음 (14)와 같다.

(14) MW = [pos= "APPR"] a:[pos="NN"] [pos="APPR"] b:[pos=
     "NN"] :: a.lemma=b.lemma;

이 검색식은 변수가 사용된다는 점에서 검색식 (11)과 공통점을 갖는다. 각각의 보통명사 앞에 전치사가 나타난다는 점에서는 (11)과 차이가 있다. 이 검색식은 "von Zeit zu Zeit"와 같은 관용구를 추출해내는 데에 쓰인다. 이 검색식을 실행시킨 후 이어서 다음 (15)와 같은 명령을 입력하면 검색결과를 담은 파일을 얻게 된다.

(15) count by lemma 〉 "freqMWnnPrepnnTrivLit21.txt";

다음 (16)에 "freqMWnnPrepnnTrivLit21.txt"의 일부가 제시된다.

(16)
24   von Zeit zu Zeit
4   von Woche zu Woche
3   von Haus zu Haus
3   von Jahr zu Jahr
3   von Tag zu Tag
2   von Mitternacht zu Mitternacht
2   von Stunde zu Stunde
2   von Tür zu Tür

관용구 "Tag für Tag"는 "날마다"라는 반복적인 의미를 갖는 반면, 관용구 "von Tag zu Tag"는 "나날이"라는 의미로 쓰이면서 점진적인 변화를 내포한다. "시간이/날이/해가/… 지날수록"이라는 의미가 된다.[107]

지금까지 보여준 예는 몇 가지에 지나지 않지만 CQP가 기반으로 하는 형식언어는 매우 강력해서 다양한 종류의 정보를 코퍼스로부터 찾아내는 데에 있어 매우 유용하다. 마지막으로 가장 기본적인 검색식에 대해 설명

---

107) 관용구와 함께 쓰이는 동사들을 살펴봄으로써 동사의 의미유형—반복, 변화—을 구분할 수 있을 지에 연구도 흥미로운 주제에 속한다.

을 붙이려 한다.

(17)
a. set context 1 s;
b. ADV = [lemma="ausgerechnet"];
c. cat ADV 〉 "ausgerechnetTrivlit21.txt";

최종결과 파일 "ausgerechnetTrivlit21.txt"의 일부를 먼저 보이면 다음 (18)과 같다.

(18)
geworden in der Gesellschaft, Theresa! Niemand verzeiht dir dieses Abenteuer mit dem obskuren Studenten." "Und 〈ausgerechnet〉 jetzt muss ich einen gebrochenen Knöchel haben!" jammerte die Fürstin. "Nichts wäre nützlicher, als jetzt [T$_{21326}$]

folgte. Dann stieg er in seinen Wagen und fuhr los. Manchmal fragte er sich, warum er sich 〈ausgerechnet〉 in Karen verliebt hatte, warum er so sehr an ihr hing. Aber das gehörte eben zu den Dingen [T$_{41009}$]

mir gesagt. Sie hat etwas für dich. "Karen seufzte und blickte ungeduldig auf ihre Armbanduhr." 〈Ausgerechnet〉 heute! Also gut. Aber dann nichts wie nach Hause, Svenja. Ich habe nicht mehr viel Zeit [T$_{43005}$]

위 예는 검색식 (17b)를 실행해서 얻은 결과의 일부로서 부사 *ausgerechnet* (하필이면)가 포함된 문장들, 곧 용례들이다. (17a)는 검색결과를 제시할 때 "〈…〉"안의 검색어가 나타나는 문장 앞뒤로 한 문장씩을 더 넣으라는 의미를 가지며 (17c)는 검색결과를 파일에 저장하라는 의미로 명령어 'cat' 을 이용하고 있다.

제15장 두 코퍼스의 비교

이 장에서는 제1장부터 제13장까지 다룬 코퍼스 TIGER 2.1과 제14장에서 논의한 코퍼스 TrivLit 21을 몇 가지 관점에서 비교하고자 한다. 동일한 조건하에서 비교를 하기 위해 코퍼스 TIGER 2.1를 CWB시스템에서 작동하도록 인코딩과 색인작업을 거쳐서 TIGERcwb를 구축했다.

앞서 논의한 바 있는 명령어 "cwb-describe-corpus"를 이용해서 CWB 시스템속의 TIGERcwb에 대한 정보를 살펴보면 다음 (1)과 같다.

(1)

```
===================================================
Corpus: TIGERCWB
===================================================

description:
registry file:    registry/tigercwb
home directory:  TIGERcwb/
info file:        TIGERcwb/.info
size (tokens):    906135

 3 positional attributes:
    word              pos              lemma

 1 structural attributes:
     s

 0 alignment  attributes:
```

코퍼스 TIGERcwb의 규모는 토큰 층위의 어휘가 906,135개로 TrivLit 21보다 약간 적다. 그러나 구두점, 콤마와 따옴표 등 특수기호를 제외한다면 두 코퍼스 규모는 거의 유사하거나 오히려 TIGERcwb이 더 클 수도 있다. 신문기사(Frankfurter Rundschau)를 모은 TIGERcwb과 달리 문학작품을 주요 컨텐츠로 하는 TrivLit 21에는 단문이 많이 나타나기 때문이다.

먼저 두 코퍼스의 실제 규모를 확인하기 위해 각각의 코퍼스에 대해 다음 (2)와 같은 명령어를 실행시켜 보자.

(2) a. L = [lemma=".*"];
    b. count L by pos > "freqPOS.txt";

위 (2a)는 모든 어휘들을 일단 검색하라는 의미이다. 속성 lemma의 값으로 제시된 형식 ".*"은 소위 정규식 표현으로서 임의의 문자열을 의미한다. (2b)는 그 결과를 pos의 빈도수를 기준으로 정렬하여 파일 "freqPOS.txt"에 저장하라는 뜻이다.

이제 TIGERcwb로부터 얻은 결과와 TrivLit 21로부터 추출한 결과를 표로 제시하면 다음 (3)과 같다.

(3)

TIGERcwb		TrivLit 21	
NN	194410	NN	142988
ART	97192	$,	77225
APPR	73370	ART	72243
ADJA	54507	PPER	71598
$(	47870	VVFIN	62112
$.	45836	ADV	60093
$,	43660	APPR	59995
NE	43379	$.	55125
ADV	39022	ADJA	40008
VVFIN	36257	VAFIN	35845
VAFIN	24689	KON	33179
KON	22213	ADJD	29947

TIGERcwb		TrivLit 21	
ADJD	19685	NE	26595
VVPP	18265	$(	22249
CARD	15843	VVINF	20691
APPRART	14746	VVPP	18337
PPER	13365	KOUS	17502
VVINF	12827	PPOSAT	16931
VMFIN	8777	PRF	13775
KOUS	8236	VMFIN	10778
PPOSAT	6654	PRELS	10541
PRELS	6429	PIS	9498
PIAT	6027	APPRART	9312
PRF	5848	PTKVZ	8980
KOKOM	5305	PTKNEG	8737
PTKVZ	5295	PIAT	8510
PTKNEG	5294	PTKZU	7634
PAV	4548	PDAT	4968
PIS	4405	PAV	4674
PTKZU	4360	KOKOM	4639
PDAT	3336	PDS	3930
VAINF	3071	CARD	3110
PDS	2736	VAINF	2768
VVIZU	1505	PWAV	2135
TRUNC	1366	VVIZU	1999
VAPP	1352	KOUI	1705
KOUI	824	VAPP	1616
PWAV	757	PWS	1328
PWS	698	VVIMP	846
VMINF	553	VMINF	785
PTKA	323	PTKANT	592
FM	308	PTKA	553
PRELAT	293	PRELAT	330
APPO	250	FM	300
VVIMP	171	TRUNC	300
APZR	129	ITJ	275
PTKANT	62	APZR	247
PWAT	43	APPO	145
XY	22	VAIMP	112
ITJ	19	PWAT	104
VMPP	3	XY	80
		PPOSS	12
		VMPP	8

앞의 표에서 "$("는 여는 따옴표와 닫는 따옴표 모두를 나타낸다. 이 기호외에 "$,"와 "$."도 내용이 없는 특수기호에 속하는데 세 가지 특수기호가 각 코퍼스에 나타난 빈도를 비교해 보면 (4)와 같다.

(4)

	TIGERcwb	TRIVLIT 21
특수기호($(/ $. / $,)	137,366	154,599

이처럼 특수기호가 코퍼스 TrivLit 21에서 더 많이 쓰임으로써 내용과 관련된 어휘의 비중이 상대적으로 줄어든 셈이다.

표 (3)을 통해 어휘범주의 분포와 관련하여 두 코퍼스가 다음에 열거하는 몇 가지 점에서 큰 차이를 보인다는 사실을 확인할 수 있다.

첫째, 동사범주—V로 시작하는 VVFIN, VAFIN, VMFIN 등—가 TIGERcwb에서 보다 TrivLit 21에 훨씬 더 많이 나타난다.

둘째, 부사(ADV)와 서술적 용법의 형용사(ADJD)도 TIGERcwb에서 보다 TrivLit 21에 훨씬 더 많이 나타난다.

셋째, 인칭대명사(PPER)와 재귀대명사(PRF)도 TIGERcwb에서 보다 TrivLit 21에 훨씬 더 많이 나타난다.

넷째, 종속접속사(KOUS)와 등위접속사(KON)도 TIGERcwb에서 보다 TrivLit 21에 훨씬 더 많이 나타난다.

다섯째, 보통명사(NN)와 고유명사(NE)는 TrivLit 21보다 TIGERcwb에 훨씬 더 많이 나타난다.

여섯째, 부가어적 용법의 형용사(ADJA)도 TrivLit 21보다 TIGERcwb에 훨씬 더 많이 나타난다.

이제, 이러한 차이가 왜 생겨나는지를 하나씩 살펴보기로 하자.

동사범주의 경우 다음 표 (5)에서 보듯이 TrivLit 21에서 TIGERcwb에서 보다 40% 이상 더 나타난다. 신문기사 코퍼스에서 동사가 상대적으로 더 적게 사용되는 것은 문장의 길이와 관련이 있다. TIGERcwb의 경우 총 문장수가 50,472개이므로 토큰 기준으로 문장당 17.95개(906135/50472 =17.95)로 한 문장에 나타나는 어휘수가 상대적으로 많다. CWB 시스템에 서는 TrivLit 21의 문장수에 대한 정보가 없어 정확하게 알 수가 없으나, 일반적으로 문학장르 코퍼스와 비교하여 신문기사 코퍼스가 문장당 어휘 가 많은 것으로 간주된다.

(5)

TIGERcwb		TRIVLIT 21	
POS	Freq	POS	Freq
VVFIN	36257	VVFIN	62112
VAFIN	24689	VAFIN	35845
VVPP	18265	VVINF	20691
VVINF	12827	VVPP	18337
VMFIN	8777	VMFIN	10778
VAINF	3071	VAINF	2768
VVIZU	1505	VVIZU	1999
VAPP	1352	VAPP	1616
VMINF	553	VVIMP	846
VVIMP	171	VMINF	785
VMPP	3	VAIMP	112
합 계	107,470	합 계	155,889

　　부사나 서술적 형용사가 TrivLit 21에 상대적으로 많이 나타나는 것도 동사의 출현빈도와 연관성이 있을 것으로 추측된다. 반면, 인칭대명사와 재귀대명사가 TrivLit 21에 상대적으로 많이 나타나는 것은 명사로 대변 되는 새로운 정보가 많이 나타나는 신문기사와 달리 문학장르 코퍼스의 경우 동일한 지시대상에 대한 서술이 많기 때문인 것으로 이해할 수 있다. *als, wenn* 등과 같은 종속접속사와 *und, oder, aber* 등과 같은 등위접속 사가 TrivLit 21에 더 많이 나타나는 것은 두 코퍼스간의 첫 번째 차이점 과 관련이 깊다. 신문기사의 경우 문장의 길이가 늘어나는 까닭이 명사를

수식하는 부가어적 형용사의 빈번한 사용에 있다면, 문학장르의 경우에는 종속접속사나 등위접속사를 사용하여 복합문으로 만들면서 사건간의 관계를 기술하기 때문인 것으로 설명될 수 있다. 다섯 번째와 여섯 번째 차이는 새로운 정보를 다루는 신문기사의 속성과 직접 관련된다. 가급적 새로운 인물이나 사물을 소개하고 그 대상의 성질에 대해 서술하고 평가하는 것이 신문기사의 기능이기 때문에 그러하다.

지금까지 어휘범주들간의 분포를 기준으로 삼아 두 코퍼스의 차이에 대해 논의했는데 이제부터는 개별 어휘범주로 실현되는 어휘들의 분포는 어떤 차이를 보이는 지에 대해 살펴보겠다. 먼저 완전동사(VV)부터 검토해 보기로 한다. 다음 표 (6)은 두 코퍼스에 출현한 완전동사들을 출현빈도를 기준으로 상위 1~30위까지를 정리한 것이다.[108]

(6)

TIGERcwb		TrivLit 21	
sagen	1402	sagen	3136
geben	1238	sehen	2731
gehen	959	kommen	2191
machen	936	gehen	1939
kommen	907	machen	1822
lassen	886	geben	1711
stehen	806	wissen	1707
sehen	723	lassen	1384
bleiben	638	stehen	1290
liegen	545	tun	1124
halten	539	finden	1070
stellen	496	nehmen	1038
heißen*	451	halten	891
fordern*	442	sprechen	874
nehmen	437	fragen**	868
bringen	430	bleiben	814
erklären	409	denken**	790
finden	409	bringen	754

108) 코퍼스 TrivLit 21로부터 추출한 전체 동사의 Lemma 통계는 [부록 21]에 제시된다.

TIGERcwb		TrivLit 21	
sagen	1402	sagen	3136
zeigen*	401	glauben**	719
gelten*	391	hören**	674
führen*	374	liegen	636
setzen	366	kennen**	607
sprechen	356	scheinen**	548
wissen	328	fühlen**	545
nennen*	317	fahren**	527
erhalten*	316	setzen	501
gehören*	307	erklären	479
berichten*	295	erzählen**	472
schaffen*	276	stellen	456
tun	259	sitzen**	453

위 표를 살펴보면 동사 20개가 두 코퍼스에서 빈도수 30위안에 포함되는 것을 알 수 있다. 하나의 코퍼스에만 들어있는 동사들은 각각 단어 위에 '*' 기호와 '**' 기호로 표시를 했다. '*' 기호로 표시된 동사들이 일반적으로는 빈도수가 높음에도 불구하고 코퍼스 TIGERcwb에서는 *heißen, fordern, zeigen, gelten, berichten* 등과 같은 동사들에 상위자리를 내준 점이 흥미롭다. 이들 동사들이 신문기사에서 객관적인 사실을 보고하는데 많이 사용되기 때문이 아닌가 하는 추측이 든다. 반면 *denken, glauben, fühlen*과 같은 '*' 기호 표시 동사들은 화자의 감정이나 주관적인 견해를 표현하는데 주로 사용되는 것으로 분석된다. 이처럼 완전동사를 코퍼스로부터 추출하기 위해 다음 (7)과 같은 검색식을 이용했다.

(7) a. V = [pos="VV.*"];
    b. count V by lemma 〉 "freqVV.txt";

위 (7a)는 어휘범주명칭이 "VV"로 시작하는 어휘가 들어있는 문장들을 검색하라는 의미이고, (7b)는 (7a)에 의해 추출된 용례를 바탕으로 검색어에 대응되는 어휘들의 레마를 빈도수를 기준으로 정렬하여 "freqVV.txt"

로 저장하라는 뜻이다.

다음으로 일반명사에 대해 살펴보자. 다음 표 (8)은 출현빈도가 상위 30위안에 드는 보통명사들을 두 코퍼스로부터 추출한 것이다.

(8)

TIGERcwb		TrivLit 21	
Jahr*	2405	Haus*	1233
Prozent	1689	Tag*	1190
Mark	1536	Mann*	1110
Million	1171	Mutter	1085
Land*	915	Jahr*	1055
Milliarde	900	Frau*	1051
November	801	Zeit*	1046
Mensch*	692	Mensch*	971
Zeit*	550	Vater	880
Regierung	545	Leben	861
Ende*	525	Auge	839
Präsident*	508	Hand	808
Partei	502	Kind	704
Unternehmen	499	Wort	590
Tag*	468	Mädchen	537
Frau*	465	Freund	527
Staat	451	Welt*	515
Mann*	442	Kopf	447
Seite*	396	Land*	443
Frage	393	Weg	413
Angabe	390	Abend	406
Stadt*	375	Präsident*	405
Woche	361	Seite*	403
Montag	354	Stadt*	383
Monat	344	Leute	380
Bank	330	Ende*	371
Welt*	325	Herr	371
Haus*	322	Familie	368
Zahl	313	Gedanke	365
Teil	310	Herz	364

두 코퍼스 모두에서 상위 30위안에 드는 보통명사는 13개에 불과하다.

위 표에서는 이 어휘들이 단어 위에 '*' 기호로 표시되어 있다. 이 어휘들의 분포를 보면 문학장르 코퍼스인 TrivLit 21의 경우 이 어휘들의 절반 정도가 상위 10위안에 드는 반면에, TIGERcwb에서는 이 어휘들이 1위부터 28위 까지 폭넓게 분산되어 있다. 이 사실은 신문기사의 경우 주제의 폭이 매우 넓고 다양한데 비해 문학장르의 경우 주제가 일반적으로 한정적이라는 의미를 담고 있다. 보통 명사를 통해 글의 주제가 표현되기 때문이다. 글의 주제를 표현하는 구문 중 하나는 앞 장에서 논의한 바 있는 부가어적 형용사 ander와 보통명사가 인접해 나타나는 구문이다. 특히 코퍼스 TrivLit 21의 경우에 이 구문의 주제표현 기능을 극명하게 드러내 보여준다. 앞장에서 한번 제시된 바 있는 (9)는 TrivLit 21의 ander-NN 구문에 출현하는 보통명사의 분포−1위부터 10위까지−를 보여준다.

(9)

ander		
	Seite	40
	Mensch	36
	Frau	29
	Mann	24
	Land	17
	Leute	14
	Tag	14
	Ding	14
	Weise	13
	Gast	10

위 (9)를 표 (8)과 비교해보면 1위부터 5위까지가 고스란히 전체 코퍼스의 보통명사 상위 20위안에 포함된다는 것을 알 수 있다. 그만큼 ander-구문이 텍스트의 주제를 현시하는 기능을 갖는다는 사실이 다시 확인된다.

다음으로 부가어적 형용사의 분포에 대해 검토해 보자. 아래 표 (10)를 보면 TIGERcwb 코퍼스에는 정치와 관련된 형용사들−*europäisch,*

*politisch, interantional, Berliner, Bonner*와 같은—이 주로 상위빈도
를 점유함을 알 수 있으며, 이와 달리 TriviLit 21의 경우 일반적으로 사
회적으로 높은 평가를 받는 가치를 대변하는 형용사들—예를 들어 *groß,
gut, schön, hoch*와 같은—이 상위랭킹을 차지한다. 두 코퍼스 모두
*ander*가 상위랭킹을 차지하는 점도 흥미롭다.

(10)

TIGERcwb		TrivLit 21	
neu	1546	groß	1456
deutsch	1196	ander	1014
groß	1014	klein	839
erst	836	gut	753
ander	790	erst	708
weit	561	alt	669
europäisch	548	ganz	639
politisch	547	jung	619
eigen	527	schön	606
hoch	481	neu	575
alt	430	weiß	537
vergangen	425	letzt	399
nah	406	eigen	340
gut	389	lang	339
international	379	nah	326
klein	345	hoch	309
sozial	345	politisch	276
letzt	344	einzig	250
jung	315	weit	219
früh	312	amerikanisch	207
öffentlich	284	kurz	175
zweit	257	schwarz	171
ehemalig	243	zweit	150
lang	238	gewiß	143
geplant	228	herrlich	140
wichtig	227	früh	137
kommend	220	verschieden	137
Berliner	212	voll	136
ganz	189	tief	131
Bonner	187	wichtig	122

이어서 전후치사(APPR)의 분포에 대해 살펴보기로 한다.

(11)

TIGERcwb		TrivLit 21	
in	15102	in	12197
von	9011	mit	7074
mit	6597	von	6698
für	6328	auf	5625
auf	5881	für	3708
nach	3325	an	3539
an	3144	zu	3259
bei	2928	nach	2618
aus	2531	über	2147
zu	2465	aus	2030
über	2336	vor	1770
vor	2097	bei	1699
um	1834	durch	1369
gegen	1448	um	1301
durch	1382	unter	933
unter	1139	gegen	721
zwischen	771	ohne**	481
seit	723	zwischen	431
wegen*	533	hinter**	331
bis*	477	seit	313

위 표는 출현빈도 상위 1위부터 20위까지를 정리한 것이다. 이중 18개가 두 코퍼스에 모두 속해있고 단어 뒤에 '*' 기호로 표시된 전치사 둘은 TIGERcwb에만, 단어 뒤에 '**' 기호로 표시된 둘은 TrivLit 21에만 들어있다. 왜 그러한 차이를 보이는 지 그 이유를 찾아내기는 쉽지 않다. 다만, 보다 객관적인 사실을 전달하는 신문기사의 경우 아무래도 인과관계를 표현하는 전치사 *wegen*을 많이 사용할 것으로 추측된다.

이제 두 코퍼스의 공통점에 대해 살펴보기로 하자. 이 공통점은 비단 두 코퍼스에 국한된 것이 아니라 빈도와 관련되는 거의 모든 언어현상에서 발견할 수 있는 사실이다. 다시 말하여 Zipf의 법칙이 우리가 논의의 대상으로 삼은 두 코퍼스에도 유효하다는 것을 결론으로 삼고자 한다. Zipf의 법칙의 핵심은 어휘의 사용에 있어 쓰임이 많은 어휘는 더욱 더 많이 쓰인다는 사실이다. 곧 어휘사용의 집중도를 의미한다. 그런데 이런 사실은 어휘사용뿐만 어휘범주의 사용에도 타당하다는 점에 주목할 필요가 있다.

아래의 표는 앞서 논의 한 바 있는 코퍼스 TIGERcwb의 어휘범주들간의 분포-(3)의 표-데이터에 누적빈도와 누적백분율을 추가한 것이다. 이 표를 살펴보면, 47개의 어휘범주중에서 쓰임이 상위출현빈도 어휘범주 4개-NN, ART, APPR, ADJA-가 전체 사용빈도의 50% 이상을 차지함을 확인할 수 있다. 이 사실이 바로 쓰임의 집중도에 대한 설득력있는 증거가 된다.

(12) TIGERcwb의 어휘범주에 관한 통계

Pos (어휘범주)	Freq (빈도)	Acc_Freq (누적빈도)	Acc_Pro (누적백분율)
NN	194410	194410	25.29
ART	97192	291602	37.93
APPR	73370	364972	47.48
ADJA	54507	419479	54.57
NE	43379	462858	60.21
ADV	39022	501880	65.29
VVFIN	36257	538137	70.00
VAFIN	24689	562826	73.21
KON	22213	585039	76.10
ADJD	19685	604724	78.66
VVPP	18265	622989	81.04
CARD	15843	638832	83.10
APPRART	14746	653578	85.02
PPER	13365	666943	86.76
VVINF	12827	679770	88.43
VMFIN	8777	688547	89.57
KOUS	8236	696783	90.64
PPOSAT	6654	703437	91.50
PRELS	6429	709866	92.34
PIAT	6027	715893	93.12
PRF	5848	721741	93.89

Pos (어휘범주)	Freq (빈도)	Acc_Freq (누적빈도)	Acc_Pro (누적백분율)
KOKOM	5305	727046	94.58
PTKVZ	5295	732341	95.26
PTKNEG	5294	737635	95.95
PAV	4548	742183	96.54
PIS	4405	746588	97.12
PTKZU	4360	750948	97.68
PDAT	3336	754284	98.12
VAINF	3071	757355	98.52
PDS	2736	760091	98.87
VVIZU	1505	761596	99.07
TRUNC	1366	762962	99.25
VAPP	1352	764314	99.42
KOUI	824	765138	99.53
PWAV	757	765895	99.63
PWS	698	766593	99.72
VMINF	553	767146	99.79
PTKA	323	767469	99.83
FM	308	767777	99.87
PRELAT	293	768070	99.91
APPO	250	768320	99.94
VVIMP	171	768491	99.97
APZR	129	768620	99.98
PTKANT	62	768682	99.99
PWAT	43	768725	100.00
ITJ	19	768744	100.00
VMPP	3	768747	100.00

다음 (13)에 제시된 표도 앞서 논의한 바 있는 코퍼스 TrivLit 21의 어휘범주들간의 분포－(3)의 표－데이터에 누적빈도와 누적백분율을 추가한 것이다. 이 표를 살펴보면, 37개의 어휘범주중에서 쓰임이 상위출현빈도 어휘범주 5개－NN, ART, PPER, VVFIN, ADV－가 전체 사용빈도의 50%에 근접하는 것을 확인할 수 있다. 이 사실도 Zipf가 주장하는 쓰임의 집중도에 대한 좋은 증거이다. 두 코퍼스를 비교할 때 쓰임의 집중도에 있어 TIGERcwb이 TrivLit 21보다 강한 것으로 평가된다.

(13) TrivLit 21의 어휘범주에 관한 통계

Pos (어휘범주)	Freq (빈도)	Acc_Freq (누적빈도)	Acc_Pro (누적백분율)
NN	142988	142988	17.22
ART	72243	215231	25.92
PPER	71598	286829	34.54
VVFIN	62112	348941	42.02
ADV	60093	409034	49.26
APPR	59995	469029	56.49
ADJA	40008	509037	61.31
VAFIN	35845	544882	65.62
KON	33179	578061	69.62
ADJD	29947	608008	73.22
NE	26595	634603	76.43
VVINF	20691	655294	78.92
VVPP	18337	673631	81.13
KOUS	17502	691133	83.24
PPOSAT	16931	708064	85.27
PRF	13775	721839	86.93
VMFIN	10778	732617	88.23
PRELS	10541	743158	89.50
PIS	9498	752656	90.65
APPRART	9312	761968	91.77
PTKVZ	8980	770948	92.85
PTKNEG	8737	779685	93.90
PIAT	8510	788195	94.93
PTKZU	7634	795829	95.84
PDAT	4968	800797	96.44
PAV	4674	805471	97.01
KOKOM	4639	810110	97.56
PDS	3930	814040	98.04
CARD	3110	817150	98.41
VAINF	2768	819918	98.75
PWAV	2135	822053	99.00
VVIZU	1999	824052	99.24
KOUI	1705	825757	99.45
VAPP	1616	827373	99.64
PWS	1328	828701	99.80
VVIMP	846	829547	99.91
VMINF	785	830332	100.00

이제, 마지막으로 CWB 시스템내에 들어 있는 코퍼스 TIGERcwb과 TIGERSearch 시스템내에 있는 코퍼스 TIGER 2.1를 비교해 보자. 전자는 앞서도 언급한 바와 같이 TreeTagger를 이용해 자동으로 형태정보를 부착했기 때문에 정확도가 떨어진 반면, 후자는 언어학 전공자가 직접 형태정보를 부착했으므로 정확도가 매우 높다고 할 수 있다. 물론 후자의 경우에도 오류가 없는 것은 아니다.

원시코퍼스로서는 동일하지만 태깅을 상이한 방식으로 했기 때문에 결과적으로 공통의 원시코퍼스에 두 개의 형태정보 부착 코퍼스가 존재한다고 보아야 할 것이다. 이 두 개의 코퍼스를 여러가지 측면에서 비교할 수 있겠지만 여기서는 어휘범주의 분포에 대해서만 둘을 비교하기로 하자.

다음 (14)에 제시된 표는 두 코퍼스의 어휘범주 분포를 보여준다. 이 표를 보면 상위빈도를 차지하는 1위 NN부터 18위 PRF까지는 두 코퍼스간에 순위차이는 없다. 물론 개별 어휘범주의 빈도에는 두 코퍼스간에 많게는 5% 정도까지도 차이를 보인다. 가장 빈도가 많은 보통명사(NN)의 경우 TIGERcwb에서는 194,410번 나타난 것으로 분석된 반면, TIGER 2.1에서는 183,967번 출현한다. 반대로 고유명사 NE는 TIGERcwb에서 보다 TIGER 2.1에서 훨씬 많이 나타난다. 보통명사와 고유명사의 빈도를 합하면 두 코퍼스에서 비슷한 수치를 보인다. 이 사실은 TIGERcwb에서 TreeTagger를 통해 형태정보를 자동으로 부착하는 과정에서 고유명사로 분석되어야 하는 단어를 보통명사로 분석하는 오류를 많이 범했다는 것을 의미한다. 다른 어휘범주들은 두 코퍼스에서 대략 비슷한 출현빈도를 보인다.

(14)

TIGERcwb		TIGER 2.1	
Pos	Freq	Pos	Freq
NN	194410	NN	183967
ART	97192	ART	97257
NN	194410	NN	183967

TIGERcwb		TIGER 2.1	
Pos	Freq	Pos	Freq
ART	97192	ART	97257
APPR	73370	APPR	75614
ADJA	54507	ADJA	54468
NE	43379	NE	52173
ADV	39022	ADV	38470
VVFIN	36257	VVFIN	35636
VAFIN	24689	VAFIN	24586
KON	22213	KON	21968
ADJD	19685	ADJD	19432
VVPP	18265	VVPP	17758
CARD	15843	CARD	15937
APPRART	14746	APPRART	14864
PPER	13365	PPER	13544
VVINF	12827	VVINF	13392
VMFIN	8777	VMFIN	8805
KOUS	8236	KOUS	7158
PPOSAT	6654	PPOSAT	6575
PRELS	6429	PIAT	6268
PIAT	6027	PRELS	6237
PRF	5848	PRF	5724
KOKOM	5305	PTKNEG	5294
PTKVZ	5295	PTKVZ	5074
PTKNEG	5294	PROAV	4949
PAV	4548	PIS	4812
PIS	4405	PTKZU	4430
PTKZU	4360	PDS	3219
PDAT	3336	VAINF	3169
VAINF	3071	PDAT	2913
PDS	2736	KOKOM	2655
VVIZU	1505	PWAV	1721
TRUNC	1366	VVIZU	1515
VAPP	1352	TRUNC	1360
KOUI	824	VAPP	1360
PWAV	757	FM	1271
PWS	698	KOUI	940
VMINF	553	PWS	836
PTKA	323	VMINF	504
FM	308	PTKA	446
PRELAT	293	APZR	348

TIGERcwb		TIGER 2.1	
Pos	Freq	Pos	Freq
APPO	250	PRELAT	300
VVIMP	171	APPO	258
APZR	129	PWAT	182
PTKANT	62	VVIMP	155
PWAT	43	PTKANT	82
ITJ	19	ITJ	19
VMPP	3	PPOSS	12

　지금까지 우리는 50,472개 문장(888,238개 어휘) 규모의 구문분석 코퍼스 TIGER 2.1를 대상으로 하여 여러가지 통계적인 사실들을 발견하였다.

　이러한 연구가 갖는 의의 중의 하나는, 몇몇 구문의 경우에 공연구조적인 접근 방법에 의거하여 통사적인 구문과 그 구문에 속하는 특정 빈자리를 채우는 어휘군과의 상관관계를 확인할 수 있었다는 점이다.

　명사구 구문에서 zu-부정사구문과 그 수식을 받는 명사군과의 상관관계가 그 중의 하나이다. 명사와 부정사구간의 공연강도(collstructral strength)를 토대로 분석한 결과 *Problem*이나 *Weg*과 같은 어휘는 부정사구와 어울리지 않는 반면, *Versuch, Chance, Möglichkeit, Bereitschaft, Recht, Vorschlag, Weigerung, Gelegenheit* 등은 부정사와의 공연강도가 매우 높은 어휘들이라는 것을 알 수 있었다.

　마찬가지로 공연구조적인 접근 방법에 의해 werden-수동구문의 과거분사 자리에 나타나는 동사들에는 어떤 것들이 있는 지와 재귀구문내에서 재귀대명사와 함께 나타나는 동사들에는 어떤 것들이 있는 지를 파악할 수 있었다. 더 나아가 이 두 가지 사실로부터 werden-수동 구문과 재귀구문이 서로 경쟁관계에 있다는 사실을 확인할 수 있었는데, 이는 두 구문을 선호하는 동사군이 다르다는 관찰에 기인한다.

그리고 다음 예에서 보는 바와 같이 접속법 1식(Konjunktiv I) 구문을 회피하는, 곧 자신이 접속법 1식 형태로 실현되지 않는 동사들이 존재한다는 사실을 확인할 수 있었는데, 이 동사들은 주로 보고(Bericht)를 표현하는 소통동사들임이 확인되었다.

(1)

a. Allerdings glaubt fast die Hälfte der Chief Executives, daß Perot durchaus Chancen <u>habe</u>, die Wahl im November zu gewinnen, wenn er denn kandidiert. [T$_{11}$]

b. Gott <u>habe</u> den Mostazafin die Erde vererbt, verkündete er frei nach dem Koran. [T$_{384}$]

c. Die Erzeugerpreise <u>seien</u> im Durchschnitt um drei Prozent gesunken. [T$_{678}$]

위의 밑줄친 동사의 자리에 거의 나타나지 않는, 곧 접속법 1식 형태를 취하지 않는 동사들은 *sagen, heißen, forden, sprechen* 및 *erklären*인데 이 동사들은 다음 예에서 보듯이 접속법 1식이 나타나는 문장을 목적절로 취하는 주문장의 정동사로 사용된다.

(2)

Minister Roelf Meyer bedauerte Mandelas ablehnende Haltung und *sagte*, der ANC habe sich für Konflikt und gegen Frieden und Verhandlungen entschieden. [T$_{954}$]

이와 같이 구문과 어휘와의 상관관계외에도 본 연구에서는 명사구, 부정사구문, 등위접속구문, 사역구문, 결과구문, 전장 및 외치구문 등 다양한 통사구조와 그 하위유형들에 대해 논의를 했다.

또한 독일어가 여러 층위에서 언어경제성 원리로 이해되는 Zipf의 법칙에 충실하다는 사실을 통계적인 접근을 통해 확인할 수 있었다. 특정한 단어의 빈도에 순위를 곱하면 동일한 텍스트에 출현하는 다른 단어의 빈도 곱하기 순위와 거의 동일한 값을 갖게 된다는 Zipf의 법칙이 언어의 여러 층위에서 문자그대로 정확하게 일치하는 것은 아니다. 그러나 어휘나 어휘범주, 통사범주 및 구구조규칙 등 여러 가지 언어학적인 범주의 통계적인 속성을 관찰한 결과 그 집중 경향성을 본 연구를 통해 분명하게 확인할 수가 있었다.

다음 몇 가지 예는 여러 층위에서 Zipf의 법칙이 타당함을 보여준다.

(3) 동사 레마의 사용빈도

• Verben

동사	빈도	누적빈도	누적백분율
sein	12244	12244	11%
werden	9383	21627	20%
haben	7514	29141	27%
können	2727	31868	30%
sollen	2194	34062	32%
müssen	1880	35942	34%
wollen	1648	37590	35%
sagen	1402	38992	36%
geben	1238	40230	38%
gehen	958	41188	39%
machen	936	42124	39%
kommen	906	43030	40%
lassen	890	43920	41%

(4) 어휘범주의 사용빈도

Pos (어휘범주)	Freq (빈도)	Acc_Freq (누적빈도)	Acc_Pro (누적백분율)
NN	142988	142988	17.22 %
ART	72243	215231	25.92 %
PPER	71598	286829	34.54 %
VVFIN	62112	348941	42.02 %
ADV	60093	409034	49.26 %

Pos (어휘범주)	Freq (빈도)	Acc_Freq (누적빈도)	Acc_Pro (누적백분율)
APPR	59995	469029	56.49 %
ADJA	40008	509037	61.31 %
VAFIN	35845	544882	65.62 %
KON	33179	578061	69.62 %
ADJD	29947	608008	73.22 %
NE	26595	634603	76.43 %
VVINF	20691	655294	78.92 %
VVPP	18337	673631	81.13 %
KOUS	17502	691133	83.24 %
PPOSAT	16931	708064	85.27 %

(5) 전장(Vorfelf)에서의 문법기능의 사용빈도

	구범주(Cat) 빈도	어휘범주 (Pos)빈도	빈도 합계	누적빈도	누적 백분율
SB	13,262	6,672	19,934	19,934	64.13 %
MO	5,069	3,428	8,497	28,431	91.47 %
OA	579	274	853	29,284	94.22 %
PD	429	313	742	30,026	96.6 %
EP	0	288	288	30,314	97.53 %
OP	176	62	238	30,552	98.29 %
DA	168	54	222	30,774	99.01 %
PH	0	145	145	30,919	99.48 %
OC	64	53	117	31,036	99.85 %
SVP	0	33	33	31,069	99.96 %
CVC	6	2	8	31,077	99.98 %
OG	3	0	3	31,080	99.99 %
OA2	0	2	2	31,082	100 %
합계	19,756	11,326	31,082		

(6) 전체 구구조규칙의 사용빈도

PS Rules	빈도	누적빈도	누적백분율
NP → ART NN	24672	24672	6.60 %
PP → APPR ART NN	8849	33521	8.97 %
PN → NE NE	8328	41849	11.20 %
PP → APPR NN	7811	49660	13.28 %
NP → ART ADJA NN	7773	57433	15.36 %
NP → ADJA NN	6776	64209	17.18 %

PS Rules	빈도	누적빈도	누적백분율
PP → APPRART NN	6421	70630	18.89 %
PP → APPR NE	6332	76962	20.59 %

(7) 명사구 생성을 위한 구구조규칙의 사용빈도

구구조 규칙	빈도	누적빈도	누적백분율
NP → ART NN	24672	24672	22.59 %
NP → ART ADJA NN	7773	32445	29.70 %
NP → ADJA NN	6776	39221	35.91 %
NP → ART NN PP	5438	44659	40.88 %
NP → ART NN NP	4858	49517	45.33 %
NP → NN PP	2650	52167	47.76 %
NP → PPOSAT NN	2546	54713	50.09 %
NP → ART NE	2282	56995	52.18 %

(8) 등위접속 전치사구 생성을 위한 구구조규칙의 사용빈도

규칙	빈도	누적빈도	누적백분율
CPP → PP KON PP	888	888	68.73 %
CPP → PP PP	211	1099	85.06 %
CPP → KON PP KON PP	64	1163	90.02 %
CPP → PP PP KON PP	46	1209	93.58 %
CPP → PP PP PP	32	1241	96.05 %

위에 제시한 사용빈도 데이터는 모두 Zipf의 법칙이 타당함을 뒷받침하는 통계수치이다. 그런데 Zipf의 법칙이 적용되지 않는 유일한 예는 아래에 제시된 "비대칭 등위접속을 위한 구구조규칙의 사용빈도"이다.

(9) 비대칭 등위접속을 위한 구구조규칙의 사용빈도

규칙	빈도	누적빈도	누적백분율
CO → ADJD KON PP	31	31	7.93 %
CO → ADV KON PP	26	57	14.58 %
CO → NP KON PP	19	76	19.44 %
CO → AP KON PP	17	93	23.79 %
CO → ADJD KON VP	13	106	27.11 %

비대칭 등위접속을 위한 구구조규칙은 다음 문장들에서 처럼 서로 상이한 구범주가 결합하여 하나의 복합적인 통사범주를 형성하는 경우를 기술할 목적으로 설정되었다.

(10)
a. "Die Bevölkerung", sagte Rafsandschani, "ist mit einer Menge Probleme konfrontiert und daher unzufrieden. (VP-AP) [T$_{374}$]
b. Nur eine Unterschrift − und er war Dissident (NP-S) [T$_{459}$]
c. Aber das war allgemein gedacht, und nicht Mann gegen Frau. (ADJD-NP) [T$_{4858}$]

TIGER 전산문법에서는 비대칭 등위접속을 위한 구구조규칙의 유형이 165가지로 하위분류되고 있으며 이중에서 119개(72.1%) 구구조규칙이 단 한번 사용된다. 비대칭 등위접속 현상자체가 예외이기 때문에 이런 예외현상을 처리하기 위해 지나치게 많은 규칙의 설정이 필요하다는 사실을, 곧 처리비용이 많이 든다는 점을 확인할 수가 있다.

이상에서 논의한 바와 같이 Zipf의 법칙이 광범위하게 적용된다는 사실을 입증할 수 있었던 것이 본 연구의 큰 성과중의 하나이다.

이 연구를 통해 98만 어휘규모의 독일어 대중소설 코퍼스(TrivLit 21)를 CWB 검색시스템내에 구축한 것도 중요한 성과에 속한다. 이 코퍼스에 대해 어휘의 사용빈도와 어휘범주의 사용빈도를 검토했다. 이들 빈도를 토대로 Zipf의 법칙이 타당하는 사실을 다시 한번 확인할 수 있었다.

본 연구의 토대가 된 코퍼스 TIGER 2.1에 제시된 구문분석에 오류가 있다는 사실을 본문에서 몇 차례 지적한 바가 있는데, 오류분석을 포함하여 TIGER 2.1의 장점과 단점, 활용가능성 등에 대한 평가가 후속연구로 수행될 필요가 있다. 이 작업을 마무리하지 못한 아쉬움이 남는다.

부록

▌부록에 수록된 데이터에 관한 정보

제 목	연관 장	본문의 쪽
1. 코퍼스 TIGER 2.1 구구조규칙 통계	제2장	78쪽
2. 코퍼스 TIGER 2.1 동사 Lemma 통계	제3장	85쪽
3. "NN + zu-부정사" 구문의 NN 통계	제4장	154쪽
4. R for Windows script를 이용한 로그 가능도 비율 산출과정	제4장	159쪽
5. 수동구문 동사의 의미영역	제6장	201쪽
6. 부정사구 주절 동사 목록	제7장	248쪽
7. 부정사구와 주절동사간의 공연강도	제7장	248쪽
8. sein+zu-부정사구문과 동사간의 공연강도	제7장	253쪽
9. 허사-es 구문 동사 목록	제8장	286쪽
10. 자리지킴어-es 구문 동사 목록	제8장	305쪽
11. 접속법 1식 구문 동사 목록	제9장	313쪽
12. 접속법 1식 구문을 목적절로 취하는 주절 동사 목록	제9장	315쪽
13. 부사 등위접속 관용구 목록	제10장	336쪽
14. 비대칭 구구조 규칙	제10장	341쪽
15. lassen 구문 동사 목록	제11장	352쪽
16. 전장에 나타나는 부사 목록	제12장	382쪽
17. da(r)Prep 구문 동사 목록	제13장	428쪽
18. 종속구문과 상관관계를 이루는 da(r)-Prep	제13장	433쪽
19. 코퍼스 TrivLit 21의 파일 내용 일부	제14장	437쪽
20. 코퍼스 TrivLit 21의 Lemma 통계	제14장	439쪽
21. 코퍼스 TrivLit 21의 동사 Lemma 통계	제15장	452쪽

* 부록에 수록된 통계자료의 일부를 웹사이트 'http://www.smart21.kr/corpora/'에서 다운받을 수 있다.

1 코퍼스 TIGER 2.1 구구조규칙 통계 (상위빈도 200개 규칙 / 총 28,756 규칙)

PS Rules	빈도	누적빈도	누적백분율
NP → ART NN	24672	24672	6.60
PP → APPR ART NN	8849	33521	8.97
PN → NE NE	8328	41849	11.20
PP → APPR NN	7811	49660	13.28
NP → ART ADJA NN	7773	57433	15.36
NP → ADJA NN	6776	64209	17.18
PP → APPRART NN	6421	70630	18.89
PP → APPR NE	6332	76962	20.59
NP → ART NN PP	5438	82400	22.04
NP → ART NN NP	4858	87258	23.34
VZ → PTKZU VVINF	3845	91103	24.37
S → NP VAFIN VP	3803	94906	25.39
PP → APPR ADJA NN	3617	98523	26.36
PP → APPR CNP	3602	102125	27.32
PP → APPR ART ADJA NN	3541	105666	28.27
CS → S KON S	3337	109003	29.16
S → VP VAFIN NP	3245	112248	30.03
CNP → NN KON NN	3125	115373	30.86
CNP → NP KON NP	3032	118405	31.67
PP → APPR ART NN NP	2872	121277	32.44
NP → NN PP	2650	123927	33.15
PN → NP	2625	126552	33.85
VP → PP VVPP	2616	129168	34.55
NP → PPOSAT NN	2546	131714	35.24
PP → APPR ART NN PP	2438	134152	35.89
NP → ART NE	2282	136434	36.50

NM → CARD NN	1853	138287	36.99
CS → S S	1852	140139	37.49
NP → PIAT NN	1783	141922	37.97
AP → PP ADJA	1779	143701	38.44
PP → APPRART ADJA NN	1733	145434	38.91
VP → NP VVINF	1670	147104	39.35
NP → ART ADJA NN PP	1647	148751	39.79
PP → APPR NN PP	1615	150366	40.22
NP → AP NN	1544	151910	40.64
PP → APPR CARD NN	1544	153454	41.05
VP → VP VAINF	1476	154930	41.45
PP → APPR NN NP	1448	156378	41.83
NP → ART NN S	1445	157823	42.22
NP → NN NP	1421	159244	42.60
NP → CARD NN	1316	160560	42.95
PP → APPRART NN NP	1303	161863	43.30
NP → ART ADJA NN NP	1263	163126	43.64
AP → ADV ADJD	1228	164354	43.97
AVP → ADV ADV	1218	165572	44.29
PP → APPR PN	1202	166774	44.61
CVP → VP KON VP	1195	167969	44.93
NP → ART AP NN	1180	169149	45.25
PP → APPR PPOSAT NN	1174	170323	45.56
PP → APPR AP NN	1154	171477	45.87
VP → PP PP VVPP	1141	172618	46.18
AP → ADJD ADJA	1137	173755	46.48
NP → PDAT NN	1118	174873	46.78
S → PRELS VP VAFIN	1084	175957	47.07
AP → ADV ADJA	1055	177012	47.35
S → NP VMFIN VP	1023	178035	47.63
NP → ART PN	998	179033	47.89
PP → APPR ART NE	991	180024	48.16
PP → APPR PRELS	956	180980	48.41
VP → PP VVINF	941	181921	48.67
AVP → PTKNEG ADV	922	182843	48.91
NP → NN PN	895	183738	49.15
CPP → PP KON PP	888	184626	49.39

VP → VP VAPP	887	185513	49.63
S → NP VVFIN NP	884	186397	49.86
CNP → TRUNC KON NN	881	187278	50.10
NM → CARD CARD	878	188156	50.33
PP → APPRART NN PP	875	189031	50.57
NP → ART NN NE	859	189890	50.80
VP → NP VVPP	853	190743	51.03
AP → ADV CARD	838	191581	51.25
PP → APPR PIS	834	192415	51.47
NP → ADJA NN PP	832	193247	51.70
PP → APPR PDAT NN	820	194067	51.92
S → KOUS NP VP VAFIN	772	194839	52.12
CNP → NE KON NE	765	195604	52.33
S → NP VVFIN PP	762	196366	52.53
PN → NE NE NE	743	197109	52.73
NP → ART ADJA NN PN	728	197837	52.92
S → NP VAFIN NP	694	198531	53.11
PP → APPR CARD	690	199221	53.29
S → S VVFIN NP	686	199907	53.48
PP → APPR PIAT NN	678	200585	53.66
PP → APPRART NE	672	201257	53.84
VP → NP VZ	661	201918	54.02
PP → APPR ART ADJA NN PP	656	202574	54.19
NP → ART NN PN	648	203222	54.36
PP → APPR ART ADJA NN NP	646	203868	54.54
CAP → ADJA KON ADJA	591	204459	54.70
PP → APPR ART NN S	580	205039	54.85
PP → APPR NM NN	561	205600	55.00
S → VP VAFIN PPER	556	206156	55.15
PP → PROAV S	548	206704	55.30
NP → ART NN NP PP	546	207250	55.44
PP → APPR ART AP NN	543	207793	55.59
PP → APPR PPER	542	208335	55.73
S → PPER VAFIN VP	526	208861	55.87
VP → PP NP VVPP	524	209385	56.01
S → VP NP VAFIN	513	209898	56.15
VP → VVPP VAINF	497	210395	56.28

VP → NP PP VVINF	491	210886	56.41
AP → PP ADJD	483	211369	56.54
AP → ADJD CARD	477	211846	56.67
S → VP VMFIN NP	457	212303	56.79
NP → NN NE	457	212760	56.92
S → PRELS NP VVFIN	451	213211	57.04
AP → ADJD NM	446	213657	57.16
AP → ADJD ADJD	441	214098	57.27
CNP → NN KON NP	431	214529	57.39
NP → PPOSAT ADJA NN	429	214958	57.50
NP → NE PP	425	215383	57.62
AVP → S ADV	423	215806	57.73
NP → ART ADJA NN S	421	216227	57.84
PP → APPR ADJA NN PP	411	216638	57.95
NP → ART ADJA ADJA NN	405	217043	58.06
NP → PPER VP	404	217447	58.17
NP → ART ADJA NN NE	396	217843	58.28
NP → NE NN	387	218230	58.38
PP → APPR ART NN NE	386	218616	58.48
VP → ADJD VVPP	380	218996	58.58
AP → ADV NM	377	219373	58.68
NP → PPOSAT NN PP	373	219746	58.78
NP → ADV ART NN	371	220117	58.88
NP → PIAT ADJA NN	368	220485	58.98
S → VP VAFIN	368	220853	59.08
NP → NM NN	367	221220	59.18
NP → NN NN	366	221586	59.28
CNP → NN NN KON NN	365	221951	59.37
AP → NP ADJD	365	222316	59.47
S → NP VVFIN NP PP	352	222668	59.57
S → NP VVFIN S	351	223019	59.66
VP → ADV PP VVPP	350	223369	59.75
NP → ART NN PP PP	345	223714	59.85
S → S VVFIN NE	345	224059	59.94
VP → ADV VVPP	344	224403	60.03
VZ → PTKZU VAINF	344	224747	60.12
NP → ART AP NN PP	342	225089	60.21

S → NE VAFIN VP	339	225428	60.30
VP → NP PP VVPP	333	225761	60.39
NP → ADJA NN NP	331	226092	60.48
NP → NN S	331	226423	60.57
CNP → NP NP	326	226749	60.66
NP → ART CNP	324	227073	60.74
PP → APPR ADV	324	227397	60.83
PP → PROAV VP	321	227718	60.92
S → PP VVFIN NP	318	228036	61.00
AP → AVP ADJD	318	228354	61.09
VP → NP VVIZU	317	228671	61.17
VP → PRF PP VVINF	317	228988	61.26
S → KOUS VP NP VAFIN	314	229302	61.34
S → PRELS VP VMFIN	313	229615	61.42
VP → VVPP PP	310	229925	61.51
AVP → ADV PTKNEG	309	230234	61.59
CNP → NP NP KON NP	308	230542	61.67
NP → PPER S	305	230847	61.75
PP → APPR ADJD	305	231152	61.84
NP → NN CARD	301	231453	61.92
NP → PIAT NN PP	300	231753	62.00
AP → ADJD PP	300	232053	62.08
S → PRELS PP VVFIN	300	232353	62.16
VP → PP NP VVINF	298	232651	62.24
VP → PP PP PP VVPP	297	232948	62.32
AVP → ADV S	296	233244	62.40
PP → APPR ART NN NP PP	291	233535	62.47
PP → APPR ART PN	290	233825	62.55
NP → PIS NP	289	234114	62.63
CAP → ADJD KON ADJD	289	234403	62.71
PP → ADV APPR NN	288	234691	62.78
NP → PN NP	288	234979	62.86
PP → APPRART NN CARD	285	235264	62.94
NP → ART PN NE	284	235548	63.01
AP → NP ADJA	278	235826	63.09
S → KOUS PPER VP VAFIN	278	236104	63.16
NP → ART ADJA NE	275	236379	63.23

S → PPER VVFIN NP	274	236653	63.31
VP → NP PP VZ	273	236926	63.38
PP → APPR CAP NN	272	237198	63.45
PP → ADV APPR ART NN	265	237463	63.52
NP → ART NN NP PN	265	237728	63.60
S → NP VAFIN AP	263	237991	63.67
PP → APPR PPOSAT ADJA NN	263	238254	63.74
S → VP VAFIN NE	263	238517	63.81
AP → PIAT AP	257	238774	63.87
S → NP VVFIN NP PTKVZ	257	239031	63.94
VP → VP VZ	256	239287	64.01
PP → APPR NN PN	256	239543	64.08
VP → PP VZ	254	239797	64.15
S → NP VVFIN	252	240049	64.22
NP → ART PIAT NN	252	240301	64.28
S → NP VVFIN PP PP	250	240551	64.35
AP → ADV PIAT	250	240801	64.42
S → PP VVFIN NP NP	248	241049	64.48
NP → ADJA ADJA NN	248	241297	64.55
S → NP VAFIN ADJD	245	241542	64.62
CNP → NE KON NP	242	241784	64.68
NP → ART NN VP	241	242025	64.74
S → PP VVFIN NP PP	238	242263	64.81
NP → ADV ART NN NP	237	242500	64.87
CS → S S KON S	236	242736	64.93
NP → ART NN CNP	234	242970	65.00

Lemma	빈도	Lemma	빈도
sein	12244	wissen	326
werden	9383	nennen	318
haben	7514	erhalten	315
können	2727	gehören	308
sollen	2194	berichten	296
müssen	1880	schaffen	275
wollen	1648	tun	260
sagen	1402	meinen	255
geben	1238	beginnen	255
gehen	958	erwarten	246
machen	936	erreichen	245
kommen	906	ziehen	241
lassen	890	fallen	220
stehen	817	bestehen	216
sehen	727	legen	213
bleiben	639	treffen	213
dürfen	609	teilen	207
halten	542	übernehmen	206
liegen	541	scheinen	199
stellen	497	entscheiden	199
heißen	449	steigen	198
fordern	442	versuchen	195
nehmen	436	rechnen	192
bringen	430	leben	191
erklären	410	tragen	187
finden	410	brauchen	186
führen	406	schließen	182
zeigen	401	spielen	178
gelten	391	arbeiten	178
setzen	368	schreiben	177
sprechen	353	betonen	177

Lemma	빈도	Lemma	빈도
glauben	172	glauben	172
bekommen	171	bekommen	171
weisen	169	weisen	169
planen	165	planen	165
werfen	164	werfen	164
suchen	163	suchen	163
entstehen	160	entstehen	160
möchten	160	möchten	160
handeln	159	handeln	159
wissen	326	drohen	156
nennen	318	kündigen	155
erhalten	315	gewinnen	155
gehören	308	verlieren	154
berichten	296	bieten	152
schaffen	275	zahlen	149
tun	260	bezeichnen	149
meinen	255	verkaufen	148
beginnen	255	verlangen	148
erwarten	246	laufen	147
erreichen	245	denken	146
ziehen	241	treten	146
fallen	220	erscheinen	146
bestehen	216	wählen	146
legen	213	warnen	143
treffen	213	bedeuten	143
teilen	207	verurteilen	143
übernehmen	206	bestätigen	142
scheinen	199	kritisieren	141
entscheiden	199	beteiligen	137
steigen	198	beschäftigen	132
versuchen	195	schlagen	131
rechnen	192	folgen	130
leben	191	unterstützen	129
tragen	187	sitzen	128
brauchen	186	mögen	127
schließen	182	sorgen	127
spielen	178	gelingen	126
arbeiten	178	töten	125
schreiben	177	melden	125
betonen	177	verhindern	124

Lemma	빈도	Lemma	빈도
äußern	123	bilden	96
einsetzen	122	stecken	95
wachsen	121	geraten	95
entwickeln	121	aufnehmen	93
fahren	120	erhöhen	93
sichern	119	verlassen	93
sinken	119	lösen	92
helfen	118	verbinden	91
rufen	117	verzichten	91
hoffen	117	reden	89
verstehen	116	eröffnen	89
sterben	115	warten	87
ändern	115	verdienen	86
erinnern	114	verfügen	86
zählen	114	verweisen	86
stimmen	112	befürchten	85
lehnen	112	ausschließen	84
befinden	111	ermöglichen	84
begründen	110	bitten	83
beschließen	109	kennen	83
betreffen	108	leisten	83
fehlen	108	beschreiben	81
bauen	108	klettern	80
verletzen	107	erheben	80
versprechen	106	hängen	79
reagieren	106	entsprechen	78
anbieten	106	betragen	76
nutzen	105	annehmen	76
ablehnen	105	mitteilen	76
erkennen	104	vorstellen	75
hören	103	schätzen	75
räumen	102	festnehmen	74
reichen	101	investieren	74
fühlen	100	vorlegen	74
richten	100	prüfen	74
durchsetzen	99	öffnen	74
kosten	99	erleben	74
fragen	98	vorsehen	73
wirken	98	scheitern	73
vertreten	98	beenden	73

Lemma	빈도	Lemma	빈도
vorwerfen	73	werben	64
zustimmen	73	betreiben	64
kaufen	72	einigen	64
bewegen	72	verhandeln	63
fördern	72	besuchen	63
gründen	71	belegen	63
klagen	71	profitieren	63
beklagen	71	betrachten	62
abschließen	70	verabschieden	62
enthalten	70	brechen	62
dienen	69	verschieben	62
erlauben	69	aussprechen	62
greifen	69	schicken	62
ergeben	68	fürchten	62
bezahlen	68	darstellen	62
einstellen	68	geschehen	62
erfüllen	68	drücken	62
wünschen	67	dauern	61
empfehlen	67	starten	61
streichen	67	erfahren	61
vermeiden	67	zerstören	61
leiten	67	gefährden	60
liefern	67	heben	60
wenden	67	herstellen	59
verpflichten	67	erzielen	59
erzählen	66	präsentieren	59
diskutieren	66	einführen	58
entdecken	66	senken	58
stammen	66	feiern	57
reduzieren	66	vereinbaren	57
stoßen	66	treiben	57
beitragen	66	fortsetzen	57
herrschen	66	produzieren	56
kämpfen	66	begrüßen	56
teilnehmen	65	verbessern	56
behaupten	65	abgeben	56
zwingen	65	veröffentlichen	56
unterzeichnen	65	erweisen	56
fließen	65	steigern	56
erwerben	65	antreten	56

Lemma	빈도	Lemma	빈도
festlegen	56	protestieren	49
schützen	56	konzentrieren	49
spüren	55	aufbauen	49
beraten	55	lernen	49
auffordern	55	bekennen	49
lauten	55	trennen	48
verbieten	54	verringern	48
zurückkehren	54	messen	48
vergessen	54	zulassen	48
erschießen	53	wechseln	47
umsetzen	53	vorbereiten	47
holen	53	einräumen	47
finanzieren	53	verstärken	47
informieren	53	retten	47
werten	53	verteidigen	46
verschwinden	53	reisen	46
fassen	53	ermorden	46
verändern	53	landen	46
überzeugen	53	feststellen	46
aufrufen	53	kümmern	46
ausgehen	52	garantieren	45
verfolgen	52	zeichnen	45
drängen	52	sparen	45
rechtfertigen	52	verweigern	45
rücken	52	bedrohen	45
abbauen	52	errichten	44
akzeptieren	51	begleiten	44
kontrollieren	51	behandeln	44
stärken	51	ermitteln	44
bemühen	51	beobachten	43
lesen	51	passieren	43
plädieren	51	bestreiten	43
stützen	51	vermuten	43
hinnehmen	51	belasten	43
versichern	50	einrichten	43
stattfinden	50	ausgeben	43
erläutern	50	verteilen	42
rügen	50	besitzen	42
wahrnehmen	49	verdoppeln	42
streiten	49	billigen	42

Lemma	빈도	Lemma	빈도
regeln	42	beschränken	38
entlassen	41	verbreiten	38
üben	41	vermitteln	38
leiden	41	befreien	38
gestehen	41	appellieren	37
anklagen	41	bedürfen	37
decken	41	verlauten	37
wagen	41	drehen	37
verlängern	40	anschließen	37
begreifen	40	fliegen	37
abschaffen	40	aussetzen	37
pflegen	40	gebären	36
aufheben	40	widersprechen	36
bewerten	40	absehen	36
existieren	40	bestellen	36
organisieren	39	zulegen	36
ersetzen	39	fügen	36
kassieren	39	wiederholen	36
beantragen	39	überwinden	36
einlegen	39	enden	36
ansehen	39	vorschlagen	36
steuern	39	bekräftigen	36
entfallen	39	stoppen	35
besetzen	39	prägen	35
beziffern	39	ausüben	35
erwägen	39	springen	35
angehen	39	gelangen	35
aufgeben	39	behalten	35
untersuchen	39	formulieren	35
vorliegen	39	mahnen	35
sammeln	39	festhalten	35
passen	38	begegnen	35
deuten	38	lieben	35
anerkennen	38	beantworten	35
überschreiten	38	sicherstellen	34
bereiten	38	berufen	34
verwenden	38	verschärfen	34
benötigen	38	einschränken	34
übertragen	38	verkünden	34
registrieren	38	vorgehen	34

Lemma	빈도	Lemma	빈도
schrumpfen	34	einbeziehen	30
klären	34	würdigen	30
zitieren	34	abstimmen	30
widmen	34	entziehen	30
bedauern	34	unterhalten	30
umgehen	34	engagieren	30
argumentieren	33	einbringen	30
vermögen	33	verzeichnen	30
orientieren	33	zurückweisen	29
einleiten	33	gestalten	29
schauen	33	stürzen	29
ausmachen	33	dringen	29
versorgen	33	ausliefern	29
raten	33	angehören	29
aussehen	33	dokumentieren	29
vergleichen	33	tauchen	29
zusagen	33	verbergen	29
kehren	33	zurückziehen	29
verstoßen	33	empfinden	29
hinweisen	33	auflösen	29
berücksichtigen	33	erteilen	29
gewähren	32	wecken	29
verbuchen	32	entlasten	29
ausweisen	32	ankommen	29
verhaften	32	klingen	29
zunehmen	32	anlegen	29
stören	32	ausgleichen	28
auftreten	32	verhalten	28
unterscheiden	31	loben	28
funktionieren	31	begehen	28
unternehmen	31	angeben	28
ausbauen	31	schaden	28
vornehmen	31	überraschen	28
bewältigen	31	verantworten	28
locken	30		
eintreten	30		
reißen	30		
überprüfen	30		
freuen	30		
erwirtschaften	30		

[참고]

50위 / 빈도 206 / übernehmen

100-101위 / 빈도 125 / töten, melden

Lemma	Freq	Lemma	Freq
Versuch	41	Eindruck	4
Chance	39	Anlaß	4
Möglichkeit	29	Hoffnung	4
Recht	23	Anstrengung	4
Zeit	16	Kraft	4
Entscheidung	15	Aussicht	4
Vorschlag	14	Schwierigkeit	4
Bereitschaft	14	Anlauf	3
Absicht	13	Art	3
Plan	11	Interesse	3
Ziel	10	Appell	3
Grund	9	Versuchung	3
Gefühl	9	Bemühung	3
Gelegenheit	8	Weg	3
Antrag	7	Zusage	2
Wunsch	7	Tendenz	2
Gefahr	7	Vorhaben	2
Druck	7	Entschlossenheit	2
Forderung	7	Ehrgeiz	2
Aufgabe	7	Bitte	2
Fähigkeit	6	Anweisung	2
Mühe	6	bestreben	2
Anspruch	6	Empfehlung	2
Weigerung	5	bemühen	2
Mut	5	Auftrag	2
Ankündigung	5	Angebot	2
Wille	5	Problem	2
Angst	4	Sehnsucht	2
Vorwurf	4	Fehler	2
Beschluß	4	Vorstoß	2
Woche	4	Illusion	2
Vorstellung	4	Ruf	2

Lemma	Freq	Lemma	Freq
Befehl	2	Widerspruch	1
Traum	2	Konzept	1
Tradition	1	Verfahren	1
Lieblingsidee	1	Einschätzung	1
Linie	1	Ruhm	1
Auflage	1	Fach	1
Geschäft	1	Praxis	1
Trick	1	Tag	1
Impetus	1	Idee	1
Legitimation	1	Überlegung	1
Brot	1	Notwendigkeit	1
Glaube	1	Anforderung	1
Verantwortung	1	Vermögen	1
Versprechen	1	Milde	1
Drohung	1	Neurose	1
Neigung	1	Furcht	1
Schrecken	1	US-Versuch	1
Wahrheit	1	Selbstverständlichkeit	1
Pille	1	Weisung	1
Kompetenz	1	Mittel	1
Ansinnen	1	Bedürfnis	1
Diskussion	1	Punkt	1
Bewegung	1	Offenheit	1
Zeitsouveränität	1	Monat	1
Strategie	1	Andeutung	1
Anreiz	1	Veto	1
Zwang	1	Moment	1
Aufforderung	1	Hand	1
Verdächtigung	1	Provokation	1
Verbot	1	Motiv	1
Bestrebung	1	Zeitpunkt	1
Verdacht	1	Last	1
Verpflichtung	1	Anregung	1
Unlust	1	Dilemma	1
Privileg	1	Einsicht	1
Methode	1	Vorteil	1
Bedingung	1	Peinlichkeit	1
Image	1	Gedanke	1
Urteil	1	Schritt	1
Verrücktheit	1	Befugnis	1

Lemma	Freq	Lemma	Freq
Absage	1	Lust	1
Leistung	1	Berechtigung	1
Funktion	1	Rat	1
Geschick	1	Potential	1
Wahlkampfstrategie	1	Vereinbarung	1
Selbstverpflichtung	1	Wagnis	1
Aufruf	1	Rolle	1
Wirklichkeit	1	Risiko	1
Anordnung	1	Vision	1
verhalten	1	Veranlassung	1
Anmaßung	1	Vorwand	1
Zustimmung	1	Scheu	1
Herausforderung	1	Kritik	1
Entschluß	1	Ruhe	1
Korpsgeist	1	Mandat	1

R for Windows script를 이용한 로그 가능도 비율 산출과정
(명사-zu : 부정사구 구문과 명사 "Versuch"의 공연강도)

〈초기 데이터〉
어휘의 구문내 관찰값(obs.freq.a) = 41
구문의 관찰값(construction.freq) = 548
전체 코퍼스내 어휘의 관찰값(word.freq) = 96
전체 코퍼스내 구문의 관찰값(word.freq) = 50,472

〈결과값〉
공연강도(coll.strength) = 2.440682e+02 (= 244.0682)

〈산출과정〉

[1] obs.freq.a 〈-obs.freq[i]
41   〈   41
[2] obs.freq.b 〈-construction.freq-obs.freq.a
507   〈   548-41
[3] obs.freq.c〈-word.freq[i]-obs.freq.a
55   〈   96-41
[4] obs.freq.d〈-corpus-(obs.freq.a+obs.freq.b+obs.freq.c)
49869 〈   50472-(41+507+55) = 50472-603
[5] exp.freq.a〈-construction.freq*word.freq[i]/corpus; exp.freq[i]〈-exp.freq.a
1.04232049 〈 548*96/50472
[6] exp.freq.b〈-construction.freq*(corpus-word.freq[i])/corpus
546.957679 〈 548*50376/50472 〈 548*(50472-96)/50472
[7] exp.freq.c〈-(corpus-construction.freq)*word.freq[i]/corpus
94.957679 〈 49924*96/50472 〈 (50472-548)*96/50472
[8] exp.freq.d〈-(corpus-construction.freq)*(corpus-word.freq[i])/corpus
49829.042320 〈 49924*50376/50472
〈 (50472-548)*(50472-96)/50472
[9] faith[i]〈-round((obs.freq[i]/word.freq[i]), 4)
0.4271 〈 41/96   : 0.4270833

[10] sum1<-log((obs.freq.a/exp.freq.a), base=exp(1))*obs.freq.a; if (sum1=="NaN") sum1<-0
150.557026 〈 3.672122598*41 〈 (ln)39.335310*41 〈 ln(41/(548*96/50472))*41
[11] sum2<-log((obs.freq.b/exp.freq.b), base=exp(1))*obs.freq.b; if (sum2=="NaN") sum2<-0
-38.461237 〈 -0.0758604*507 〈 ln(507/(548*50376/50472))*507
[12] sum3<-log((obs.freq.c/exp.freq.c), base=exp(1))*obs.freq.c; if (sum3=="NaN") sum3<-0
-30.035397 〈 -0.546098122*55 〈 ln(55/(49924*96/50472))*55
[13] sum4<-log((obs.freq.d/exp.freq.d), base=exp(1))*obs.freq.d; if (sum4=="NaN") sum4<-0
39.973696 〈 8.0157405*49869 〈 ln(49869/(49924*50376/50472))*49869
[14] coll.strength[i]<-round(2*sum(sum1, sum2, sum3, sum4), which.accuracy)
2.440682e+02 〈 244.0682 〈 round(244.068176,4) 〈 round(2*122.034088,4)

Verb	Semantic Class	Verb	Semantic Class
abbauen	vc10	ansetzen	vc14
abbauen	vc13	ansetzen	vc14
abbauen	vc14	ansetzen	vc14
abbauen	vc14	ansetzen	vc14
abbauen	vc4	ansetzen	vc6
abbauen	vc4	ansetzen	vc6
ablehnen	vc4	ansetzen	vc7
ablehnen	vc4	ansetzen	vc9
ablehnen	vc4	aufnehmen	vc1
ablehnen	vc6	aufnehmen	vc10
ablehnen	vc6	aufnehmen	vc10
ablehnen	vc6	aufnehmen	vc12
ablehnen	vc7	aufnehmen	vc13
ablösen	vc4	aufnehmen	vc13
ablösen	vc6	aufnehmen	vc13
ablösen	vc9	aufnehmen	vc14
abschalten	vc14	aufnehmen	vc14
abschalten	vc5	aufnehmen	vc14
anbieten	vc2	aufnehmen	vc14
anbieten	vc4	aufnehmen	vc15
anbieten	vc4	aufnehmen	vc2
anbieten	vc4	aufnehmen	vc4
anbieten	vc7	aufnehmen	vc4
anerkennen	vc4	aufnehmen	vc6
anerkennen	vc6	aufnehmen	vc6
anerkennen	vc6	ausgeben	vc2
anerkennen	vc7	ausgeben	vc2
anerkennen	vc7	ausgeben	vc2
anlasten	vc7	ausgeben	vc2
ansetzen	vc10	ausgeben	vc7
ansetzen	vc13	ausschließen	vc12
ansetzen	vc14	ausschließen	vc4

Verb	Semantic Class	Verb	Semantic Class
ausschließen	vc4	ausschließen	vc4
ausschließen	vc4	ausschließen	vc4
ausschließen	vc4	ausschließen	vc4
auszeichnen	vc1	auszeichnen	vc1
auszeichnen	vc1	auszeichnen	vc1
auszeichnen	vc13	auszeichnen	vc13
auszeichnen	vc13	auszeichnen	vc13
auszeichnen	vc14	auszeichnen	vc14
ansetzen	vc14	auszeichnen	vc4
ansetzen	vc14	auszeichnen	vc7
ansetzen	vc14	bauen	vc13
ansetzen	vc14	bauen	vc13
ansetzen	vc6	bauen	vc13
ansetzen	vc6	bauen	vc6
ansetzen	vc7	begleiten	vc10
ansetzen	vc9	begleiten	vc4
aufnehmen	vc1	begleiten	vc4
aufnehmen	vc10	begleiten	vc4
aufnehmen	vc10	begründen	vc13
aufnehmen	vc12	begründen	vc7
aufnehmen	vc13	behandeln	vc14
aufnehmen	vc13	behandeln	vc14
aufnehmen	vc13	behandeln	vc4
aufnehmen	vc14	behandeln	vc6
aufnehmen	vc14	behandeln	vc7
aufnehmen	vc14	beisetzen	vc4
aufnehmen	vc14	bekanntgeben	vc7
aufnehmen	vc15	benutzen	vc15
aufnehmen	vc2	benutzen	vc4
aufnehmen	vc4	benutzen	vc4
aufnehmen	vc4	beschließen	vc14
aufnehmen	vc6	beschließen	vc6
aufnehmen	vc6	bestimmen	vc1
ausgeben	vc2	bestimmen	vc4
ausgeben	vc2	bestimmen	vc6
ausgeben	vc2	bestimmen	vc6
ausgeben	vc2	bestimmen	vc7
ausgeben	vc7	bewerten	vc6
ausschließen	vc12	bezeichnen	vc13
ausschließen	vc4	bezeichnen	vc4

Verb	Semantic Class	Verb	Semantic Class
bezeichnen	vc7	einsetzen	vc2
bezeichnen	vc7	einsetzen	vc4
bezeichnen	vc7	einsetzen	vc4
beziffern	vc1	einsetzen	vc4
bitten	vc4	einsetzen	vc4
bitten	vc7	einsetzen	vc4
bitten	vc7	einsetzen	vc7
bitten	vc7	einsetzen	vc8
brauchen	vc15	empfinden	vc12
brauchen	vc15	empfinden	vc3
brauchen	vc4	entlassen	vc14
brauchen	vc6	entlassen	vc4
bringen	vc10	entscheiden	vc12
bringen	vc10	entscheiden	vc4
bringen	vc10	entscheiden	vc4
bringen	vc2	entscheiden	vc6
bringen	vc2	entscheiden	vc6
bringen	vc4	erheben	vc1
bringen	vc4	erheben	vc10
bringen	vc4	erheben	vc10
bringen	vc4	erheben	vc14
bringen	vc4	erheben	vc2
bringen	vc7	erheben	vc4
diskutieren	vc7	erheben	vc6
einführen	vc14	erhöhen	vc14
einführen	vc2	erhöhen	vc14
einführen	vc4	erhöhen	vc6
einführen	vc4	erhöhen	vc7
einführen	vc7	ermitteln	vc12
einführen	vc9	ermitteln	vc6
einrichten	vc13	ermorden	vc14
einrichten	vc13	erreichen	vc10
einrichten	vc2	erreichen	vc4
einrichten	vc4	erreichen	vc7
einrichten	vc6	erreichen	vc9
einrichten	vc6	errichten	vc13
einrichten	vc6	errichten	vc13
einsetzen	vc14	erschießen	vc14
einsetzen	vc14	ersetzen	vc14
einsetzen	vc15	ersetzen	vc2

Verb	Semantic Class	Verb	Semantic Class
ersetzen	vc4	herstellen	vc6
erwarten	vc1	investieren	vc13
erwarten	vc5	investieren	vc2
erwarten	vc6	kontrollieren	vc4
erwarten	vc6	kontrollieren	vc4
erwarten	vc6	kontrollieren	vc6
erwarten	vc6	kürzen	vc14
erwähnen	vc7	kürzen	vc14
erwähnen	vc7	legen	vc10
eröffnen	vc13	legen	vc14
eröffnen	vc14	legen	vc14
eröffnen	vc4	legen	vc3
eröffnen	vc4	legen	vc5
eröffnen	vc7	legen	vc9
festhalten	vc13	legen	vc9
festhalten	vc6	leiten	vc10
festhalten	vc9	leiten	vc10
festhalten	vc9	leiten	vc10
festlegen	vc10	leiten	vc4
festlegen	vc2	machen	vc1
festlegen	vc4	machen	vc13
festlegen	vc6	machen	vc14
festlegen	vc7	machen	vc4
festnehmen	vc9	machen	vc6
finanzieren	vc2	machen	vc7
führen	vc1	mißbrauchen	vc15
führen	vc1	mißbrauchen	vc4
führen	vc10	nehmen	vc13
führen	vc10	nehmen	vc15
führen	vc4	nehmen	vc15
führen	vc4	nehmen	vc15
führen	vc4	nehmen	vc2
führen	vc4	nehmen	vc2
führen	vc8	nehmen	vc3
gebären	vc5	nehmen	vc4
gründen	vc1	nehmen	vc4
gründen	vc1	nehmen	vc5
gründen	vc13	nehmen	vc6
herstellen	vc13	nehmen	vc6
herstellen	vc13	nehmen	vc6

Verb	Semantic Class	Verb	Semantic Class
nehmen	vc8	nehmen	vc8
nehmen	vc9	nehmen	vc9
nennen	vc4	nennen	vc4
nennen	vc4	nennen	vc4
nennen	vc4	nennen	vc4
nennen	vc7	nennen	vc7
nennen	vc7	nennen	vc7
nutzen	vc4	nutzen	vc4
nutzen	vc4	nutzen	vc4
rechnen	vc1	rechnen	vc1
rechnen	vc6	rechnen	vc6
rechnen	vc6	rechnen	vc6
rechnen	vc6	rechnen	vc6
rechnen	vc6	rechnen	vc6
reduzieren	vc14	reduzieren	vc14
reduzieren	vc14	reduzieren	vc14
reduzieren	vc2	reduzieren	vc2
reduzieren	vc5	reduzieren	vc5
schaffen	vc10	schaffen	vc10
schaffen	vc13	schaffen	vc13
schaffen	vc13	schaffen	vc13
schaffen	vc3	schaffen	vc3
schaffen	vc4	schaffen	vc4
schaffen	vc4	schaffen	vc4
schaffen	vc6	schaffen	vc6
schätzen	vc6	schätzen	vc6
schätzen	vc6	schätzen	vc6
schätzen	vc6	schätzen	vc6
schätzen	vc7	schätzen	vc7
setzen	vc10	setzen	vc10
setzen	vc10	setzen	vc10
setzen	vc10	setzen	vc10
setzen	vc10	setzen	vc10
setzen	vc13	setzen	vc13
setzen	vc9	setzen	vc9
stellen	vc10	stellen	vc10
stellen	vc10	stellen	vc10
stellen	vc14	stellen	vc14
stellen	vc2	stellen	vc2
stellen	vc6	stellen	vc6

Verb	Semantic Class	Verb	Semantic Class
streichen	vc10	verkaufen	vc2
streichen	vc10	verkaufen	vc4
streichen	vc14	verladen	vc14
streichen	vc4	verladen	vc4
streichen	vc9	verletzen	vc3
streichen	vc9	verletzen	vc5
streichen	vc9	verletzen	vc6
streichen	vc9	verlängern	vc14
streichen	vc9	verlängern	vc14
suchen	vc12	verlängern	vc14
suchen	vc6	verlängern	vc9
suchen	vc6	vermissen	vc1
tragen	vc1	versorgen	vc15
tragen	vc10	versorgen	vc2
tragen	vc3	vertreiben	vc10
tragen	vc5	vertreiben	vc14
tragen	vc5	vertreiben	vc2
tragen	vc6	vertreten	vc2
transportieren	vc10	vertreten	vc4
töten	vc14	vertreten	vc4
töten	vc5	vertreten	vc5
unterbrechen	vc1	vertreten	vc7
unterbrechen	vc13	vertreten	vc7
unterbrechen	vc14	verurteilen	vc4
unterbrechen	vc8	verurteilen	vc7
unterstützen	vc2	verwenden	vc13
unterstützen	vc4	verwenden	vc4
untersuchen	vc5	verwenden	vc4
untersuchen	vc6	veröffentlichen	vc7
verabschieden	vc4	vorlegen	vc10
verabschieden	vc4	vorlegen	vc10
verabschieden	vc6	vorlegen	vc15
verabschieden	vc7	vorlegen	vc2
verarbeiten	vc13	vorlegen	vc2
verarbeiten	vc14	vorlegen	vc7
verarbeiten	vc6	vorlegen	vc9
verdächtigen	vc4	vorlegen	vc9
verdächtigen	vc6	vorstellen	vc1
verhandeln	vc7	vorstellen	vc1
verkaufen	vc2	vorstellen	vc4

Verb	Semantic Class	Verb	Semantic Class
vorstellen	vc4	ziehen	vc14
vorstellen	vc6	ziehen	vc14
vorstellen	vc6	ziehen	vc14
vorwerfen	vc7	ziehen	vc14
wahrnehmen	vc12	ziehen	vc5
wahrnehmen	vc4	ziehen	vc5
wahrnehmen	vc4	ziehen	vc9
wiederwählen	vc4	übertragen	vc14
wählen	vc4	übertragen	vc14
wählen	vc4	übertragen	vc14
wählen	vc6	übertragen	vc2
ziehen	vc10	übertragen	vc4
ziehen	vc10	übertragen	vc5
ziehen	vc10	übertragen	vc6
ziehen	vc11	übertragen	vc7
ziehen	vc13	übertragen	vc7

Lemma	Freq	Lemma	Freq
sein	533	verlangen	14
haben	171	wissen	14
versuchen	149	wagen	14
scheinen	118	ablehnen	12
auffordern	80	halten	12
bereit	59	verstehen	12
vorwerfen	58	bestehen	12
fordern	48	raten	11
beginnen	38	hindern	11
drohen	34	suchen	11
geben	32	erlauben	11
glauben	31	machen	10
aufrufen	30	planen	10
vermögen	29	bedeuten	10
verpflichten	28	anfangen	9
warnen	27	pflegen	9
ankündigen	27	aufhören	9
beschließen	26	beschuldigen	9
appellieren	25	versäumen	9
brauchen	25	beitragen	8
zwingen	25	ermöglichen	8
weigern	22	erwägen	8
gehen	22	heißen	8
empfehlen	22	geeignet	8
versprechen	21	entschließen	8
bitten	20	entscheiden	7
hoffen	19	veranlassen	7
gelten	18	vorschlagen	7
bekommen	18	kündigen	7
bemühen	17	beabsichtigen	7
helfen	17	verzichten	7
schaffen	16	einigen	7

Lemma	Freq	Lemma	Freq
lernen	7	verurteilen	3
vereinbaren	6	bescheinigen	3
meinen	6	beschränken	3
setzen	6	drängen	3
zusagen	6	bewegen	3
zugeben	6	anschicken	3
nehmen	5	anweisen	3
schlagen	5	vergessen	3
angeben	5	vorhalten	3
fähig	5	werfen	3
einräumen	5	schuldig	3
vorgeben	5	ermächtigen	3
bleiben	5	zutrauen	3
anbieten	5	vorhaben	3
denken	4	behaupten	3
gestehen	4	gefährden	3
müde	4	bestreben	3
erklären	4	fertigbringen	3
vornehmen	4	hüten	2
gewillt	4	nennen	2
ankommen	4	getrauen	2
nötigen	4	berechtigen	2
überzeugen	4	prüfen	2
bestreiten	4	riskieren	2
beauftragen	4	sehen	2
bezeichnen	4	wollen	2
scheuen	4	zurückschrecken	2
verständigen	4	verbieten	2
beantragen	4	mahnen	2
unfähig	4	gebieten	2
dienen	4	gedenken	2
anklagen	4	motivieren	2
anspornen	4	anordnen	2
finden	4	versucht	2
abhalten	4	leisten	2
verdächtigen	4	zögern	2
eignen	4	befürchten	2
trauen	3	befehlen	2
bemüht	3	bemüßigen	2
zusichern	3	eintreten	2

Lemma	Freq	Lemma	Freq
rufen	2	antreten	1
bekräftigen	2	beraten	1
erwarten	2	beharren	1
sprechen	2	erscheinen	1
entschlossen	2	mühen	1
abzielen	2	übernehmen	1
arbeiten	2	außerstande	1
gestatten	2	reduzieren	1
vermeiden	2	wünschen	1
betonen	2	fördern	1
vorziehen	2	konkurrieren	1
bieten	2	liegen	1
vorsehen	2	geneigt	1
neigen	2	wehren	1
überlegen	2	rühmen	1
untersagen	2	begnügen	1
animieren	2	zurückhalten	1
sicher	1	ermahnen	1
träumen	1	ordnen	1
erhoffen	1	erinnern	1
überreden	1	entblöden	1
befugen	1	üben	1
bescheiden	1	entschuldigen	1
lauten	1	anstreben	1
beteuern	1	ansprechen	1
mitbringen	1	verwanden	1
offenbart	1	leid	1
angewöhnen	1	vertrauen	1
trachten	1	zuversichtlich	1
zumuten	1	verdächtig	1
vermeinen	1	früh	1
willens	1	fragen	1
wenden	1	ermuntern	1
ersuchen	1	vorbehalten	1
dabeisein	1	glücklich	1
diskutieren	1	ermutigen	1
autorisieren	1	imstande	1
aufgeben	1	warten	1
schätzen	1	werben	1
zurückscheuen	1	optimistisch	1

Lemma	Freq	Lemma	Freq
zustimmen	1	sollen	1
akzeptieren	1	bekanntgeben	1
regen	1	androhen	1
geloben	1	vorstellen	1
betrachten	1	erleichtern	1
laden	1	willig	1
ansehen	1	verdienen	1
ausschließen	1	versichern	1
bedauern	1	auftragen	1
genügen	1	verhindern	1
legen	1	nahelegen	1
ermüden	1	fürchten	1
bereiten	1	zufrieden	1
legitimieren	1	vertreiben	1
mithelfen	1	befähigen	1
möglich	1	ausreichen	1
einladen	1	rechtfertigen	1
anhalten	1	erfolgversprechend	1
anregen	1	geschmeidig	1
einverstanden	1	aussein	1
anstrengen	1	sagen	1
kämpfen	1	übriglassen	1
berufen	1		

word.freq : frequency of the word in the corpus
obs.freq : observed frequency of the word with/in zu-Infinitiv
exp.freq : expected frequency of the word with/in zu-Infinitiv
faith : percentage of how many instances of the word occur with/in zu-Infinitiv
relation : relation of the word to zu-Infinitiv
coll.strength : index of collocational/collostructional strength : log-likelihood , the higher, the stronger

	words	word.freq	obs.freq	exp.freq	faith	relation	coll.strength
1	sein	12244	533	32.99	0.0435	attraction	2.101410e+03
2	scheinen	198	118	0.53	0.5960	attraction	1.135503e+03
3	auffordern	128	80	0.34	0.6250	attraction	7.802584e+02
4	vorwerfen	169	58	0.46	0.3432	attraction	4.709555e+02
5	haben	7514	171	20.24	0.0228	attraction	4.411249e+02
6	vermögen	33	29	0.09	0.8788	attraction	3.191654e+02
7	fordern	366	48	0.99	0.1311	attraction	2.862232e+02
8	drohen	154	34	0.41	0.2208	attraction	2.408666e+02
9	verpflichten	67	28	0.18	0.4179	attraction	2.408032e+02
10	beginnen	255	38	0.69	0.1490	attraction	2.367136e+02
11	weigern	27	22	0.07	0.8148	attraction	2.346886e+02
12	aufrufen	102	30	0.27	0.2941	attraction	2.321791e+02
13	zwingen	63	25	0.17	0.3968	attraction	2.116642e+02
14	glauben	172	31	0.46	0.1802	attraction	2.057075e+02
15	beschließen	109	26	0.29	0.2385	attraction	1.886284e+02
16	warnen	143	27	0.39	0.1888	attraction	1.818597e+02
17	empfehlen	67	22	0.18	0.3284	attraction	1.759540e+02
18	ankündigen	221	27	0.60	0.1222	attraction	1.567576e+02
19	brauchen	186	25	0.50	0.1344	attraction	1.501339e+02
20	bitten	83	20	0.22	0.2410	attraction	1.455087e+02
21	versprechen	106	21	0.29	0.1981	attraction	1.436116e+02

22	bemühen	51	17	0.14	0.3333	attraction	1.365460e+02
23	hoffen	117	19	0.32	0.1624	attraction	1.217033e+02
24	wagen	40	14	0.11	0.3500	attraction	1.140930e+02
25	helfen	112	17	0.30	0.1518	attraction	1.064193e+02
26	hindern	21	11	0.06	0.5238	attraction	1.012069e+02
27	bekommen	169	18	0.46	0.1065	attraction	9.931107e+01
28	geben	1094	32	2.95	0.0293	attraction	9.566005e+01
29	raten	28	11	0.08	0.3929	attraction	9.278853e+01
30	versäumen	15	9	0.04	0.6000	attraction	8.637616e+01
31	beschuldigen	21	9	0.06	0.4286	attraction	7.791662e+01
32	verlangen	146	14	0.39	0.0959	attraction	7.419749e+01
33	aufhören	25	9	0.07	0.3600	attraction	7.394935e+01
34	entschließen	16	8	0.04	0.5000	attraction	7.255608e+01
35	beabsichtigen	10	7	0.03	0.7000	attraction	7.065298e+01
36	erlauben	69	11	0.19	0.1594	attraction	6.998763e+01
37	gelten	391	18	1.05	0.0460	attraction	6.915566e+01
38	schaffen	272	16	0.73	0.0588	attraction	6.911065e+01
39	gehen	692	22	1.86	0.0318	attraction	6.909095e+01
40	verstehen	115	12	0.31	0.1043	attraction	6.567124e+01
41	pflegen	40	9	0.11	0.2250	attraction	6.404778e+01
42	anfangen	43	9	0.12	0.2093	attraction	6.259636e+01
43	veranlassen	16	7	0.04	0.4375	attraction	6.097249e+01
44	kündigen	19	7	0.05	0.3684	attraction	5.791051e+01
45	erwägen	39	8	0.11	0.2051	attraction	5.528094e+01
46	wissen	325	14	0.88	0.0431	attraction	5.197613e+01
47	suchen	159	11	0.43	0.0692	attraction	5.102965e+01
48	ablehnen	214	12	0.58	0.0561	attraction	5.068544e+01
49	bestehen	215	12	0.58	0.0558	attraction	5.057567e+01
50	bedeuten	143	10	0.39	0.0699	attraction	4.660123e+01
51	planen	165	10	0.44	0.0606	attraction	4.375993e+01
52	lernen	47	7	0.13	0.1489	attraction	4.350854e+01
53	anspornen	5	4	0.01	0.8000	attraction	4.234157e+01
54	ermöglichen	84	8	0.23	0.0952	attraction	4.226779e+01
55	beitragen	101	8	0.27	0.0792	attraction	3.927413e+01
56	einigen	64	7	0.17	0.1094	attraction	3.897433e+01
57	vorgeben	18	5	0.05	0.2778	attraction	3.797702e+01
58	nötigen	7	4	0.02	0.5714	attraction	3.779565e+01

59	vorschlagen	71	7	0.19	0.0986	attraction	3.747768e+01
60	zusagen	42	6	0.11	0.1429	attraction	3.675930e+01
61	verdächtigen	8	4	0.02	0.5000	attraction	3.627140e+01
62	zugeben	45	6	0.12	0.1333	attraction	3.588452e+01
63	anschicken	3	3	0.01	1.0000	attraction	3.550390e+01
64	bestreben	3	3	0.01	1.0000	attraction	3.550390e+01
65	halten	435	12	1.17	0.0276	attraction	3.449569e+01
66	verzichten	91	7	0.25	0.0769	attraction	3.394958e+01
67	scheuen	10	4	0.03	0.4000	attraction	3.391229e+01
68	vereinbaren	57	6	0.15	0.1053	attraction	3.292929e+01
69	eignen	12	4	0.03	0.3333	attraction	3.210696e+01
70	fertigbringen	4	3	0.01	0.7500	attraction	3.101061e+01
71	verständigen	17	4	0.05	0.2353	attraction	2.886002e+01
72	ermächtigen	5	3	0.01	0.6000	attraction	2.878456e+01
73	abhalten	20	4	0.05	0.2000	attraction	2.741029e+01
74	beauftragen	20	4	0.05	0.2000	attraction	2.741029e+01
75	angeben	48	5	0.13	0.1042	attraction	2.733116e+01
76	trauen	8	3	0.02	0.3750	attraction	2.494584e+01
77	bemüßigen	2	2	0.01	1.0000	attraction	2.366844e+01
78	getrauen	2	2	0.01	1.0000	attraction	2.366844e+01
79	schlagen	70	5	0.19	0.0714	attraction	2.350272e+01
80	gestehen	32	4	0.09	0.1250	attraction	2.337774e+01
81	entscheiden	199	7	0.54	0.0352	attraction	2.327279e+01
82	vornehmen	33	4	0.09	0.1212	attraction	2.312043e+01
83	beantragen	39	4	0.11	0.1026	attraction	2.173565e+01
84	zusichern	13	3	0.04	0.2308	attraction	2.151248e+01
85	anweisen	14	3	0.04	0.2143	attraction	2.101494e+01
86	anklagen	43	4	0.12	0.0930	attraction	2.093524e+01
87	bestreiten	43	4	0.12	0.0930	attraction	2.093524e+01
88	bescheinigen	15	3	0.04	0.2000	attraction	2.055650e+01
89	zutrauen	15	3	0.04	0.2000	attraction	2.055650e+01
90	vorhalten	16	3	0.04	0.1875	attraction	2.013148e+01
91	befehlen	3	2	0.01	0.6667	attraction	1.985474e+01
92	vorhaben	3	2	0.01	0.6667	attraction	1.985474e+01
93	wollen	3	2	0.01	0.6667	attraction	1.985474e+01
94	überzeugen	53	4	0.14	0.0755	attraction	1.924195e+01
95	ankommen	55	4	0.15	0.0727	attraction	1.894484e+01

96	einräumen	119	5	0.32	0.0420	attraction	1.830742e+01
97	abzielen	4	2	0.01	0.5000	attraction	1.813404e+01
98	hüten	4	2	0.01	0.5000	attraction	1.813404e+01
99	dienen	69	4	0.19	0.0580	attraction	1.714434e+01
100	animieren	5	2	0.01	0.4000	attraction	1.695449e+01
101	berechtigen	5	2	0.01	0.4000	attraction	1.695449e+01
102	heißen	449	8	1.21	0.0178	attraction	1.676791e+01
103	anbieten	142	5	0.38	0.0352	attraction	1.662931e+01
104	entschlossen	6	2	0.02	0.3333	attraction	1.605183e+01
105	setzen	244	6	0.66	0.0246	attraction	1.598026e+01
106	meinen	255	6	0.69	0.0235	attraction	1.550386e+01
107	beschränken	38	3	0.10	0.0789	attraction	1.470200e+01
108	zögern	9	2	0.02	0.2222	attraction	1.417146e+01
109	drängen	42	3	0.11	0.0714	attraction	1.409930e+01
110	machen	880	10	2.37	0.0114	attraction	1.361967e+01
111	motivieren	11	2	0.03	0.1818	attraction	1.328589e+01
112	gedenken	12	2	0.03	0.1667	attraction	1.290888e+01
113	zurückschrecken	12	2	0.03	0.1667	attraction	1.290888e+01
114	vergessen	54	3	0.15	0.0556	attraction	1.260635e+01
115	werfen	56	3	0.15	0.0536	attraction	1.239274e+01
116	neigen	14	2	0.04	0.1429	attraction	1.224987e+01
117	gefährden	60	3	0.16	0.0500	attraction	1.198924e+01
118	denken	137	4	0.37	0.0292	attraction	1.190511e+01
119	angewöhnen	1	1	0.00	1.0000	attraction	1.183380e+01
120	befähigen	1	1	0.00	1.0000	attraction	1.183380e+01
121	entblöden	1	1	0.00	1.0000	attraction	1.183380e+01
122	offenbaren	1	1	0.00	1.0000	attraction	1.183380e+01
123	sollen	1	1	0.00	1.0000	attraction	1.183380e+01
124	trachten	1	1	0.00	1.0000	attraction	1.183380e+01
125	vermeinen	1	1	0.00	1.0000	attraction	1.183380e+01
126	zurückscheuen	1	1	0.00	1.0000	attraction	1.183380e+01
127	gebieten	16	2	0.04	0.1250	attraction	1.168726e+01
128	vorziehen	16	2	0.04	0.1250	attraction	1.168726e+01
129	behaupten	65	3	0.18	0.0462	attraction	1.152401e+01
130	riskieren	17	2	0.05	0.1176	attraction	1.143414e+01
131	bezeichnen	149	4	0.40	0.0268	attraction	1.128845e+01
132	bewegen	68	3	0.18	0.0441	attraction	1.126315e+01

133	überlegen	20	2	0.05	0.1000	attraction	1.076215e+01
134	gestatten	21	2	0.06	0.0952	attraction	1.056219e+01
135	mahnen	21	2	0.06	0.0952	attraction	1.056219e+01
136	nehmen	291	5	0.78	0.0172	attraction	1.016503e+01
137	anordnen	24	2	0.06	0.0833	attraction	1.001891e+01
138	untersagen	27	2	0.07	0.0741	attraction	9.544400e+00
139	auftragen	2	1	0.01	0.5000	attraction	9.066605e+00
140	autorisieren	2	1	0.01	0.5000	attraction	9.066605e+00
141	befugen	2	1	0.01	0.5000	attraction	9.066605e+00
142	dabeisein	2	1	0.01	0.5000	attraction	9.066605e+00
143	ermüden	2	1	0.01	0.5000	attraction	9.066605e+00
144	bekräftigen	36	2	0.10	0.0556	attraction	8.403472e+00
145	ermahnen	3	1	0.01	0.3333	attraction	8.025502e+00
146	ermuntern	3	1	0.01	0.3333	attraction	8.025502e+00
147	ersuchen	3	1	0.01	0.3333	attraction	8.025502e+00
148	geloben	3	1	0.01	0.3333	attraction	8.025502e+00
149	mühen	3	1	0.01	0.3333	attraction	8.025502e+00
150	ordnen	3	1	0.01	0.3333	attraction	8.025502e+00
151	regen	3	1	0.01	0.3333	attraction	8.025502e+00
152	verwanden	3	1	0.01	0.3333	attraction	8.025502e+00
153	eintreten	43	2	0.12	0.0465	attraction	7.711758e+00
154	rufen	44	2	0.12	0.0455	attraction	7.623010e+00
155	verurteilen	143	3	0.39	0.0210	attraction	7.136371e+00
156	rühmen	5	1	0.01	0.2000	attraction	6.851349e+00
157	übriglassen	5	1	0.01	0.2000	attraction	6.851349e+00
158	verbieten	54	2	0.15	0.0370	attraction	6.840432e+00
159	überreden	6	1	0.02	0.1667	attraction	6.454032e+00
160	anstrengen	7	1	0.02	0.1429	attraction	6.124532e+00
161	vermeiden	67	2	0.18	0.0299	attraction	6.032983e+00
162	prüfen	74	2	0.20	0.0270	attraction	5.667476e+00
163	androhen	9	1	0.02	0.1111	attraction	5.597969e+00
164	begnügen	9	1	0.02	0.1111	attraction	5.597969e+00
165	bescheiden	9	1	0.02	0.1111	attraction	5.597969e+00
166	nahelegen	9	1	0.02	0.1111	attraction	5.597969e+00
167	zumuten	9	1	0.02	0.1111	attraction	5.597969e+00
168	finden	350	4	0.94	0.0114	attraction	5.477065e+00
169	legitimieren	10	1	0.03	0.1000	attraction	5.380680e+00

170	mithelfen	10	1	0.03	0.1000	attraction	5.380680e+00
171	leisten	83	2	0.22	0.0241	attraction	5.250934e+00
172	ermutigen	11	1	0.03	0.0909	attraction	5.185739e+00
173	träumen	11	1	0.03	0.0909	attraction	5.185739e+00
174	befürchten	85	2	0.23	0.0235	attraction	5.165322e+00
175	entschuldigen	12	1	0.03	0.0833	attraction	5.009063e+00
176	laden	13	1	0.04	0.0769	attraction	4.847596e+00
177	vertrauen	13	1	0.04	0.0769	attraction	4.847596e+00
178	bleiben	591	5	1.59	0.0085	attraction	4.652174e+00
179	erklären	410	4	1.10	0.0098	attraction	4.527860e+00
180	beteuern	16	1	0.04	0.0625	attraction	4.433366e+00
181	konkurrieren	16	1	0.04	0.0625	attraction	4.433366e+00
182	vertreiben	16	1	0.04	0.0625	attraction	4.433366e+00
183	vorbehalten	18	1	0.05	0.0556	attraction	4.201357e+00
184	bieten	114	2	0.31	0.0175	attraction	4.135351e+00
185	beharren	19	1	0.05	0.0526	attraction	4.095582e+00
186	mitbringen	19	1	0.05	0.0526	attraction	4.095582e+00
187	anregen	21	1	0.06	0.0476	attraction	3.901015e+00
188	erleichtern	21	1	0.06	0.0476	attraction	3.901015e+00
189	genügen	22	1	0.06	0.0455	attraction	3.811134e+00
190	vorsehen	127	2	0.34	0.0157	attraction	3.769856e+00
191	anhalten	23	1	0.06	0.0435	attraction	3.725587e+00
192	bereiten	24	1	0.06	0.0417	attraction	3.643996e+00
193	wehren	24	1	0.06	0.0417	attraction	3.643996e+00
194	erhoffen	26	1	0.07	0.0385	attraction	3.491404e+00
195	zurückhalten	26	1	0.07	0.0385	attraction	3.491404e+00
196	ansprechen	29	1	0.08	0.0345	attraction	3.285107e+00
197	berufen	31	1	0.08	0.0323	attraction	3.160236e+00
198	bedauern	34	1	0.09	0.0294	attraction	2.988763e+00
199	einladen	34	1	0.09	0.0294	attraction	2.988763e+00
200	ausreichen	36	1	0.10	0.0278	attraction	2.883568e+00
201	üben	36	1	0.10	0.0278	attraction	2.883568e+00
202	arbeiten	167	2	0.45	0.0120	attraction	2.882689e+00
203	betonen	177	2	0.48	0.0113	attraction	2.702621e+00
204	anstreben	43	1	0.12	0.0233	attraction	2.561359e+00
205	bekanntgeben	43	1	0.12	0.0233	attraction	2.561359e+00
206	aufgeben	49	1	0.13	0.0204	attraction	2.329590e+00

207	versichern	50	1	0.13	0.0200	attraction	2.294164e+00
208	akzeptieren	52	1	0.14	0.0192	attraction	2.225730e+00
209	rechtfertigen	52	1	0.14	0.0192	attraction	2.225730e+00
210	ansehen	53	1	0.14	0.0189	attraction	2.192660e+00
211	beraten	55	1	0.15	0.0182	attraction	2.128670e+00
212	lauten	55	1	0.15	0.0182	attraction	2.128670e+00
213	wenden	58	1	0.16	0.0172	attraction	2.037679e+00
214	betrachten	62	1	0.17	0.0161	attraction	1.924746e+00
215	fürchten	62	1	0.17	0.0161	attraction	1.924746e+00
216	werben	63	1	0.17	0.0159	attraction	1.897880e+00
217	kämpfen	65	1	0.18	0.0154	attraction	1.845668e+00
218	diskutieren	66	1	0.18	0.0152	attraction	1.820292e+00
219	reduzieren	66	1	0.18	0.0152	attraction	1.820292e+00
220	wünschen	67	1	0.18	0.0149	attraction	1.795381e+00
221	erwarten	246	2	0.66	0.0081	attraction	1.751578e+00
222	schätzen	69	1	0.19	0.0145	attraction	1.746904e+00
223	antreten	70	1	0.19	0.0143	attraction	1.723311e+00
224	fördern	71	1	0.19	0.0141	attraction	1.700132e+00
225	verdienen	86	1	0.23	0.0116	attraction	1.395225e+00
226	warten	87	1	0.23	0.0115	attraction	1.377362e+00
227	sprechen	288	2	0.78	0.0069	attraction	1.345167e+00
228	zustimmen	91	1	0.25	0.0110	attraction	1.308525e+00
229	legen	96	1	0.26	0.0104	attraction	1.227940e+00
230	fragen	97	1	0.26	0.0103	attraction	1.212500e+00
231	vorstellen	97	1	0.26	0.0103	attraction	1.212500e+00
232	nennen	318	2	0.86	0.0063	attraction	1.109271e+00
233	erinnern	114	1	0.31	0.0088	attraction	9.796736e-01
234	ausschließen	122	1	0.33	0.0082	attraction	8.866013e-01
235	verhindern	124	1	0.33	0.0081	attraction	8.647353e-01
236	erscheinen	146	1	0.39	0.0068	attraction	6.555325e-01
237	übernehmen	206	1	0.55	0.0049	attraction	2.886474e-01
238	sehen	608	2	1.64	0.0033	attraction	7.495082e-02
239	sagen	1354	1	3.65	0.0007	repulsion	2.715493e+00
240	liegen	481	1	1.30	0.0021	repulsion	7.359046e-02

In order to determine the degree of repulsion of verbs that are not attested with/in the word/the construction, the following table gives the collocational/collostructional strength for all verb frequencies in orders of magnitude the corpus size allows for.

	absentees.words	absentees.obs.freqs	absentees.exp.freqs	X.repulsion.	absentees.collstrengths
1	a	1e+01	0.02694098	repulsion	0.05395497
2	b	1e+02	0.26940978	repulsion	0.53957709
3	c	1e+03	2.69409775	repulsion	5.39851029
4	d	1e+04	26.94097753	repulsion	54.26109997
5	e	1e+05	269.40977531	repulsion	572.45762942

If your collostruction strength is based on p-values, it can be interpreted as follows : Coll.strength〉3 → p〈0.001; coll.strength〉2 → p〈0.01; coll.strength〉1.30103 → p〈0.05.

word.freq : frequency of the word in the corpus
obs.freq : observed frequency of the word with/in sein-zu-Infinitiv
exp.freq : expected frequency of the word with/in sein-zu-Infinitiv
faith : percentage of how many instances of the word occur with/in sein-zu-Infinitiv
relation : relation of the word to sein-zu-Infinitiv
coll.strength : index of collocational/collostructional strength: log-likelihood , the higher, the stronger

	words	word.freq	obs.freq	exp.freq	faith	relation	coll.strength
1	hören	90	20	0.05	0.2222	attraction	202.232298
2	rechnen	170	21	0.10	0.1235	attraction	185.460186
3	erwarten	246	21	0.15	0.0854	attraction	169.165383
4	sehen	608	24	0.36	0.0395	attraction	155.671376
5	verdanken	27	11	0.02	0.4074	attraction	126.955034
6	haben	17	10	0.01	0.5882	attraction	125.531597
7	zurückführen	21	8	0.01	0.3810	attraction	90.921363
8	finden	350	12	0.21	0.0343	attraction	74.175708
9	ansehen	53	8	0.03	0.1509	attraction	73.889144
10	erreichen	245	10	0.15	0.0408	attraction	65.275391
11	spüren	51	7	0.03	0.1373	attraction	63.208257
12	erfahren	61	7	0.04	0.1148	attraction	60.541297
13	einwenden	10	5	0.01	0.5000	attraction	60.374762
14	ausschließen	122	8	0.07	0.0656	attraction	59.894172
15	erkennen	90	7	0.05	0.0778	attraction	54.853792
16	beobachten	43	6	0.03	0.1395	attraction	54.379188
17	machen	880	12	0.53	0.0136	attraction	52.418512
18	antreffen	8	4	0.00	0.5000	attraction	48.292276
19	bewältigen	31	5	0.02	0.1613	attraction	46.870872
20	entnehmen	12	4	0.01	0.3333	attraction	44.111057

21	danken	13	4	0.01	0.3077	attraction	43.340302
22	ablesen	13	4	0.01	0.3077	attraction	43.340302
23	übersehen	14	4	0.01	0.2857	attraction	42.638231
24	lösen	62	5	0.04	0.0806	attraction	39.537108
25	schaffen	272	7	0.16	0.0257	attraction	39.208138
26	verzeichnen	30	4	0.02	0.1333	attraction	35.848376
27	bringen	392	7	0.24	0.0179	attraction	34.177959
28	verstehen	115	5	0.07	0.0435	attraction	33.228253
29	rechtfertigen	52	4	0.03	0.0769	attraction	31.231363
30	suchen	159	5	0.10	0.0314	attraction	29.979161
31	prüfen	74	4	0.04	0.0541	attraction	28.339327
32	befürchten	85	4	0.05	0.0471	attraction	27.214784
33	erklären	410	6	0.25	0.0146	attraction	26.964552
34	feststellen	92	4	0.06	0.0435	attraction	26.575256
35	überwinden	36	3	0.02	0.0833	attraction	23.914952
36	denken	137	4	0.08	0.0292	attraction	23.384793
37	absehen	40	3	0.02	0.0750	attraction	23.261161
38	berappen	5	2	0.00	0.4000	attraction	22.954875
39	messen	43	3	0.03	0.0698	attraction	22.814319
40	werten	49	3	0.03	0.0612	attraction	22.010955
41	zurechnen	7	2	0.00	0.2857	attraction	21.311610
42	nachlesen	7	2	0.00	0.2857	attraction	21.311610
43	abraten	7	2	0.00	0.2857	attraction	21.311610
44	trauen	8	2	0.00	0.2500	attraction	20.691218
45	belegen	63	3	0.04	0.0476	attraction	20.477421
46	beanstanden	9	2	0.01	0.2222	attraction	20.155064
47	kompensieren	10	2	0.01	0.2000	attraction	19.682923
48	bewundern	10	2	0.01	0.2000	attraction	19.682923
49	vernehmen	13	2	0.01	0.1538	attraction	18.532161
50	veranschlagen	13	2	0.01	0.1538	attraction	18.532161
51	annehmen	91	3	0.05	0.0330	attraction	18.259325
52	zutrauen	15	2	0.01	0.1333	attraction	17.916718
53	besichtigen	15	2	0.01	0.1333	attraction	17.916718
54	vorziehen	16	2	0.01	0.1250	attraction	17.641503
55	bemerken	21	2	0.01	0.0952	attraction	16.495455
56	festschreiben	23	2	0.01	0.0870	attraction	16.116317
57	füllen	26	2	0.02	0.0769	attraction	15.608261

58	anwenden	26	2	0.02	0.0769	attraction	15.608261
59	zahlen	143	3	0.09	0.0210	attraction	15.572872
60	beurteilen	27	2	0.02	0.0741	attraction	15.452493
61	gewinnen	149	3	0.09	0.0201	attraction	15.330856
62	würdigen	30	2	0.02	0.0667	attraction	15.019090
63	mystifizieren	1	1	0.00	1.0000	attraction	14.838823
64	totkriegen	1	1	0.00	1.0000	attraction	14.838823
65	lokalisieren	1	1	0.00	1.0000	attraction	14.838823
66	umwandern	1	1	0.00	1.0000	attraction	14.838823
67	umlegen	1	1	0.00	1.0000	attraction	14.838823
68	berücksichtigen	33	2	0.02	0.0606	attraction	14.628776
69	halten	435	4	0.26	0.0092	attraction	14.416000
70	beantworten	35	2	0.02	0.0571	attraction	14.388596
71	beziffern	39	2	0.02	0.0513	attraction	13.948362
72	entscheiden	199	3	0.12	0.0151	attraction	13.639046
73	bestreiten	43	2	0.03	0.0465	attraction	13.552729
74	umgehen	44	2	0.03	0.0455	attraction	13.459785
75	ausmachen	53	2	0.03	0.0377	attraction	12.710261
76	erahnen	2	1	0.00	0.5000	attraction	12.067433
77	beneiden	2	1	0.00	0.5000	attraction	12.067433
78	zuschütten	2	1	0.00	0.5000	attraction	12.067433
79	entdecken	66	2	0.04	0.0303	attraction	11.833147
80	reduzieren	66	2	0.04	0.0303	attraction	11.833147
81	vermeiden	67	2	0.04	0.0299	attraction	11.773269
82	empfehlen	67	2	0.04	0.0299	attraction	11.773269
83	umsetzen	71	2	0.04	0.0282	attraction	11.542674
84	sprechen	288	3	0.17	0.0104	attraction	11.513287
85	nehmen	291	3	0.17	0.0103	attraction	11.454369
86	erspähen	3	1	0.00	0.3333	attraction	11.022135
87	reden	83	2	0.05	0.0241	attraction	10.924094
88	legen	96	2	0.06	0.0208	attraction	10.350988
89	vorhersehen	4	1	0.00	0.2500	attraction	10.343737
90	durchhalten	4	1	0.00	0.2500	attraction	10.343737
91	umschulden	4	1	0.00	0.2500	attraction	10.343737
92	zustellen	4	1	0.00	0.2500	attraction	10.343737
93	knacken	4	1	0.00	0.2500	attraction	10.343737
94	verneinen	4	1	0.00	0.2500	attraction	10.343737

95	auftreiben	4	1	0.00	0.2500	attraction	10.343737
96	taxieren	4	1	0.00	0.2500	attraction	10.343737
97	bewerkstelligen	5	1	0.00	0.2000	attraction	9.839592
98	handhaben	5	1	0.00	0.2000	attraction	9.839592
99	zerbrechen	5	1	0.00	0.2000	attraction	9.839592
100	folgern	5	1	0.00	0.2000	attraction	9.839592
101	beheben	6	1	0.00	0.1667	attraction	9.438080
102	verkennen	6	1	0.00	0.1667	attraction	9.438080
103	montieren	6	1	0.00	0.1667	attraction	9.438080
104	umkehren	6	1	0.00	0.1667	attraction	9.438080
105	zurückdrängen	6	1	0.00	0.1667	attraction	9.438080
106	verhindern	124	2	0.07	0.0161	attraction	9.351220
107	verwechseln	7	1	0.00	0.1429	attraction	9.104384
108	müssen	7	1	0.00	0.1429	attraction	9.104384
109	bestaunen	7	1	0.00	0.1429	attraction	9.104384
110	ahnden	7	1	0.00	0.1429	attraction	9.104384
111	kritisieren	141	2	0.08	0.0142	attraction	8.853712
112	kriegen	8	1	0.00	0.1250	attraction	8.818888
113	gleichsetzen	8	1	0.00	0.1250	attraction	8.818888
114	verkaufen	147	2	0.09	0.0136	attraction	8.693030
115	zumuten	9	1	0.01	0.1111	attraction	8.569432
116	anrechnen	9	1	0.01	0.1111	attraction	8.569432
117	kombinieren	9	1	0.01	0.1111	attraction	8.569432
118	bejahen	10	1	0.01	0.1000	attraction	8.347948
119	errechnen	10	1	0.01	0.1000	attraction	8.347948
120	beibehalten	10	1	0.01	0.1000	attraction	8.347948
121	bekommen	169	2	0.10	0.0118	attraction	8.157909
122	träumen	11	1	0.01	0.0909	attraction	8.148812
123	mobilisieren	11	1	0.01	0.0909	attraction	8.148812
124	abführen	11	1	0.01	0.0909	attraction	8.148812
125	anlasten	12	1	0.01	0.0833	attraction	7.967940
126	durchbrechen	12	1	0.01	0.0833	attraction	7.967940
127	entgegenhalten	13	1	0.01	0.0769	attraction	7.802279
128	verbrennen	13	1	0.01	0.0769	attraction	7.802279
129	anmerken	14	1	0.01	0.0714	attraction	7.649479
130	herausfinden	14	1	0.01	0.0714	attraction	7.649479
131	buchen	15	1	0.01	0.0667	attraction	7.507698

132	binden	15	1	0.01	0.0667	attraction	7.507698
133	einlassen	16	1	0.01	0.0625	attraction	7.375464
134	einstufen	16	1	0.01	0.0625	attraction	7.375464
135	herauskommen	18	1	0.01	0.0556	attraction	7.135064
136	verfehlen	19	1	0.01	0.0526	attraction	7.025094
137	realisieren	19	1	0.01	0.0526	attraction	7.025094
138	ertragen	19	1	0.01	0.0526	attraction	7.025094
139	bezweifeln	19	1	0.01	0.0526	attraction	7.025094
140	integrieren	20	1	0.01	0.0500	attraction	6.920980
141	verwirklichen	20	1	0.01	0.0500	attraction	6.920980
142	übertreffen	20	1	0.01	0.0500	attraction	6.920980
143	identifizieren	20	1	0.01	0.0500	attraction	6.920980
144	steuern	21	1	0.01	0.0476	attraction	6.822137
145	durchführen	21	1	0.01	0.0476	attraction	6.822137
146	interpretieren	22	1	0.01	0.0455	attraction	6.728061
147	gewährleisten	22	1	0.01	0.0455	attraction	6.728061
148	genießen	22	1	0.01	0.0455	attraction	6.728061
149	bekämpfen	24	1	0.01	0.0417	attraction	6.552533
150	einschätzen	24	1	0.01	0.0417	attraction	6.552533
151	erfassen	25	1	0.02	0.0400	attraction	6.470374
152	loben	26	1	0.02	0.0385	attraction	6.391551
153	bereitstellen	27	1	0.02	0.0370	attraction	6.315807
154	begehen	28	1	0.02	0.0357	attraction	6.242914
155	ausgleichen	29	1	0.02	0.0345	attraction	6.172669
156	aufhalten	31	1	0.02	0.0323	attraction	6.039407
157	unterscheiden	31	1	0.02	0.0323	attraction	6.039407
158	abstimmen	31	1	0.02	0.0323	attraction	6.039407
159	klären	32	1	0.02	0.0312	attraction	5.976078
160	erhalten	312	2	0.19	0.0064	attraction	5.865648
161	hinzufügen	34	1	0.02	0.0294	attraction	5.855349
162	stoppen	35	1	0.02	0.0286	attraction	5.797716
163	sicherstellen	37	1	0.02	0.0270	attraction	5.687399
164	verwenden	38	1	0.02	0.0263	attraction	5.634536
165	registrieren	38	1	0.02	0.0263	attraction	5.634536
166	vermitteln	38	1	0.02	0.0263	attraction	5.634536
167	besetzen	39	1	0.02	0.0256	attraction	5.583097
168	begreifen	40	1	0.02	0.0250	attraction	5.533008

169	führen	349	2	0.21	0.0057	attraction	5.460276
170	regeln	42	1	0.03	0.0238	attraction	5.436614
171	vermuten	43	1	0.03	0.0233	attraction	5.390189
172	anfangen	43	1	0.03	0.0233	attraction	5.390189
173	anstreben	43	1	0.03	0.0233	attraction	5.390189
174	behandeln	44	1	0.03	0.0227	attraction	5.344871
175	fassen	44	1	0.03	0.0227	attraction	5.344871
176	verweigern	45	1	0.03	0.0222	attraction	5.300611
177	fordern	366	2	0.22	0.0055	attraction	5.289836
178	verstärken	47	1	0.03	0.0213	attraction	5.215078
179	retten	47	1	0.03	0.0213	attraction	5.215078
180	trennen	48	1	0.03	0.0208	attraction	5.173720
181	aufgeben	49	1	0.03	0.0204	attraction	5.133248
182	stärken	51	1	0.03	0.0196	attraction	5.054823
183	kontrollieren	51	1	0.03	0.0196	attraction	5.054823
184	finanzieren	53	1	0.03	0.0189	attraction	4.979537
185	verbieten	54	1	0.03	0.0185	attraction	4.942998
186	aufbauen	54	1	0.03	0.0185	attraction	4.942998
187	ausweisen	55	1	0.03	0.0182	attraction	4.907157
188	schützen	56	1	0.03	0.0179	attraction	4.871989
189	vereinbaren	57	1	0.03	0.0175	attraction	4.837472
190	erzielen	59	1	0.04	0.0169	attraction	4.770294
191	erwerben	65	1	0.04	0.0154	attraction	4.582203
192	erzählen	66	1	0.04	0.0152	attraction	4.552631
193	wünschen	67	1	0.04	0.0149	attraction	4.523525
194	bezahlen	68	1	0.04	0.0147	attraction	4.494871
195	bewegen	68	1	0.04	0.0147	attraction	4.494871
196	bestimmen	70	1	0.04	0.0143	attraction	4.438869
197	beklagen	71	1	0.04	0.0141	attraction	4.411495
198	fördern	71	1	0.04	0.0141	attraction	4.411495
199	festlegen	72	1	0.04	0.0139	attraction	4.384523
200	erleben	74	1	0.04	0.0135	attraction	4.331743
201	einstellen	76	1	0.05	0.0132	attraction	4.280444
202	richten	80	1	0.05	0.0125	attraction	4.181987
203	leisten	83	1	0.05	0.0120	attraction	4.111499
204	verdienen	86	1	0.05	0.0116	attraction	4.043657
205	fragen	97	1	0.06	0.0103	attraction	3.814783

206	vorlegen	98	1	0.06	0.0102	attraction	3.795363
207	begründen	110	1	0.07	0.0091	attraction	3.577597
208	sichern	112	1	0.07	0.0089	attraction	3.543794
209	melden	112	1	0.07	0.0089	attraction	3.543794
210	durchsetzen	113	1	0.07	0.0088	attraction	3.527135
211	erinnern	114	1	0.07	0.0088	attraction	3.510634
212	sorgen	127	1	0.08	0.0079	attraction	3.309333
213	beteiligen	137	1	0.08	0.0073	attraction	3.169151
214	tragen	137	1	0.08	0.0073	attraction	3.169151
215	bezeichnen	149	1	0.09	0.0067	attraction	3.015011
216	planen	165	1	0.10	0.0061	attraction	2.829534
217	vorwerfen	169	1	0.10	0.0059	attraction	2.786278
218	glauben	172	1	0.10	0.0058	attraction	2.754578
219	ablehnen	214	1	0.13	0.0047	attraction	2.366807
220	tun	246	1	0.15	0.0041	attraction	2.125840
221	nennen	318	1	0.19	0.0031	attraction	1.697778
222	sagen	1354	2	0.81	0.0015	attraction	1.231879

In order to determine the degree of repulsion of verbs that are not attested with/in the word/the construction, the following table gives the collocational/collostructional strength for all verb frequencies in orders of magnitude the corpus size allows for.

	absentees.words	absentees.obs.freqs	absentees.exp.freqs	X.repulsion.	absentees.collstrengths
1	a	1e+01	0.006000644	repulsion	0.01200496
2	b	1e+02	0.060006440	repulsion	0.12005566
3	c	1e+03	0.600064397	repulsion	1.20116550
4	d	1e+04	6.000643972	repulsion	12.07299926
5	e	1e+05	60.006439715	repulsion	127.36326044

If your collostruction strength is based on p-values, it can be interpreted as follows : Coll.strength$>$3 → p$<$0.001; coll.strength$>$2 → p$<$0.01; coll.strength$>$1.30103 → p$<$0.05.

Lemma	Freq	Lemma	Freq
geben	640	knirschen	3
heißen	271	treffen	3
gehen	229	abwärtsgehen	2
handeln	86	dauern	2
sein	72	hapern	2
werden	70	meinen	2
haben	53	stinken	2
kommen	41	zeigen	2
können	25	anfangen	1
sollen	22	anstehen	1
gelten	21	aufhören	1
scheinen	19	aufnehmen	1
bedürfen	18	aushalten	1
fehlen	15	bekommen	1
ankommen	13	blasen	1
müssen	13	drohen	1
dürfen	9	faulen	1
aussehen	8	gären	1
mangeln	8	geschehen	1
regnen	7	klopfen	1
stehen	7	langgehen	1
bleiben	6	laufen	1
tun	5	liegen	1
weitergehen	5	machen	1
brauchen	4	reichen	1
bringen	4	riechen	1
ergehen	4	röhren	1
lassen	4	schaben	1
zugehen	4	schaudern	1
absehen	3	scheppern	1
hageln	3	schlechtgehen	1
halten	3	setzen	1

Lemma	Freq
tirilieren	1
treiben	1
überlegen	1
vorangehen	1
wimmeln	1
zeihen	1

Lemma	Freq	Lemma	Freq
sein	31	geschehen	1
werden	19	verdichten	1
bestehen	14	kämpfen	1
müssen	10	konkurrieren	1
fehlen	6	trennen	1
folgen	6	anschließen	1
sollen	5	zusammenbrauen	1
herrschen	5	grassieren	1
gelten	4	zirkulieren	1
dürfen	4	toben	1
können	3	ändern	1
haben	3	abzeichnen	1
vorliegen	3	klappen	1
entstehen	3		
bleiben	3		
hinzukommen	3		
leben	2		
scheinen	2		
stehen	2		
ausgehen	2		
bevorstehen	1		
kommen	1		
hineinwachsen	1		
wachsen	1		
stellen	1		
zirpen	1		
schreien	1		
durchströmen	1		
fließen	1		
genügen	1		
existieren	1		
rauschen	1		

Lemma	Freq	Lemma	Freq
sein	2187	rechnen	13
haben	911	befinden	11
werden	667	bieten	11
müssen	289	bringen	11
können	262	leben	11
sollen	177	mögen	11
wollen	143	wachsen	10
geben	136	ausgehen	9
dürfen	65	ändern	8
stehen	49	eröffnen	8
liegen	45	erwarten	8
gehen	36	laufen	8
bestehen	34	tragen	8
handeln	34	unterstützen	8
gelten	28	anstreben	7
brauchen	22	arbeiten	7
kommen	22	bekommen	7
bedeuten	21	bevorstehen	7
halten	21	erscheinen	7
machen	21	fühlen	7
zeigen	21	schaffen	7
bleiben	19	spielen	7
hoffen	17	ablehnen	6
drohen	16	ankommen	6
gehören	16	enthalten	6
lassen	16	ergeben	6
wissen	16	erlauben	6
führen	15	feststehen	6
darstellen	14	finden	6
fehlen	14	reichen	6
sehen	14	richten	6
versuchen	14	setzen	6

Lemma	Freq	Lemma	Freq
steigen	6	kritisieren	4
verhalten	6	lohnen	4
abhängen	5	prüfen	4
bedürfen	5	scheinen	4
beitragen	5	stoßen	4
benötigen	5	stützen	4
betragen	5	umgehen	4
betreiben	5	verbinden	4
beziehen	5	verstehen	4
entsprechen	5	verzichten	4
fallen	5	vorankommen	4
gefährden	5	vorsehen	4
gelingen	5	weigern	4
glauben	5	widersprechen	4
helfen	5	zulassen	4
kosten	5	zunehmen	4
lauten	5	zutreffen	4
reagieren	5	anerkennen	3
stammen	5	ansehen	3
stellen	5	anstreben	3
suchen	5	ausmachen	3
tun	5	ausreichen	3
übernehmen	5	ausschließen	3
verfolgen	5	beabsichtigen	3
verfügen	5	begreifen	3
verlieren	5	beimessen	3
abzeichnen	4	beinhalten	3
angehen	4	belegen	3
anrichten	4	bemühen	3
bedauern	4	betreffen	3
bekennen	4	empfinden	3
besitzen	4	entstehen	3
denken	4	entwickeln	3
entfallen	4	existieren	3
entscheiden	4	festhalten	3
erhalten	4	garantieren	3
erhöhen	4	genügen	3
erkennen	4	geschehen	3
ermöglichen	4	herrschen	3
erreichen	4	ignorieren	3

Lemma	Freq	Lemma	Freq
konzentrieren	3	beginnen	2
legen	3	begründen	2
mangeln	3	behalten	2
nehmen	3	behindern	2
nutzen	3	belasten	2
passen	3	benutzen	2
passieren	3	bereiten	2
planen	3	betrachten	2
profitieren	3	beweisen	2
rangieren	3	bezeichnen	2
regeln	3	bilden	2
schlagen	3	decken	2
sinken	3	dienen	2
sparen	3	einbringen	2
sprechen	3	einnehmen	2
stimmen	3	einräumen	2
unterliegen	3	einschlagen	2
verletzen	3	einsetzen	2
versprechen	3	einstellen	2
verstoßen	3	engagieren	2
vorliegen	3	entgegenschlagen	2
zerstören	3	erfordern	2
ziehen	3	erfüllen	2
zurückbleiben	3	erheben	2
zurücktreten	3	erhoffen	2
zustimmen	3	erinnern	2
agieren	2	ermitteln	2
angehören	2	erwägen	2
anhalten	2	erwirtschaften	2
antreten	2	erzielen	2
anweisen	2	favorisieren	2
aufbringen	2	fließen	2
aufweisen	2	fordern	2
aufwerfen	2	fördern	2
ausbauen	2	fragen	2
ausgeben	2	hängen	2
aushalten	2	heißen	2
auswirken	2	herrühren	2
beeinflussen	2	hinausgehen	2
befürworten	2	hinauslaufen	2

Lemma	Freq	Lemma	Freq
hindeuten	2	abkoppeln	1
kaufen	2	abliefern	1
kümmern	2	ablösen	1
leiden	2	abmelden	1
obliegen	2	abrufen	1
offenbaren	2	abschneiden	1
präsentieren	2	abschoten	1
produzieren	2	absehen	1
reden	2	abstammen	1
reklamieren	2	abwandern	1
retten	2	abweichen	1
rücken	2	abwickeln	1
sagen	2	addieren	1
schaden	2	akzeptieren	1
schreiben	2	anbahnen	1
sichern	2	anbieten	1
sitzen	2	anlegen	1
stärken	2	annähern	1
stattfinden	2	anpassen	1
stecken	2	anpeilen	1
streichen	2	anrichten	1
treiben	2	anrufen	1
überlegen	2	anschicken	1
umsetzen	2	anstehen	1
verkaufen	2	appellieren	1
verlangen	2	aufbauen	1
verlassen	2	aufdecken	1
verschaffen	2	auffangen	1
voraussetzen	2	aufgehen	1
vorgeben	2	aufhalten	1
wahrnehmen	2	aufhören	1
wechseln	2	auflösen	1
werfen	2	aufnehmen	1
wirken	2	aufrechterhalten	1
wünschen	2	aufrücken	1
zahlen	2	aufteilen	1
zählen	2	auftreten	1
zielen	2	aufwerten	1
zurückgehen	2	aufzeigen	1
zurückziehen	2	ausbeuten	1

Lemma	Freq	Lemma	Freq
ausbluten	1	berühren	1
ausbrechen	1	beschaffen	1
ausdehnen	1	beschäftigen	1
ausdrücken	1	beschleunigen	1
ausfallen	1	bestimmen	1
auslagern	1	bestreiten	1
auslösen	1	beteiligen	1
ausruhen	1	beweinen	1
aussehen	1	bewirken	1
aussein	1	bewundern	1
aussprechen	1	bezahlen	1
ausüben	1	billigen	1
ausweiten	1	blockieren	1
autorisieren	1	brennen	1
basteln	1	buchen	1
bauen	1	dasein	1
beantragen	1	dauern	1
beantworten	1	definieren	1
bedenken	1	demonstrieren	1
beeinträchtigen	1	diffamieren	1
befürchten	1	drängen	1
begegnen	1	drinsein	1
begünstigen	1	drücken	1
behandeln	1	durchlaufen	1
beharren	1	durchleuchten	1
behaupten	1	durchschlagen	1
beheben	1	durchsetzen	1
beherrschen	1	ebnen	1
behüten	1	einbeziehen	1
bejubele	1	eingehen	1
bekanntgeben	1	einhalten	1
beklagen	1	einhergehen	1
bemerken	1	einkaufen	1
beobachten	1	einplanen	1
berauben	1	einschließen	1
bereitstehen	1	einschränken	1
bereitstellen	1	einsteigen	1
bergen	1	empfehlen	1
berücksichtigen	1	entfremden	1
beruhen	1	entgegenkommen	1

Lemma	Freq	Lemma	Freq
entgegenschauen	1	grenzen	1
entgegensehen	1	gründen	1
entgegenstehen	1	heimkehren	1
entlasten	1	herausspringen	1
entwerten	1	herstellen	1
entziehen	1	hervorgehen	1
erblühen	1	hindern	1
erfahren	1	hineinwirken	1
erfreuen	1	hingeben	1
ergehen	1	hinschauen	1
erkaufen	1	hinwegsetzen	1
erleben	1	hinzukommen	1
ernähren	1	hinzuzählen	1
erniedrigen	1	hinzuziehen	1
ernstnehmen	1	höhnen	1
erschöpfen	1	informieren	1
erschweren	1	interpretieren	1
ersetzen	1	investieren	1
ersparen	1	kandidieren	1
erweitern	1	kennen	1
erzeugen	1	klaffen	1
expandieren	1	kollaborieren	1
fahren	1	kommentieren	1
feiern	1	koppeln	1
fernhalten	1	kosen	1
festlegen	1	kündigen	1
feststellen	1	landen	1
fortsetzen	1	lecken	1
freuen	1	lehren	1
funktionieren	1	leiten	1
gebieten	1	lesen	1
gedenken	1	liefern	1
gegenüberstehen	1	lösen	1
gelangen	1	lossein	1
gesellen	1	meinen	1
gewinnen	1	messen	1
gleichen	1	mindern	1
gleichkommen	1	mißachten	1
gratulieren	1	mithelfen	1
greifen	1	mitteilen	1

Lemma	Freq	Lemma	Freq
mittragen	1	senken	1
mitwirken	1	sicherstellen	1
möchten	1	speisen	1
nachdenken	1	spiegeln	1
nachgehen	1	sprengen	1
nachkommen	1	sprudeln	1
nachtragen	1	stabilisieren	1
naheliegen	1	stagnieren	1
niederschlagen	1	starten	1
nötigen	1	steuern	1
offenhalten	1	stören	1
offenlegen	1	streben	1
offenstehen	1	strotzen	1
öffnen	1	stürben	1
operieren	1	tarnen	1
organisieren	1	tauschen	1
orientieren	1	teilnehmen	1
pflegen	1	tendieren	1
plädieren	1	töten	1
prägen	1	treffen	1
preisgeben	1	treten	1
raten	1	trinken	1
rauchen	1	üben	1
reduzieren	1	überdenken	1
registrieren	1	übereinstimmen	1
reiben	1	überlassen	1
reisen	1	überwachen	1
reißen	1	übriglassen	1
riskieren	1	umgeben	1
rutschen	1	umschlagen	1
säen	1	umsein	1
schämen	1	unterdrücken	1
schätzen	1	unterhalten	1
schließen	1	untersagen	1
schrecken	1	verändern	1
schröpfen	1	veranlassen	1
schüren	1	verbessern	1
schütteln	1	verbleiben	1
schützen	1	verbrauchen	1
schwinden	1	verbuchen	1

Lemma	Freq	Lemma	Freq
verbünden	1	vorbeigehen	1
verdienen	1	vorbeikommen	1
verdoppeln	1	vorfinden	1
verfahren	1	vorhaben	1
vergrößern	1	vorkommen	1
verhandeln	1	vorlegen	1
verhelfen	1	vorschreiben	1
verhindern	1	vorstellen	1
verlaufen	1	vortäuschen	1
vermissen	1	vorziehen	1
vermögen	1	wandeln	1
vernachlässigen	1	warten	1
veröffentlichen	1	wehren	1
verpflichten	1	weilen	1
verschärfen	1	weitergehen	1
verschieben	1	weitermachen	1
verschlechtern	1	wiederholen	1
verschlimmern	1	wiedertreffen	1
verschlingen	1	zehren	1
verschmelzen	1	zeitigen	1
verschwenden	1	zersetzen	1
verspüren	1	zugehen	1
verstecken	1	zugrundeliegen	1
verstellen	1	zukommen	1
verstreichen	1	zulegen	1
verteilen	1	zumachen	1
vertragen	1	zurückerhalten	1
vertrauen	1	zurückfinden	1
vertreten	1	zurückkehren	1
vertun	1	zusagen	1
verursachen	1	zusammenarbeiten	1
verwalten	1	zusammengehen	1
verweigern	1	zusammenhängen	1
verzeihen	1	zusammenkommen	1
verzerren	1	zuspitzen	1
vorangehen	1	zutrauen	1
voranschreiten	1		
vorantreiben	1		
vorbeifahren	1		
vorbeiführen	1		

Lemma	Freq	Lemma	Freq
sagen	136	dementieren	2
heißen	51	finden	2
berichten	47	geben	2
mitteilen	42	gestehen	2
erklären	35	loben	2
betonen	24	machen	2
meinen	13	akzeptieren	1
behaupten	12	annehmen	1
kritisieren	10	anrechnen	1
melden	9	argumentieren	1
schreiben	8	argwöhnen	1
einräumen	7	aussehen	1
bestätigen	6	begreifen	1
vorwerfen	6	beteuern	1
urteilen	5	beurteilen	1
wissen	5	dagegenhalten	1
erzählen	4	einräumen	1
angeben	3	entgegenhalten	1
bekanntgeben	3	entgegnen	1
erinnern	3	entscheiden	1
erläutern	3	entschuldigen	1
feststellen	3	erfahren	1
glauben	3	erkennen	1
rügen	3	ermitteln	1
verlauten	3	erwidern	1
versichern	3	festlegen	1
anerkennen	2	fordern	1
aussagen	2	fragen	1
bedauern	2	hervorheben	1
bekennen	2	hoffen	1
beklagen	2	jubeln	1
bestreiten	2	monieren	1

Lemma	Freq	Lemma	Freq
nachfragen	1	überlegen	1
protestieren	1	unterstellen	1
prüfen	1	verkünden	1
scheinen	1	verstehen	1
schildern	1	vorrechnen	1
schnauzen	1	weitererklären	1
sein	1	zeigen	1
spekulieren	1	zugeben	1

Lemma	Lemma	Lemma	Freq
nach	wie	vor	66
mehr	oder	weniger	10
nach	und	nach	7
hin	und	her	5
mehr	und	mehr	4
ganz	und	gar	3
auch	und	gerade	3
wohl	oder	übel	3
durch	und	durch	3
kreuz	und	quer	3
so	oder	so	3
ab	und	an	3
hier	wie	dort	2
damals	und	heute	2
auf	und	ab	2
montags	bis	freitags	2
wieder	und	wieder	2
hier	und	dort	2
rechts	oder	links	2
herauf	und	herunter	1
donnerstags	bis	samstags	1
innen	wie	außen	1
rechts	und	links	1
hin	und	wieder	1
ein	noch	aus	1
hie	und	da	1
eh	und	je	1
angst	und	bange	1
außen	und	innen	1
damals	wie	heute	1
heute	und	hier	1
vorwärts	oder	rückwärts	1

Lemma	Lemma	Lemma	Freq
hin	und	wieder	1
ein	noch	aus	1
hie	und	da	1
eh	und	je	1
angst	und	bange	1
außen	und	innen	1
damals	wie	heute	1
heute	und	hier	1
vorwärts	oder	rückwärts	1
rechts	wie	links	1
dienstags	bis	freitags	1
draußen	und	drinnen	1
ganz	oder	teilweise	1
montags	und	donnerstags	1
gern	und	oft	1
einst	und	heute	1
morgens	und	mittags	1
montags	bis	mittwochs	1
vorn	und	hinten	1
zusammen	und	durcheinander	1
ab	und	zu	1
gerade	und	zuerst	1
mehr	oder	minder	1
links	und	rechts	1
unten	oder	oben	1
heute	und	morgen	1
überall	und	nirgends	1
nie	und	nimmer	1

PSR	Freq	ACC_Freq	ACC_PSR
CO → ADJD KON PP	31	31	7.93
CO → ADV KON PP	26	57	14.58
CO → NP KON PP	19	76	19.44
CO → AP KON PP	17	93	23.79
CO → ADJD KON VP	13	106	27.11
CO → PP KON AP	12	118	30.18
CO → PP KON NP	11	129	32.99
CO → AP KON VP	8	137	35.04
CO → S NP	7	144	36.83
CO → PP KON ADJD	7	151	38.62
CO → NP S	7	158	40.41
CO → NP KON AP	7	165	42.2
CO → PP KON ADV	6	171	43.73
CO → NP KON S	6	177	45.27
CO → PP KON S	6	183	46.8
CO → ADJD KON ADV	6	189	48.34
CO → AP KON NP	6	195	49.87
CO → PP KON AVP	5	200	51.15
CO → AVP KON PP	5	205	52.43
CO → KOUS KON PWAV	4	209	53.45
CO → VP KON NP	4	213	54.48
CO → VP S	4	217	55.5
CO → PP KON VP	4	221	56.52
CO → PP PN	3	224	57.29
CO → S PP	3	227	58.06
CO → KOUS KON PP	3	230	58.82
CO → AP PP	3	233	59.59
CO → ADV KON AP	3	236	60.36

CO → VP VP NP	2	238	60.87
CO → VP KON AP	2	240	61.38
CO → NP KON VP	2	242	61.89
CO → AP NP	2	244	62.4
CO → S KON NP	2	246	62.92
CO → PDAT KON PDAT	2	248	63.43
CO → PP NP	2	250	63.94
CO → KON NP KON PP	2	252	64.45
CO → ADJD KON AVP	2	254	64.96
CO → AP VP	2	256	65.47
CO → ADV KON ADJD	2	258	65.98
CO → PP S	2	260	66.5
CO → ART KON ART	2	262	67.01
CO → NP PP	2	264	67.52
CO → CPP KON ADJD	2	266	68.03
CO → KON PP KON NP	2	268	68.54
CO → PWAV KON PP	2	270	69.05
CO → ADJD KON NN	2	272	69.57
CO → AVP VP	1	273	69.82
CO → NN KON PN	1	274	70.08
CO → NP NP NP PP	1	275	70.33
CO → AP KON NP NP	1	276	70.59
CO → ADJD NP	1	277	70.84
CO → NP ADJD ADJD	1	278	71.1
CO → AP KON ADV	1	279	71.36
CO → CO CVP	1	280	71.61
CO → PROAV KON PP KON PP	1	281	71.87
CO → NN VP NP	1	282	72.12
CO → CH CO PP PP	1	283	72.38
CO → NN AP	1	284	72.63
CO → KON NP S	1	285	72.89
CO → PP NP PP	1	286	73.15
CO → AP AP KON PP	1	287	73.4
CO → ADJD PP VP	1	288	73.66
CO → VP AP	1	289	73.91
CO → NP NP KON AP	1	290	74.17
CO → AP AP VP	1	291	74.42

CO → ADJD VP KON VP	1	292	74.68
CO → AP S	1	293	74.94
CO → PP CAP	1	294	75.19
CO → CAP CO	1	295	75.45
CO → PTKANT KON S	1	296	75.7
CO → AP VVPP KON NP	1	297	75.96
CO → ADV NP	1	298	76.21
CO → VP KON PP	1	299	76.47
CO → NP KON ADV	1	300	76.73
CO → CAVP KON PP	1	301	76.98
CO → ADJD ADV PP	1	302	77.24
CO → AVP CAP	1	303	77.49
CO → ADJD KON AP KON PP	1	304	77.75
CO → CH KON ADJD	1	305	78.01
CO → ADJD VVPP KON PP	1	306	78.26
CO → NP NP NP NP KON S	1	307	78.52
CO → ADJD PP	1	308	78.77
CO → PP PP VP	1	309	79.03
CO → VP KON PTKNEG	1	310	79.28
CO → S S NP	1	311	79.54
CO → AP VP VP	1	312	79.8
CO → PWAV PP	1	313	80.05
CO → PP VP AP	1	314	80.31
CO → CAP NP	1	315	80.56
CO → NP NP NP S NP NP S	1	316	80.82
CO → CAP KON PP	1	317	81.07
CO → PP NP S KON NP	1	318	81.33
CO → VP VP ADJD	1	319	81.59
CO → VP KON AVP	1	320	81.84
CO → ADJD KON ADJD KON PP	1	321	82.1
CO → KOUS KON KON	1	322	82.35
CO → NP AP AP	1	323	82.61
CO → PP CNP KON NP	1	324	82.86
CO → PP AVP	1	325	83.12
CO → KON KON	1	326	83.38
CO → CNP KON AVP	1	327	83.63
CO → PP KON PWAV	1	328	83.89

CO → NP NP KON PP	1	329	84.14
CO → ADV KON S KON S	1	330	84.4
CO → CNP KON PP	1	331	84.65
CO → PN PN PN KON AVP	1	332	84.91
CO → ADJD KON ADJD AP KON AP	1	333	85.17
CO → NP AP	1	334	85.42
CO → VP KON S	1	335	85.68
CO → AVP ADJD KON ADJD	1	336	85.93
CO → CVP KON PP	1	337	86.19
CO → NP NP S	1	338	86.45
CO → PP PP S NP NP	1	339	86.7
CO → S KON APPR	1	340	86.96
CO → ADJD KON PTKNEG	1	341	87.21
CO → NE NE NE NE	1	342	87.47
CO → NP ADJD PP	1	343	87.72
CO → PP CS	1	344	87.98
CO → PDAT KON ADJA	1	345	88.24
CO → CNP KON S	1	346	88.49
CO → ADJD KON VVPP	1	347	88.75
CO → KON ADV KON PP	1	348	89
CO → NN NN KON AVP	1	349	89.26
CO → PP AP AP KON PP	1	350	89.51
CO → S KON AP	1	351	89.77
CO → CNP KON AP	1	352	90.03
CO → PWS KON PWAV	1	353	90.28
CO → PP S S S VP	1	354	90.54
CO → ADJD ADJD ADJD KON VP	1	355	90.79
CO → NP KON NP	1	356	91.05
CO → PP VP	1	357	91.3
CO → NP KON ADJD	1	358	91.56
CO → ADJD ADJD ADJD NP	1	359	91.82
CO → NP KON CH	1	360	92.07
CO → ADV ADV KON PP	1	361	92.33
CO → NP CS NN	1	362	92.58
CO → CNP VP VP	1	363	92.84
CO → AVP KON AP	1	364	93.09
CO → ADJD PP KON PP	1	365	93.35

CO → NP PP KON PP	1	366	93.61
CO → PN PP	1	367	93.86
CO → PP PP KON PP PP KON VP	1	368	94.12
CO → VP AP AP	1	369	94.37
CO → S S KON PP	1	370	94.63
CO → NN NN VP	1	371	94.88
CO → NP S S	1	372	95.14
CO → NN KON ADJD	1	373	95.4
CO → NP NP S ADJD KON PP	1	374	95.65
CO → ADJD KON NP	1	375	95.91
CO → AP KON AVP	1	376	96.16
CO → AVP PP PP	1	377	96.42
CO → ADV PP	1	378	96.68
CO → S S NP KON NP	1	379	96.93
CO → AVP AP	1	380	97.19
CO → CNP KON CPP	1	381	97.44
CO → CNP CS	1	382	97.7
CO → S VP	1	383	97.95
CO → ADJA KON NN	1	384	98.21
CO → KON VVPP KON ADJD	1	385	98.47
CO → NN PP	1	386	98.72
CO → PROAV KON PP	1	387	98.98
CO → KON ADJD KON ADV	1	388	99.23
CO → PP AP	1	389	99.49
CO → ADJD ADJD KON PP	1	390	99.74
CO → KON AVP PP KON ADJD	1	391	100

Lemma	Freq		Lemma	Freq
gefallen	7		fliegen	2
verstreichen	5		folgen	2
aufkommen	4		klären	2
bauen	4		liegen	2
einfallen	4		passieren	2
entstehen	4		platzen	2
erkennen	4		registrieren	2
machen	4		träumen	2
ausfallen	3		überprüfen	2
befürchten	3		untersagen	2
durchsuchen	3		verfallen	2
errichten	3		verkommen	2
gelten	3		vermuten	2
kommen	3		verschwinden	2
läuten	3		wachsen	2
nehmen	3		wissen	2
ruhen	3		wuchern	2
scheitern	3		abhalten	1
setzen	3		abmischen	1
springen	3		abschieben	1
steigen	3		absegnen	1
verbreiten	3		abstimmen	1
vergolden	3		abwarten	1
walten	3		angedeihen	1
ahnen	2		angehen	1
anmerken	2		anlegen	1
auflaufen	2		anpreisen	1
bestätigen	2		anrechnen	1
bezahlen	2		anstrahlen	1
eintragen	2		aufdrängen	1
erarbeiten	2		aufmucken	1
erwarten	2		aufrollen	1

Lemma	Freq	Lemma	Freq
ausfüllen	1	laufen	1
aussterben	1	lesen	1
auswerten	1	löschen	1
auszahlen	1	marschieren	1
bedauern	1	mitgehen	1
beibringen	1	morden	1
beschlagnahmen	1	patentieren	1
besorgen	1	prüfen	1
bieten	1	quälen	1
drucken	1	rasseln	1
durchfüttern	1	regeln	1
durchgehen	1	rügen	1
einarbeiten	1	schenken	1
einfliegen	1	scheuen	1
einnehmen	1	schicken	1
einreisen	1	schrillen	1
einrichten	1	schrumpfen	1
entlocken	1	schützen	1
erbauen	1	sein	1
erbleichen	1	servieren	1
erklären	1	singen	1
erleben	1	spielen	1
erscheinen	1	sprechen	1
erscheinen	1	sprießen	1
erstellen	1	stellen	1
erziehen	1	suchen	1
fallen	1	tolerieren	1
festlegen	1	transportieren	1
fühlen	1	überkleben	1
geben	1	übersetzen	1
gehen	1	überwachen	1
herausputzen	1	umbringen	1
herumwuseln	1	umrüsten	1
heulen	1	ungeregelen	1
hinabschreiten	1	untersuchen	1
hinrichten	1	veranstalten	1
klingeln	1	verarbeiten	1
klingen	1	verbieten	1
knallen	1	verkaufen	1
komponieren	1	verlängern	1

Lemma	Freq	Lemma	Freq
verlauten	1	vorhalten	1
verlesen	1	vorlesen	1
verlottern	1	vorüberziehen	1
vermiesen	1	vorwerfen	1
vermissen	1	wählen	1
vernichten	1	wegsprengen	1
veröden	1	wehen	1
verschieben	1	werden	1
verteilen	1	zeigen	1
verunglücken	1	zergehen	1
vervollständigen	1	zukommen	1
vollbringen	1	zusammenbrechen	1
vollstrecken	1	zustecken	1

Lemma	Freq	Lemma	Freq
so	318	zunächst	13
da	134	manchmal	12
dann	89	doch	12
allerdings	80	schon	11
nun	66	weiter	10
hier	61	also	10
dort	60	gleichwohl	10
zwar	60	derweil	9
jetzt	59	andernfalls	9
schließlich	56	ebenso	9
dennoch	46	hierzulande	9
heute	46	leider	9
insgesamt	40	ansonsten	8
bisher	33	erstmals	8
derzeit	32	überdies	8
auch	31	zuerst	8
zugleich	27	jedoch	8
inzwischen	26	freilich	8
immerhin	26	erstens	7
natürlich	25	eigentlich	7
vielleicht	24	nur	7
sonst	23	hinzu	6
andererseits	22	zuletzt	6
vielmehr	20	letztlich	6
ferner	20	überhaupt	5
noch	19	erst	5
unterdessen	18	überall	5
insofern	17	diesmal	5
außerdem	15	hingegen	5
damals	14	zweitens	4
bislang	14	folglich	4
oft	13	kaum	4

Lemma	Freq	Lemma	Freq
mal	4	gleichermaßen	2
draußen	4	phasenweise	2
gestern	4	rechts	2
jedenfalls	4	tagsüber	2
wieder	4	ergo	2
mittlerweile	4	vermutlich	2
heutzutage	3	jüngst	2
drittens	3	teils	2
irgendwann	3	zusammen	2
links	3	früher	2
immer	3	viertens	2
fast	3	unterwegs	2
gewiß	3	beispielsweise	2
eher	3	insbesondere	2
meist	3	vorbei	2
später	3	dessenungeachtet	1
demnächst	3	nebenan	1
übrigens	3	andernorts	1
anschließend	3	endlich	1
hinterher	3	maßgeblich	1
teilweise	3	nie	1
zudem	3	womöglich	1
kürzlich	3	morgens	1
ohnehin	3	einstweilen	1
somit	3	einst	1
abends	2	viel	1
zeitweise	2	1.	1
selbstverständlich	2	konsequenterweise	1
indessen	2	dorthin	1
zuvor	2	eben	1
bald	2	stets	1
nebenbei	2	überraschenderweise	1
bisweilen	2	trotzdem	1
sicherlich	2	achtmal	1
einerseits	2	bezeichnenderweise	1
hoffentlich	2	anders	1
sicher	2	zumeist	1
sechsmal	2	möglicherweise	1
genauso	2	keineswegs	1
gerne	2	gerade	1

Lemma	Freq	Lemma	Freq
bitte	1	2.	1
wörtlich	1	sofort	1
irgendwie	1	rundherum	1
währenddessen	1	üblicherweise	1
seither	1	gleich	1
normalerweise	1	1640mal	1
vertrackterweise	1	mehrmals	1
längst	1	zweimal	1
notfalls	1	netto	1
anderntags	1	seinerzeit	1
lieber	1	verständlicherweise	1
lange	1	darüberhinaus	1
fünftens	1	interessanterweise	1
jammerschade	1	eilends	1
zugrunde	1	fortan	1
jedesmal	1	daheim	1
weiterhin	1	realiter	1
längsseits	1	mitunter	1
zuweilen	1	mithin	1
täglich	1	weithin	1
wohl	1	genausogut	1
stellenweise	1	hierbei	1
glücklicherweise	1		

lemma	lemma	Freq	lemma	lemma	Freq
warnen	davor	24	rechnen	damit	3
gehen	darum	21	setzen	dafür	2
hindern	daran	11	bedacht	darauf	2
sein	dabei	11	nötigen	dazu	2
beginnen	damit	10	abbringen	davon	2
bestehen	darin	9	verstehen	dazu	2
beitragen	dazu	8	nutzen	dazu	2
sprechen	dafür	8	sein	dagegen	2
rufen	dazu	8	begründen	damit	2
verzichten	darauf	7	drängen	dazu	2
einigen	darauf	6	ermutigen	dazu	2
abhalten	davon	6	fahren	dazu	2
dienen	dazu	5	sein	darauf	2
plädieren	dafür	5	bemühen	darum	2
zwingen	dazu	4	einsetzen	dafür	2
neigen	dazu	4	verurteilen	dazu	2
denken	daran	4	treten	dafür	2
stimmen	dafür	4	antun	dazu	2
zielen	darauf	4	aufrufen	dazu	2
kommen	darauf	4	bewegen	dazu	2
bestehen	darauf	4	arbeiten	daran	2
verständigen	darauf	4	pochen	darauf	2
bitten	darum	3	interessiert	daran	2
entfernt	davon	3	verpflichten	darauf	2
stolz	darauf	3	setzen	daran	2
beschränken	darauf	3	liegen	daran	2
tun	daran	3	warten	darauf	1
aussprechen	dafür	3	finden	dazu	1
sein	dafür	3	ahmen	deshalb	1
beschäftigen	damit	3	scheuen	davor	1
helfen	dabei	3	entscheiden	dazu	1
drohen	damit	3	vorsehen	dafür	1

lemma	lemma	Freq	lemma	lemma	Freq
halten	darauf	1	führen	dazu	1
verwahren	dagegen	1	denken	dafür	1
beharren	darauf	1	gelegen	daran	1
unterstützen	dabei	1	reduzieren	darauf	1
anweisen	darauf	1	bemüht	darum	1
setzen	darauf	1	überraschen	damit	1
wehren	dagegen	1	denken	dabei	1
brennen	darauf	1	benutzen	dazu	1
ernst	damit	1	verwanden	darauf	1
machen	daran	1	gewinnen	dafür	1
sein	dazu	1	konkurrieren	darum	1
kommen	daran	1	nutzen	dafür	1
scheitern	dabei	1	liegen	darin	1
tun	damit	1	zubringen	damit	1
gehen	daran	1	reichen	dafür	1
geeignet	dazu	1	entschuldigen	dafür	1
einverstanden	damit	1	gehen	dahin	1
wenden	dagegen	1	verpflichten	dazu	1
legen	darauf	1	sprechen	davon	1
folgen	darin	1	mißbrauchen	dazu	1
kommen	dazu	1	verlocken	dazu	1
diskutieren	darüber	1	vertrauen	darauf	1
abzielen	darauf	1	schrecken	davor	1
träumen	davon	1	sehen	darin	1
kommen	dafür	1	benutzen	dafür	1
sprechen	dagegen	1	durchringen	dazu	1
zurückschrecken	davor	1	kämpfen	darum	1
begnügen	damit	1	frustriert	davon	1
bekannt	dafür	1	benützen	dazu	1
vertreiben	damit	1	leben	davon	1

lemma	lemma	Freq
darauf	daß	102
dafür	daß	86
davon	daß	73
daran	daß	53
damit	daß	36
dazu	daß	36
darüber	daß	33
deshalb	weil	31
darin	daß	20
darüber	ob	16
dadurch	daß	15
dagegen	daß	6
deswegen	weil	6
darum	daß	4
davon	ob	4
daraus	daß	3
dazu	ob	3
danach	ob	2
davor	daß	2
darum	ob	2
darauf	das	1
dafür	ob	1
damit	wenn	1
dazu	das	1
darauf	ob	1
darauf	wenn	1
darunter	daß	1
daran	ob	1
drauf	daß	1

코퍼스 TrivLit 21의 파일 내용 일부
―표본 1,052 단어(25문장)

Wortform	POS	Lemma
Nicht	PTKNEG	nicht
einmal	ADV	einmal
keine	PIAT	kein
Prinzessin	NN	Prinzessin
sein	VAINF	sein
"	$(	"
Wir	PPER	wir
haben	VAFIN	haben
alles	PIS	alle
besprochen	VVPP	besprechen
,	$,	,
meine	PPOSAT	mein
Liebe	NN	Liebe
.	$.	.
Du	PPER	du
kannst	VMFIN	können
mit	APPR	mit
den	ART	d
Reisevorbereitungen	NN	Reisevorbereitung
beginnen	VVINF	beginnen
.	$.	.
"	$(	"
Fürst	NN	Fürst
Hubertus	NE	Hubertus
nickte	VVFIN	nicken
seiner	PPOSAT	sein

Gemahlin	NN	Gemahlin
zu	PTKVZ	zu
und	KON	und
verließ	VVFIN	verlassen
das	ART	d
Damenzimmer	NN	Damenzimmer
im	APPRART	im
ersten	ADJA	erst
Stock	NN	Stock
des	ART	d
Schlosses	NN	Schloß
Argenstein	NE	Argenstein
.	$.	.
"	$(	"
Warte	VVFIN	warten
,	$,	,
ich	PPER	ich
komme	VVFIN	kommen
mit	APPR	mit
dir	PPER	du
"	$(	"
,	$,	,
rief	VVFIN	rufen
Fürstin	NN	Fürstin
Elisabeth	NE	Elisabeth
ihm	PPER	er
nach	PTKVZ	nach
und	KON	und
erhob	VVFIN	erheben
sich	PRF	er|es|sie
rasch	ADJD	rasch
aus	APPR	aus
dem	ART	d
zierlichen	ADJA	zierlich
Empiresessel	NN	Empiresessel
,	$,	,
in	APPR	in

dem	PRELS	d
sie	PPER	sie
vor	APPR	vor
ihrem	PPOSAT	ihr
Schreibtisch	NN	Schreibtisch
mit	APPR	mit
den	ART	d
Einlegearbeiten	NN	Einlegearbeit
gesessen	VVPP	sitzen
hatte	VAFIN	haben
.	$.	.
"	$(	"
Wohin	PWAV	wohin
willst	VMFIN	wollen
du	PPER	du
denn	ADV	denn
?	$.	?
"	$(	"
erkundigte	VVFIN	erkundigen
sich	PRF	er|es|sie
ihr	PPOSAT	ihr
Mann	NN	Mann
"	$(	"
Oh	ITJ	oh
,	$,	,
nur	ADV	nur
ins	APPRART	ins
Souterrain	NN	Souterrain
.	$.	.
Ich	PPER	ich
möchte	VMFIN	mögen
in	APPR	in
den	ART	d
Wirtschaftsräumen	NN	Wirtschaftsraum
noch	ADV	noch
einmal	ADV	einmal
nach	APPR	nach

dem	ART	d
Rechten	NN	Recht|Rechte
sehen	VVINF	sehen
,	$,	,
ehe	KOUS	ehe
wir	PPER	wir
abreisen	VVFIN	abreisen
.	$.	.
Vielleicht	ADV	vielleicht
fällt	VVFIN	fallen|fällen
mir	PPER	ich
das	ART	d
eine	PIS	ein
oder	KON	oder
andere	PIS	ander
auf	PTKVZ	auf
,	$,	,
was	PRELS	was
ich	PPER	ich
Frau	NN	Frau
Hasselberg	NE	Hasselberg
noch	ADV	noch
ans	APPRART	ans
Herz	NN	Herz
legen	VVINF	legen
möchte	VMFIN	mögen
.	$.	.
"	$(	"
Elfriede	NE	Elfriede
Hasselberg	NE	Hasselberg
hieß	VVFIN	heißen
die	ART	d
erprobte	ADJA	erprobt
Wirtschafterin	NN	Wirtschafterin
,	$,	,
die	PRELS	d
seit	APPR	seit

Jahren	NN	Jahr
den	ART	d
fürstlichen	ADJA	fürstlich
Haushalt	NN	Haushalt
leitete	VVFIN	leiten
.	$.	.
Nebeneinander	ADV	nebeneinander
gingen	VVFIN	gehen
der	ART	d
Fürst	NN	Fürst
und	KON	und
die	ART	d
Fürstin	NN	Fürstin
den	ART	d
teppichbelegten	ADJA	teppichbelegt
Flur	NN	Flur
entlang	PTKVZ	entlang
.	$.	.
Auf	APPR	auf
der	ART	d
Treppe	NN	Treppe
,	$,	,
die	PRELS	d
in	APPR	in
elegantem	ADJA	elegant
Bogen	NN	Bogen
zur	APPRART	zur
Halle	NN	Hall|Halle
hinunterführte	VVFIN	hinunterführen
,	$,	,
ließ	VVFIN	lassen
der	ART	d
grauhaarige	ADJA	grauhaarig
Fürst	NN	Fürst
seiner	PPOSAT	sein
Gattin	NN	Gattin
den	ART	d

Vortritt	NN	Vortritt
.	$.	.
Vielleicht	ADV	vielleicht
war	VAFIN	sein
eine	PIS	ein
der	ART	d
Messingstangen	NN	Messingstange
,	$,	,
von	APPR	von
denen	PRELS	d
der	ART	d
rote	ADJA	rot
Läufer	NN	Läufer
gehalten	VVPP	halten
wurde	VAFIN	werden
,	$,	,
nicht	PTKNEG	nicht
sorgfältig	ADJD	sorgfältig
genug	ADV	genug
befestigt	VVPP	befestigen
gewesen	VAPP	sein
,	$,	,
die	ART	d
Fürstin	NN	Fürstin
stolperte	VVFIN	stolpern
und	KON	und
knickte	VVFIN	knicken
um	PTKVZ	um
.	$.	.
Sie	PPER	Sie|sie|sie
stieß	VVFIN	stoßen
einen	ART	ein
schrillen	ADJA	schrill
Schmerzensschrei	NN	Schmerzensschrei
aus	PTKVZ	aus
und	KON	und
rutschte	VVFIN	rutschen

einige	PIAT	einige
Stufen	NN	Stufe
hinunter	PTKVZ	hinunter
,	$,	,
dann	ADV	dann
blieb	VVFIN	bleiben
sie	PPER	sie
hilflos	ADJD	hilflos
liegen	VVINF	liegen
.	$.	.
"	$(	"
Elisabeth	NE	Elisabeth
!	$.	!
"	$(	"
Zutiefst	ADV	zutiefst
erschrocken	VVPP	erschrecken
und	KON	und
in	APPR	in
großer	ADJA	groß
Sorge	NN	Sorge
war	VAFIN	sein
der	ART	d
Fürst	NN	Fürst
in	APPR	in
Sekundenschnelle	NN	Sekundenschnelle
an	APPR	an
ihrer	PPOSAT	ihr
Seite	NN	Seite
und	KON	und
kniete	VVFIN	knieen
neben	APPR	neben
ihr	PPER	ihr
nieder	PTKVZ	nieder
.	$.	.
"	$(	"
Liebste	NN	Liebste
,	$,	,

was	PWS	was
ist	VAFIN	sein
?	$.	?
Du	PPER	du
bist	VAFIN	sein
ja	ADV	ja
ganz	ADV	ganz
blass	ADJD	blaß
.	$.	.
Tut	VVFIN	tun
es	PPER	es
sehr	ADV	sehr
weh	ADJD	weh
?	$.	?
Wie	KOUS	wie
konnte	VMFIN	können
das	PDS	d
nur	ADV	nur
geschehen	VVINF	geschehen
?	$.	?
"	$(	"
"	$(	"
Oh	ITJ	oh
,	$,	,
mein	PPOSAT	mein
Fuß	NN	Fuß
!	$.	!
Mein	PPOSAT	mein
rechter	ADJA	recht
Fuß	NN	Fuß
!	$.	!
"	$(	"
stöhnte	VVFIN	stöhnen
die	ART	d
Fürstin	NN	Fürstin
und	KON	und
umklammerte	VVFIN	umklammern

mit	APPR	mit
einer	ART	ein
Hand	NN	Hand
eine	ART	ein
Strebe	NN	Strebe
des	ART	d
geschnitzten	ADJA	geschnitzt
Treppengeländers	NN	Treppengeländer
so	ADV	so
fest	PTKVZ	fest
,	$,	,
dass	KOUS	dass
die	ART	d
Knöchel	NN	Knöchel
unter	APPR	unter
der	ART	d
Haut	NN	Haut
weiß	ADJD	weiß
hervortraten	VVFIN	hervortreten
.	$.	.
"	$(	"
Ein	ART	eine
Arzt	NN	Arzt
muss	VMFIN	müssen
her	ADV	her
!	$.	!
Du	PPER	du
brauchst	VVFIN	brauchen
sofort	ADV	sofort
einen	ART	ein
Arzt	NN	Arzt
Elisabeth	NE	Elisabeth
.	$.	.
"	$(	"
Der	ART	d
Fürst	NN	Fürst
sprang	VVFIN	springen

auf	PTKVZ	auf
und	KON	und
sah	VVFIN	sehen
sich	PRF	er|es|sie
suchend	ADJD	suchend
um	PTKVZ	um
.	$.	.
War	VAFIN	sein
denn	ADV	denn
gar	ADV	gar
kein	PIAT	kein
Dienstbote	NN	Dienstbot|Dienstbote
in	APPR	in
der	ART	d
Nähe	NN	Nähe
?	$.	?
Die	ART	d
Geräusche	NN	Geräusch
auf	APPR	auf
der	ART	d
Treppe	NN	Treppe
sowie	KON	sowie
der	ART	d
Schrei	NN	Schrei
der	ART	d
Fürstin	NN	Fürstin
waren	VAFIN	sein
gehört	VVPP	hören
worden	VAPP	werden
.	$.	.
Der	ART	d
Diener	NN	Diener
Johann	NE	Johann
kam	VVFIN	kommen
in	APPR	in
die	ART	d
Halle	NN	Hall|Halle

geeilt	VVPP	eilen
.	$.	.
Das	ART	d
ungewohnte	ADJA	ungewohnt
Bild	NN	Bild
,	$,	,
das	PRELS	d
sich	PRF	er|es|sie
ihm	PPER	er
bot	VVFIN	bieten
,	$,	,
ließ	VVFIN	lassen
ihn	PPER	er
zunächst	ADV	zunächst
verblüfft	ADJD	verblüfft
stehen	VVINF	stehen
bleiben	VVINF	bleiben
.	$.	.
Aus	APPR	aus
dem	ART	d
Esszimmer	NN	Eßzimmer
hastete	VVFIN	hasten
ein	ART	ein
anderer	ADJA	ander
Diener	NN	Diener
herbei	PTKVZ	herbei
,	$,	,
der	PRELS	d
dort	ADV	dort
damit	PROAV	damit
beschäftigt	VVPP	beschäftigen
gewesen	VAPP	sein
war	VAFIN	sein
,	$,	,
den	ART	d
Tisch	NN	Tisch
zu	PTKZU	zu

decken	VVINF	decken
.	$.	.
"	$(	"
Tragen	VVFIN	tragen
Sie	PPER	Sie|sie|sie
die	ART	d
Fürstin	NN	Fürstin
in	APPR	in
ihr	PPOSAT	ihr
Schlafgemach	NN	Schlafgemach
hinauf	PTKVZ	hinauf
!	$.	!
"	$(	"
befahl	VVFIN	befehlen
Fürst	NN	Fürst
Hubertus	NE	Hubertus
.	$.	.
"	$(	"
Sie	PPER	Sie|sie|sie
ist	VAFIN	sein
ausgeglitten	VVPP	ausgleiten
und	KON	und
scheint	VVFIN	scheinen
sich	PRF	er|es|sie
den	ART	d
Knöchel	NN	Knöchel
gebrochen	VVPP	brechen
zu	APPR	zu
haben	NN	haben
.	$.	.
Ich	PPER	ich
muss	VMFIN	müssen
sofort	ADV	sofort
mit	APPR	mit
Dr	NE	Dr
.	$.	.
Hertlinger	NE	Hertlinger

sprechen	VVFIN	sprechen
.	$.	.
Wo	PWAV	wo
finde	VVFIN	finden
ich	PPER	ich
seine	PPOSAT	sein
Telefonnummer	NN	Telefonnummer
,	$,	,
Johann	NE	Johann
?	$.	?
"	$(	"
"	$(	"
Auf	APPR	auf
der	ART	d
ersten	ADJA	erst
Seite	NN	Seite
des	ART	d
Telefonverzeichnisses	NN	Telefonverzeichnis
,	$,	,
Hoheit	NN	Hoheit
"	$(	"
,	$,	,
antwortete	VVFIN	antworten
der	ART	d
alte	ADJA	alt
Diener	NN	Diener
.	$.	.
"	$(	"
Soll	VMFIN	sollen
ich	PPER	ich
nicht	PTKNEG	nicht
schnell	ADJD	schnell
dort	ADV	dort
anrufen	VVINF	anrufen
?	$.	?
"	$(	"

Lemma	Freq		Lemma	Freq
.	71114		?	4063
d	53558		als	3921
.	47003		können	3899
sein	24872		auch	3477
und	23510		sagen	3296
ich	22802		noch	3128
ein	15390		alle	3116
er	14881		dass	3074
sie	13017		sehen	2926
haben	12195		was	2879
zu	10014		wenn	2865
in	9924		mein	2835
"	9831		daß	2794
nicht	9538		man	2695
es	9013		doch	2649
»	8634		wollen	2634
«	8610		für	2580
er|es|sie	8439		müssen	2480
ihr	7063		!	2371
werden	6444		nach	2371
mit	6254		aus	2364
du	6096		im	2359
auf	5869		ganz	2344
Sie|sie	5806		kommen	2294
von	5354		wieder	2267
so	5218		nur	2169
wir	4876		da	2140
aber	4481		um	2118
an	4441		gehen	1998
dies	4421		kein	1973
wie	4084		dann	1965

Lemma	Freq	Lemma	Freq
machen	1907	Zeit	913
gut	1877	oder	898
schon	1846	bleiben	884
vor	1825	wo	867
immer	1764	Haus	849
wissen	1759	Hand	848
ja	1709	vielleicht	840
über	1709	Auge	835
jetzt	1663	fragen	826
sehr	1642	einmal	825
geben	1619	wirklich	814
:	1598	Mutter	810
etwas	1523	wohl	802
viel	1458	halten	796
groß	1456	Mensch	790
lassen	1430	alt	770
hier	1410	glauben	765
bei	1394	jed	762
mehr	1393	bis	758
ander	1371	sprechen	745
denn	1363	unter	741
nichts	1358	bringen	729
am	1354	Vater	725
sollen	1295	Frau	723
nun	1250	Leben	716
durch	1238	nie	715
stehen	1231	welch	706
zum	1211	zur	698
Mann	1182	meinen	693
:	1134	dein	689
tun	1115	wenig	685
Tag	1101	jung	667
schön	1078	liegen	661
finden	1065	unser	660
mögen	1052	gleich	652
erst	1048	…	645
nehmen	985	kennen	644
klein	975	hören	642
gar	925	lächeln	638
denken	920	ohne	627

Lemma	Freq	Lemma	Freq
fahren	624	warum	459
fühlen	619	lange	456
selbst	619	sitzen	456
Sally	599	nah	453
Jahr	573	Nicola	452
Ulrika	569	ziehen	449
beide	565	Abend	446
ins	555	erwidern	445
'	549	hoch	440
Mädchen	538	recht	440
solch	536	darüber	439
allein	532	erklären	438
vom	532	plötzlich	438
Ihr|ihr	531	Karen	437
erzählen	531	Ralph	436
gegen	529	Blick	431
Katja	528	natürlich	430
also	525	weit	428
scheinen	521	Welt	427
Catherine	518	antworten	419
Wort	515	leben	417
lang	513	eigentlich	415
setzen	513	Gefühl	414
weil	511	Sache	414
Petra	509	lieben	413
einfach	509	gern	411
heute	504	Katrin	410
zurück	502	bald	409
eine	488	richtig	409
Marcel	484	zwei	403
neu	483	dort	399
davon	481	Oliver	398
ob	480	leicht	397
Kind	479	Freund	393
damit	477	nein	388
Kopf	466	ab	386
verstehen	465	lieb	385
einige	464	Gesicht	384
dürfen	463	glücklich	383
darauf	462	Gedanke	382

Lemma	Freq	Lemma	Freq
legen	381	zwischen	329
hin	380	Augenblick	328
Peter	375	fallen	328
spät	375	verlassen	328
Herr	374	gewiß	327
stellen	373	lernen	327
Herz	371	bemerken	326
Weg	366	während	326
spüren	365	rufen	323
schließlich	363	drei	322
fest	362	Graf	319
Tracy	361	genug	319
daran	361	Fürst	318
Nacht	360	Zimmer	318
zusammen	358	endlich	315
Prinzessin	356	gehören	315
lesen	353	Geschichte	314
Verena	351	Jennifer	314
Seite	349	oft	313
bitten	349	brauchen	311
Leute	348	genau	310
Meer	348	niemand	308
bißchen	348	früh	307
besonders	347	gerade	304
dazu	347	paar	302
sonst	347	hinter	301
dabei	345	mal	300
Stadt	341	beginnen	299
Tobias	341	Steffen	298
vergessen	340	Tür	298
schnell	338	manchmal	298
Art	337	tief	298
letzt	337	weiß	298
versuchen	337	kurz	295
eben	336	anders	294
jen	333	schreiben	293
Wagen	332	suchen	293
führen	332	zeigen	291
lachen	332	bekommen	287
damals	331	tragen	285

Lemma	Freq	Lemma	Freq
Liebe	284	freuen	241
sicher	284	heißen	241
Bild	282	Sandor	240
spielen	281	laufen	240
kaum	279	Woche	239
Name	278	Arm|Arme	237
weiter	278	los	237
Tisch	276	Sonne	236
erscheinen	276	Tochter	236
her	276	fast	236
treten	276	seit	235
wahr	275	stark	235
Ding	272	erfahren	234
Ende	272	Bettina	231
Haar	272	sondern	231
wer	272	schlagen	230
wünschen	272	hoffen	229
leise	271	Weise	228
morgen	271	Stimme	227
überhaupt	270	dafür	226
bestimmt	269	Wasser	225
sofort	265	erwarten	224
reden	264	–	223
manch	260	werfen	223
Jim	258	passieren	221
eigen	257	Joan	220
neben	254	klar	220
voll	254	Bett	219
Platz	253	Sohn	219
geschehen	252	beim	219
Jeff	251	Familie	218
trinken	251	Himmel	218
warten	250	Patrick	217
schwer	249	weißen	217
Bruder	248	Buch	215
Fenster	247	Prinz	215
Rom	246	helfen	214
küssen	246	einzig	213
Salvatore	243	Glück	212
Gott	242	verlieren	212

Lemma	Freq	Lemma	Freq
Frage	211	schlafen	184
Sinn	211	Luft	181
Straße	211	essen	181
Dame	210	schwarz	181
Simone	210	Gast	180
Gespräch	208	Jack	180
Angst	207	denken|gedenken	179
gefallen	207	Sebastian	178
herrlich	205	ach	178
Eltern	204	sogar	178
Freude	204	Brief	177
Schloß	204	Schule	177
Grund	203	werd	177
betrachten	203	Schwester	176
empfinden	203	Urlaub	176
ruhig	203	fassen	176
ansehen	202	fertig	176
wenden	202	entgegnen	175
Philipp	200	Mund	174
schließen	200	Thomas	174
fort	199	Stunde|Stunden	172
still	197	hinaus	172
versprechen	197	wiedersehen	172
Svenja	196	möglich	170
indem	196	übrig	169
hübsch	194	Gesellschaft	168
steigen	194	froh	168
frei	193	schlecht	168
erkennen	192	Teil	167
halb	192	Stück	166
verschwinden	192	je	166
zwar	192	oben	166
Knulp	190	Stelle	164
Estelle	188	freundlich	163
Land	188	gestern	163
blicken	187	genießen	162
nennen	185	Fürstin	161
verlieben	185	Glas	161
öffnen	185	Mal	161
Fuß	184	Theresa	161

Lemma	Freq	Lemma	Freq
Arbeit	160	Stunde	146
Arm	160	jemand	146
Natur	160	schrecklich	146
meist	160	Seele	145
niemals	160	bestehen	145
wohnen	160	offen	144
Erinnerung	159	traurig	144
dunkel	159	erkundigen	143
heiraten	159	treffen	143
zärtlich	159	wirken	143
Fall	158	Moment	142
besuchen	158	Uhr	142
deshalb	158	folgen	142
Gegend	157	versichern	142
Geld	157	Fremde	141
Reise	157	Ruhe	141
langsam	157	klingen	141
vorstellen	157	selber	141
wahrscheinlich	157	Junge	140
Kraft	156	ernst	140
Lächeln	156	nicken	140
begreifen	156	vorbei	140
erinnern	156	Sprache	139
wichtig	156	Björn	138
Gegenstand	155	Gunilla	138
Max	155	Wolfgang	138
Licht	154	heftig	138
Wunsch	152	heiß	138
arbeiten	152	obwohl	138
aufs	152	vier	138
Morgen	151	Kunst	137
Nähe	151	reichen	137
außerdem	151	ziemlich	136
beschäftigen	151	Raum	135
Ordnung	149	schütteln	135
Inga	148	Eindruck	134
hängen	148	Strand	134
Bob	146	deutsch	134
Garten	146	erhalten	133
Künstler	146	fehlen	133

Lemma	Freq	Lemma	Freq
merken	133	ehe	125
wegen	133	miteinander	125
@ord@	132	zurückkommen	125
Schulter|Schultern	132	Ort	124
laut	132	angenehm	124
rot	132	Lust	123
Boden	131	Menge	123
Charly	131	flüstern	123
Deutschland	131	Kleid	122
Hotel	131	Susanne	122
König	131	hinauf	122
Recht	131	Kleine	121
begegnen	131	Traum	121
beobachten	131	Maria	120
dagegen	131	Tod	120
holen	131	all	120
interessieren	131	befinden	120
Baum	130	schweigen	120
darum	130	Kirche	119
erreichen	130	Satz	119
völlig	130	fremd	119
Gelegenheit	129	vollkommen	119
Neapel	129	Geist	118
Werk	129	Ja	118
schieben	129	Miß	118
warm	129	Sizilien	118
Begriff	128	fürchten	118
Eckhard	128	hinunter	118
Tonio	128	@card@	116
Weile	128	Wien	116
stimmen	128	bestimmen	116
Polizei	127	gegenüber	116
ans	127	herum	116
darin	127	nett	116
hell	127	seufzen	116
wenigstens	127	stecken	116
blau	126	abends	115
nachdem	126	dauern	115
trotzdem	126	gestehen	115
ankommen	125	Mom	114

Lemma	Freq	Lemma	Freq
See	114	versetzen	108
Träne|Tränen	114	zugleich	108
bloß	114	überall	108
heben	114	Idee	107
Figur	113	Person	107
Insel	113	behalten	107
bedeuten	113	blond	107
nämlich	113	Hoffnung	106
unten	113	entdecken	106
wunderbar	113	erleben	106
lebhaft	112	freilich	106
rasch	112	frisch	106
unterhalten	112	irgendwie	106
Berg	111	zuerst	106
Großvater	111	Brendon	105
Lippe	111	Höhe	105
Phil	111	Krieg	105
Schiff	111	streicheln	105
Wein	111	Kaffee	104
drücken	111	Treppe	104
gelingen	111	begrüßen	104
rein	111	draußen	104
treiben	111	zufrieden	104
Volk	110	Bewegung	103
Wind	110	Klasse	103
Wohnung	110	Schritt	103
bewegen	110	verbringen	103
bilden	110	überlegen	103
fangen	110	aussehen	102
hinein	110	berühren	102
inzwischen	110	Fest	101
reich	110	Musik	101
sanft	110	Pferd	101
schaffen	110	abend	101
stören	110	erfüllen	101
Geschäft	109	lächelnd	101
Monat	109	Besuch	100
anfangen	109	außer	100
zuletzt	109	diesmal	100
breit	108	springen	100
singen	108	sterben	100

Lemma	Freq	Lemma	Freq
sein	20582	lächeln	638
haben	12195	fahren	624
werden	6444	fühlen	619
können	3899	erzählen	531
sagen	3296	scheinen	521
sehen	2926	setzen	513
wollen	2634	verstehen	465
müssen	2480	dürfen	463
kommen	2294	sitzen	456
gehen	1998	ziehen	449
machen	1907	erwidern	445
wissen	1759	erklären	438
geben	1619	antworten	419
lassen	1430	leben	417
sollen	1295	lieben	413
stehen	1231	legen	381
tun	1115	stellen	373
finden	1065	spüren	365
mögen	1052	lesen	353
nehmen	985	bitten	349
denken	920	vergessen	339
bleiben	884	versuchen	337
fragen	826	führen	332
halten	796	lachen	332
glauben	765	fallen	328
sprechen	745	lernen	327
bringen	729	bemerken	326
meinen	693	rufen	323
liegen	659	verlassen	321
kennen	644	gehören	315
hören	642	brauchen	311

Lemma	Freq	Lemma	Freq
beginnen	299	öffnen	185
schreiben	293	schlafen	184
suchen	293	essen	181
zeigen	291	denken|gedenken	179
bekommen	287	fassen	176
tragen	285	entgegnen	175
spielen	281	wiedersehen	172
erscheinen	276	werd	165
treten	276	genießen	162
wünschen	272	wohnen	160
reden	264	heiraten	159
geschehen	252	besuchen	158
trinken	251	vorstellen	157
warten	250	begreifen	156
küssen	246	erinnern	156
freuen	241	arbeiten	152
heißen	241	beschäftigen	151
laufen	240	hängen	148
schlagen	230	erkundigen	143
hoffen	229	treffen	143
erfahren	225	wirken	143
erwarten	224	bestehen	142
werfen	223	folgen	142
passieren	221	versichern	142
weißen	217	klingen	141
helfen	214	nicken	140
verlieren	212	reichen	137
betrachten	203	schütteln	135
empfinden	203	fehlen	133
gefallen	203	merken	133
ansehen	202	begegnen	131
wenden	202	beobachten	131
schließen	200	holen	131
versprechen	197	interessieren	131
steigen	194	erreichen	130
erkennen	192	schieben	129
verschwinden	192	erhalten	128
blicken	187	stimmen	128
nennen	185	ankommen	125
verlieben	185	zurückkommen	125

Lemma	Freq	Lemma	Freq
flüstern	123	erschrecken	95
befinden	120	schenken	95
schweigen	120	zeichnen	93
fürchten	118	leiden	92
bestimmen	116	verlangen	91
seufzen	116	kümmern	90
stecken	116	wiederholen	90
dauern	115	bestätigen	89
gestehen	115	greifen	89
heben	114	streichen	89
bedeuten	113	wagen	89
drücken	111	gewinnen	88
gelingen	111	klopfen	88
treiben	111	drehen	87
unterhalten	111	fliegen	87
bewegen	110	schauen	87
bilden	110	trennen	87
fangen	110	weinen	87
schaffen	110	ändern	87
stören	110	mustern	86
anfangen	109	richten	86
singen	108	drängen	85
versetzen	108	handeln	85
behalten	107	kehren	85
entdecken	106	sehnen	84
erleben	106	danken	83
streicheln	105	erheben	83
begrüßen	104	malen	83
verbringen	103	schicken	83
aussehen	102	überlegen	83
berühren	102	beruhigen	82
erfüllen	101	entschließen	78
springen	100	schreien	78
sterben	100	verdienen	78
fallen|gefallen	99	vergehen	77
melden	97	bemühen	75
tanzen	97	berichten	75
begleiten	96	betreten	74
gelten	96	kaufen	74
passen	96	besitzen	73

Lemma	Freq	Lemma	Freq
entstehen	73	enthalten	60
weißen|wissen	73	nähern	60
einladen	72	wachsen	60
reißen	72	bedienen	59
schwimmen	72	beschließen	59
schätzen	72	entwickeln	59
annehmen	71	füllen	59
aufnehmen	70	mitbringen	59
brechen	70	teilen	59
empfangen	70	vertrauen	59
pflegen	70	aufgeben	58
stürzen	70	lösen	58
verändern	70	rechnen	58
anziehen	69	rücken	58
bestellen	69	nachdenken	57
bieten	69	ruhen	57
entscheiden	69	sorgen	57
erlauben	69	verabschieden	57
erregen	69	wählen	57
lehnen	69	zwingen	57
retten	69	entschuldigen	56
anrufen	67	gleiten	56
gewöhnen	67	leisten	56
packen	66	unterbrechen	56
studieren	66	verbinden	56
unternehmen	66	zucken	56
bekennen	65	ausdrücken	55
zeihen|ziehen	65	bezahlen	55
atmen	64	eilen	55
aufhören	64	stoßen	55
bauen	64	vernehmen	55
bewundern	64	verrücken	55
verbergen	64	aussprechen	54
zurückkehren	64	behandeln	54
bereiten	62	beugen	54
ergreifen	62	deuten	54
mitnehmen	62	loben	54
verlegen	62	treffen|triefen	54
gehören|hören	61	sinken	53
träumen	61	vorkommen	53

Lemma	Freq	Lemma	Freq
anstellen	52	verzeihen	52
aufhalten	52	ergeben	51
bedecken	52	geraten	51
brennen	52	besprechen	50
entgehen	52	einfallen	50
erwachen	52	grinsen	50
gelangen	52	mitteilen	50

참고문헌

강범모. 2003. 언어, 컴퓨터, 코퍼스 언어학. 고려대 출판부.

강병창, 최병진. 2005. "병렬 코퍼스를 이용한 독일어 교육의 가능성," 독일언어문학 27:57-72.

구명철. 2005. "연어 Kollokation의 일종으로서의 기능동사구," 독어학 12:1-19.

안인경, 강병창. 2005. "코퍼스를 이용한 한국어-독일어 번역," 독일어문학 30: 313-337.

안인경, 강병창, 최병진. 2007. "독어교육 : 병렬코퍼스를 이용한 한-독 번역 실험과 번역 교육," 독어교육 38:55-79.

이민행. 1999. "독일어의 어휘에 대한 연구-전산언어학적 접근", 독일문학 69:308-331.

이민행. 2005a. 전산 통사·의미론-이론과 응용. 역락.

이민행. 2005b. 독어학 연구 방법론-인문학적 발견의 변증법. 역락.

이민행. 2008. "독일어 구문분석 코퍼스의 활용방안 연구: NEGRA 코퍼스를 중심으로," 독일언어문학 39:19-45.

이민행. 2009. "독일어의 어휘와 통사적 구성의 상호작용에 대한 연구-공연구조 분석 방법론의 적용," 독일언어문학 46:41-66.

이익환, 이민행. 2005. 심리동사의 의미론. 역락.

이해윤. 2003a. "코퍼스기반 독일어교육-Konkordanzen을 이용한 학습자료 구성," 獨語敎育 28:59-79.

이해윤. 2003b. "코퍼스를 이용한 독일어 연구," 독일문학 88:390-408.

정문용. 2003. "독일어 수업에서 코퍼스(Korpus) 활용," 獨語敎育 28:81-101.

지광신. 2010. "독일어의 부사어 위치와 기능에 관한 연구," 독일문학 51(1):191-221.

홍종선, 강범모, 최호철. 2001. 한국어 연어 관계 연구. 월인.

Abeillé, A. 2003. *Treebanks : Building and Using Parsed Corpora.* Kluwer Academic Publishers.

Bieler, K. H. 1981. *Deutsche Verben im Kontext-1000 Verben mit Beispielsätzen.* Hueber.

Boas, H. C. 2003. *A Constructional Approach to Resultatives.* CSLI, Stanford University.

Brants, S., S. Dipper, S. Hansen, W. Lezius, and George Smith. 2002. "The TIGER Treebank." In *Proceedings of the Workshop on Treebanks and Linguistic Theories*, Sozopol, Bulgaria.

Buscha, J. and I. Zoch. 1992. *Der Infinitiv. Zur Theorie und Praxis des Deutschunterrichts für Ausländer*. Enzyklpädie Verlag.

Chiarcos, C. and O. Krasavina. 2005. *Annotation Guidelines PoCoS - Potsdam Coreference Scheme*. Draft. University Potsdam.

Clematide, S. 2006. *Syntaktische Desambiguierung von koordinierten Strukturen*. PhD dissertation, Universität Zürich.

Cowie, A. P. 1995. "Phraseology." In *The Encyclopedia of Language and Linguistics*, ed. R. Asher. 3168-3172. Pergamon Press.

Croft, W. 2001. *Radical Construction Grammar : Syntactic Theory in Typological Perspective*. Oxford University Press.

Drach, E. 1937. *Grundgedanken der deutschen Satzlehre*. Diesterweg.

DUDEN. 1984. *Grammatik der deutschen Gegenwartssprache*. DUDEN-Band 4. Duden Verlag.

Dunning, T. 1993. "Accurate methods for the statistics of surprise and coincidence". *Computational Linguistics* 19(1) : 61-74.

Eisenberg, P., W. Lezius, and G. Smith. 2005. "Die Grammatik des TIGER-Korpus," In *Korpuslinguistik deutsch: synchron diachron, konstrastiv*, eds. J. Schwitalla and W. Wegstein. 81-87. Max Niemeyer.

Engelberg, S. 2007. "Konstruktionelle Varianten zwischen Wörterbuch und Grammatik," *Germanistische Mitteilungen* 66:11-27.

Evert, S. 2004. *The Statistics of Word Cooccurrences: Word Pairs and Collocations*. PhD dissertation, University of Stuttgart.

Fillmore, C. J., P. Kay and M.C. O'Connor. 1988. "Regularity and idiomaticity in grammatical constructions," *Language* 64(3): 501-538.

Fillmore, C. J. 2008. *Border Conflicts: FrameNet Meets Construction Grammar* [To be presented as a plenary talk at Euralex 2008]. Manuscript. University of California, Berkeley.

Firth, J. R. 1957. *Papers in Linguistics 1934-1951*. Oxford University Press.

Fischer, K. and A. Stefanowitsch (Hrsg.). 2006. *Konstruktionsgrammatik-Von der Anwendung zur Theorie*. Stauffenburg Verlag.

Frey, W. and K. Pittner. 1998. "Zur Positionierung der Adverbiale im deutschen

Mittelfeld," *Linguistische Berichte* 176 : 489-534.

Goldberg, A. E. 1995. *Constructions. A Constructionn Grammar Approach to Argument Structure.* The University of Chicago Press.

Goldberg, A. E. 1996. "Construction Grammar," In *Concise encyclopedia of syntactic theories,* eds. Brown, K. and J. Miller. 68-71.

Goldberg, A. E. 2006. *Constructions at Work : the nature of generalization in language.* Oxford University Press.

Gries, Stefan Th. 2008. Statistik für Sprachwissenschaftler. Vandenhoeck und Ruprecht.

Gunkel, L. 2003. *Infinitheit, Passiv und Kausativkonstruktionen im Deutschen.* Stauffenburg Verlag.

Hausser, R. 2001. *Foundations of Computational Linguistics.* Springer Verlag.

Helbig, G. and J. Buscha. 1989. *Deutsche Grammatik : Ein Handbuch für den Ausländerunterricht.* Enzyklopädie Verlag.

Hofmann, U. 1994. *Zur Topologie im Mittelfeld : pronominale und nominale Satzglieder.* Niemeyer Verlag.

Imo, W. 2007. *Construction Grammar und Gesprochene-Sprache-Forschung : Konstruktionen mit zehn matrixsatzfähigen Verben im gesprochenen Deutsch.* Niemeyer Verlag.

Inaba, J. 2007. *Die Syntax der Satzkomplementierung. Zur Struktur des Nachfeldes im Deutschen.* Akademie Verlag.

Jacobs, J. 2009. "Valenzbindung oder Konstruktionsbindung? Eine Grundfrage der Grammatiktheorie," *ZGL-Themenheft, Konstruktionsgrammatik',* 490-513.

Kaufmann, I. 2004. *Medium und Reflexiv: eine Studie zur Verbsemantik.* Niemeyer Verlag.

Kay, P. 2002. "An Informal Sketch of a Formal Architecture for Construction Grammar," *Grammars* 5 : 1-19.

Kay, P. and C. J. Fillmore. 1999. "Grammatical constructions and linguistic generalizations : the What's X Doing Y? construction," *Language* 75:1-33.

König, E., W. Lezius, and V. Holger. 2003. *TIGERSearch 2.1-User's Manual.* Technical report IMS, Universität Stuttgart.

Koo, Myung-Chul. 1997. *Kausativ und Passiv im Deutschen.* Peter Lang.

Kučera, H. and W. N. Francis. 1967. *Computational Analysis of Present-Day*

American English. Brown University Press.

Lakoff, G. 1987. *Women, Fire, and Dangerous Things* : What Categories Reveal about the Mind. University of Chicago Press.

Langacker, R. 1987. *Foundations of Cognitive Grammar*. 2 vols. Stanford University Press.

Lemnitzer, L. and H. Zinsmeister. 2006. *Korpuslinguistik-Eine Einführung*. Narr Verlag.

Leech G. and S. Fligelstone. 1992. "Computers and Corpus Linguistics," In *Computers and written text*, ed. C. S. Butler. 115-140. Basil Blackwell.

Lezius, W. 2001. "Baumbanken," In *Computerlinguistik und Sprachtechnologie. Eine Einführung*, eds. Carstensen et al. 377-385. Spektrum Verlag.

Lim, Byoung-Hwa. 2005. *Die Spitzenstellung im Satz : Eine kontrastive Untersuchung des Deutschen und Koreanischen*. PhD dissertation, Universität Siegen.

Lim, Byoung-Hwa. 2006. "Eine statistische Untersuchung zu den Erscheinungsformen der erstgestellten Satzglieder im Korpustext," *Dogilmunhak* 98:137-158.

Mode, D. 1987. *Syntax des Vorfelds : Zur Systematik und Didaktik der deutschen Wortstellung*. Niemeyer Verlag.

Müller, S. 2002. *Complex Predicates : Verbal Complexes, Resultative Constructions, and Particle Verbs in German*. CSLI, Stanford University.

Müller, S. 2006. "Resultativkonstruktionen, Partikelverben und syntaktische vs. lexikonbasierte Konstruktionen," In *Konstruktionsgramatik-Von der Anwendung zur Theorie*, eds. Fischer, K. and A. Stafanowitsch. 178-209. Narr Verlag.

Pittner, K. and J. Berman. 2004. *Deutsche Syntax : Ein Arbeitsbuch*. Narr Verlag.

Pütz, H. 1986. *Über die Syntax der Pronominalform es im moderen Deutsch*. Narr Verlag.

Ritz, J., S. Dipper, and M. Götze. 2008. "Annotation of Information Structure: An Evaluation Across Different Types of Texts," In *Proceedings of the the 6th LREC-2008 conference*. Marrakech, Morocco.

Scherer, C. 2006. *Korpuslinguistik*. Universitätsverlag Winter.

Schulte im Walde, S. 2002. "A Subcategorisation Lexicon for German Verbs induced from a Lexicalised PCFG," In *Proceedings of the 3rd*

Conference on Language Resources and Evaluation. 1351-1357. Las Palmas de Gran Canaria.

Schulte im Walde, S. 2003. *Experiments on the Automatic Induction of German Semantic Verb Classes*. PhD dissertation. Univeristy Stuttgart.

Sinclair. J. 1991. *Corpus, Concordance, Collocation*. Oxford University Press.

Stede. M. 2004. "The Potsdam Commentary Corpus," In *Proceedings of the ACL-04 Workshop on Discourse Annotation*. 96-102. Barcelona.

Stede, M. 2007. *Korpusgestützte Textanalyse. Grundzüge der Ebenen-orientierten Textlinguistik*. Narr Verlag.

Stefanowitsch, A. and S. Gries. 2003. "Collostructions : Investigating the interaction of words and constructions," International Journal of Corpus Linguistics, Volume 8, Number 2, 209-243.

Stefanowitsch, A. 2006. "Konstruktionsgrammatik und Korpuslinguistik," In *Konstruktionsgramatik-Von der Anwendung zur Theorie*, eds. Fischer, K., and A. Stafanowitsch. 151-176. Narr Verlag.

Telljohann, H., E. Hinrichs, and S. Kübler. 2004. "The Tüba-D/Z Treebank: Annotating German with a Context-Free Backbone," In *Proceedings of the Fourth International Conference on Language Resources and Evaluation (LREC 2004)*. 2229-2232. Lissabon.

Thielen, C., A. Schiller, S. Teufel, and C. Stöckert. 1999. *Guidelines für das Tagging deutscher Textkorpora mit STTS*. Tech. rep., Institut für Maschinelle Sprachverarbeitung Stuttgart and Seminar für Sprachwissenschaft Tübingen.

Thomasello, M. 2003. *Constructing a Language. A Usage-Based Theory of Language Acquisition*. Harvard University Press.

Voormann, H. 2002. *TIGERin-Grafische Eingabe von Suchanfragen in TIGERSearch*. Diploma thesis. Fakultät Informatik, Universität Stuttgart.

Wildgen, W. 2008. *Kognitive Grammatik - Klassische Paragigmen und neue Perspektive*. de Gruyter Verlag.

Wöllstein-Leisten, A. 2001. *Die Syntax der dritten Konstruktion : eine repräsentationelle Analyse zur Monosententialität von "zu"-Infinitiven im Deutschen*. Stauffenburg Verlag.

Zipf, G. K. 1949. *Human Behavior and the Principle of Least-Effort*. Addison-Wesley.

Zitterbart, J. P. 2002. *Zur korrelativen Subordination im Deutschen*. Linguistische

Arbeiten 464. Niemeyer Verlag.

■ 웹사이트

COSMASII   http://www.ids-mannheim.de/cosmas2/
CWB   http://www.ims.uni-stuttgart.de/projekte/CorpusWorkbench/
CWB CQP Query Language Tutorial
                http://cwb.sourceforge.net/files/CQP_Tutorial/
DWDS   http://www.dwds.de/
EUROPARL   http://www.statmt.org/europarl/
OPUS   http://opus.lingfil.uu.se/
RISS   http://www.riss4u.net/
SALSA   http://fnps.coli.uni-saarland.de:8080/
TIGER   http://www.ims.uni-stuttgart.de/projekte/TIGER/TIGERCorpus/

찾아보기

저자 **이민행** (李民行)

leemh@yonsei.ac.kr
http://www.smart21.kr/

- 서울대학교 인문대학 독어독문학과 졸업(1982)
  - 독어독문학 전공, 경제학 부전공
- 서울대학교 대학원 독어독문학과 졸업(1984)
  - 독어학 전공
- 독일 뮌헨대학교 대학원 졸업(1991)
  - 독어독문학부내 이론언어학 전공, 독어학 부전공, 논리학 부전공
- Visiting Scholar, Harvard-Yenching 연구소, 미국 Harvard University(2002~2003)
- 국립 제주대학교 독어독문학과 조교수(1992~1995)
- 연세대학교 문과대학 독어독문학과 조교수, 부교수, 교수(1995~현재)
- 연세대학교 문과대학 부학장, 언어정보연구원 부원장 역임
- 한국언어학회 부회장 역임
- 『독어학』 편집위원장 역임
- 『언어와 정보』, 『어학연구』, 『독일언어문학』 편집위원 역임

주요논저

- 저서 『Kontrastive Syntax und Maschinelle Sprachanalyse im Rahmen einer Unifikations-grammatik <대조통사론과 컴퓨터에 의한 언어분석-통합문법의 틀안에서>』 (Peter Lang 출판사, 1992)
  『독어학 연구방법론-인문학적 발견의 변증법』(도서출판 역락, 2005)
  『전산 통사・의미론-이론과 응용』(도서출판 역락, 2005)
  『심리동사의 의미론』(공저자 : 이익환, 도서출판 역락, 2005)
  『인지과학 : 마음, 언어, 기계』(공저, 학지사, 2000)
  『형식의미론과 한국어기술』(공저, 한신문화사, 1999)
- 역서 『새로운 의미론』(공역, 한국문화사, 1999)
  『전산언어학의 기초』(공역, 한국문화사, 2002)
- 논문 "Development of a Multilingual Information Retrieval and Check System Based on Database Semantics", In: LDV-FORUM-Zeitschrift für Computerlinguistik und Sprachtechnologie 16(2)(공저자 : 장석진, 이기용, 최기선 외)
  "Anaphora Resolution and Discourse Structure: A Controlled Information Packaging Approach", In: Language and Information 4(1)(공저자 : 이익환)
  「독-한 명사구 기계번역 시스템의 구축」, 언어와 정보 2.1(공저자 : 최승권・최경은)
  「기계번역 시스템 측정 장치 연구」, 언어와 정보 2.2(공저자 : 지광신・정소우)
  「독일어 등위접속구문의 기계적인 분석」, 독일언어문학 9 등 40여 편.